Guía para identificar a las mujeres de la Biblia

Guía para identificar a las mujeres de la Biblia

Coordinación general, infografías y textos: Lorenzo de la Plaza Escudero
Textos: Adoración Morales Gómez y Antonio Olmedo Molino
Dibujos: José María Martínez Murillo

Cuadernos Arte Cátedra

1.ª edición, mayo, 2024

Ilustración de cubierta: Artemisia Gentileschi, *María Magdalena
en éxtasis, ca.* 1620, óleo sobre lienzo, colección particular
© ACI / Alamy

© Lorenzo de la Plaza Escudero, Adoración Morales Gómez,
Antonio Olmedo Molino y José María Martínez Murillo, 2024
© Ediciones Cátedra (Grupo Anaya, S. A.), 2024
Valentín Beato, 21, 28037 Madrid
Depósito legal: M-3.245-2024
I.S.B.N.: 978-84-376-4766-1
Printed in Spain

PAPEL DE FIBRA
CERTIFICADA

Introducción

La fuente fundamental de este libro es la Biblia, obra que es la base de las creencias de millones de personas en todo el mundo y de parte de la cultura y la civilización occidentales. Es el relato que ha guiado las vidas de miles de millones de personas a través de la historia y ha determinado sus conductas, acciones y sentimientos. Puede considerarse, con justicia, que ha sido el libro más influyente de la humanidad. Su ascendiente permanece en la estructura interna de la mentalidad actual.

La Biblia es muy compleja y está plagada de miles de escenas y personajes que pueblan nuestro universo colectivo. Con el objeto de conocer, identificar y saber algo más sobre esta obra en relación con la extensa producción del arte de la civilización occidental, nos centraremos en una figura fundamental de la misma: la mujer. Nuestro trabajo no trata de explicar un mensaje religioso, sino dar a conocer a los personajes femeninos que pueblan el libro. Su número es muy elevado, así que nos fijaremos en un grupo de destacadas protagonistas, sin establecer una jerarquía entre ellas y siendo conscientes de que existen otras muchas destacables. Por ello, en esta obra no analizamos las ideas teológicas ni religiosas, tratamos de describir a las protagonistas y su relación con su representación en el arte. No se puede hablar de una sola imagen de la mujer; la variedad de personajes y facetas es enorme y su función, también: esclavas, heroínas, hijas, juezas, matriarcas, profetisas, prostitutas, reinas, etc.

Las mujeres aparecen en este libro por orden alfabético con el fin de permitir una rápida búsqueda. En este sentido, debemos señalar que el nombre de alguna de las más relevantes no se menciona en la Biblia. Para estos casos, la clasificación está vinculada a un personaje o un hecho relevante que la defina lo más inequívocamente posible. Así, a la mujer de Lot o a sus hijas se las introduce como «Lot, mujer de» o «Lot, hijas de»; en el caso de la mujer de Putifar, aparece ordenada por la P, «Putifar, mujer de»; también podríamos haberla denominado Zuleika, que es como aparece en los textos coránicos, por ejemplo, pero creemos que con ese patronímico no se la reconocería. Otros casos se ordenan en relación con la ciudad donde viven; es el caso de la mujer de Tebes, clasificada como «Tebes, mujer de la ciudad de». En otras situaciones se opta por nombres reconocibles para el gran público; por ejemplo el nombre de Salomé, la hija de Herodías, no aparece en la Biblia, pero fue rápidamente difundido a través de las obras de Flavio Josefo; por eso en el arte no se la denomina como aparece en la Biblia: nadie sabría quién es «la hija de Herodías» (Mt 14, 5) pero a todo el mundo le es conocida Salomé. Cuando coinciden nombres, como es el caso de Tamar,

para facilitar la búsqueda se aclara en el título cuál de las dos es: «nuera de...» o «hija de...». El hecho de no nombrar a algunas mujeres puede reafirmar la importancia del hombre frente a ellas en el entorno patriarcal de la Biblia, pero este no es un aspecto especialmente relevante, ya que existen igualmente muchos protagonistas masculinos que tampoco son mencionados por su nombre, como es el caso de los faraones de Moisés, el levita (Jue 19), el «hijo pródigo», etc. Tras el nombre, de manera abreviada aparece (AT), si su historia corresponde al Antiguo Testamento, o (NT), si aparece en el Nuevo Testamento.

En cuanto al contenido, cada personaje incluye los siguientes apartados: a) una descripción genérica de quién es en relación con su entorno, el significado de su nombre y los libros de la Biblia en los que aparece; b) la historia, donde se cuenta la narración bíblica; c) el personaje en el arte, donde se indica cómo ha sido representada a lo largo de la historia y sus implicaciones. Además, las obras que se reproducen en el libro aparecen en el texto con un número y entre corchetes «[1]»; d) principales escenas, donde se enumeran algunas de las importantes apariciones del personaje en la historia del arte; e) los símbolos o atributos que la determinan; f) el contexto histórico en el que se desarrolla su historia. Mientras que en los relatos míticos la acción se sitúa en un contexto difuso, atemporal y deslocalizado, en la Biblia, salvo algunas excepciones, la historia se desarrolla en un contexto histórico; g) observaciones, en las que se incluyen todo tipo de aspectos curiosos o destacados sobre el personaje.

Como sigue siendo habitual en otras de nuestras guías, la historia y su representación en el arte nos ayudan tanto a conocer al personaje como a saber cómo ha sido representado y, por tanto, interpretado a lo largo del tiempo con las diversas implicaciones que eso supone. Las consecuencias de la interpretación del origen de Eva o su «asociación» con el mito de Pandora son solo un ejemplo de ello. Los arquetipos se modulan a través del tiempo y el contexto social y cultural, y generan imágenes que se insertan en nuestro subconsciente colectivo; de ahí su fuerza. La base fundamental del trabajo han sido las obras pictóricas; sin embargo, no hemos olvidado otras técnicas, como los dibujos, grabados o esculturas. Cada obra supone la interpretación del artista, que está determinada por su visión particular, su contexto histórico, las modas y las fuentes que ha utilizado. Curiosamente, no son pocos los casos en los que la pintura no refleja o contradice lo que aparece en la Biblia, desde el nacimiento de Eva hasta el tema de Betsabé y la carta, pasando por la entrada de David en Jerusalén o la danza de Salomé. ¿Quién no recuerda a Eva surgiendo del costado de Adán, pese a que esto no aparece en la Biblia? Los artistas han reinterpretado el relato bíblico modificándolo e influyendo en el inconsciente colectivo. Igualmente, los cambios en la representación de los personajes en el tiempo y su posición en la narración vienen determinados por la formación de los artistas, como es el caso de Judit o Yael, por ejemplo. Los resquicios, las lagunas o las vaguedades que permite la historia han sido cubiertos por los artistas de modo muy diverso; el caso del baño de Betsabé y sus múltiples variantes dan fe de ello.

La importancia de la interpretación y explicación que se ha dado de los textos referidos a las mujeres bíblicas, y que el arte refleja, ha contribuido a determinar y afianzar hechos que han influido en la manera de ser y relacionarse de millones de personas a lo largo de cientos de años. La importancia de la imagen como elemento transmisor de ideas, como se indica en el famoso refrán «una imagen vale más que mil palabras» —lo que implica que «engaña mil veces más que las palabras»—, debe ser analizada. La imagen ha condicionado la lectura de los textos bíblicos y ha contribuido así a conformar el perfil femenino; pero esta imagen se ha creado en un contexto social y artístico que, a su vez, determina la producción del arte. En un primer momento, el puritanismo y ascetismo del primitivo cristianismo contribuirá a hacer de erotismo y santidad dos conceptos opuestos, lo que desembocará en recatadas visiones de los momentos más escabrosos de la Biblia. En los finales de la Edad Media, con el redescubrimiento de la anatomía humana, el cambio es elocuente, y por eso en el Renacimiento y el Barroco la representación se transforma, de acuerdo con el momento. El romanticismo, el puritanismo o las transformaciones del siglo XIX influyen también en cómo se refleja a la mujer.

El temor o la fascinación que ejercen los personajes femeninos influyen en diversas facetas de la imagen, entre las que destaca el mayor poder de la mujer sobre el hombre. La elección de los personajes relacionados con el mito de la «mujer fatal» potenciará las figuras de Judit, Dalila, Eva, la mujer de Putifar y, en un lugar destacado, Salomé. Las transformaciones que se producen en el relato social, entre las que predomina el cuestionamiento de la supremacía del hombre y de la sumisión de la mujer, acelerarán este proceso.

Pese a que la Biblia se desarrolla en un entorno patriarcal, la importancia de las mujeres en la obra es innegable. Su papel es determinante en multitud de ocasiones para la marcha de la Historia, ya sea como protagonistas principales, como es el caso de Ester, Judit o Débora, ya como actores imprescindibles para el desarrollo de importantes personajes masculinos como Moisés, pues su madre Jocabed, su hermana María o su esposa Séfora son definitivas en su vida. Si exceptuamos a Dios, el personaje más importante de la Biblia es femenino: María. Tampoco Eva tiene un papel menor en la marcha de la humanidad, y la interpretación sobre ella ha supuesto la base de un discurso legitimador de la sumisión de las mujeres a los hombres.

Si bien es cierto que muchos estereotipos refuerzan la imagen de la mujer como un ser «perverso» (Eva, Dalila, Yael, Atalía, Jezabel o Salomé), también hay notables excepciones, entre las que destaca María, la madre de Jesús.

Por otro lado, el mundo del Antiguo Testamento es duro, brutal y feroz. Las acciones crueles, violentas y sangrientas afectan por igual a hombres y mujeres; Zimri*, Herodes o incluso Moisés, Josué o David actúan con una crueldad extrema, exterminando estirpes reales, familias y pueblos enteros.

Guía para identificar
a las mujeres de la Biblia

Abigaíl (AT)

Mujer judía del clan calebita. Fue una de las esposas del rey David. Su primer esposo era Nabal. Conoció a David cuando este era un fugitivo, jefe de una partida de guerreros. Tras enviudar, se casó con él y pasó a ser una de sus esposas.

Aparece en los dos libros de Samuel. En el primero, en los capítulos 25, 27 y 30, y en el segundo, en los capítulos 2 y 3. Aunque la historia importante se narra en 1Sam 25, el resto son meras alusiones.

Abigaíl era la esposa de Nabal, un calebita descendiente de Caleb, uno de los primeros exploradores judíos que había acompañado a Josué en la Tierra Prometida en Canaán. Vivían en Carmel, población cercana al monte Carmelo, donde poseían una gran hacienda con tres mil ovejas y mil cabras. Él era áspero y de malas maneras; ella, hermosa y juiciosa.

David, en aquellos tiempos, andaba errante por las zonas desérticas del reino de Israel, huyendo del rey Saúl con un gran grupo de guerreros. Sabiendo que era la época del esquileo, y que los pastores disponían de abundantes víveres, envió unos emisarios a pedir a Nabal que le proporcionase algunas provisiones de las que tenían sus esquiladores; alegaba que no había importunado nunca al marido de Abigaíl y había protegido a sus pastores en momentos anteriores. Pese a ello, los emisarios fueron despedidos con las manos vacías, pues Nabal dijo desconocerlos. Ante esto, David reunió un grupo numeroso de unos cuatrocientos soldados y se dirigió hacia la hacienda de Nabal con el propósito de saquearla.

Conocedora de la situación, Abigaíl, sin avisar a su marido, cogió víveres y se encaminó hacia donde estaba el grupo. Cuando se encontraron, le entregó las viandas a David, quien quedó satisfecho y desistió de atacar a Nabal.

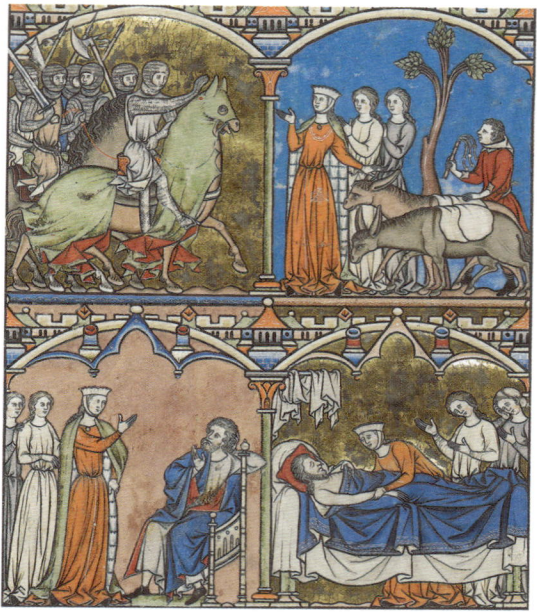

1. *Biblia de Maciejowski* (o de Morgan), siglo XIII,
Ms. M.638, f. 33v, Nueva York, Morgan Library & Museum.

A su regreso a casa, Abigaíl encontró a su marido ebrio en un banquete. Esperó al día siguiente y le contó lo que había hecho. Ante la revelación, Nabal quedó paralizado y, diez días después, murió. Al conocer los hechos, David pidió a Abigaíl que fuera su esposa y esta aceptó.

Así se convirtió en la tercera esposa de David. Vivió varias peripecias con él y su pueblo, entre las que destaca el haber sido raptada por la tribu de los amalecitas y, posteriormente, liberada por su marido. Le dio a este su segundo hijo, nacido en Hebrón y llamado Quilab. El primogénito, Amnón, era de una esposa anterior de nombre Ajinoán.

ABIGAÍL EN EL ARTE

Forma parte del conjunto de las denominadas «mujeres fuertes» en la tradición judía y, en este sentido, será representada junto a otras de ellas como Mical, Judit, Débora o Betsabé.

El ciclo completo de la historia de David y Abigaíl, desde su encuentro hasta la muerte de Nabal, se desarrolla únicamente en la Edad Media, en las biblias iluminadas, como puede apreciarse en la *Biblia de Morgan* [1], donde aparece en un folio con las diferentes escenas. En la parte superior, Abigaíl, cargada de víveres, se encuentra con David. Abajo a la izquierda, Abigaíl cuenta a su esposo lo ocurrido, y en el cuadro de la derecha este aparece en el lecho, moribundo, rodeado de su mujer y sus doncellas.

A partir de ahí, la principal escena que se reproduce será la del encuentro de Abigaíl con David, cuando esta le ofrece todas las viandas para aplacar su

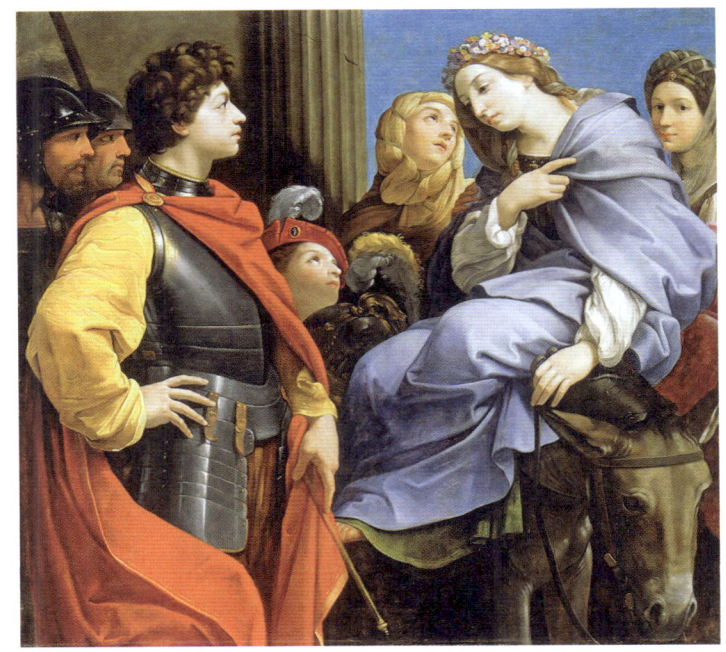

2. *El encuentro de David y Abigaíl,* Guido Reni, *ca.*1615, Norfolk, Chrysler Museum of Art.

cólera y salvar su casa. El mayor número de obras que refleja este momento se produce en el Barroco. La escena se repite constantemente con una estructura uniforme en los diferentes autores. Dos grupos enfrentados, uno de guerreros, conducido por David adelantado, y el otro de siervos que portan la comida, dirigido por Abigaíl. Muchas de estas obras pertenecen a los autores holandeses o flamencos del siglo XVII, como Jan Cossiers, Simon de Vos, Elias van Nijmegen o Rubens y su taller. Existen modelos singulares, como sucede en la obra de Guido Reni [2], en la que ella aparece montada en un asno frente a David.

En todos ellos, desde la Edad Media hasta el Barroco, la representación se realiza con atuendos propios de la época, sin adaptaciones a la posible vestimenta real o histórica.

En la obra de Luca Giordano [3], por ejemplo, se observa la estructura comentada. En la parte izquierda aparece Abigaíl ricamente ataviada, arrodillada y en actitud suplicante, acompañada de su séquito de sirvientes que portan diferentes alimentos que ofrecen a David. Ella aparece con ricos vestidos y enjoyada. Enfrente, David con su séquito de guerreros, también vestido con lujo e incluso con una corona de rey que no se ajusta a la realidad bíblica, ya que, cuando se produce el encuentro, él es un simple fugitivo, casi un forajido.

En el siglo XIX se produce la adaptación de las vestimentas de los personajes a un entorno más acorde con la época en que suceden los acontecimientos. Así se observa en la obra de Moritz von Schwind, *Abigaíl frente a David,* de 1830, ubicada en Múnich, en la Nueva Pinacoteca.

Existen muy pocas representaciones aisladas del personaje o en las que ella sea la protagonista central. Su principal atributo es portar un jarro que puede contener vino o grano, como es el caso de la obra de Antonio Cortina, *Abigaíl,* del siglo XIX, que se encuentra actualmente en el Museo de Bellas Artes de Valencia.

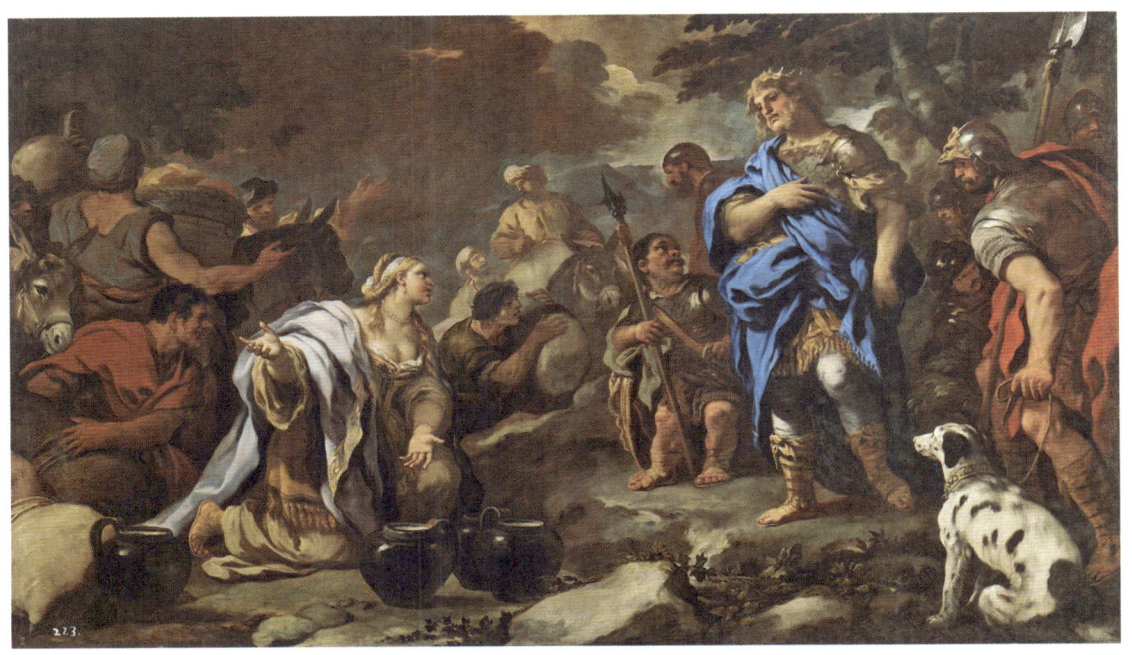

3. *La prudente Abigaíl*, Luca Giordano, 1696-1697, Madrid, Museo del Prado.

Principales escenas

• Abigaíl se presenta ante David ofreciéndole provisiones.

• Tras ver a David, Abigaíl informa de lo sucedido a Nabal, que fallece en su cama diez días después.

Símbolos y atributos

Se considera una de las denominadas «mujeres fuertes» de la Biblia: bellas y resueltas a defender sus creencias, sus sentimientos, a sus esposos o a sí mismas, para lo que no dudan en poner su vida en juego. Abigaíl se arriesgó al tratar de aplacar a David para salvar a su gente.

Salvo un jarro, un ánfora o cualquier recipiente en que se puedan transportar provisiones, no tiene atributos específicos, aunque suele representarse joven y bella.

Contexto histórico

Los hechos principales se producen durante el reinado del rey de Israel Saúl, en el siglo XI a.C., cuando David estaba huyendo del soberano. Se escondía en el desierto con un grupo numeroso de proscritos y realizaba diversas incursiones para aprovisionarse y obtener recursos.

Observaciones

La historia de Abigaíl nos muestra un estado de Israel con una composición casi feudal, donde los grandes propietarios, como Nabal, atesoran un gran poder, por sus posesiones, y los señores de la guerra del momento, como David, deambulan por el territorio con su grupo de guerreros, aprovisionándose sobre el terreno y ejerciendo como mercenarios.

Abisag (AT)

Mujer israelita, nacida en Sunem, ciudad cananea controlada por la tribu israelita de Isacar. Fue concubina del rey David en su vejez. Es también conocida con el apodo «la sunamita» (versión de la Conferencia Episcopal) o «la sulamita» (Réau y otros estudiosos). Su belleza contribuyó a que se aplicara el término «sunamitas» a las mujeres muy hermosas.

Aparece en el libro primero de los Reyes: 1Re, 3-4; 1Re, 15, 17 y 21.

«El rey David era ya viejo, entrado en años. Lo cubrían con mantas, pero no entraba en calor. Sus servidores le aconsejaron: "Que busquen para el rey mi señor una joven virgen que sirva al rey y sea su doncella, que duerma sobre tu pecho y entrará en calor el rey mi señor"». Buscando una muchacha hermosa por todo el territorio de Israel, encontraron a Abisag, la sunamita, y la llevaron al rey. La joven tenía muy buena presencia. Fue su doncella y le servía, pero el rey no se unió a ella» (1Re 1, 1-4). La joven estaba presente, cuidando a David, en momentos importantes, como en la petición de Betsabé, una de las mujeres del rey, para que Salomón fuera coronado rey, lo que indica la categoría de su posición.

Tras la muerte de David, la joven permaneció en la corte, sin que vuelva a ser mencionada hasta que Adonías, hijo de una de las mujeres del rey, la reclama como esposa. Adonías había intentado proclamarse rey cuando estaba vivo David, pero finalmente este designó a Salomón, frente a la tradición judía de nombrar heredero al hijo mayor. En este difícil momento, Adonías se salvó de ser eliminado por su hermano Salomón, quien le prometió que no lo mataría si se comportaba como hombre de bien, pero le advirtió que: «… si se prueba que ha actuado con malicia, morirá» (1Re 1, 52).

Tras la muerte de David, Adonías acudió a Betsabé y le solicitó, en son de paz, que pidiera

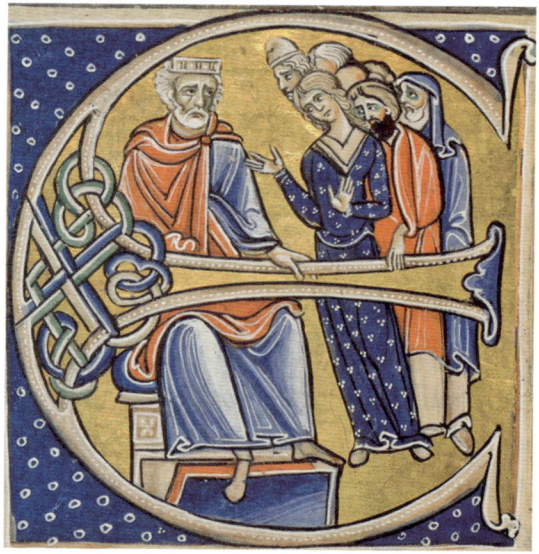

1. *Biblia de Souvigny*, siglo XII, Moulins, Bibliothèque de Moulins, 001, 0114V.

a Salomón que le concediera un deseo: la mano de Abisag. Betsabé transmitió el ruego a Salomón, pero este entendió que con ello su hermanastro no había renunciado al trono, ya que el matrimonio supondría un apoyo en su carrera al gobierno; por ello respondió a su madre que eso era como pedir el reino e indicó: «El Señor me castigue una y mil veces, si al decir tal cosa no se ha jugado Adonías la vida. ¡Vive Dios, quien me ha entronizado y consolidado sobre el trono de David mi padre, dándome una dinastía tal como había prometido! ¡Adonías será hoy hombre muerto!» (1Re 2, 23-24), y lo mandó matar. La explicación de la actitud radical de Salomón es que entendió que, con esta acción, Adonías aspiraba al harén real, hecho que correspondía en exclusiva al heredero del rey. Todas las posesiones del rey, cuando moría, pasaban a su sucesor, incluidas las esposas, las concubinas y el harén real. Desde este punto de vista, la solicitud de Adonías equivalía a pedir el reino.

Aprovechando la situación, además este eliminó a los distintos cortesanos que habían apoyado a su hermanastro. Por tanto, Abisag contribuyó así, indirectamente, a este drama o ajuste de cuentas que suponía el control total del reino por parte de Salomón.

Esta no vuelve a ser mencionada en la Biblia, salvo que se entienda que se refiere a ella el libro de El Cantar de los Cantares (Cant, 3, 7) cuando, al describir la boda de Salomón, se alude previsiblemente a ella denominándola «la sunamita» y se describe con detalle su gran belleza (Cant 7, 1).

ABISAG EN EL ARTE

El papel secundario de Abisag explica que haya sido poco representada. Aparece en diversos manuscritos y biblias iluminadas, como la *Biblia de Souvigny* [1], junto al rey, acompañada de varios cortesanos que se la presentan. Puede aparecer simplemente al lado o calentándole, pero siempre vestida y con una postura de dignidad contenida. En la cultura ortodoxa, pese a su escasa relevancia, aparecerá en iconos junto a la Virgen María como una de las mujeres importantes de la Biblia, sin características específicas, eso sí, con un nimbo de santa (Virgen de Donskoy).

Con una postura más desenfadada, surge en el siglo XV en el *Libro de Horas de Laval* o en las xilografías de Koburger [2], autor de las *Crónicas de Núremberg*, donde se representa totalmente vestida y con una cierta sonrisa de picardía mientras observa bajo las sábanas de la cama a un desnudo rey David. Pese a todo, la imagen contenida y virtuosa será la visión general.

No supondrá un tema importante en el Barroco. La visión de Rembrandt y sus discípulos, preocupados por el momento de la sucesión de David, muestra la decrepitud del rey y la belleza de Abisag, siempre contenida y vestida.

Este aspecto cambiará en el siglo XIX. El acercamiento al mundo oriental de los europeos será decisivo en este aspecto. En la obra de Frederick

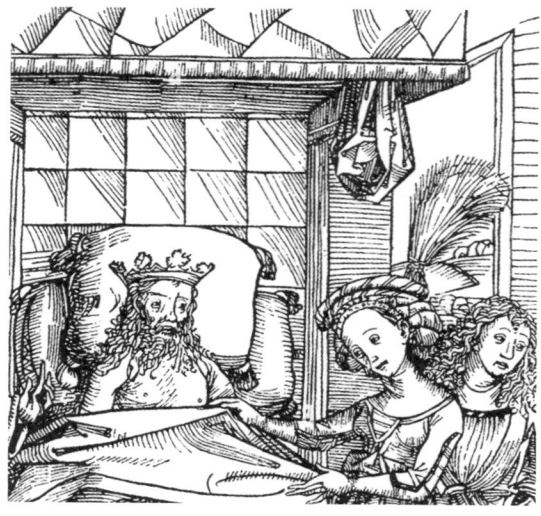

2. Detalle de *Abisag y David,* grabado en madera,
Anton Koburger, 1491.

Goodall [3], aparece una rotunda y sensual Abisag calentando con sus manos a un decrépito rey David en una escena perfectamente decorada. La acción revela además la importancia del personaje, presente en este momento crucial en que Betsabé, arrodillada, acompañada del profeta Natán, al fondo, pide a David que su hijo Salomón sea rey. Esta visión más voluptuosa del personaje será la que predominará en los autores contemporáneos, como, por ejemplo, en la sensual obra de Pedro Américo [4], donde una exuberante Abisag, totalmente desnuda, abraza a un asustado y achacoso David.

Principales escenas

• La presentación a David. Abisag aparece al lado de un decadente David, junto a numerosos cortesanos que presentan a la pareja.
• La relación con el rey David.
• La solicitud de Betsabé a David para que Salomón sea rey.

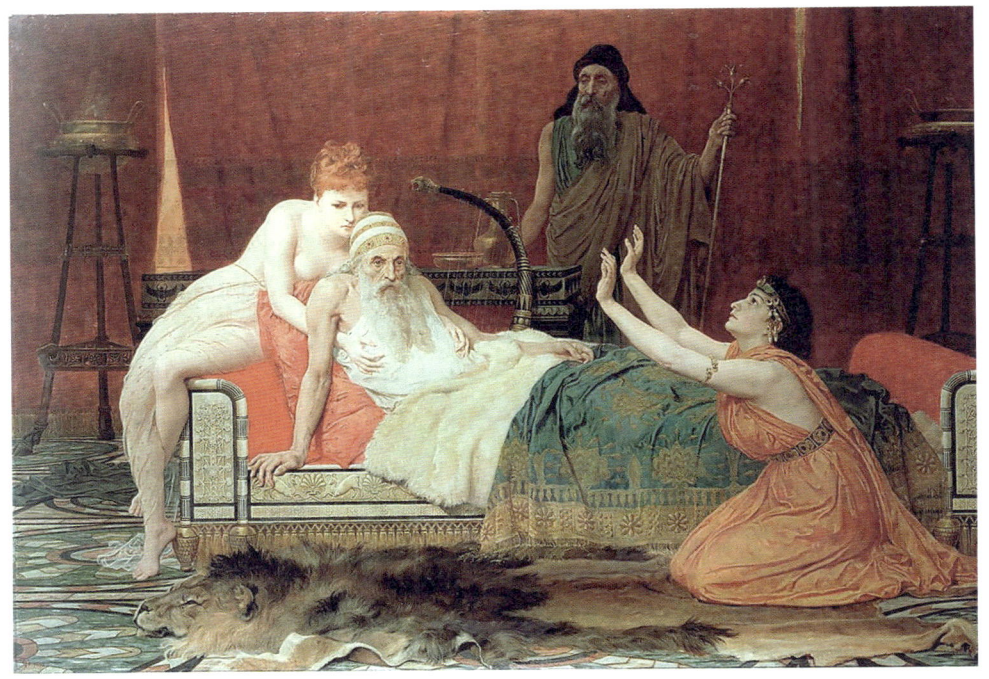

3. *La promesa de David a Betsabé*, Frederick Goodall, siglo XIX.

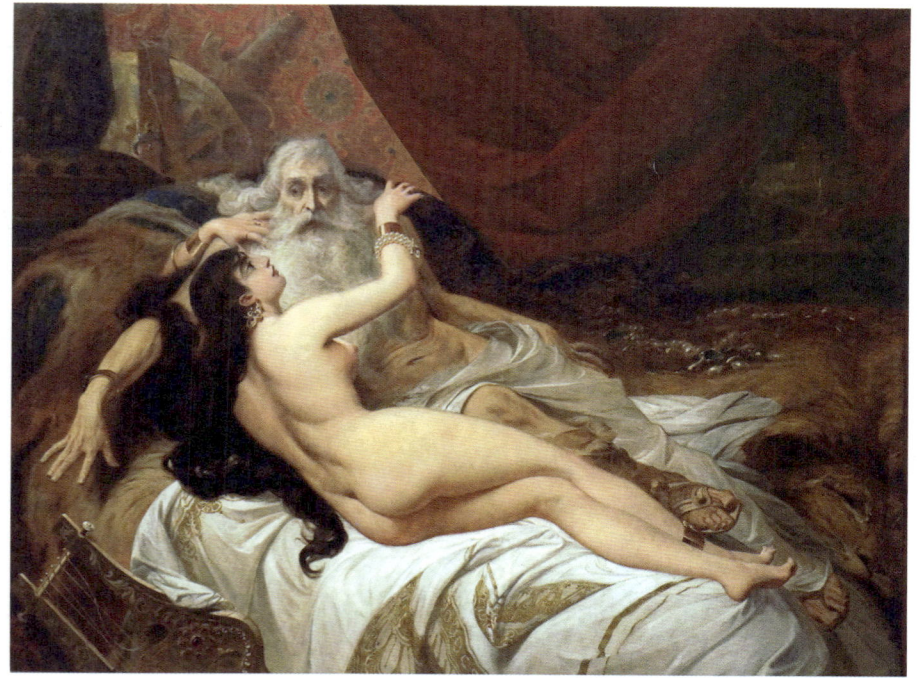

4. *David y Abisag,* Pedro Américo, 1879, Río de Janeiro, MNBA.

SÍMBOLOS Y ATRIBUTOS

La juventud y belleza son sus únicos atributos, por lo que solo se puede identificar si se la muestra al lado del rey David. Se incide así en la descripción bíblica: «La joven tenía muy buena presencia» (1Re 1, 4). Suele aparecer sonriente.

CONTEXTO HISTÓRICO

Los hechos se desarrollan alrededor del año 966 a.C. en el reino de Israel, al final del reinado de David, y en los comienzos del dominio de Salomón, uno de sus hijos y sucesor.

David fue uno de los principales soberanos hebreos. Consolidó las fronteras del primer rey, Saúl, y creó un estado fuerte y militarmente poderoso tras una vida llena de peligros y dificultades. Al final de su reinado se produjeron múltiples luchas entre sus hijos por la sucesión al trono, que finalmente ocupó Salomón.

OBSERVACIONES

Réau entiende, sin que aparezca en la Biblia ni citando fuente alguna, que Abisag, mientras realizaba sus labores junto al rey, se convirtió en la concubina de Adonías y Salomón.

El valor simbólico de que el rey poseyera y controlara a su harén era muy importante en Israel. Este hecho se observa de manera radical en la guerra civil entre David y su hijo Absalón. Cuando este último expulsó de Jerusalén a su padre, uno de sus asesores, para demostrar su poder, le recomendó que se acostase con las diez concubinas que el rey David había dejado en su huida. Absalón así lo hizo de modo explícito: «Se desplegó una tienda sobre la terraza y Absalón se llegó a las concubinas de su padre a la vista de todo Israel» (2Sam 16, 22). Este hecho nos explica la suspicacia de Salomón ante la petición de Adonías respecto a Abisag.

Agar (AT)

Esclava egipcia. Abrahán la compró para el servicio de su mujer. Fue madre de Ismael. Para algunos investigadores, este nombre está compuesto de «Ha» y «Gar» («la otra»), pues para los judíos era una extranjera y ni Abrahán ni Sara la llamaron nunca por su nombre, excepto Dios. Sin embargo, otros afirman que «agar» es un término semítico relacionado con la palabra «huida».

La historia de Agar aparece en el Génesis, desde el capítulo 16 hasta el 21.

Agar era una joven esclava egipcia a quien Abrahán puso al servicio de su esposa Sara. Ambos cónyuges eran de avanzada edad y no habían tenido ningún hijo porque Sara era estéril. Para los judíos tener un hijo era una bendición de Dios, y la esterilidad siempre se le imputaba a la esposa, que podía ser repudiada por esta incapacidad para procrear.

Abrahán era un hombre poderoso, se encontraba en la vejez y necesitaba un heredero. Entonces, Sara le entregó a su marido a su esclava Agar, que aún era joven, para que yaciese con ella y lograra así su anhelado deseo de ser padre. Poco después la joven quedó encinta y comenzó a burlarse de su ama por su infecundidad. Sara, al sentirse humillada, se quejó a su esposo, que le contestó que la esclava era suya y que podía tomar las medidas que quisiese.

Sara comenzó a maltratar a Agar hasta que esta se cansó y se marchó de la casa camino del desierto; pero, mientras estaba descansando junto a una fuente, se le apareció el Ángel del Señor, la llamó por su nombre y le dijo que iba a tener un hijo al que debía llamar Ismael, y que sería libre, fuerte, poderoso y le procuraría una descendencia tan numerosa que no se podría contar, pero que debía regresar a casa de Abrahán y someterse a su señora. Agar habló al ángel llamándolo «El Roí» *(Dios que me ve)*, pues se dijo: «¿No he visto aquí al que me ve?»; por eso a aquel pozo, que se encuentra entre Cadés y Bared, se lo denominó Beer Lajay Roi *(Pozo del Viviente que me ve)* (Gén 16, 8).

Es la segunda vez en la Biblia que una mujer habla directamente con Dios y por este motivo le llama con ese nombre tan extraño. Este anuncio es una prefiguración* de la Anunciación a María bastantes siglos después.

Ismael creció sano y fuerte, y cuando tenía trece años, Dios estableció una alianza con Abrahán en estos términos: «Por mi parte, esta es mi alianza contigo: serás padre de muchedumbre de pueblos… sacaré pueblos de ti, y reyes nacerán de ti […]. El Señor añadió a Abrahán: "Por tu parte, guarda mi alianza […]. Esta es la alianza que habréis de guardar… sea circuncidado todo varón entre vosotros" […]. Entonces Abrahán tomó a su hijo Ismael, a todos los nacidos en su casa y a los comprados con dinero, a todos los varones de su casa, y les circuncidó la carne del prepucio aquel mismo día, como le había dicho Dios» (Gén 17, 4-23).

Un año después, y por decisión divina, Sara tuvo un hijo a quien llamaron Isaac. Pasado un tiempo, Sara pensó que Ismael, como hijo mayor, sería el heredero de su padre, así que le dijo a Abrahán que echase de casa tanto a la madre como al hijo. Él, entristecido, así lo hizo, pero Dios le dijo que no se preocupase, pues el hijo de la esclava sería padre de un gran pueblo.

Abrahán, entonces, les dio pan y un odre con agua a Ismael y a su madre y los despidió de su casa. Ellos comenzaron a caminar y llegaron al desierto de Berseba. Allí se les acabó el agua y Agar tumbó al niño, que estaba exhausto, bajo unos arbustos, mientras ella se sentaba unos metros alejada para no ver morir al niño de sed y comenzaba a llorar con desconsuelo. En ese momento apareció de nuevo el Ángel del Señor, que le enseñó una fuente para que bebiesen y les ordenó seguir porque Dios los iba a proteger; también le comunicó que se había dispuesto que Ismael fuese padre de una gran nación.

La madre y el hijo siguieron viviendo en el desierto y, pasado el tiempo, Ismael se convirtió en un experto arquero y se casó con una egipcia.

AGAR EN EL ARTE

Es una figura muy representada en el arte occidental. Son muchas las escenas en las que aparece, entre las que destacan la presentación de Agar a Abrahán guiada por Sara, la huida al desierto o la expulsión de Agar y la aparición del ángel y sus cuidados.

En la Edad Media, la huida de Agar al desierto al ser maltratada por Sara y la aparición de un ángel que le profetiza que será madre de un hijo suponen para el cristianismo la prefiguración* de la Anunciación a la Virgen María y así será representada en una miniatura de *Sächsische Weltchronik* (Stuttgart), de Rudolf von Hems.

En una cúpula de San Marcos en Venecia, un artista anónimo representó con mosaicos una escena poco habitual, ya que se invierten los papeles: Abrahán entrega a su esposa Sara a la joven esclava Agar; él permanece dentro de la casa y en el exterior las dos mujeres acercan las manos. La esclava lleva una cinta sujetando el pelo, mientras Sara aparece tocada con un velo. Al lado, otro mosaico reproduce a Agar sentada en el suelo, hablando con el Ángel de Dios.

Junto a la escena en que Sara entrega a Abrahán a su esclava para que le dé un hijo, la más representada es la más dramática: la expulsión de Agar y su hijo Ismael al desierto, donde están a punto de perecer de sed. Jan Mostaert, en su *Abraham despide a Agar e Ismael*, de 1525, actualmente en el Thyssen-Bornemisza de Madrid, muestra un conjunto de escenas entre las que destaca esta expulsión.

El Barroco continúa centrándose en la representación del drama, como se muestra en la obra de Lastman [1]. En el centro de la imagen, Abrahán, apenado, pone la mano sobre la cabeza de su hijo como si lo bendijese mientras el niño llora al saber que debe marcharse y sujeta

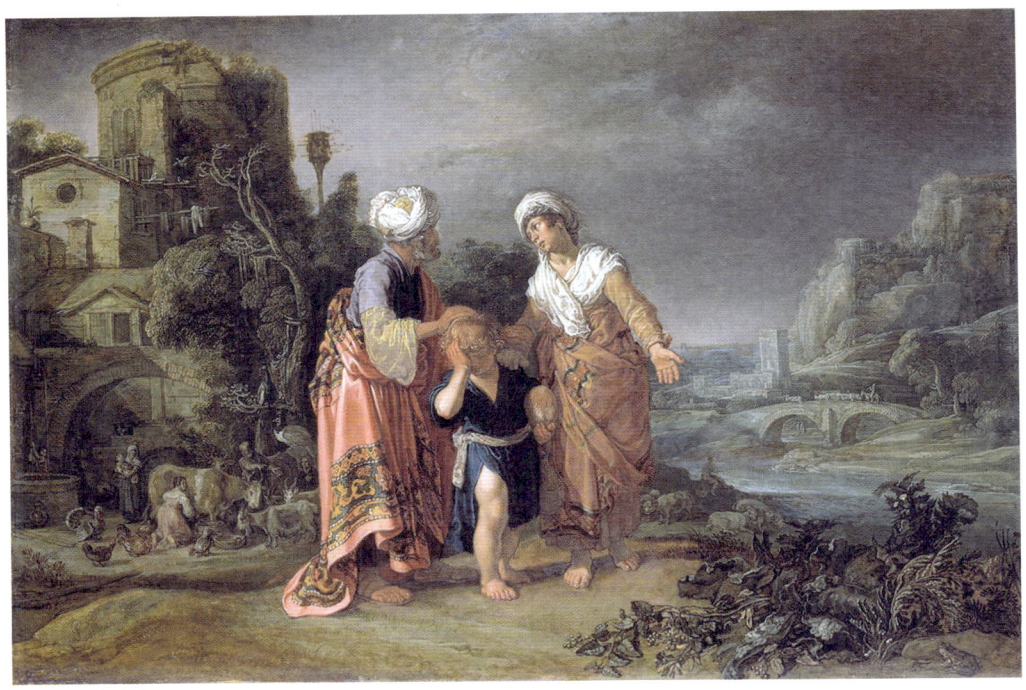

1. *La expulsión de Agar*, Pieter Lastman, 1612, Hamburgo, Hamburger Kunsthalle.

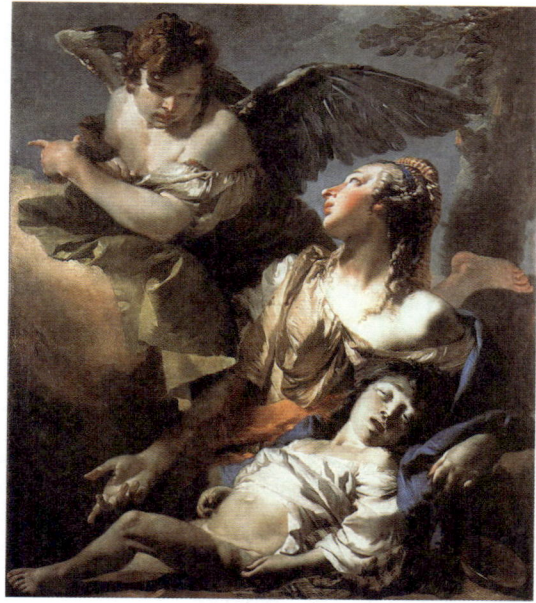

2. *Agar e Ismael en el desierto,* Giovanni Battista Tiepolo, 1732, Venecia, Scuola di San Rocco.

el pan que su padre le ha dado para el camino. Agar parece reprochar a Abrahán la cruel decisión que ha tomado. Al fondo aparece Sara con su hijo Isaac en brazos mirando la escena y, junto a ella, unos criados ordeñan una vaca. El paisaje es el típico holandés, con un puente de piedra y una lejana ciudad. Los personajes llevan unas extrañas y exóticas vestiduras.

La obra de Tiepolo sobre el tema aporta mayor recogimiento [2]. Los tres personajes aparecen muy cerca, llenando todo el cuadro; el niño, sediento, cansado, pálido, tiene los ojos cerrados, provocando la compasión del espectador, mientras Agar lo enseña al ángel pidiendo ayuda, y este entonces le muestra el lugar donde se halla la fuente vivificadora. La imagen de la madre con el hijo suele recordar a la de María con Jesús en brazos.

El neoclasicismo insiste en la escena y resalta los aspectos dramáticos y simbólicos, como se observa en la obra de Lock [3]. La escena se sitúa en un desierto donde una palmera caída y seca muestra la dureza del clima, y allí, con mu-

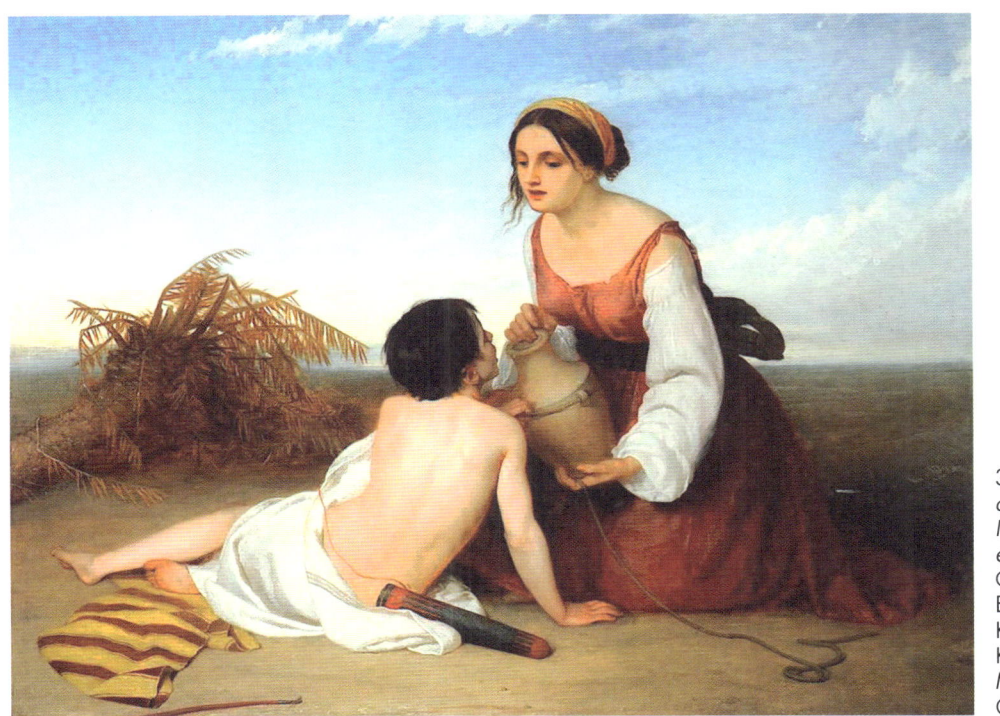

3. *Agar ofrece agua a su hijo Ismael, en el desierto,* Charles Lock Eastlake, 1842, Keswick (RU), Keswick Museum & Art Gallery.

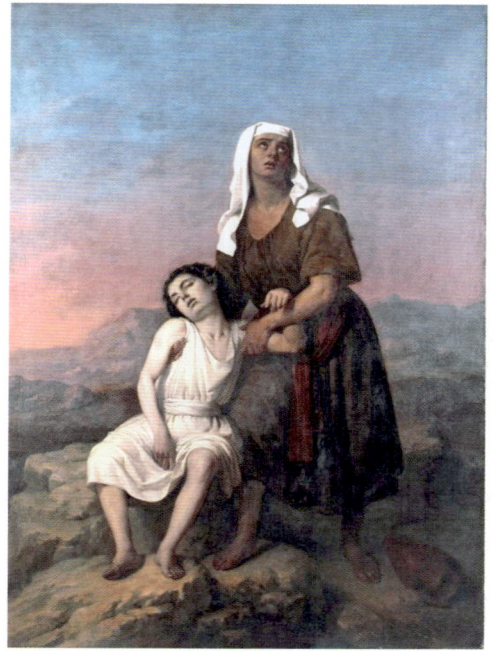

4. *Agar e Ismael en el desierto*, Antonio M. Esquivel, 1856, Madrid, Museo del Romanticismo.

cho cuidado, Agar le da agua de un cántaro a su hijo, que está semidesnudo por el calor tórrido y que enseña una espalda demasiado blanca para ese sol abrasador. Lleva un arco y un carcaj para señalar que se convertirá en un experto arquero.

El romanticismo destaca el ambiente exótico y el orientalismo propios de la época, como se observa en la obra de Esquivel [4]. Con estructura piramidal, aparecen solo dos figuras: la madre y el hijo. El muchacho, sentado en una roca, se ha desvanecido exhausto, y su madre lo sujeta para que no se caiga mientras eleva los ojos al cielo pidiendo una ayuda que aún no ha llegado. En el suelo aparece un cántaro vacío y no hay sombra para protegerse. Esquivel busca un efecto dramático en la escena al no pintar al ángel que les mostrará el camino de la fuente.

En la escultura son muchos los ejemplos de representaciones de Agar, sobre todo desde el neoclasicismo hasta nuestros días. En el siglo XIX llaman la atención las composiciones más clasicistas, como la romántica de Lazzerini [5] que refleja el momento en que Agar salva al muchacho dándole de beber. Al rayar el siglo XX se producen obras más dramáticas centradas en la escena del desierto donde los dos personajes, hijo y madre, aparecen agotados, como, por ejemplo, la escultura de François Sicard de 1897 sita en el Palacio Saint-Pierre de Lyon.

PRINCIPALES ESCENAS

• Abrahán entrega a su esposa Sara a la esclava egipcia Agar.
• Abrahán expulsa a su hijo Ismael y a su madre.
• Agar hablando con el ángel.
• Agar en el desierto con Ismael y hablando con el ángel.

SÍMBOLOS Y ATRIBUTOS

En la actualidad, hay mucha gente que considera a Agar un símbolo de libertad, resistencia y esperanza para millones de mujeres opri-

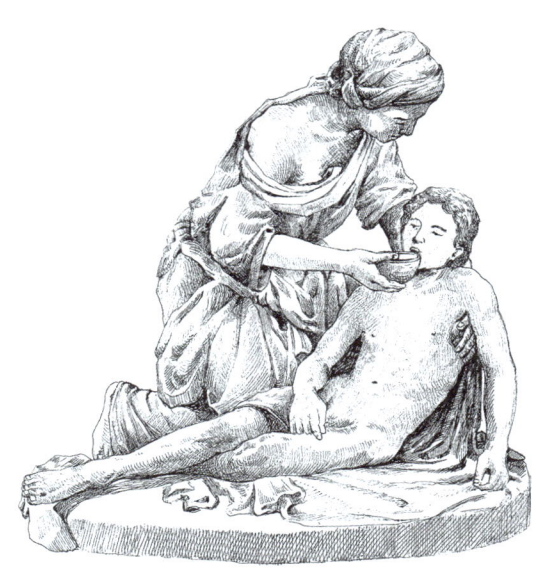

5. Dibujo de la escultura *Agar e Ismael*, Giuseppe Lazzerini, 1869.

midas. En las representaciones artísticas suele ir acompañada de su hijo Ismael. Otros elementos que la caracterizan son un cántaro, una fuente, una hogaza de pan y un ángel que se le aparece en las dos ocasiones en que marcha al desierto.

CONTEXTO HISTÓRICO

Es el inicio de la historia del pueblo judío. En esta época, algunas tribus hebreas comienzan a establecerse en zonas del actual Israel. El territorio está habitado por los cananeos, pueblos seminómadas dirigidos por reyezuelos que luchan con frecuencia entre sí y que ya han conseguido construir algunas ciudades amuralladas como Ascalón (junto al Mediterráneo, al sur de Tel Aviv) y Ourosalim (Jerusalén).

Es una región estratégica situada entre los grandes imperios de la época —el egipcio, al sur, y el hitita, asirio y babilonio, al norte— que suelen invadir estos territorios.

Según los arqueólogos judíos, es en el siglo XVII a.C. cuando llegan a asentarse las primeras tribus procedentes del norte. Son pueblos nómadas y monoteístas que, para establecerse en la región, deben superar numerosos enfrentamientos bélicos con los cananeos. Uno de estos es el de Abrahán, que viene de Ur (Ur de los caldeos [Gén 11, 31]), desembocadura del Éufrates en el actual Irak, y que se establecerá cerca de la ciudad de Hebrón. Recientes estudios basados en la traducción original de la Biblia de los Setenta* y la toponimia de los nombres de la familia de Abrahán sitúan el origen en una zona mucho más al norte, que haría más creíble la migración hebrea a Canaán.

OBSERVACIONES

Agar es un personaje fascinante. Comienza siendo una esclava y una extranjera a la que sus amos ni le dan nombre y acaba siendo madre de Ismael y matriarca de un gran número de pueblos, a la que Dios llama por su nombre y habla directamente. Los musulmanes la valoran como su madre y cada año miles de ellos se desplazan hasta La Meca y rememoran la experiencia de Agar en el desierto junto al pozo llamado hoy Zamzam. Consideran que es la mujer legítima de Abrahán y que ellos, por tanto, son los auténticos descendientes del patriarca a través de Ismael.

Esta diatriba sobre la herencia de Abrahán, a través de Sara con Isaac o de Agar con Ismael, llevó a san Pablo a insistir en la línea de Isaac, con afirmaciones que contradecían en cierta medida el afán fraternal e igualitario del cristianismo. Así indica: «Porque está escrito que Abrahán tuvo dos hijos, uno de la esclava y otro de la libre; pero el hijo de la esclava nació según la carne y el de la libre en virtud de una promesa [...]. Pero ¿qué dice la Escritura? "Expulsa a la esclava y a su hijo, porque no heredará el hijo de la esclava con el hijo de la libre". Así,

pues, hermanos, no somos hijos de la esclava, sino de la libre» (Gál 4, 21 y ss.).

La dura historia de Agar ha hecho que su figura sea tomada como referente de lucha frente a distintas opresiones. Así, por ejemplo, la escritora feminista Phyllis Trible indica a propósito de Agar: «Es la representación de toda mujer rechazada porque es la sirvienta fiel explotada, la mujer negra usada por el hombre y abusada por la mujer de la clase poderosa, la madre sustituta, la mujer inmigrante sin recursos legales, la otra, la joven fugitiva, la mujer religiosa huyendo de la aflicción, la joven embarazada que está sola, la esposa expulsada, la divorciada con un hijo, la loca que solo lleva consigo agua y pan, la mujer sin hogar, la indigente que depende de las limosnas de las estructuras del poder, la madre que depende de asistencia social, la mujer modesta cuya propia identidad se encoge en el servicio a las demás personas».

Ana (NT)

Mujer israelita, madre de la Virgen María. No aparece en la Biblia, solo en los evangelios apócrifos* como el *Protoevangelio de Santiago*, el *Pseudo Mateo* y el *Evangelio de la Natividad de María*. También se la menciona en el Corán. Se incluye aquí por su importancia y para aclarar diversos personajes femeninos relacionados con la Virgen María y Jesús. El nombre es conocido en hebreo como *Hannah*.

Fue la madre de la Virgen María y, por tanto, abuela de Jesucristo. Nació en Belén. Pertenecía a la tribu de los levitas y era descendiente del rey David. Estuvo casada con Joaquín, con el que no tuvo hijos. Al ser rechazado en el templo por su esterilidad, Joaquín se marchó a orar, mientras Ana quedaba en casa llorando. Un ángel se les apareció a los dos al mismo tiempo y les aseguró que iban a ser padres. Joaquín regresó feliz y se encontró con su esposa delante de la Puerta Dorada de Jerusalén, donde se abrazaron y dieron un casto beso. Tuvieron una hija a la que llamaron María y a los tres años la presentaron en el templo.

Otra leyenda apócrifa, popularizada por Santiago de la Vorágine en su *Leyenda dorada*, y las visiones de una monja, santa Coleta, muestran una familia más amplia. Según esta leyenda, condenada en Trento pero creída y representada en la Edad Media, Ana, tras la muerte de Joaquín, se casó con Cleofás y tuvo una hija, María de Cleofás. Cuando este murió, se casó con Solás (o Salomé), del que tendría una tercera hija, María de Salomé. Esta sería la familia de María, la Virgen.

Ana en el arte

El culto a santa Ana fue tardío en Occidente, hacia el siglo VIII, aunque no tomaría fuerza hasta la llegada, con las Cruzadas, de reliquias re-

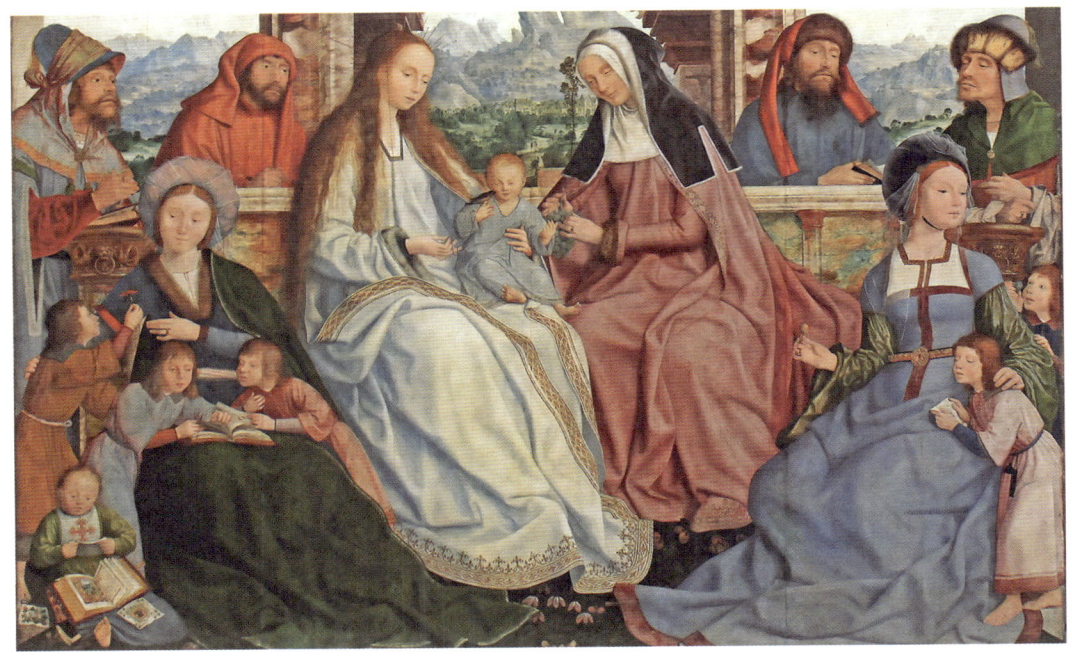

1. Detalle de la tabla central del tríptico *Cofradía de Santa Ana*, Quinten Metsys, 1509, Bruselas, Museos Reales de Bellas Artes de Bélgica.

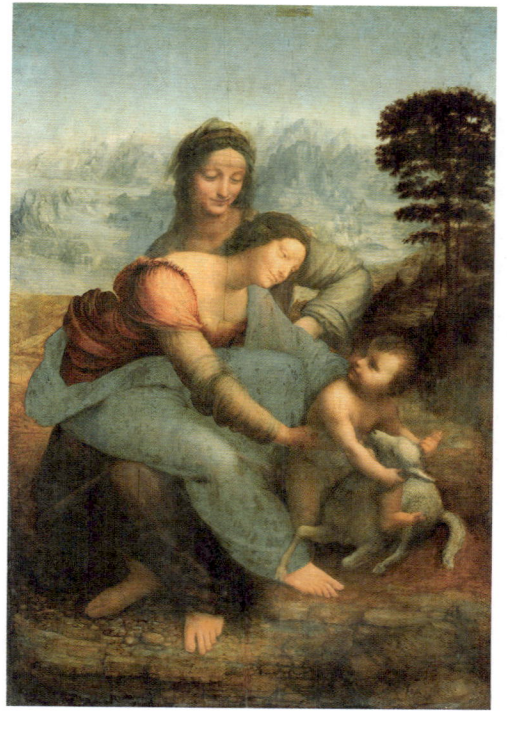

lacionadas con la madre de la Virgen, un velo y un tejido. *La leyenda dorada* le daría un empuje definitivo, creándose a partir del siglo XV cofradías y altares en su honor.

Su vida se plasmó en diversos conjuntos iconográficos como el que aparece en la Capilla Scrovegni, del Giotto, siglo XIV, o los grabados de Durero referidos al encuentro en la Puerta Dorada de Jerusalén o al nacimiento de la Virgen.

Igualmente se representará la familia entera con gran cantidad de obras en la Edad Media y el inicio del Renacimiento; una de las más significativas es la de Metsys [1]. En el centro de la obra se ve al Niño Jesús en el regazo de su madre la Virgen María, y a la derecha, santa Ana. Abajo a la izquierda, María de Cleofás con sus cuatro hijos: Santiago el Menor, Judas, Simón y José el Justo. A la derecha, María Salomé con sus dos hijos, Santiago el

2. *La Virgen con el Niño y santa Ana*, Leonardo da Vinci, *ca.* 1513, París, Museo del Louvre.

Mayor (con una concha en la mano) y san Juan Evangelista (con un libro). Detrás, los hombres de la familia, de izquierda a derecha: Joaquín, José, Cleofás y Solás.

También hay que mencionar el conjunto iconográfico denominado «la triple Ana», que se caracteriza por incluir a santa Ana, la Virgen María y el Niño Jesús. Así aparece, por ejemplo, en el retablo de Gil de Siloé, en la capilla del Condestable de la catedral de Burgos hacia el 1500. Son muchas las obras así representadas. Grandes autores como Leonardo da Vinci lo atestiguan con su obra *La Virgen con el Niño y santa Ana* [2], en la que aparecen en un ambiente relajado y pastoril.

Pese a que los protestantes rechazaron la idea de los tres maridos, y también los católicos en el Concilio de Trento, la santa siguió siendo patrona de poderosas archicofradías, como por ejemplo la de los palafreneros del papa, que pidió una obra a Caravaggio [3] en la que la santa aparece a la derecha, muy envejecida y con aire adusto, y a la izquierda, la Virgen María pisa la serpiente

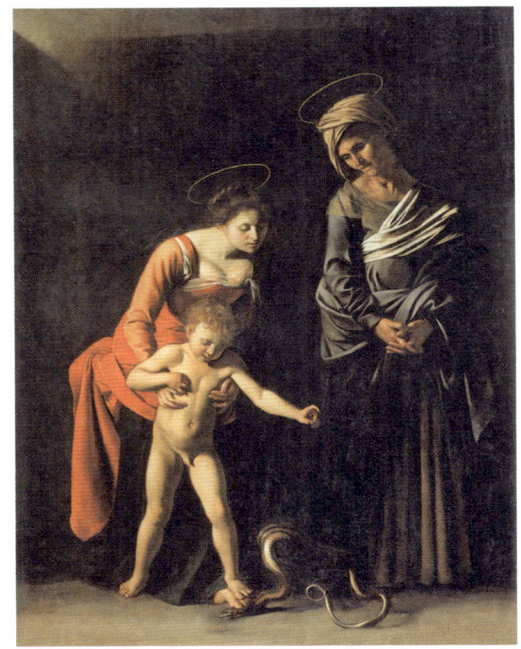

3. *Madona con el Niño y santa Ana*, Caravaggio, 1605, Roma, Galería Borghese.

41

mientras sujeta al Niño Jesús, que ayuda a su madre aumentando la fuerza de la pisada.

Algunos autores como Rubens incluyeron en el conjunto familiar a san José, como se aprecia en su obra del Museo del Prado *La Sagrada Familia con Santa Ana* (ca. 1630). El Niño y la madre ocupan el papel central y, tras ellos, como personajes secundarios, aparecen santa Ana y el santo.

Principales escenas

- El beso en la Puerta Dorada.
- Con la Virgen María y Jesús, «la triple Ana».
- Con su familia.
- Sola, como una matrona, con una túnica verde y un manto rojo.
- En el nacimiento de la Virgen.
- Como intercesora entre el mundo y el cielo.

Símbolos y atributos

Otros objetos que pueden aparecer son un libro, un lirio, una puerta, un nimbo, unas uvas o una llave, en este último caso por considerarla un medio para acceder al cielo. Y también como personaje, la Virgen María de niña.

Contexto histórico

La vida de Ana discurre en torno al siglo I a.C., con un Israel ocupado por los romanos y una Galilea, donde se ubica Belén, dominada por un miembro de la familia de Herodes. No obstante, ella vivía, con su marido, en Jerusalén.

Observaciones

Las uvas que forman parte de sus atributos son un recuerdo de la eucaristía.

Atalía (AT)

Reina de Judá. Posible hija de Omri (2Re 8, 26), rey de Israel, y hermana de Ajab. Otra tradición indica que era hija de Jezabel y Ajab, reyes de Israel. Se casó con Jorán, rey de Judá, y fue madre del sucesor al trono judío, Ocozías.

Su historia se narra en el segundo Libro de los Reyes (2Re, 8, 26 y 11) y en el libro segundo de Crónicas (2Crón, 22 y 23).

Atalía era la mujer de Jorán, rey de Judá. Cuando este murió, le sucedió el primogénito del matrimonio, Ocozías, que tuvo un reinado muy breve, ya que fue asesinado en una sublevación. Atalía, tras ser informada de la muerte de su hijo, decidió reinar ella misma y para ello mandó asesinar a todos los hijos de Ocozías, que eran sus nietos, y a toda la estirpe real; solo se salvó su nieto Joás, gracias a que Joseba, una hermana de Ocozías, pudo esconderlo en su dormitorio y luego en el templo de Yahvé, en Jerusalén. Permaneció allí oculto siete años.

Atalía reinó sobre Judá en este periodo, manteniendo el culto a Baal y al Dios de Israel. Transcurrido este plazo, un sacerdote llamado Yehoyadá, partidario de un solo dios, Yahvé, preparó un complot con la guardia y proclamó rey a Joás, al que presentaron al pueblo. Al oír las aclamaciones, Atalía corrió al templo y vio al niño coronado rey, por lo que se sintió traicionada. No obstante, el sacerdote mandó llevar a la reina al palacio, donde fue ejecutada con una espada, y Joás se convirtió en rey de Judá. Su muerte fue celebrada por todo el pueblo con gran júbilo.

Atalía en el arte

Lo complejo de la historia y las conexiones de los dos reinos, Judá e Israel, que dificultaban la comprensión del relato, contribuyeron a que no fuera excesivamente representada. No obstante, los aspectos brutales de la historia y la ma-

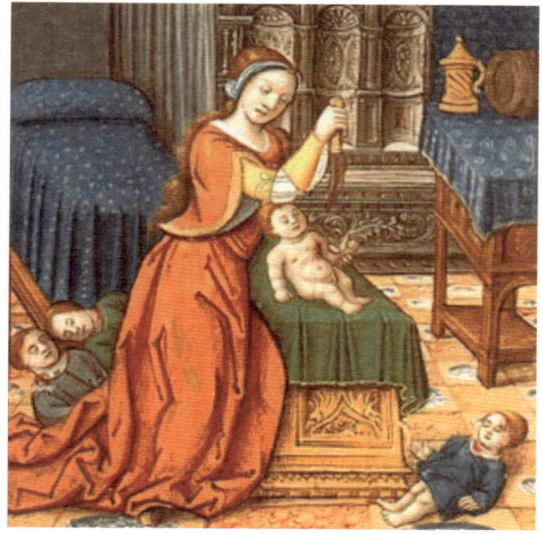

1. Miniatura de Atalía, en el manuscrito de Antoine Dufour, *Vie des femmes célèbres*, ca. 1505, Nantes, Museo Dobrée.

sacre de su propia familia para conseguir el poder fueron plasmados en diversos libros miniados durante la Edad Media, ya que recordaban la «matanza de los inocentes» de Herodes. Se representó a la propia reina mandando matar a los niños o asesinándolos ella misma, como se aprecia en la obra de Dufour [1]. También se refleja la muerte de Atalía, decapitada o lapidada, sin que se tenga en cuenta que la Biblia indica que fue ejecutada con espada.

El mundo protestante, y en especial los holandeses, tan interesados por las intrigas palaciegas y el enfrentamiento contra los reyes indignos, la reflejarán en diversos grabados. Así se muestra en la muerte de los inocentes de la obra de Harmen Jansz Muller [2], donde la reina ordena la masacre. Mientras Atalía observa a los guardias asesinando con espadas y puñales a niños y adolescentes, a la izquierda de la obra se observa a Joseba salvando a Joás.

La expulsión de Atalía del templo donde se ha entronizado a Joás aparece con gran lujo de

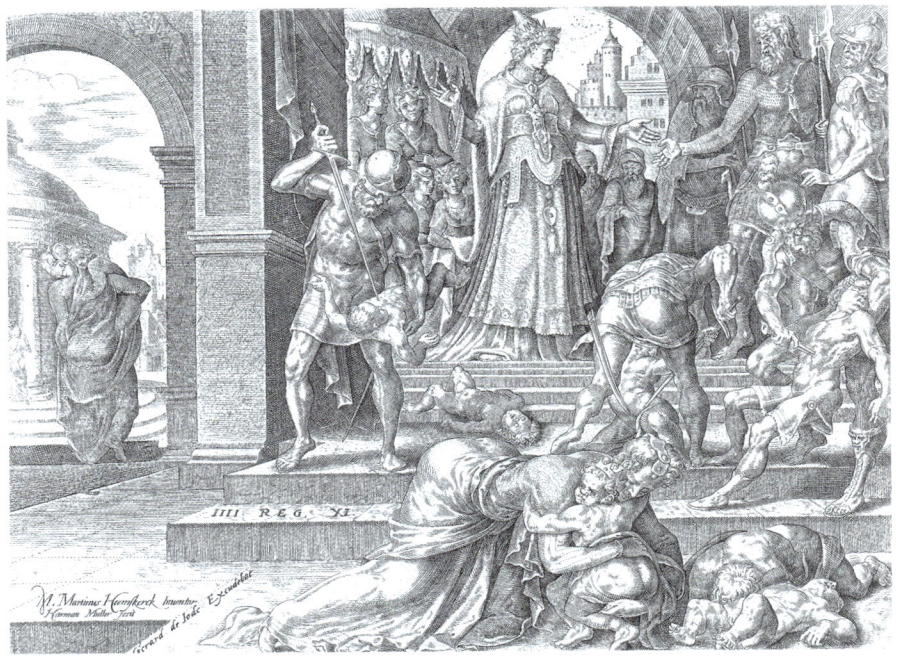

2. *La reina Atalía hace matar a los niños reales,* Harmen Jansz Muller, dibujos de Maarten van Heemskerck, 1585, Ámsterdam, Rijksmuseum.

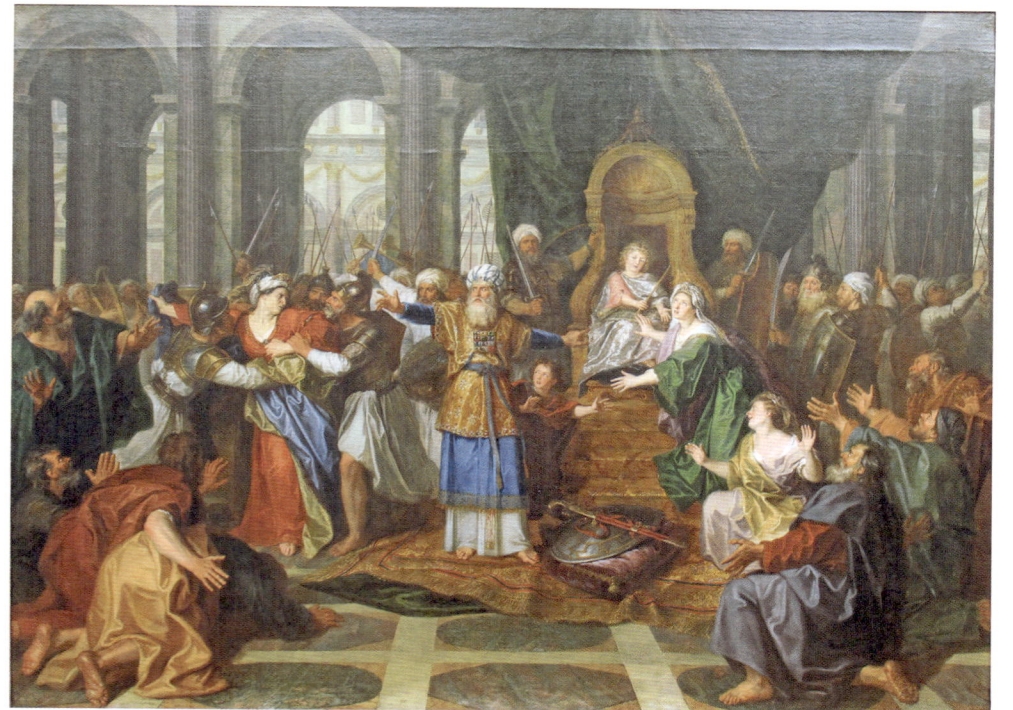

3. *Atalía
expulsada
del templo*,
Antoine
Coypel,
*ca.*1697,
París,
Museo
del Louvre.

detalles en la obra de Coypel [3], donde Joás, sentado en el trono, con un cetro en la mano y situado tras el sacerdote Yehoyadá, observa cómo los soldados, a la izquierda, expulsan a una iracunda Atalía. En su obra *Atalía interroga a Joás* (Museo de Brest) se muestra una escena curiosa que no aparece en la Biblia en la que el proclamado rey es interrogado por su abuela, hecho plasmado por otros autores como José Aparicio en su obra *Atalía y Joás,* de 1804, en la Academia de San Fernando de Madrid.

Doré, en uno de sus grabados [4], hace hincapié en el aspecto religioso reflejado en la Biblia: el que el sacerdote evita matar a la reina en el templo. La obra muestra a Atalía agarrada a la pared del templo para evitar ser ejecutada.

PRINCIPALES ESCENAS

- Atalía ordena matar a los inocentes.
- Coronación de Joás frente a una Atalía iracunda.
- Atalía, expulsada del templo y ejecutada.

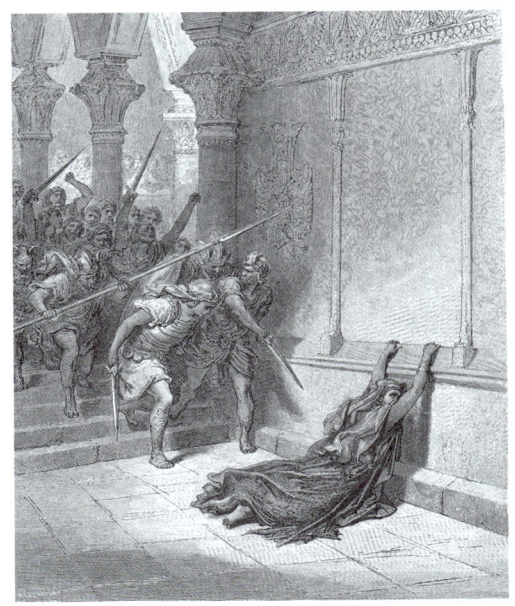

4. *Muerte de Atalía*, grabado, Gustave Doré, siglo XIX.

SÍMBOLOS Y ATRIBUTOS

Se la representa con los símbolos de la realeza: corona, cetro, vestidos lujosos, etc.

CONTEXTO HISTÓRICO

Los hechos se desarrollan hacia el siglo IX a.C., en el reino de Judá.

Israel se había dividido en el 830 a.C. El reino de Israel, al norte, incluía a los que no habían aceptado como rey al hijo de Salomón, Roboán, mientras que, al sur, el reino de Judá, con las tribus de Judá y Benjamín, sí lo había hecho. El reino de Judá comprende la región de Judea, y el de Israel, las regiones de Samaria y Galilea.

Se sucedieron diversos reyes en Judá hasta llegar a Jorán, que se casó con Atalía y reinó entre los años 852-841 a.C. Su reinado fue turbulento desde el principio, con el asesinato de seis de sus hermanos para conseguir todo el poder. Varios territorios vasallos, Edom y Libna, se independizaron, y también fue atacado por filisteos y árabes. Tras sus derrotas, Jorán tuvo que ver cómo eliminaban a muchos de sus hijos y esclavizaban a sus mujeres. Murió dos años después de la derrota, odiado por todos y de una enfermedad horrible. Solo le quedó su hijo Ocozías, que fue elegido rey cuando tenía cuarenta años. Tras su muerte, Atalía usurparía el trono.

OBSERVACIONES

Para comprender mejor los hechos interesa incluir el esquema con la genealogía de los reyes de Israel y Judá, tras la división del reino en el año 830 a.C. En esta versión se acepta que Atalía fue hija de Ajab y Jezabel, aunque la Biblia indica que era hija del rey de Israel Omri.

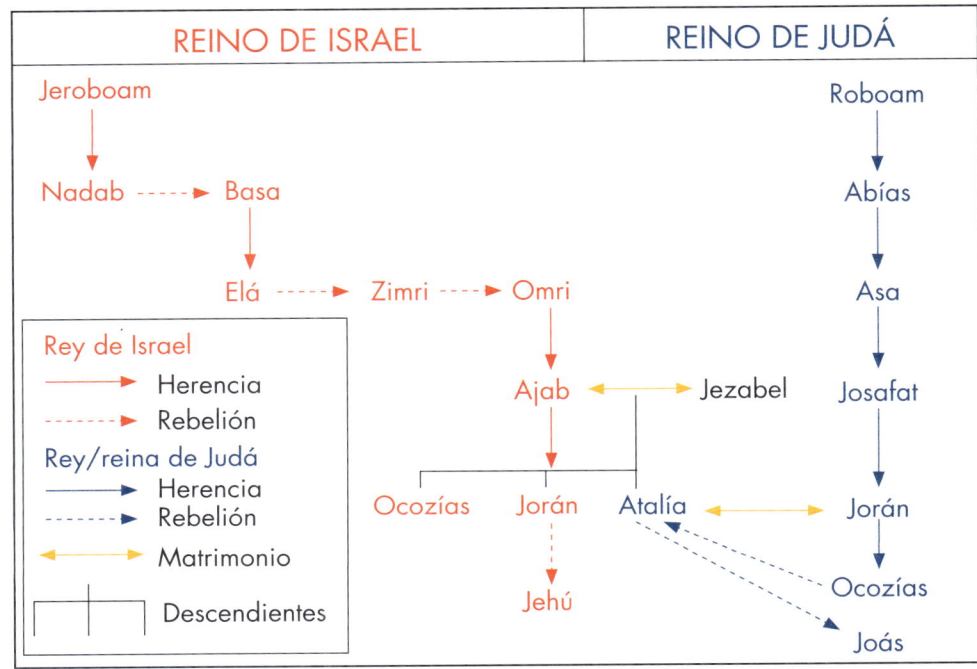

REINO DE ISRAEL — REINO DE JUDÁ

Jeroboam → Nadab ----▸ Basa → Elá ----▸ Zimri ----▸ Omri → Ajab ◀—▶ Jezabel

Roboam → Abías → Asa → Josafat → Jorán → Ocozías

Ajab → Ocozías, Jorán → Jehú; Atalía ◀—▶ Jorán

Atalía ----▸ Ocozías, Joás

Rey de Israel
——▸ Herencia
----▸ Rebelión

Rey/reina de Judá
——▸ Herencia
----▸ Rebelión

◀—▶ Matrimonio

Descendientes

5. Genealogía de los reyes de Israel y Judá tras la separación del reino.

49

Betsabé (AT)

Mujer israelita. Estuvo casada inicialmente con Urías el *heteo* (hitita). Posteriormente fue una de las mujeres del rey David y madre del rey Salomón. Su nombre significa «hija del juramento» *(Bath-seba)*.

Su historia aparece en el libro segundo de Samuel, capítulos 11 y 12, y en el primer Libro de los Reyes, capítulos 1 y 2.

El rey David descansaba en su palacio de Jerusalén mientras su ejército, con su comandante en jefe Joab, sitiaba Rabá, la capital de los amonitas, pueblo con el que Israel estaba en guerra. Tras levantarse de una siesta, salió a pasear por la terraza y descubrió a una bella mujer que se estaba bañando. Mandó averiguar quién era y fue informado de que se trataba de Betsabé, la esposa de uno de sus soldados, Urías el hitita, que en ese momento estaba sitiando Rabá. Pese a ello, ordenó que fuera llevada a su presencia y se acostó con ella.

Betsabé quedó embarazada e informó al rey. Entonces David mandó llamar al marido para que visitase a su mujer y, así, ocultar el hecho. Pero cuando Urías llegó a Jerusalén, no fue a su casa, pese a la insistencia del monarca, ya que, según indicó: «El Arca, Israel y Judá moran en tiendas, y mi señor Joab y los servidores de mi señor acampan al raso. ¿Y yo voy a ir a mi casa a comer y beber y a acostarme con mi mujer? [...], no he de hacer tal cosa» (2Sam 11, 11).

Ante tan comprometida situación, David escribió una carta cerrada a Joab, su comandante, y encargó al mismo Urías que se la entregara; en ella se decía: «Poned a Urías en primera línea, donde la batalla sea más encarnizada. Luego retiraos de su lado, para que lo hieran y muera» (2Sam 11, 15). Joab así lo hizo y Urías sucumbió. Después, David llamó a Betsabé a su palacio y se casó con ella.

Esto desagradó a Dios, que envió a su profeta Natán para que le reprochase a David su acción y le lanzase una maldición en su nombre: «Yo voy a traer la desgracia sobre ti, desde tu propia casa. Cogeré a tus mujeres ante tus ojos y las entregaré a otro, que se acostará con ellas a la luz misma del sol» (2Sam 12, 11). David se arrepintió y reconoció su pecado; Natán le consoló explicándole que el Señor le había perdonado, pero que sería castigado con la muerte del hijo que naciera de Betsabé. Y así fue: el niño enfermó y murió en siete días, pese a los ayunos y oraciones de David. Él se acostó de nuevo con Betsabé y tuvo otro hijo al que llamó Salomón.

Pasado el tiempo, el hijo mayor del rey David, llamado Adonías, quiso proclamarse rey. Enterada del suceso por el profeta Natán, Betsabé se presentó al rey, ya muy anciano, le comunicó los hechos y le recordó sus propias palabras: «Mi señor, tú has jurado a tu sierva por el Señor tu Dios: "Tu hijo Salomón reinará después de mí y se sentará en mi trono"» (1Re 1, 17). David hizo que Salomón fuera ungido rey ante todo Israel.

Al enterarse Adonías, temeroso por la reacción de Salomón, ya que no podía haber dos reyes, le suplicó que no le matara y este le prometió respetar su vida si se portaba como hombre de bien. David murió al poco tiempo.

Tras ello, Adonías solicitó la ayuda de Betsabé para pedir la mano de Abisag, una bella concubina de David con la que el rey, muy anciano, no se había acostado (véase ABISAG). Al ser informado por su madre, Salomón entendió que su hermanastro reclamaba algo que pertenecía solo al rey y sospechó que tramaba alguna traición, por lo que ordenó ejecutarlo.

BETSABÉ EN EL ARTE

La historia de Betsabé es larga y compleja; incluye numerosos hechos y escenas para ser representados, pues implica diversos aspectos humanos universales: el amor, la seducción, la

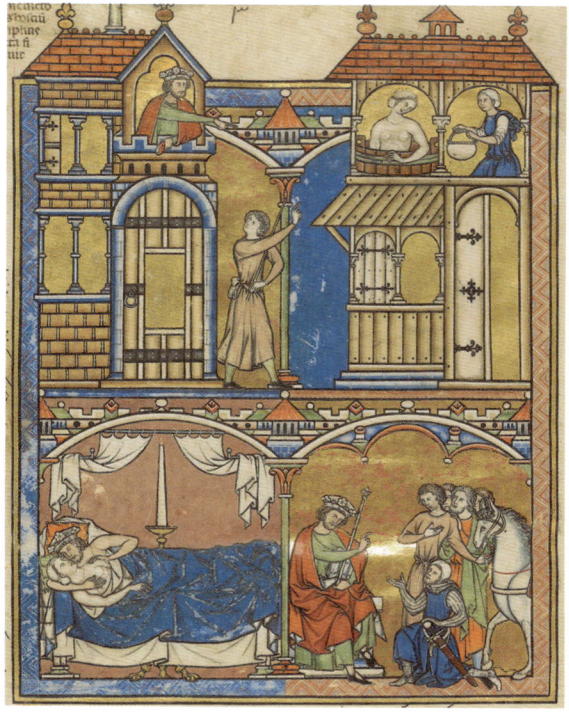

traición, el asesinato, la lucha por el poder, etcétera.

La postura poco clara de Betsabé, ya que la Biblia no indica si estaba de acuerdo con el rey o si se vio obligada a cumplir sus deseos, abrirá la posibilidad de que se la considere responsable del pecado de David, que le lleva no solo a cometer adulterio sino a organizar una trama para ocultar su desliz, que, al no funcionar, le empujó al alevoso asesinato de su fiel soldado Urías, marido de Betsabé.

La escena del baño y su atractivo erótico predominará en las representaciones ya desde los comienzos, pero con el matiz de la implicación de Betsabé al avivar la lujuria del rey.

1. Escenas de la historia de Betsabé: arriba, el rey David observa a la mujer bañándose e indica que sea llamada; abajo a la izquierda, ambos consumando el adulterio, y, a la derecha, David prepara el engaño a Urías. *Biblia de Maciejowski,* Ms. M.638, f. 41v, siglo XIII, Nueva York, Morgan Library & Museum.

Inicialmente, en la Edad Media, se reflejará el ciclo completo de la historia del personaje en diversas escenas, como aparecen en la *Biblia de Maciejowski* [1]. En distintas viñetas se desarrolla toda la narración, que comienza con el baño, donde, por un lado, un expeditivo David ordena —obsérvese el imperioso gesto al siervo—, y, por otro, a la derecha, Betsabé se baña descuidadamente. En la parte inferior destaca el papel activo de él y el pasivo de ella. La escena encaja con el ambiguo texto bíblico, que no menciona los sentimientos de ella. La trama en la que se intenta engañar a Urías sigue el mismo modelo de asertividad de David y recoge la brutal muerte del marido de Betsabé con detalle. En cualquier caso, no se incluye la intermediación de ella en favor de Salomón ni la implicación en la muerte de Adonías.

La actitud pasiva de Betsabé es la generalmente representada en este periodo histórico, aunque aparecen ejemplos singulares en esta fase, como el del Salterio de Boisleux, del siglo XIII, donde ella adopta un papel muy activo y alegre en el lecho, frente a un pasivo David.

En la mayor parte de las biblias iluminadas, manuscritos y libros de horas medievales, se mostrará el momento

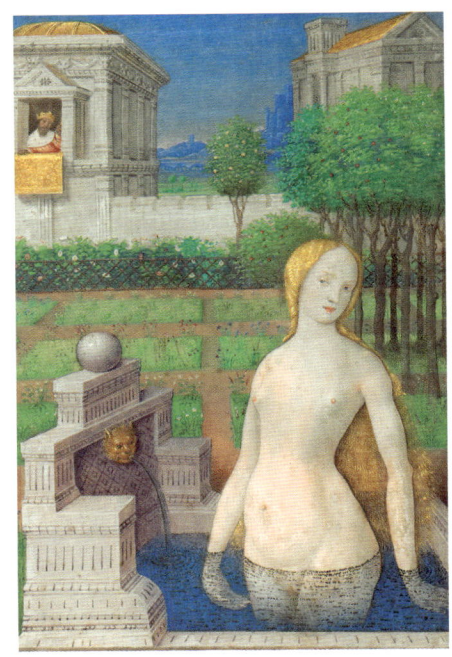

2. *Betsabé bañándose*, Jean Bourdichon, 1498-1499, Los Ángeles, Getty Center.

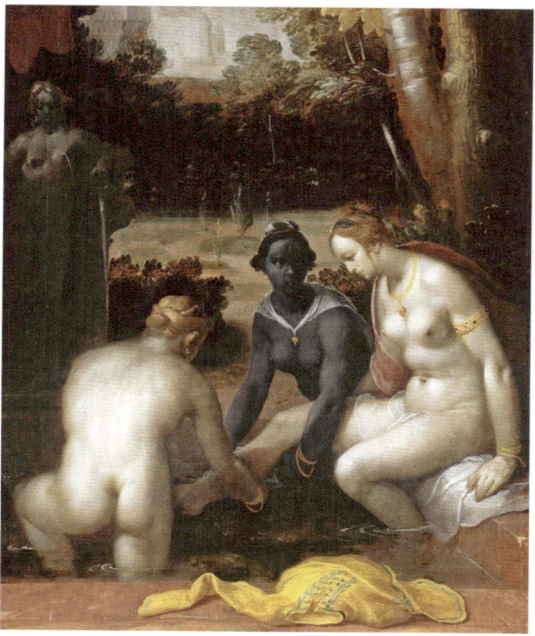

3. *Betsabé*, Cornells van Haarlem, 1594, Ámsterdam, Rijksmuseum.

del baño de Betsabé. Conforme nos acercamos al Renacimiento, la actitud de ella, generalmente pasiva, se irá tornando cada vez más cargada de sensualidad, implicando una sutil seducción del rey y encarnando las maneras de una *femme fatale*. Este aspecto se aprecia en la obra de Bourdichon [2], donde ella se insinúa claramente al rey, girándose, pero con los ojos fijos en el observador real. En diversos libros de horas franceses de comienzos del siglo XVI se muestra un desnudo más exhibicionista, con toques de coquetería y seducción.

La acción del baño cobra un papel central desde el Renacimiento, donde la escena es un clásico. Ella puede aparecer desnuda o semidesnuda y excepcionalmente vestida, mientras se adivina al rey David en un segundo plano observándola. El modelo se extendió desde el siglo IX hasta nuestros días. Pese a todo, existen matices; Lucas Cranach en sus obras sobre heroínas religiosas, como su *Betsabé en el baño,* de 1521, en Berlín, mantiene vestida a Betsabé incluso en este momento. No fue el único: Veronés, en 1575, en su *Betsabé*, representa a una mujer elegantemente vestida, posiblemente tras las abluciones, junto al mensajero del rey. No obstante, la mayoría de autores insiste en el aspecto más erótico y lujurioso, con cuadros en los que se destaca la desnudez con rotundidad, como se observa, por ejemplo, en la obra de Van Haarlem [3], donde se acumulan los elementos eróticos con desnudos múltiples que se ven subrayados en la escultura clásica que se adivina en el fondo a la izquierda.

Los pintores barrocos Rubens o Rembrandt insisten en el tema dándole un carácter más intimista e introduciendo ciertas licencias artísticas. Así, Rubens, en *Betsabé en su baño* [4], propone una mujer que domina la situación, que no es la seducida sino la seductora. Está sonriente, medio desnuda, recibiendo divertida al mensajero

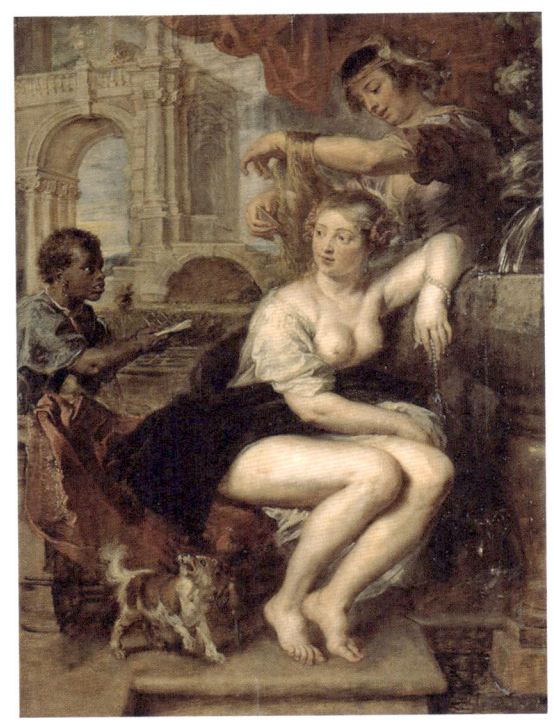

4. *Betsabé en su baño*, Rubens, *ca.* 1635, Dresde, Colección de Arte Estatal.

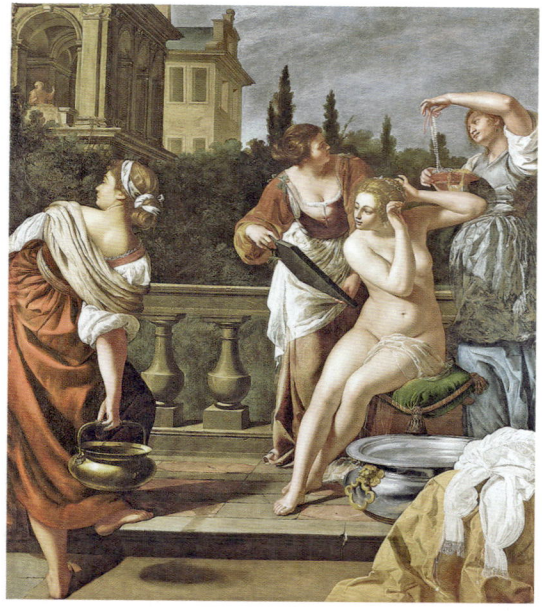

5. *El baño de Betsabé* (restaurado), Artemisia Gentileschi, 1650, Potsdam, Nuevo Palacio.

del rey, que le entrega una carta, con una pose copiada de los cuadros mitológicos de desnudos de Tiziano. Este aspecto de la misiva real será utilizado desde entonces con mucho éxito, aunque no aparece en la Biblia, donde los mensajeros del rey no entregan carta alguna.

Rembrandt repetirá el tema del baño hasta en cuatro ocasiones, en una de las cuales, la del Louvre de 1654, repite el detalle de la carta, matiz mantenido hasta nuestros días, como se puede apreciar en la obra de homenaje a Rembrandt de Patricia Watwood, artista estadounidense figurativa del siglo XX.

El Barroco mantiene, en determinados autores, este tema central de manera constante e incluso muy reiterativa. En todos se insiste en la desnudez de la joven y en su riqueza, ya que a su alrededor existen varios sirvientes y las joyas y ricos vestidos muestran su opulencia. Artemisia Gentileschi [5], por ejemplo, tiene hasta tres versiones dedicadas al tema. Las obras son similares en su estructura, con variaciones en algunos detalles. En todas ellas, la futura reina está desnuda, sentada frente a una balaustrada, rodeada por sus doncellas, la cabeza girada, aunque en alguna versión mira directamente, *sin ver,* en dirección al rey, que observa desde su palacio cercano. Los medios del baño son simples, una jarra y una vasija o jofaina, si bien están ricamente decorados, al igual que los atributos de la joven (collares, corona, etc.). Su expresión de una cierta melancólica seriedad o severidad parece anticipar el drama que se avecina, como indica Bornay.

Otros muchos autores representan en diversas ocasiones la escena, como es el caso de Luca Giordano y su obra del Museo del Prado [6] y de la Art Gallery de Ontario. En todas se repiten los aspectos antes indicados, con matices: la obra de 1654 tiene una composición más sencilla; la de 1663 muestra a una alegre Betsabé que coquetea directamente con el rey, y en la de

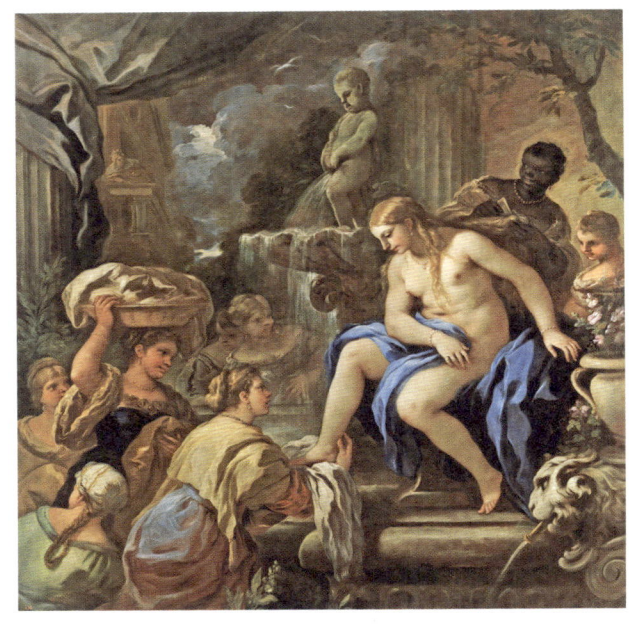

6. *Betsabé en el baño,* Luca Giordano, 1696-1698, Madrid, Museo del Prado.

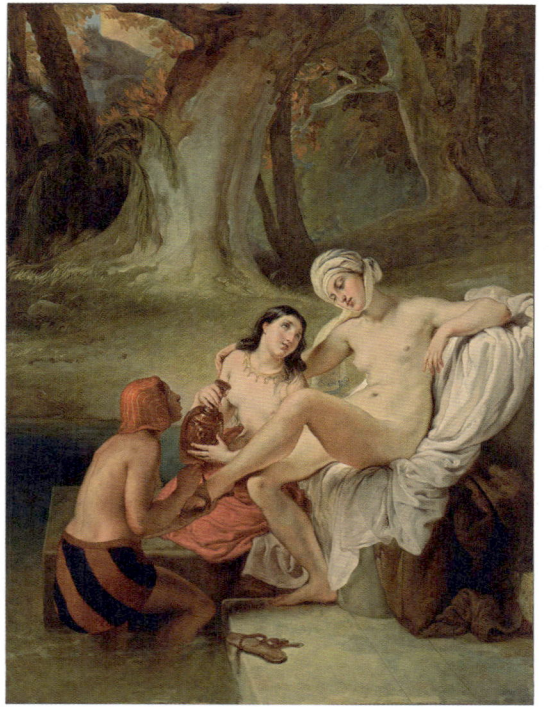

finales de siglo (1696-1698) se unen elementos más profundos. El predominio de claroscuros respecto a Betsabé y su entorno, junto con el inicio del anochecer, dan una gran fuerza al conjunto. Destaca como protagonista la mujer sobre un disimulado David en un fondo ocre.

En el siglo XVIII, la pintura de género galante insiste en una alegre, opulenta y festiva Betsabé que incita a la lujuria. Ella es la responsable frente a un pasivo y concentrado David, variante que se observa, por ejemplo, en la obra de Troy, *Betsabé en su baño,* de 1750, actualmente en Philbrook.

Durante el siglo XIX el tema sigue con plena vigencia y se añaden diferentes matices. Blake, en su obra *Betsabé en el baño,* de 1800, mantiene a una joven desnuda, en un ambiente pastoril, y a un David en posición superior, que observa. Se produce igualmente la corrección propia del historicismo y romanticismo, con una ambienta-

7. *Betsabé en su baño*, Francesco Hayez,1845, Milán, Pinacoteca di Brera.

ción más adecuada, menos aparatosa y más cercana a la realidad de Oriente, como se aprecia en la obra de Hayez [7], donde la protagonista principal aparece en un simple baño en plena naturaleza, acompañada de dos sirvientas sencillas, mientras, en un perfecto camuflaje, David observa la escena. Otras obras, como la de Jean-Léon Gérôme, de finales de siglo, se recrean en el aspecto erótico y la rotundidad del personaje, en una escena simple pero de una gran carga erótica donde la posición lateral de la joven se enfrenta, en una imaginaria diagonal, a la mirada de David. La posición del rey deja claro el impacto que le produce la visión y la responsabilidad de ella en los acontecimientos posteriores, aspecto ambiguo en la Biblia que da lugar a esta interpretación.

El «delito», la «culpa», como indica Bornay, descansa en la mujer, por su «flaqueza e imprudencia». Este mensaje se corresponde con el auge de la figura literaria de la «mujer fatal» que impregna la cultura occidental.

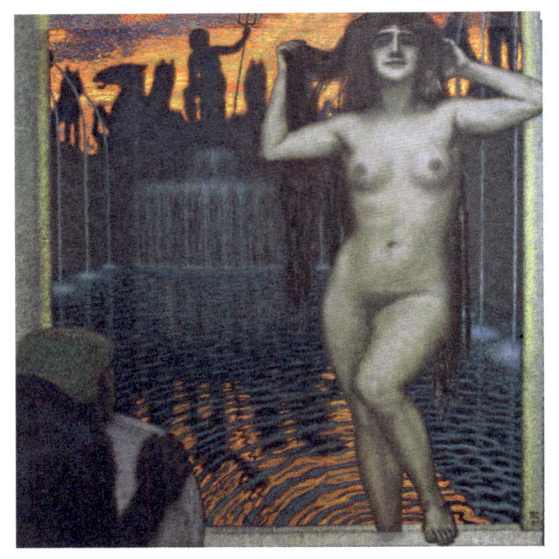

8. *Betsabé*, Franz von Stuck, 1912, Buenos Aires, Museo Nacional de Bellas Artes.

No obstante, varios autores del siglo XX reivindican el poder de la mujer y la muestran como el sujeto dominante y seductor. Este detalle se observa claramente en el trabajo de Von Stuck, atraído en el conjunto de su obra por la *femme fatale*. En su *Betsabé* [8], ella mira y sonríe con complicidad al espectador mientras emerge de su baño, cual Venus, dominando la situación, incluso saliendo del cuadro para caminar hacia el espectador y seduciendo a un rey, cuya sombra se adivina atrás, transformado en Neptuno o en diablo con su tridente.

Este es el mensaje que predomina en el arte; Betsabé se muestra bañándose en un espacio, conocedora de su exposición a la vista de David, lo que implica que podía ser consciente de que el rey podría estar observándola y, por tanto, sería la responsable de la seducción y el drama posterior.

Este enfoque salvaría a un rey David reverenciado, tanto en el judaísmo como en el cristianismo, a la vez que se insiste en el papel de la mujer como la gran tentadora, aspecto que se remonta a la figura de Eva, responsable de los desastres ulteriores de la humanidad. El problema de este punto de vista es que no coincide con la literalidad bíblica y olvida la persistencia de David para forzarla a cometer adulterio: «David envió mensajeros para que la trajeran» (2Sam 11, 4).

Los otros dos momentos importantes, al margen del baño, serán la intercesión de Betsabé ante David en favor de su hijo para que sea considerado rey y la posterior coronación o entronización de Salomón junto a su madre. En estos casos, el cambio de papel es radical, ya que se produce la asociación del personaje con la Virgen María, vinculado a la teoría de la prefiguración* que relacionaba a David y Salomón con Jesús, y a Betsabé, con su madre. Con ello se reafirman las imágenes de la intercesión por nosotros y la coronación de María. Es por ello por lo que este aspecto aparece profusamente ilustrado en las biblias moralizantes y manuscritos iluminados medievales, aunque luego se vaya diluyendo, salvo en los discípulos de

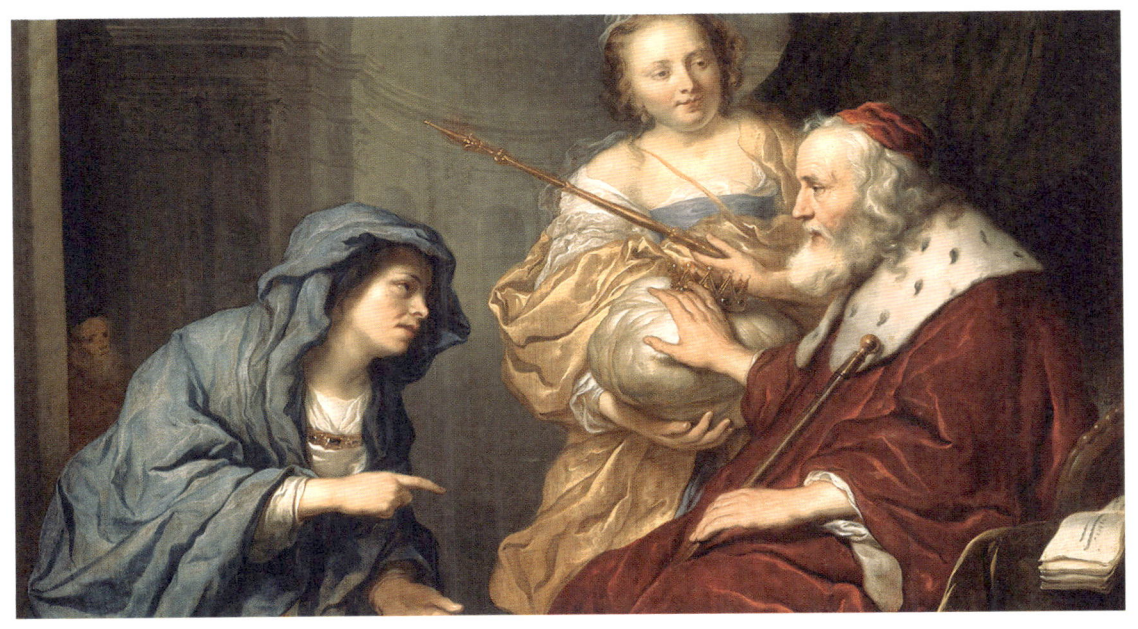

9. *Apelación de Betsabé a David*, Govert Flinck, 1651, Dublín, Galería Nacional de Irlanda.

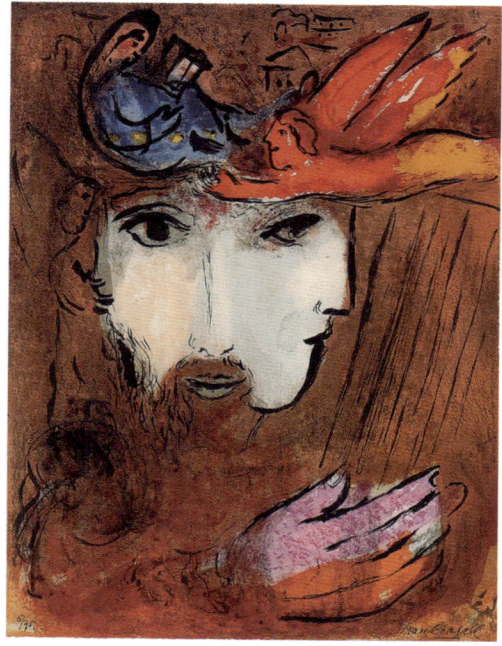

10. *David y Betsabé,* litografía en color, Marc Chagall, 1956.

Rembrandt, tan interesados en el tema de la sucesión del rey David. Así, por ejemplo, aparece en la obra de Gerbrand van den Eeckhout, *David promete a Betsabé que Salomón será su sucesor,* expuesta en la Galería Nacional de Praga en 1646, que muestra a una madura Betsabé, alejada de los desnudos y el erotismo, arrodillada frente a David mientras Natán y Abisag contemplan la escena.

En la misma línea, otro holandés, Govert Flinck, pintará su *Apelación de Betsabé a David* [9] con el mismo tema, pero con una protagonista inquisitiva, al recordar la promesa a David, con el dedo levantado, solicitando la corona para Salomón mientras Abisag contempla el hecho.

Un momento marginal que se representó solo en la Edad Media es la escena de los reproches de Natán al rey David tras la muerte de Urías. Aunque no aparecía en la Biblia, se incorporaron un ángel, como alegoría del arrepentimiento (metanoia), y la figura de Betsabé con o sin el hijo de ambos.

Aunque existen obras singulares con matices surrealistas, como *David y Betsabé,* de Marc Chagall [10], que ofrece una interpretación psicológica de la relación entre ambos y con un rostro que se funde en uno, la mayor parte de los autores de los siglos XIX y XX repiten el modelo de «mujer fatal», con poses de la joven similares a las de las odaliscas, como se observa en la obra *Betsabé*, de Paul Cézanne, de finales del siglo XIX, expuesta en el Museo de Orsay de París, que recuerda a la *Olympia* de Manet.

En pleno siglo XXI sigue representándose al personaje en su momento crucial; así aparece en la escultura de Benjamin Victor [11], que muestra a una sensual Betsabé, con las ropas adheridas al cuerpo, como si estuvieran mojadas.

PRINCIPALES ESCENAS

- Bañándose.
- La relación con el rey David.
- El asesinato de su marido.
- El enlace con el rey.
- La reprensión de Natán a David.
- La muerte de su primogénito.
- El nacimiento de Salomón.

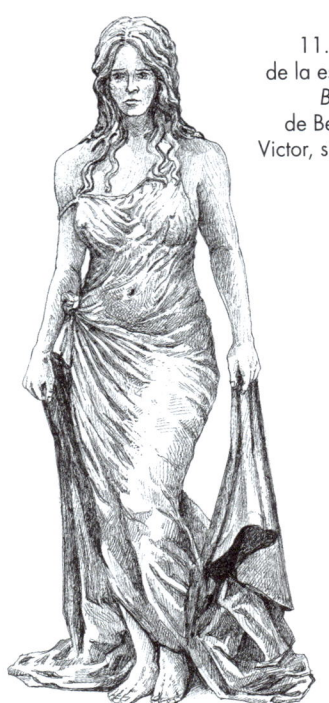

11. Dibujo de la escultura *Betsabé*, de Benjamin Victor, siglo XXI.

• La presentación a David, donde Abisag aparece al lado de un decadente rey, junto a numerosos cortesanos que observan a la pareja.

• La súplica a David para que nombre rey a su hijo sobre el primogénito Adonías.

• Su coronación, junto a Salomón.

SÍMBOLOS Y ATRIBUTOS

En algunos casos Betsabé aparece representada con los atributos de la vanidad, y en otros, con los atributos típicos de las prostitutas: las cremas, los espléndidos vestidos, las joyas, los espejos, los peines, los perfumes, las sirvientas, las jarras de bebidas y lujos variados a su alrededor.

CONTEXTO HISTÓRICO

Los hechos se desarrollan cerca del 966 a.C., en el reino de Israel. David, tras una cruenta guerra civil, consigue unificar todo el reino bajo su mando estableciendo su capital en Jerusalén. Igualmente, impuso un gobierno organizado, con Joab como comandante del ejército. Una vez unificado el reino, se producirán guerras constantes con los filisteos, a los que derrotó en la llanura de Refraím.

Después se enfrentó a diversos pueblos entre los cuales destacaban los amonitas, de origen semita, que se encontraban al este de Israel y a los que derrotó en campo abierto para después sitiar su capital, Rabá. Más tarde, el rey se marchó a Jerusalén y dejó el asedio en manos de su comandante Joab. Será en este momento cuando se produzca su encuentro con Betsabé.

El territorio amonita, en la Transjordania, será finalmente incorporado al reino de Israel. La Biblia pone de manifiesto en este periodo la lucha de mercenarios en los diversos ejércitos; este será el caso del primer marido de Betsabé, Urías, el hitita, al servicio del rey David.

OBSERVACIONES

Pese a la muy reprobable actuación de David desde que conoce a Betsabé hasta la muerte de Urías, los primeros cristianos defendían su figura. Hay que tener en cuenta que para ellos el rey es la prefiguración* de Cristo, lo que los lleva a ofrecer una interpretación simbólica del adulterio. San Ambrosio de Milán, en el siglo IV, por ejemplo, asimila a David con Cristo y a Betsabé con la Iglesia. Incluso se asimila a Urías con un demonio que mantenía cautiva a Betsabé.

San Agustín, en su obra *La ciudad de Dios*, señala la asociación de Cristo con Salomón y la de Betsabé con la Virgen María, ya que ambas tienen el papel de intercesoras: María en las bodas de Caná pidió a su hijo un milagro y Betsabé solicita a David el reino para su hijo. Asimismo hay que recordar la importante conexión de Cristo como heredero de la casa de David a través de su madre. Esta corriente doctrinal que exculpaba a David y Betsabé se mantuvo a lo largo de los siglos. En ese sentido, Martín Carrillo, en su obra *Elogios de mujeres...*, del siglo XVII, insiste en la versión al justificar el pecado de David arrastrado por la concupiscencia hacia Betsabé y por la vergüenza que le empujó al asesinato de Urías. Respecto a ella, indica que su comportamiento es censurable por dejarse ver desnuda, por la facilidad con que cedió a los deseos de David y por consentir la muerte de su marido; por tanto, es culpable de deshonestidad e incontinencia; sin embargo, se redimió al arrepentirse de corazón de ello y cuidar especialmente a Salomón, al que crio personalmente y de cuyo bienestar se ocupó. El arrepentimiento sincero y el papel de madre amantísima son los dos aspectos que hacen que Dios la redima.

Respecto al tema de la mediación ante el rey en favor de su hijo Salomón, se ha asimilado con la intercesión de la Virgen María ante Cristo, de la misma manera que se hizo con la reina Ester (véase ESTER).

Claudia Prócula (NT)

Mujer romana, esposa del gobernador Poncio Pilato (o Pilatos). Su nombre no aparece en la Biblia, aunque los investigadores la identifican como Claudia Prócula.

Únicamente aparece en una breve referencia en el evangelio de Mateo (27, 11-26).

Cuenta Mateo que, tras el prendimiento, Jesús fue conducido a casa del sumo sacerdote Caifás, quien justificó que Cristo debía ser condenado a muerte por blasfemar. Como los judíos no tenían derecho a ejecutar a los sentenciados sin el consentimiento del procurador romano Poncio Pilato, el sanedrín lo envió ante él, tras golpearlo, abofetearlo y escupirle.

Pilato sabía que había sido entregado por envidia. Mientras este estaba sentado en el tribunal, su mujer mandó que le dijeran lo siguiente: «No te metas con ese justo porque esta noche he sufrido mucho soñando con él» (Mt 27, 19). Sin embargo, el gobernador, ante el tumulto que se estaba creando por la gente que pedía que Jesús fuera crucificado, cogió agua para lavarse las manos y dijo: «Soy inocente de esta sangre. ¡Allá vosotros!» (Mt 27, 24).

Claudia Prócula en el arte

No es un personaje que haya sido representado en el arte con profusión, y cuando aparece, lo hace en un discreto segundo plano en escenas en las que se la ve contándole a su esposo el sueño premonitorio o avisándolo de forma sigilosa.

Por su mayor importancia en el mundo ortodoxo, donde Claudia es una santa, aparece en iconos y frescos, como se observa en los monasterios del monte Athos [1]. Ella se muestra tras Pilato, que se está lavando las manos, y parece aconsejarle, mientras, frente a ellos, se encuentra Jesús identificado con un nimbo y otros personajes, posibles sacerdotes judíos.

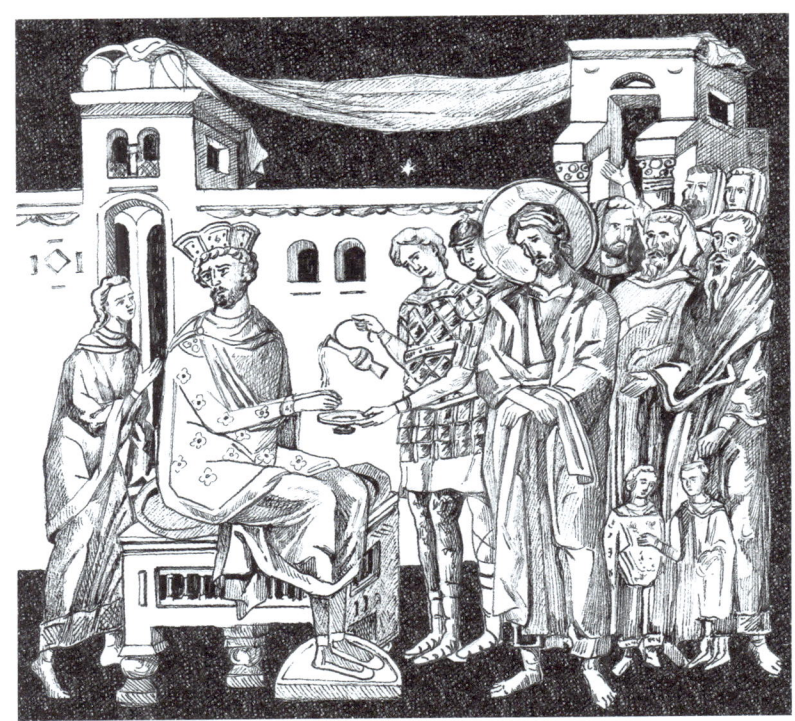

1. Dibujo de un fresco
en el monasterio de Dionysiou,
maestro bizantino, siglo XIV,
monte Athos.

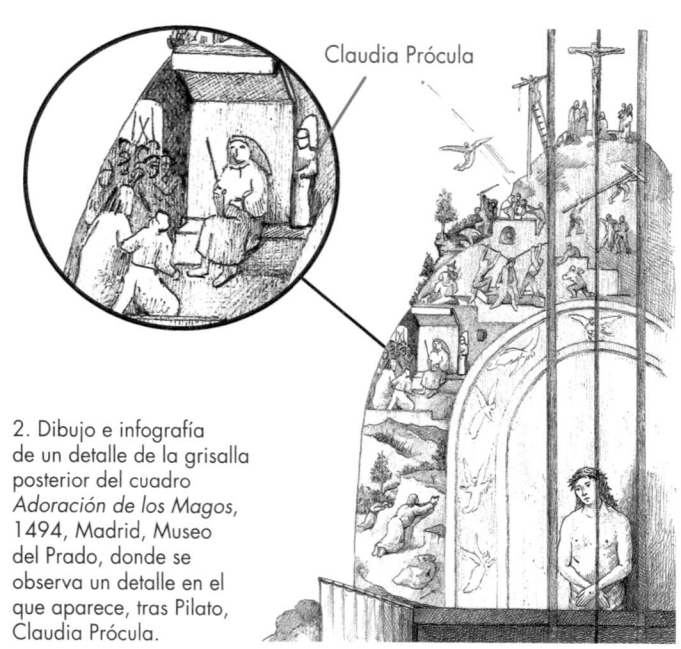

Claudia Prócula

2. Dibujo e infografía de un detalle de la grisalla posterior del cuadro *Adoración de los Magos*, 1494, Madrid, Museo del Prado, donde se observa un detalle en el que aparece, tras Pilato, Claudia Prócula.

A finales del siglo XV, El Bosco representó en la semigrisalla del tríptico de la *Adoración de los Magos* [2] la misa de san Gregorio y, de forma excepcional, incluyó alrededor siete escenas de la Pasión dispuestas como si formaran parte de un retablo; una de ellas es la de Cristo ante Pilato en la que su mujer aparece asomándose tras el palio. De forma similar queda representada en un esmalte de Limoges de mediados del XV titulado *Cristo ante Pilato*, de Leonard Limosin.

En el siglo XIX cobra relevancia en varios autores, entre los cuales cabe mencionar el grabado de Alphonse François [3], quien se concentra en la premonición de Claudia Prócula mediante dos planos; a la izquierda, la protagonista, acompañada de un ángel, se toca la cabeza con gesto

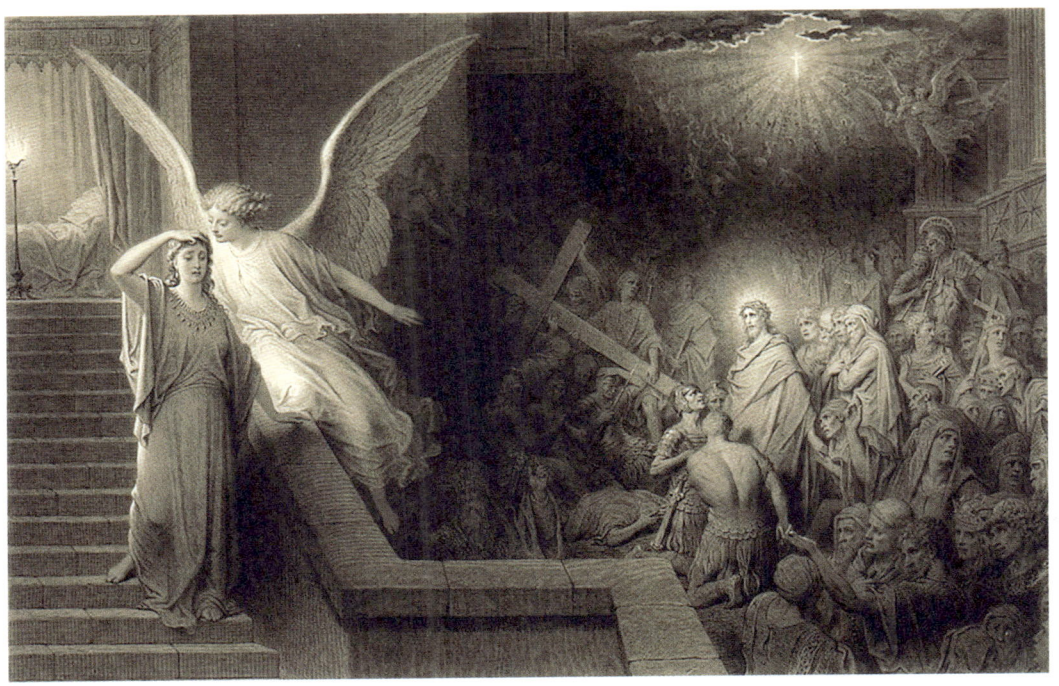

3. Grabado *El sueño de la mujer de Pilatos,* Alphonse François, 1879, basándose en un dibujo de Gustave Doré.

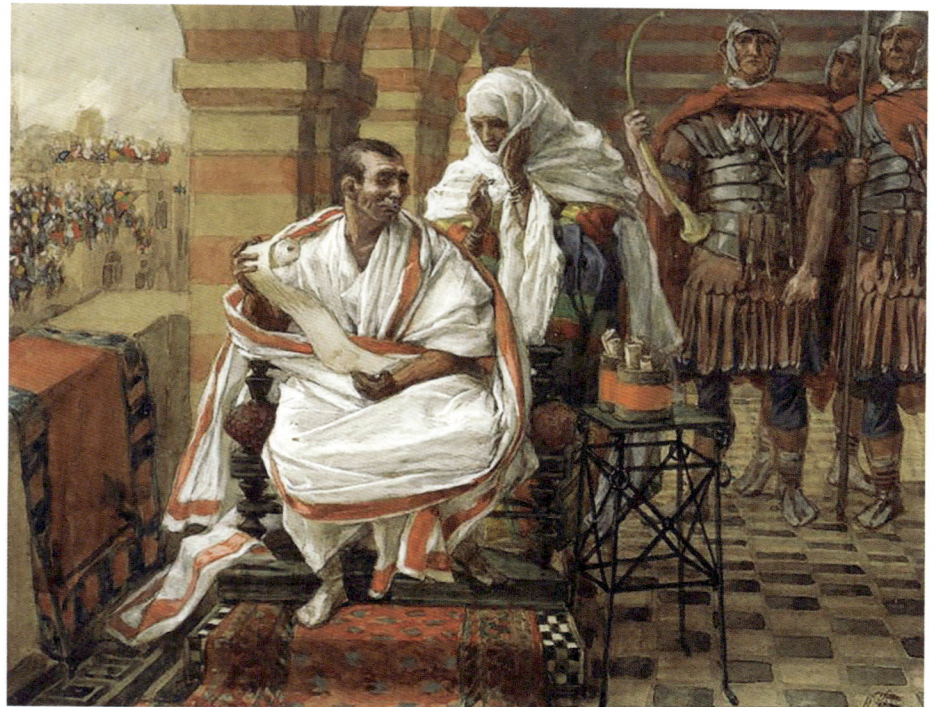

4. *El mensaje de la esposa de Pilato,* James Tissot, 1886, Nueva York, Museo Judío de Brooklyn.

de preocupación tras haber tenido un sueño; a la derecha, se muestra la representación de Cristo, reconocido como Hijo de Dios.

El mismo interés por el personaje se manifiesta en James Tissot, quien la dibuja [4] tocando el hombro de su marido en señal de advertencia para que sea prudente.

El óleo *Ecce Homo* de Ciseri [5] sorprende por el escorzo de Pilato en el centro de la escena y la representación de su mujer a la derecha como la única figura que no se dirige hacia la muchedumbre; además, muestra el rostro con gesto de resignación junto a una sirvienta en la que se apoya.

En la iconografía de la Semana Santa española es un personaje secundario que suele aparecer en pasos relacionados con el juicio a Jesús, como el de la Sentencia de la Hermandad de la Macarena, en donde la talla del escultor sevillano Antonio Castillo Lastrucci, de 1929, refleja a una mujer suplicante ante su marido. Sebastián Montes realizó una imagen de la es-

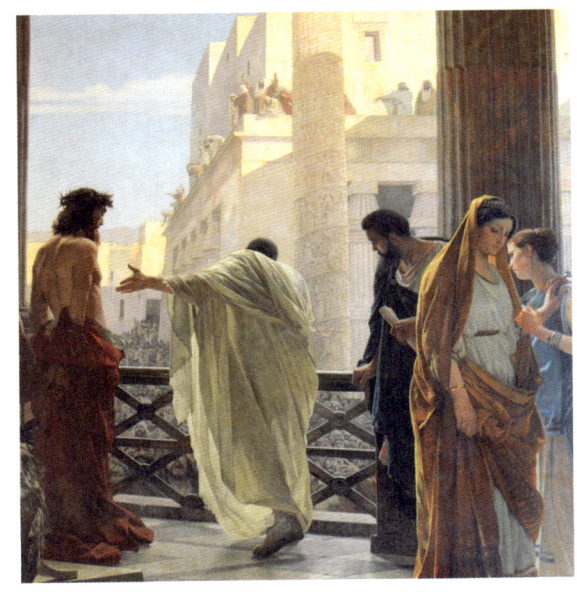

5. Detalle de la obra *Ecce Homo,* Antonio Ciseri, 1871, Florencia, Galería de Arte Moderno, Palacio Pitti.

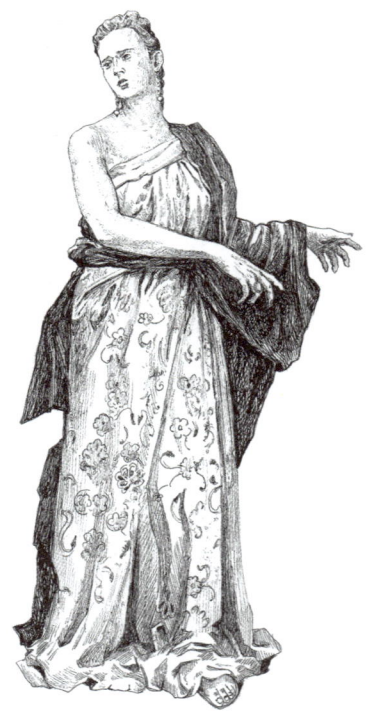

posa de Pilato para el misterio de Nuestro Padre Jesús de la Humildad de Villa del Río, en Córdoba, en 2010, donde se refleja el llanto por la decisión adoptada por su esposo. Más reciente es la obra de José Miguel Tirao Carpio, que procesiona en el paso ovetense de Nuestro Padre Jesús de la Sentencia, en el cual aparece una bella Claudia Prócula, con semblante de preocupación y tristeza, acompañando a su marido. El modelo de 2020 de Martín Nieto [6] nos ofrece una de las últimas versiones, donde, tras un vestido lujoso, destaca la profunda tristeza del rostro.

PRINCIPALES ESCENAS

- El sueño premonitorio.
- El aviso confidencial a su esposo Pilato.
- Observando la presentación de Jesús al pueblo *(Ecce Homo)*.

SÍMBOLOS Y ATRIBUTOS

Vestimenta lujosa, propia de la esposa de un procónsul romano. Con una cruz en la mano derecha en los iconos ortodoxos.

6. Dibujo de *Claudia Prócula* que pertenece al grupo escultórico de la *Condena*, de la Hermandad de la Columna, Zaragoza, Martín Nieto, siglo XXI.

CONTEXTO HISTÓRICO

Los hechos se producen en el año 33 en el territorio de Israel dominado por los romanos. Poncio Pilato era prefecto, procurador o gobernador de Judea, nombrado por Tiberio. Fue el quinto gobernador romano de Judea y Samaria tras la destitución de Herodes Arquelao en el año 6. Estuvo en el cargo desde el año 26 hasta el 35. Llegó acompañado de su mujer, Claudia Prócula, ya que el emperador lo consintió, aunque la ley romana no permitía que un gobernador llevara a su esposa a una provincia que no estuviera totalmente pacificada.

Desde el principio de su gobierno tuvo problemas. Utilizó el dinero del templo para construir un acueducto, lo que provocó una revuelta duramente sofocada, con miles de muertos, tras la cual no se produjeron más sublevaciones en su mandato, pero era odiado por el pueblo. Tampoco tenía buena relación con el tetrarca* Herodes Antipas, que lo definió como violento, venal, extorsionador y tirano. El filósofo Filón lo calificó de obstinado y arbitrario, y Tácito, igualmente, decía que era injusto y despiadado.

Pilato odiaba a Herodes Antipas, pues pensaba que servía a Tiberio como espía. El proceso a Jesús los reconcilió. La reacción en este juicio fue algo inusual; lo normal es que no quisiera enfrentarse a los sacerdotes y al pueblo judío, que pedían la crucifixión. Sin embargo, intentó salvarlo sin éxito con varias artimañas: llevándolo ante Herodes, soltando a un reo por la Pascua, castigándolo, etc. Los sacerdotes presionaron a Pilato mezclando la esfera política y la religiosa al combinar la imputación de violación de la ley judía (decirse «Hijo de Dios») con el cargo político (proclamarse «rey»). Este último era el punto más delicado para él, ya que insistieron en que era un rival para el emperador, lo que ponía a Pilato en una situación insostenible de cara a su propio sistema. No podía permitirse esta debilidad, lo que le impulsó a condenarlo pese a creerlo inocente, aunque previamente dejó claro que no se consideraba responsable de su muerte con el gesto de lavarse las manos (Mt 27, 24).

En el año 35 hubo un suceso en Samaria que él reprimió con inusual dureza, hasta el punto de que provocaría una queja ante Vitelo, el legado de Siria, del que dependía. Este le ordenó regresar a Roma para informar a Tiberio. Cuando llegó, Tiberio había muerto. A partir de ahí, existen varias versiones: unos indican que fue desterrado a la Galia y allí se suicidó, mientras que otros sostienen que murió siendo cristiano. Como dato curioso y sorprendente, la Iglesia abisinia lo considera santo.

Observaciones

En la escena del evangelio de Mateo donde aparece este personaje no se menciona su nombre, si bien históricamente se conoce a la esposa de Poncio Pilato como Claudia Prócula. Era hija de Marco Próculo, general de Germánico. La mujer de Pilato estaba emparentada con el emperador Augusto.

Su interés por disuadir a su esposo de la muerte de Jesús provocó que se la considerara una posible cristiana conversa, aspecto coincidente con la descripción que se hace del episodio en los Hechos de Pilato, dentro del evangelio apócrifo* de Nicodemo (siglo IV). No obstante, parece extraño que la mujer del procurador romano se mezclara con el pueblo judío hasta este punto. Ha sido considerada santa por la Iglesia ortodoxa, griega y copta y su festividad se conmemora el 27 de octubre y el 25 de junio, respectivamente.

Su papel en la escena bíblica del juicio a Jesús ha sido representado en el cine a través de películas como *Rey de Reyes* (Nicholas Ray, 1961), *La Historia más grande jamás contada* (George Stevens, 1965), *Según Poncio Pilatos* (Luigi Magni, 1987) o *La Pasión de Cristo* (Mel Gibson, 2004).

Dalila (AT)

Mujer del valle de Sorec, lugar fronterizo entre los filisteos y los israelitas. Esposa o amante del juez de Israel Sansón. El significado de su nombre varía según los autores. Para unos significa «la lánguida», mientras que para otros indica «con cabello largo que cuelga».

Aparece en el Libro de los Jueces (Jue 16, 4-20).

Dalila vivía en el torrente Sorec, una zona limítrofe entre los filisteos y la tribu de Dan de los israelitas. Aunque no se indica, parece que era filistea. Un juez de Israel, Sansón, se enamoró de ella. Este había tenido muchos enfrentamientos con los filisteos y los había vencido en numerosas ocasiones porque poseía una colosal fuerza, razón por la cual buscaban la ocasión de acabar con él; para lograrlo, necesitaban conocer el secreto de su extraordinaria potencia. Al saber que se había enamorado de Dalila, la presionaron ofreciéndole grandes riquezas para que lo sedujera y averiguara la causa de su poder.

Ella así lo hizo y le preguntó sobre el origen de su fuerza, ocultando sus intenciones. Él le mintió hasta tres veces. La primera le dijo que sería vencido si era amarrado con siete cuerdas. Dalila lo ató mientras dormía y llamó a los filisteos, pero cuando estos acudieron, Sansón rompió fácilmente las sogas. Ante la insistencia de su mujer sobre el tema, volvió a engañarla al decirle que las cuerdas debían estar húmedas, con el mismo resultado final. Sucedió lo mismo una tercera vez en la que le explicó que debían atarle con trenzas de hilo sujetas con clavos.

Para ablandarlo y hacerle decir la verdad, ella se quejó amargamente: «"¿Cómo puedes decir que me amas, si tu corazón no está conmigo? Es la tercera vez que me has engañado y no me aclaras en qué reside tu enorme fuerza". Y como le asediase todos los días con sus palabras y le importunara tanto, su espíritu se abatió» (Jue 16, 15-16).

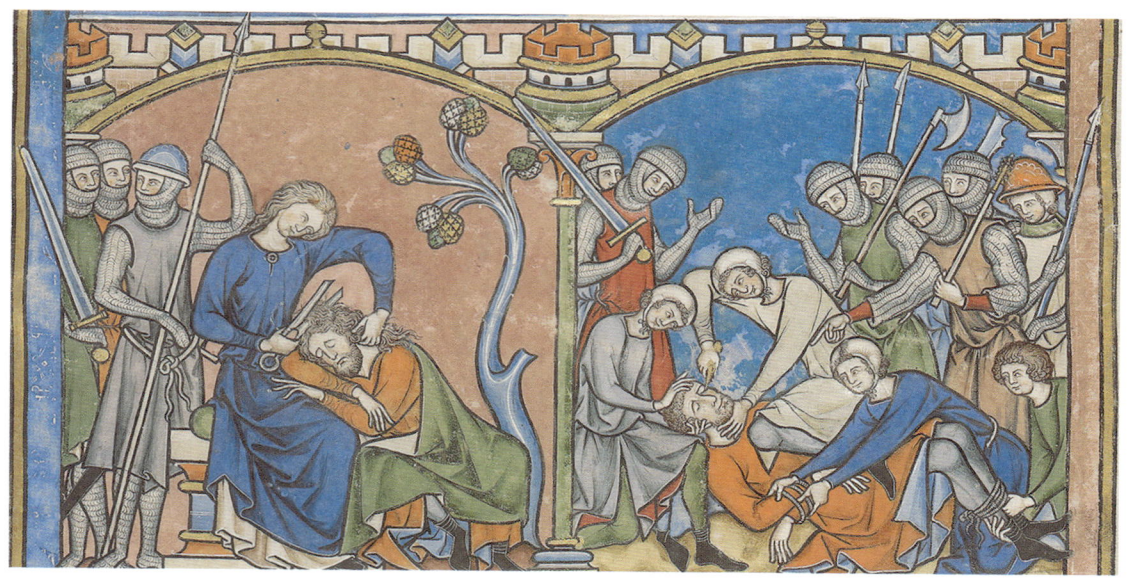

1. Dalila corta la melena a Sansón, *Biblia de Maciejowski,* Ms. M.638, f. 14v, siglo XIII, Nueva York, Morgan Library & Museum.

Finalmente le dijo la verdad: le confesó que si le cortaban el pelo, perdería su fuerza, al no cumplir con el mandato del nazareato* que le daba el apoyo de Dios. Entonces ella le durmió sobre sus rodillas e hizo que un hombre le cortara el pelo, con lo que perdió su poder y pudo ser capturado por los filisteos, que lo cegaron y esclavizaron atándole a la muela de un molino.

Sansón recuperó su fuerza al crecerle el cabello y, aprovechando que los filisteos le llevaron al templo de su dios Dagón, en Gaza, derribó las columnas sobre las que se asentaba el santuario y murió con muchos de sus enemigos.

DALILA EN EL ARTE

El breve pero importante paso de Dalila en la Biblia se reflejó en el arte con profusión.

En la Edad Media suele aparecer inmersa en el ciclo de la vida de Sansón, en concreto en el momento del corte de la melena. La representación toma un sesgo importante, ya que es ella misma quien corta el pelo a Sansón con unas tijeras. Con ello se la implica directamente en la traición. Así aparece, por ejemplo, en el *Roman de la Rose* (París, *ca.* 1380) y en la *Biblia de Maciejowski* [1], donde Dalila, vestida de azul, corta el pelo a Sansón, a la izquierda, y ayuda a atarlo, mientras le ciegan, a la derecha.

El Renacimiento mantiene este relato. En la obra de Mantegna *Sansón y Dalila*, de 1495, en la National Gallery, el mensaje se refuerza con una inscripción que aparece grabada en un árbol: *Foemina diabolo tribus assibus est mala peior* («Una mujer mala es tres veces peor que el diablo»).

Los autores adecúan el vestuario y las escenas a su propio entorno, lo que genera curiosos anacronismos, como se observa, por ejemplo, en la obra de Cranach [2], con un Sansón con armadura medieval, Dalila y los soldados filisteos con vestuario de los inicios del Renacimiento y, al fondo, una ciudad de la misma época.

La escena se mantiene durante el Barroco, en el que se destacan los aspectos más sensua-

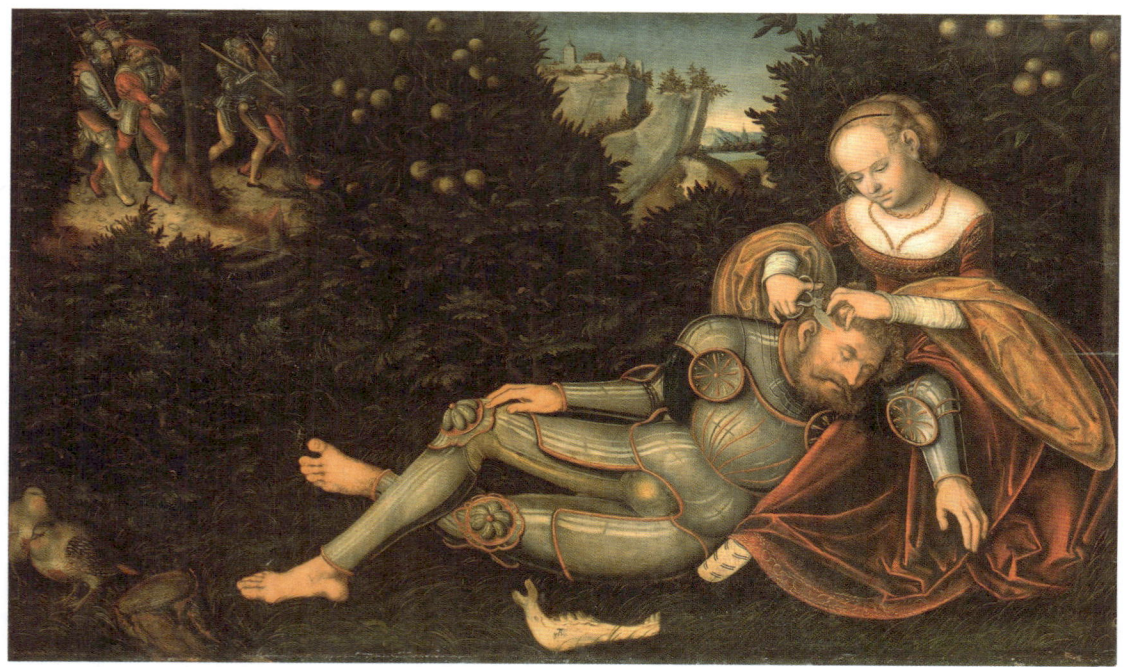

2. Sansón y Dalila, Lucas Cranach el Viejo, 1529-1530, Nueva York, Metropolitan Museum of Art.

les que remarcan la clave del engaño, con una Dalila semidesnuda que se aprecia en Adrian van der Werff, Guercino o Rubens. En la mayoría de las obras se la representa con una actitud de indiferencia ante sus actos, aunque, en ocasiones, aparece el temor o la compasión. Una cierta alegría y sensación de triunfo se aprecia en la obra de Artemisia Gentileschi [3], donde dos mujeres, con gran complicidad y una cierta satisfacción, comentan lo que va a hacer Dalila con las tijeras mientras Sansón, ajeno a la situación, duerme plácidamente. En varias ocasiones se introduce en la escena la presencia de una mujer que ayuda de alguna manera a Dalila. Así aparece en las obras de Matthias Stom, Van Dyck, Van der Horst o Artemisia Gentileschi.

El Barroco, por su parte, resalta los aspectos más crueles, que se concretan en el momento en que el juez es cegado por sus captores. Rubens refleja el dramatismo de la escena en *La ceguera de Sansón*, hacia 1610, ubicado en el Museo Nacional Thyssen-Bornemisza de Madrid. Rembrandt [4] recalca la violencia ejercida sobre Sansón, cuyo ojo es atravesado por un puñal mientras una Dalila victoriosa huye con sus trofeos en la mano: las tijeras y la melena del juez de Israel.

La mayoría de los artistas continúan fieles al relato bíblico, aunque insisten mayoritariamente en esa desviación mencionada que otorga a Dalila el protagonismo de rapar a Sansón contradiciendo lo que dice la Biblia. Las representaciones se adecúan a la época y los atuendos, trajes y otros utensilios se modifican en función de ello.

Poco a poco se acentuará el carácter erótico de la seducción de Dalila, lo que será plasmado en el siglo XIX por diferentes autores. Como indica Réau, será el triunfo de la voluptuosidad sobre la fuerza viril, más que el poder de un simple corte de pelo. El tema de la *femme fatale*, tan habitual en el romanticismo, relanzará al personaje. Los mismos autores que reflejaron a Salomé (véase SALOMÉ) mostrando el tópico de la mujer fatal representan en sus obras el poder de Dalila sobre Sansón, como se ve, por ejemplo, en la

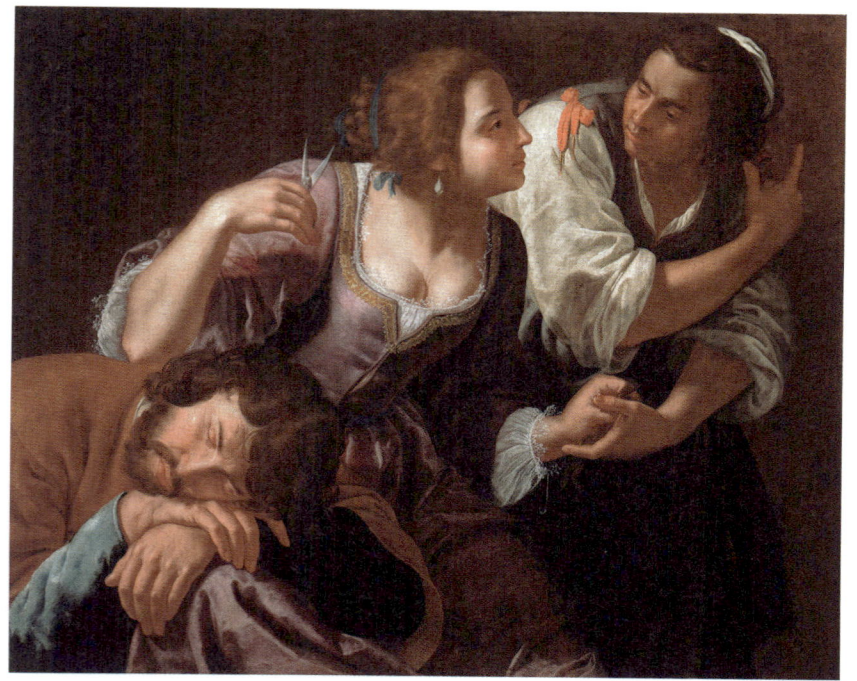

3. *Sansón y Dalila,* Artemisia Gentileschi, 1630-1638, Nápoles, Palacio Ceballos.

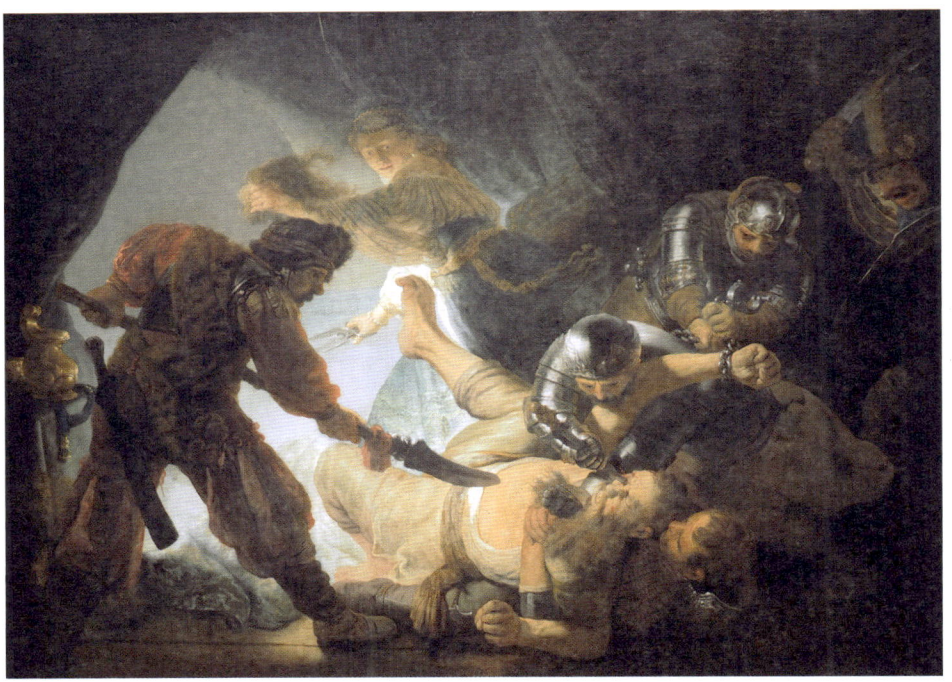

4. *El cegamiento de Sansón*, Rembrandt, 1636, Frankfurt am Main, Museo Städel.

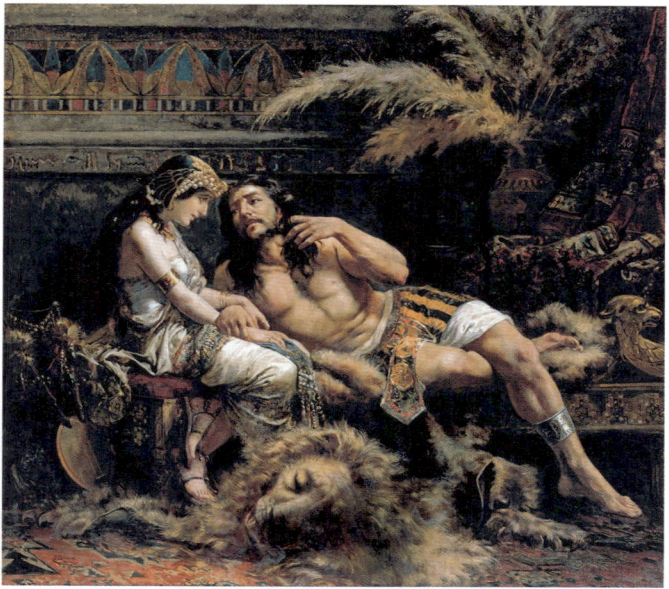

5. *Sansón y Dalila*, José Echenagusia Errazquin, 1887, Bilbao, Museo de Bellas Artes.

obra de Maureau de 1874, actualmente en el Museo de Bellas Artes de Marsella.

La adecuación temporal del escenario y el vestuario, propia del siglo XIX, se aprecia en todos los autores. Así se observa, por ejemplo, en la obra de Echenagusia [5], en la que los personajes lucen un tocado y ropas apropiadas para una recreación del mundo palaciego israelita o filisteo, con un simbólico despojo de un león muerto a los pies de ambos que recuerda el mensaje de la escala de poder y cómo la fuerza bruta se rinde ante la belleza de la mujer.

La inutilidad de dicha potencia se acentúa en la obra de Solomon, que en su *Sansón* [6] refleja el momento de la captura con una gran tensión en su protagonista; los múscu-

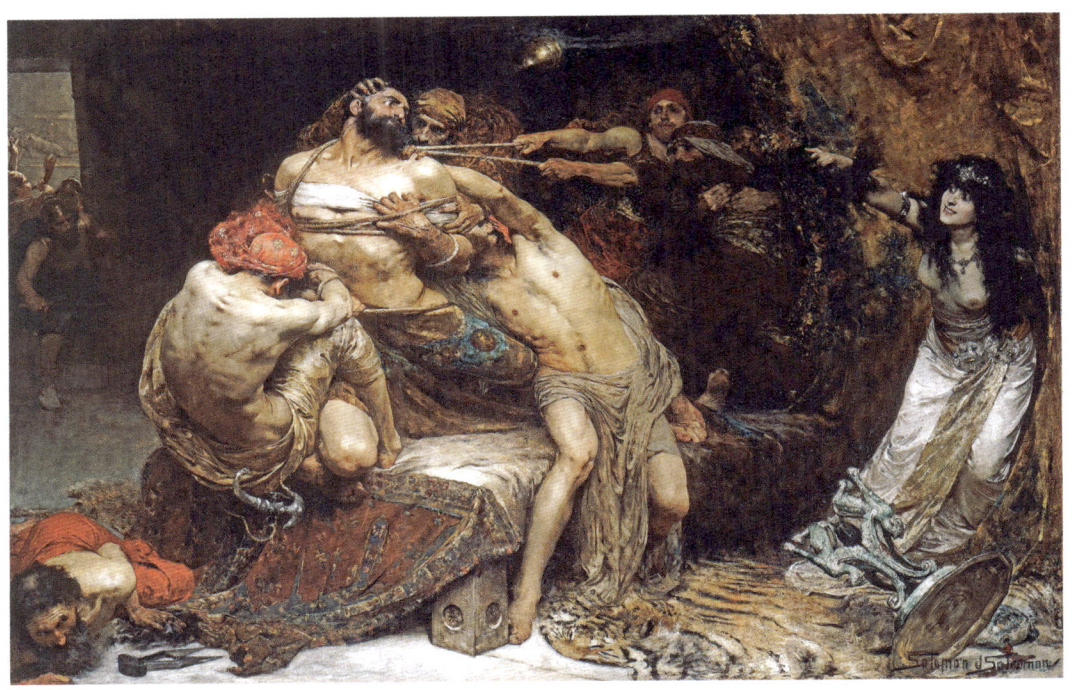

6. *Sansón*, Solomon Joseph Solomon, 1887, Liverpool, Galería de Arte Walker.

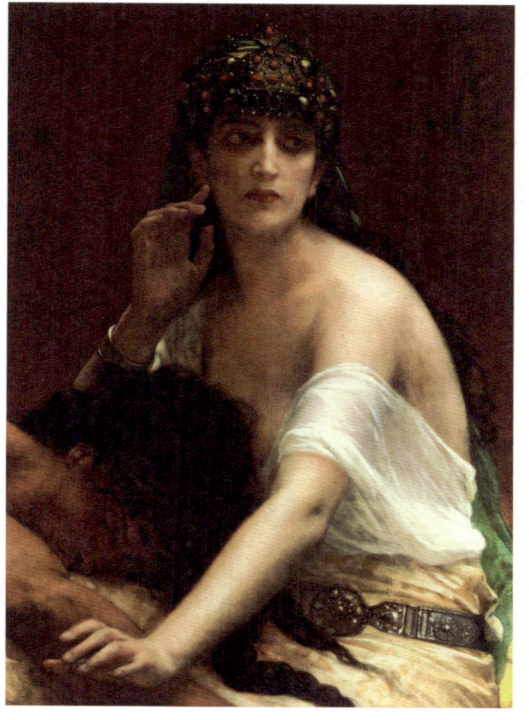

los del cuello y las venas muestran esta tirantez, unida a la de los captores, que apenas pueden controlarlo con cuerdas, mientras Dalila, en una acción similar al beso de Judas, señala sonriente a su víctima a la vez que enarbola en sus manos, como un trofeo, la melena. Al fondo, el famoso relieve asirio de la leona herida, que resalta la vulnerabilidad de los poderosos.

Otros autores ensalzaron al personaje en sí mismo. La obra de Alexandre Cabanell [7] de 1878 nos muestra a una enigmática Dalila erigida en protagonista principal, mientras en su regazo descansa Sansón. Más radical es la apuesta de William Wetmore [8], con su escultura *Dalila*, en la que ella aparece sola y únicamente la melena de Sansón y la navaja de barbero, a sus pies, recuerdan los elementos del drama.

Las diversas vanguardias de los inicios del siglo XX reflejaron igualmente el acontecimiento con

7. *Sansón y Dalila,* Alexandre
Cabanell, 1878, col. particular.

sus características pinceladas y composiciones. En la obra del impresionista alemán Liebermann [9], ella aparece como una mujer triunfadora, mostrando orgullosa el trofeo conseguido, la melena de un Sansón que permanece inerte en el lecho. La composición recuerda el dibujo de Miguel Ángel *Sansón y Dalila*, del siglo XVI.

Esta posición, en la que la mujer toma el poder, será resaltada por diferentes artistas en el siglo XX y continuará hasta nuestros días. En la obra de Terry Strickland [10], de 2008, la autora refleja a una Dalila que interpela al espectador mirándolo a los ojos mientras domina a Sansón, que duerme confiado en su regazo. El título, *Confianza y traición: Sansón y Dalila,* resume todo el drama.

PRINCIPALES ESCENAS

- El corte del pelo.
- El apresamiento.

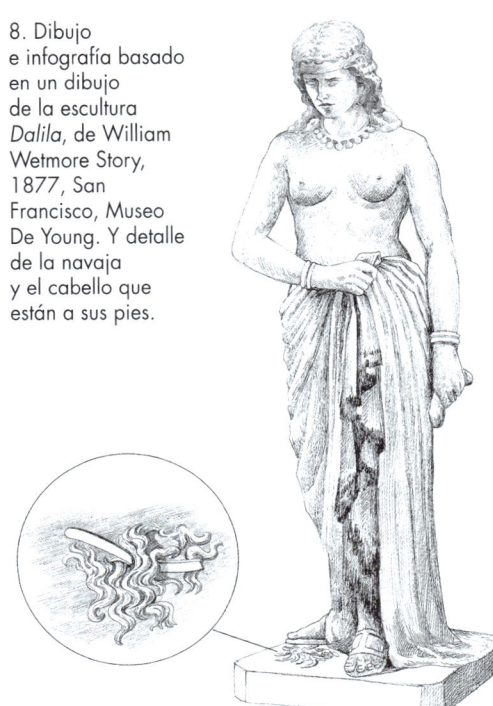

8. Dibujo e infografía basado en un dibujo de la escultura *Dalila*, de William Wetmore Story, 1877, San Francisco, Museo De Young. Y detalle de la navaja y el cabello que están a sus pies.

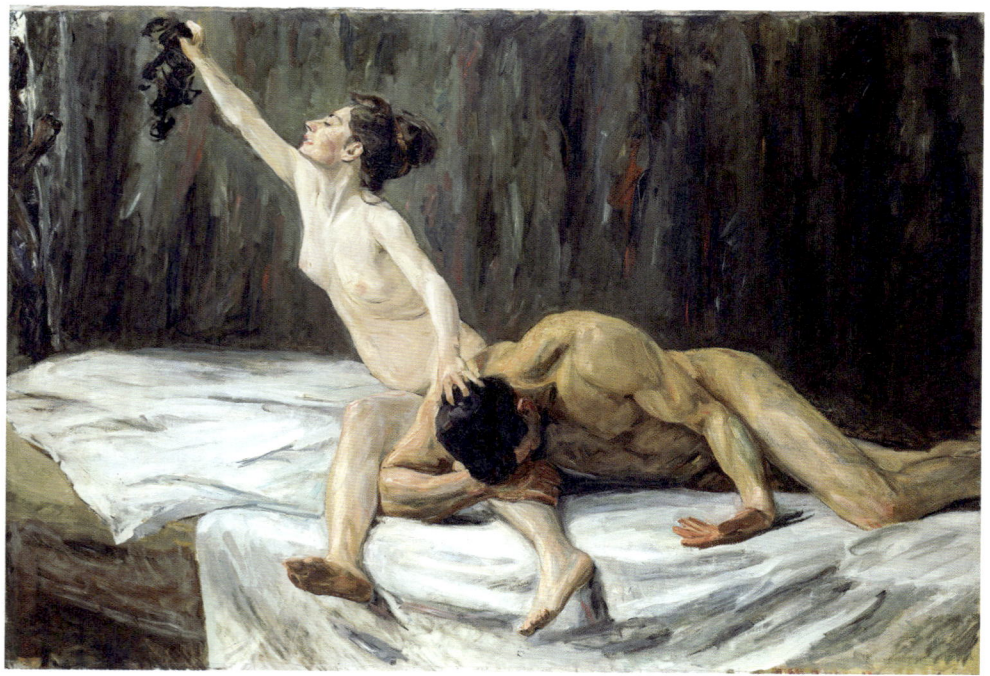

9. *Sansón y Dalila,* Max Liebermann, 1902, Frankfurt am Main, Museo Städel.

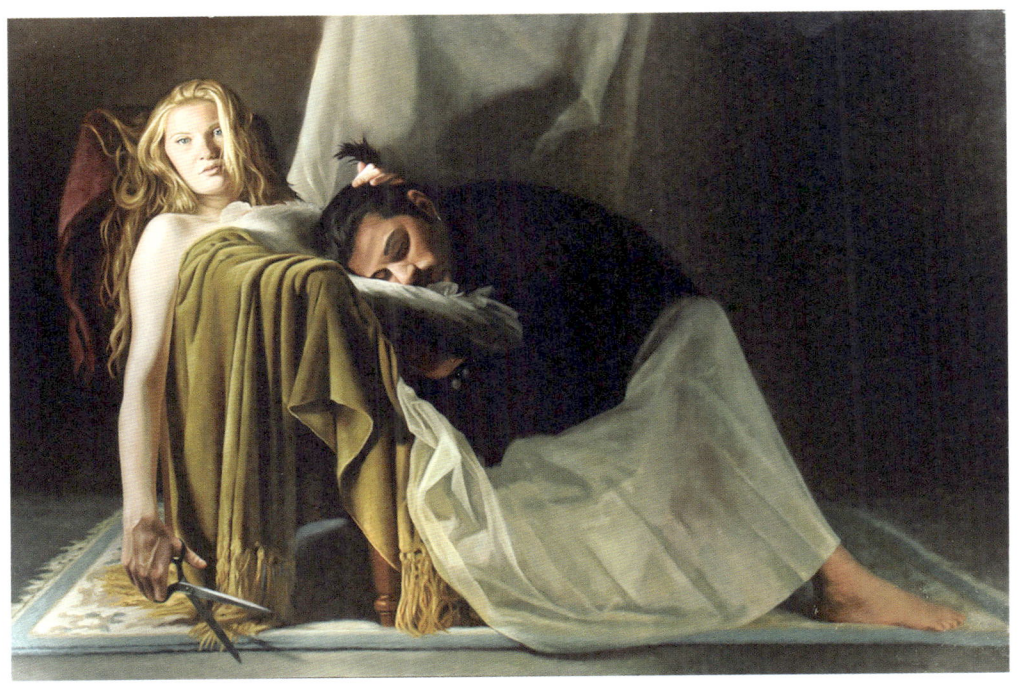

10. *Confianza y traición: Sansón y Dalila*, Terry Strickland, 2008.

SÍMBOLOS Y ATRIBUTOS

Una melena o cabellos cortados y una navaja de barbero o tijera son los más comunes. Suele representarse como una persona joven y bella.

CONTEXTO HISTÓRICO

Los hechos se producen en torno al 1100 a.C. El pueblo de Israel aún no tiene reyes y es gobernado por diferentes líderes denominados jueces. En ese momento se enfrentan dos enemigos: los cananeos y los filisteos de la costa. Estos últimos serán los principales enemigos de Sansón. No se sabe con seguridad cuánto duró su mandato, ya que en la Biblia se señalan dos periodos diferentes: diez años (Jue 16, 31) o veinte años (Jue 15, 20). Pese a que realizó diversas incursiones y causó grandes daños a los filisteos, no liberó a Israel de su dominio. Dalila vivía en el valle de Sorec, lugar cercano a Sora, hogar de Sansón. Ambos se encontraban en el entorno de la ciudad filistea de Gaza.

OBSERVACIONES

El personaje de Dalila aparecerá siempre unido al de Eva en las citas de los teólogos y la patrística* para reforzar la idea del uso de las astucias femeninas para conseguir sus propósitos de convencer o vencer al hombre.

No existen indicios de que Dalila fuera una prostituta. La recompensa por traicionar a Sansón era una cantidad enorme, unos sesenta kilos de plata.

En el caso de Artemisia Gentileschi, es curioso analizar en sus obras los rostros de los hombres de la Biblia que sufren la violencia femenina. En sus trabajos sobre Judit, Yael o Dalila, los varones tienen facciones similares. Algunos autores indican que retrató a Agostino Tassio, su violador.

Débora (AT)

Profetisa y jueza de Israel. El cargo de juez en aquella época implicaba ser el líder del pueblo. Su nombre significa «abeja».

Su historia se narra en los capítulos 4 y 5 del Libro de los Jueces.

La vida de Débora se cuenta en prosa en el capítulo cuarto del Libro de los Jueces, y en verso en el quinto, en donde aparece un cántico victorioso que la propia Débora entona narrando la misma historia. Este es uno de los textos en verso más antiguos de la literatura hebrea y de la Biblia.

Débora fue la única mujer entre los catorce jueces de Israel. Administraba justicia sentada bajo una palmera cerca de las localidades de Ramá, la actual Er-Ram, a 8 kilómetros al norte de Jerusalén, y Betel, actual Beit-El, que se encuentra a 16 kilómetros, también al norte de la capital.

La Biblia dice que estaba casada con un hombre llamado Lapidot, nombre que significa «antorcha», motivo por el cual algunos creen que, en realidad, lo que significa es que Débora era una persona fogosa y ardiente. En su época, un rey cananeo llamado Yabin reclutó un poderoso ejército armado con unos novecientos carros de guerra, al frente del cual puso a su general Sísara, que llevaba veinte años atacando y asolando a las tribus de Israel. El pueblo hebreo pidió ayuda al Señor y Este respondió a través de Débora, que ideó una emboscada para derrotarlo.

Ella llamó a un poderoso líder tribal judío, Barac, miembro de la tribu de Neftalí, y le ordenó que convocase a unos diez mil hombres de las tribus de Neftalí y Zabulón y se dirigiese hacia el monte Tabor para tender la trampa a Sísara. Barac le indicó que iría si ella los acompañaba, a lo que Débora contestó: «Iré contigo, solo que no te corresponderá la gloria por la expedición que vas a emprender, pues el Señor entregará a Sísara en mano de una mujer» (Jue 4, 9).

Sísara cayó en la trampa; se dirigió primero al monte Tabor y, al ser informado de la marcha israelita hacia el torrente Quisón, retrocedió y fue atacado por dos flancos. Dios ayudó a su pueblo, que obtuvo una victoria total en la que murieron todos los cananeos. El propio Sísara salió huyendo a pie y llegó hasta la tienda de Yael, donde lo matarían (véase YAEL).

Ese mismo día, Débora y Barac entonaron un cántico victorioso para honrar a Dios, que es el que se refleja en el capítulo quinto del Libro de los Jueces.

DÉBORA EN EL ARTE

La historia de Débora no ha servido de inspiración a muchos artistas y su representación no es frecuente. Fuera de algunos ciclos de «mujeres fuertes» o heroínas de la Biblia, no es fácil encontrarla.

Se la suele representar bien en grupos multitudinarios, bien sola como protagonista principal de la escena, en cuyo caso destacan sus atributos.

En la Edad Media, por ejemplo, aparece en la *Biblia de Morgan* [1] a caballo en la batalla comandando las tropas frente a los carros de Sísara, que son derrotados, y sus hombres, abatidos. En este caso, los vehículos aparecen curiosamente representados como carromatos medievales, que no se corresponden, en absoluto, con los vehículos de guerra cananeos. Como curiosidad, cabe destacar que los caballos rompen el marco del dibujo saliendo de él.

En la obra barroca de Luca Giordano [2], ella ocupa un lugar central y elevado mientras se dirige a Barac, que va a caballo, animándolo en su batalla contra las tropas de Sísara. Junto al oficial judío se puede observar la lucha entre los dos ejércitos en una abigarrada confusión. En la parte superior aparece Dios, que interviene en el conflicto como corresponde al auténtico protagonista de la victoria judía. Está rodeado por ángeles, entre los que destaca uno que lleva un marti-

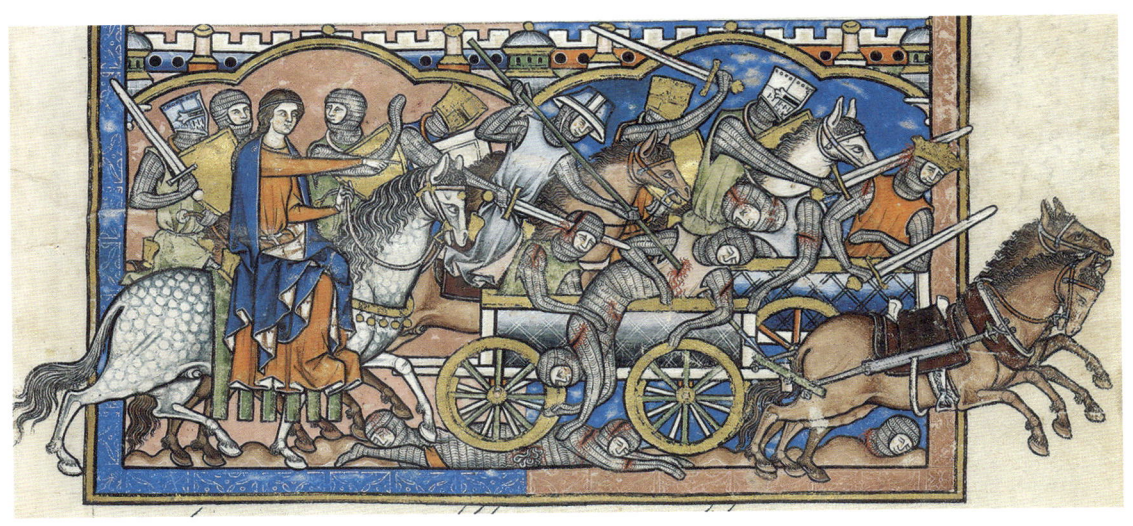

1. Escena de la batalla del torrente Quisón donde Débora, a la izquierda, comanda las tropas que derrotarán al ejército de carros cananeo liderado por el general Sísara. Detalle inferior del Ms. M.638, f. 12r, de la *Biblia de Maciejowski*, siglo XIII, Nueva York, Morgan Library & Museum.

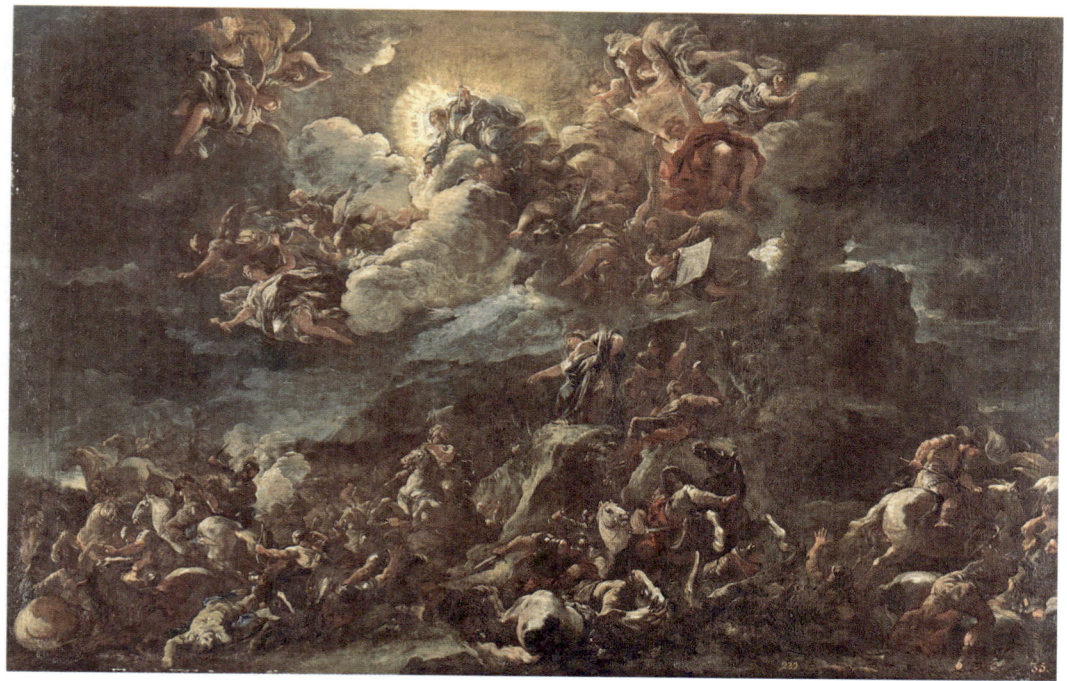

2. *Victoria de los israelitas y cántico de Débora,* Luca Giordano, 1692, Madrid, Museo del Prado.

llo y una estaca para reflejar el amargo final que le espera al cananeo Sísara (véase YAEL).

Las representaciones donde Débora aparece aislada suelen ser esculturas o grabados en los que se muestran sus atributos. Por ejemplo, en el grabado de Jan Collaert [3] aparece sentada debajo de la palmera desde donde administraba justicia, con una vara en la mano, símbolo de autoridad, mientras al fondo se ve el campamento con los hombres de Barac.

Débora, dibujo de Sebastián Herrera de Barnuevo (1660, Biblioteca Nacional de España), muestra a la protagonista como la gran triunfadora, con el cetro y la palma. Al parecer, esta representación pudo servir de modelo para decorar una de las pechinas de la cúpula de una de las capillas de la colegiata de San Isidro de Madrid.

También un grabado de Doré [4] la muestra de pie, en unas escaleras, con la mano levantada y arengando a los judíos.

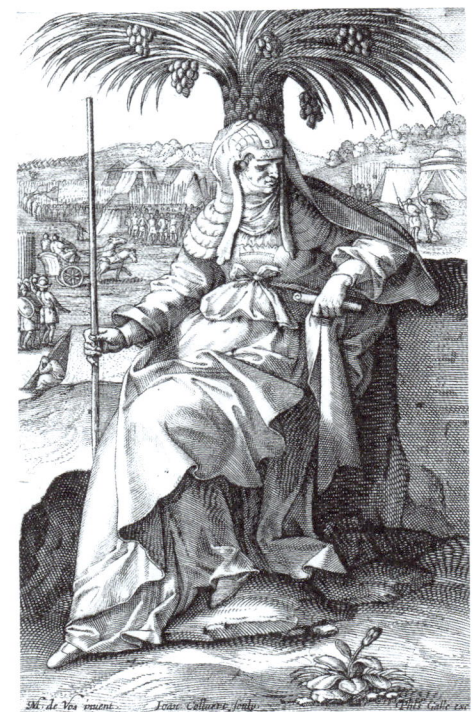

3. *Débora,* grabado de Jan Collaert, según dibujo de Maarten de Vos, 1590, Londres, Museo Británico.

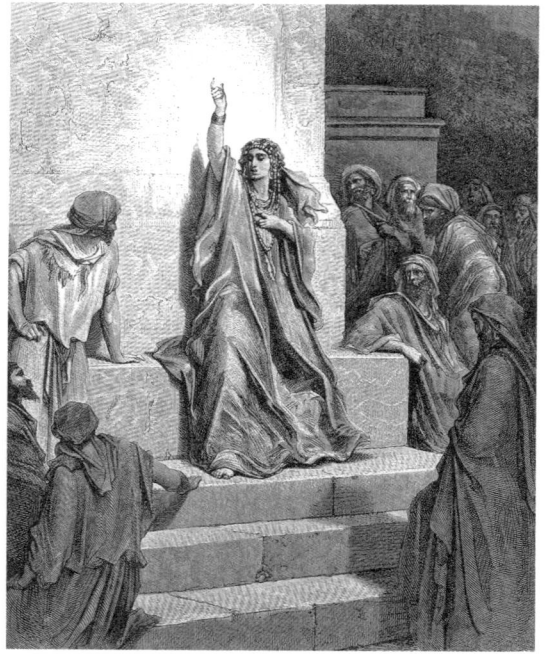

4. *La profetisa Débora,* grabado, Gustave Doré, 1866.

El cetro y la palmera se repetirán en otros grabados y en las vidrieras inglesas del siglo XX (vidriera de Clayton & Bell, 1908, para la iglesia de Wing, Rutland, en el Reino Unido). En ella, junto a la vara de juez, se añade la trompeta de la fama.

PRINCIPALES ESCENAS

- Débora bajo la palmera impartiendo justicia.
- Arengando a las tropas o en la batalla.
- Junto a Barac y Yael.
- Triunfante con cetro o vara.

SÍMBOLOS Y ATRIBUTOS

Destaca la palmera, bajo la que se sentaba para impartir justicia. Además, aparece un libro que representa la profecía y símbolos de poder como un cetro, una vara o una espada. En ocasiones, toma símbolos prestados de Yael (véase YAEL), como una estaca o un clavo.

Contexto histórico

Los hechos sucedieron en el siglo XII a.C. Los pueblos hebreos, organizados en tribus, seguían asentándose en Canaán, actual Israel y territorios vecinos. Habían conquistado algunas ciudades importantes, como Jericó y Hazor, pero seguían luchando contra los diversos pueblos cananeos. Desde mediados del siglo XIII a.C. hasta aproximadamente el 1025 a.C., estuvieron dirigidos por unos líderes carismáticos denominados «jueces». Finalmente eligieron a Saúl ben Qish, de la tribu de Benjamín, como rey, e instauraron la monarquía como forma de gobierno.

Las tierras conquistadas se repartieron siguiendo las líneas familiares tradicionales, a las que ellos llamaban «las doce tribus»: Rubén, Simeón, Leví, Judá, Dan, Neftalí, Gad, Aser, Isacar, Zabulón, José y Benjamín. No existía ningún gobierno central, tan solo aceptaban la autoridad de los jueces, que ejercían como gobernadores y jefes militares, además de impartir justicia, pues presidían las audiencias. Estos siempre pertenecían a familias importantes de entre esas tribus.

Las fuentes arqueológicas no coinciden con la cronología de estos jueces, pero la Biblia menciona a catorce: Otoniel, Ehud, Samgar, Débora, Gedeón, Abimélec, Tola, Jair, Jefté, Ibzán, Elón, Abdón, Sansón y Samuel, que ungió a Saúl como rey hacia el 1025 a.C. Aunque la Biblia señala que estos líderes actuaban inspirados por Dios, que cuidaba de este modo a su pueblo, en realidad algunos ni fueron buenos gobernantes ni tampoco devotos religiosos, sino que mostraron demasiada ambición o avaricia, por lo cual mucha gente comenzó a quejarse debido a sus abusos hasta que se cansaron y eligieron la monarquía como sistema de gobierno.

Fue una época muy compleja y violenta, pues también llegaron a la zona los llamados «pueblos del mar», entre los que se encontraban los filisteos, los tjekers y los dananeos, que se instalaron a lo largo de la costa israelí y con los que tuvieron frecuentes enfrentamientos. Hacia el siglo X a.C.

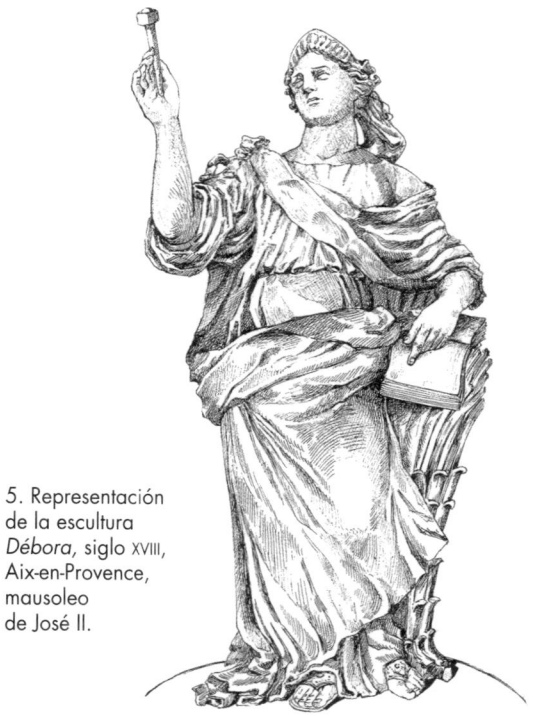

5. Representación
de la escultura
Débora, siglo XVIII,
Aix-en-Provence,
mausoleo
de José II.

comienza en Oriente Próximo un largo periodo
más pacífico durante el cual se va a recuperar el
comercio entre Egipto y Mesopotamia, con la
apertura de nuevas rutas comerciales.

En el momento de la historia de Débora, el
enfrentamiento en la zona se produce entre la
amplia federación tribal israelita, a la que se habían adherido habitantes de Cisjordania, y una
poderosa coalición cananea que lideró el rey
Yabin de Jasor, al frente de cuyas tropas estaba
el general Sísara.

Observaciones

En algún caso se añade, como atributo pres-
tado de Yael, una estaca, que recuerda el arma
que usó para acabar con Sísara. Así se observa
en el monumento de José II [5], en el que la palmera y el libro de la justicia confirman que nos
encontramos ante Débora. Por si hubiera dudas
de que fuese un error, a su lado se encuentra la
estatua de Yael, con sus atributos.

Dina (AT)

Mujer israelita, hija de Lía y Jacob. Su nombre hebreo significa «justicia».

Su nacimiento aparece en Génesis 30, 21, y su historia se desarrolla en el capítulo 34 del mismo libro.

Jacob tuvo doce hijos varones con cuatro mujeres diferentes y al final engendró con Lía una hija a la que llamó Dina. Sus hermanos fueron Rubén, Simeón, Leví, Judá, Isacar y Zabulón, y sus hermanastros, Gad, Aser, Dan, Neftalí, José y Benjamín. Eran pastores y se habían asentado cerca de la ciudad cananea de Siquén, en unas tierras gobernadas por Jamor, del clan de los heveos.

Un día, Dina fue a la ciudad y allí la vio Siquén (el hijo del jefe Jamor, que tenía el mismo nombre que la ciudad), que de inmediato raptó a la joven y la violó. Tras esta brutal acción, se enamoró de ella, la retuvo en casa y le dijo a su padre que quería desposarla. Jacob, al enterarse de la deshonra de Dina, esperó a que regresasen sus hijos de pastorear el ganado para contárselo a todos, y estos se indignaron. Poco después llegó Jamor al campamento y les dijo a Jacob y a sus hijos que autorizasen el matrimonio de Dina con Siquén, a cambio de lo cual se les permitía establecerse en aquellas tierras y casarse entre ambos clanes para formar una gran alianza familiar. Además, estaba dispuesto a proporcionarles una gran dote.

Los hermanos de Dina le contestaron que ella y el resto de mujeres de la tribu no se podían casar con hombres no circuncidados, pues eso era una afrenta para ellos. Regresó el jefe cananeo a la ciudad y pidió a los hombres que se circuncidaran. Así lo hicieron todos, empezando por el mismo Jamor y su hijo. Pasados tres días, mientras estaban convaleciendo, dos hijos de Jacob, Simeón y Leví, entraron en Siquén sin encontrar resistencia y mataron a todos los varones de la ciudad. Recuperaron a su hermana y se llevaron a las mujeres, los niños, el ganado y todos los bienes que encontraron.

Cuando Jacob se enteró, les dijo que lo habían metido en un apuro y que quizá los otros cananeos querrían venganza, pero sus hijos le contestaron que no podían permitir que abusasen de su hermana.

DINA EN EL ARTE

La historia, quizá por su truculencia y la cruel y desmesurada venganza de los hijos de un patriarca bíblico, no ha despertado el interés de los artistas, y son escasas las representaciones que nos han dejado. La principal será el rapto y la masacre posterior.

Un ejemplo es *El rapto de Dina,* miniatura del siglo XV, de la *Biblia Historial de Guyart des Moulins,* en la Biblioteca Nacional de Francia, que representa un rapto muy amable.

El Renacimiento añade mayor violencia a este hecho, como puede apreciarse en la obra de Bugiardini [1]. En ella, en una espaciosa plaza de una ciudad renacentista italiana que representa a Siquén, el hijo del rey Jamor está raptando a la joven Dina con la ayuda de sus amigos, que rechazan a las mujeres que acompañaban a la joven judía. Uno de ellos, esgrimiendo un puñal, amenaza a otra joven y le arrebata la capa que llevaba Dina. En primer plano, varias mujeres contemplan la escena, pero no intervienen. Alrededor, varias personas pasean ajenas al drama que está sucediendo.

En el siglo XVI, Van Heemskerck presenta cuatro grabados donde se cuenta toda la historia de Dina. Destaca el tercero [2], en el que se representa con bastante detalle la circuncisión de los cananeos. En primer plano, un anciano tiene que ser ayudado por un joven a caminar, mientras se sujeta con una mano la zona dolorida.

En el grabado del siglo XVII *Los hermanos de Dina vengan su honor,* de Matthäus Merian, el

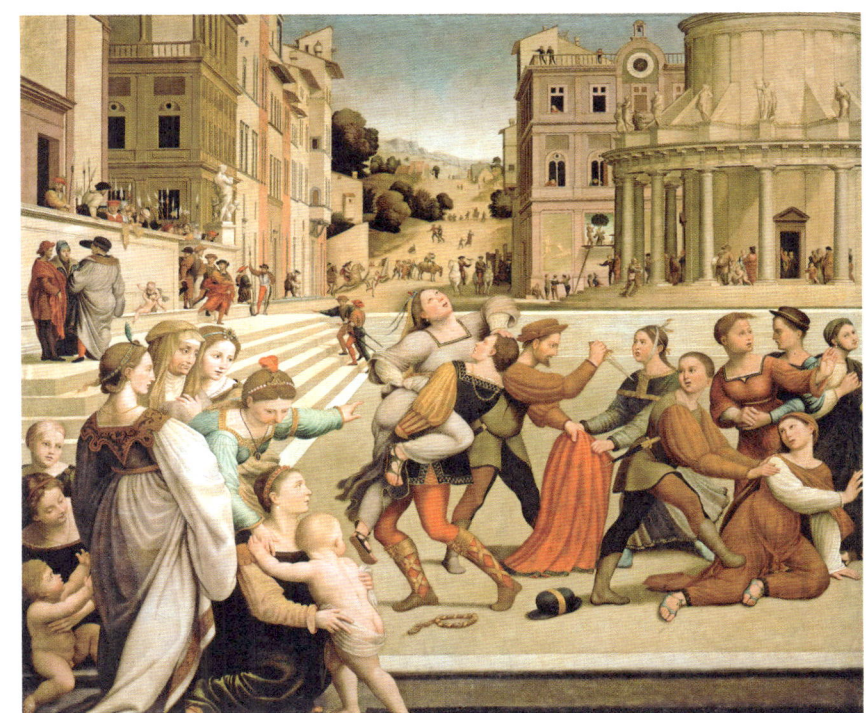

1. *El rapto de Dina,*
Giuliano di Bugiardini,
1531, Viena, Museo
de Historia del Arte.

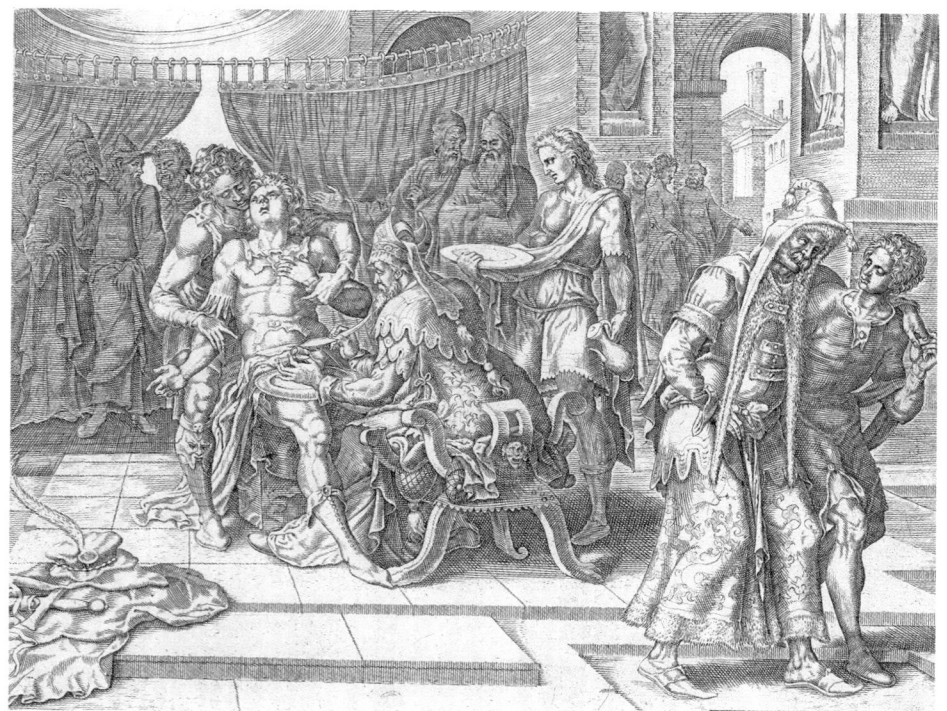

2. *La historia de Dina y Siquén* (tercer grabado), de Harmen Jansz Müller, dibujos de Marten van Heemskerck, 1585, Madrid, Biblioteca Nacional de España.

Viejo, de 1625, se muestra en el interior de una formidable ciudad a los hermanos de Dina y sus criados matando a todos los cananeos, mientras que en un segundo plano aparecen los dos hijos de Jacob rescatando a su hermana.

En *El rapto de Dina* de Ricci, del siglo XVIII [3], aparece el rescate como un acto forzado, en contra de su voluntad, aunque en la Biblia no se menciona este detalle. Se describe el dramático acontecimiento del rapto en una composición piramidal, en la que se incluye a la izquierda al todavía débil príncipe Siquén, representado con un bastón, protestando frente a los hermanos, mientras uno de ellos busca las armas para acabar con la vida del joven.

PRINCIPALES ESCENAS

- El rapto de Dina por Siquén.
- El rescate de Dina.
- El saqueo y la destrucción de Siquén.

SÍMBOLOS Y ATRIBUTOS

Para algunos, Dina es la representación de la justicia porque con su historia se demuestra que todos los crímenes van a ser castigados.

No tiene atributos especiales, al margen de su juventud, por lo que únicamente se la reconoce en las obras por los acontecimientos que se produjeron: el rapto o el rescate.

CONTEXTO HISTÓRICO

Según algunos eruditos, la historia de Jacob sucedió durante la Edad del Bronce Medio, que correspondería al siglo XVII a.C. En cambio, otros, como Gordon, creen que hay que adelantarla hasta la etapa del Bronce Final, siglo XIV a.C., e incluso Van Seters afirma que sucedió en el XIII a.C., iniciada la Edad del Hierro, teoría que respalda Jan Gunneweg, de la Universidad Hebrea de Jerusalén, quien analizó restos arqueológicos encontrados en la zona

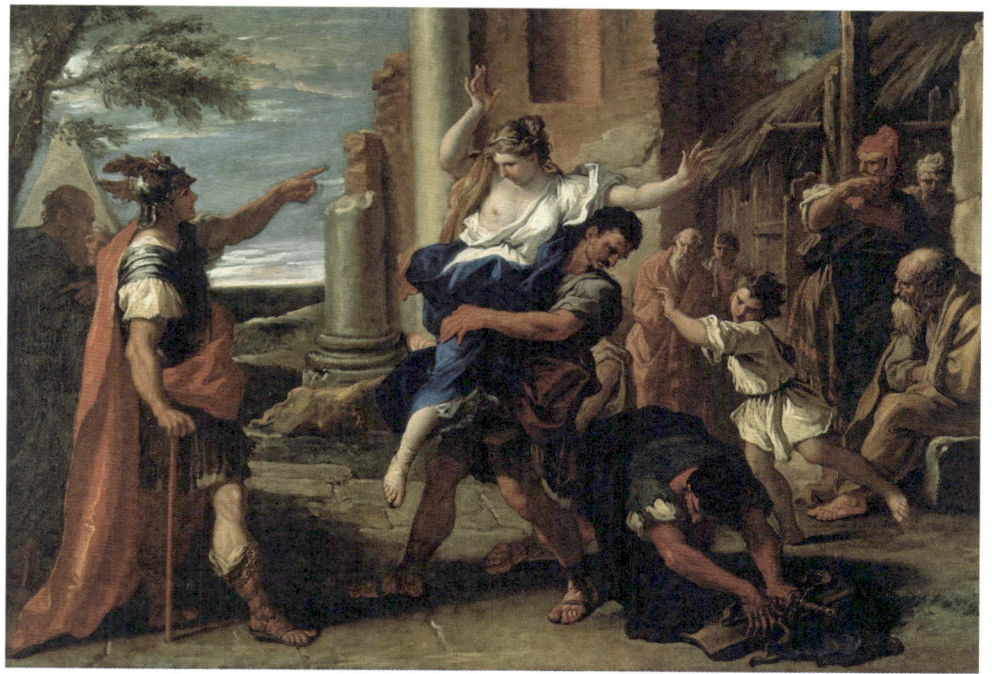

3. *El rapto de Dina*, Sebastiano Ricci, *ca.* 1700, Bremen, Galería de Arte.

que demuestran que hubo varios establecimientos de colonos procedentes del noreste, como sería el caso de Abrahán, que vino desde Ur de Caldea.

La zona geográfica correspondería a tierras de la actual Jordania, pues los restos de la antigua ciudad cananea de Siquén se hallan cerca de Nablus, en Cisjordania.

La Edad del Bronce es el periodo en que se descubre y generaliza el uso de este metal formado por la aleación de cobre y estaño. Abarca entre el 3300 y el 1200 a.C., entendido para Oriente Próximo y la Europa mediterránea.

Durante este periodo las sociedades se vuelven más complejas, con una evidente diferenciación social, y algunos grupos de individuos que se hallan en la cima de la pirámide social ostentan el poder. Mejora el comercio y se producen más enfrentamientos bélicos, con mayor número y mejores armas. En la etapa final aparece la escritura.

Observaciones

En estas sociedades patriarcales de la época, la tragedia de la venganza para restablecer el honor conlleva la condena de las mujeres violadas al olvido y la marginación. Curiosamente, la crueldad y la furia de los dos hermanos no quedarán en el olvido. Jacob, cuando reúne a sus hijos en su bendición final, se refiere a ellos especialmente lanzándoles esta maldición: «Simeón y Leví, hermanos, / armas criminales sus espadas. Ojalá no participe yo en sus consejos, / ni miente yo en su asamblea, / pues mataron hombres ferozmente, / y mutilaron bueyes a su antojo. Maldita su furia, tan cruel, / y su cólera implacable. / Los repartiré entre Jacob / y los dispersaré por Israel» (Gén 49, 5-7). Efectivamente, las tribus de Simeón y Leví fueron desperdigadas. En el reparto de la Tierra Prometida, a la tribu de Simeón le tocó el sur, que, al ser zona desértica, llevó a muchos de sus miembros a unirse a la tribu de Judá (Jos 19, 1-9). A la tribu de Leví no le fue asignada tierra (Jos 13, 14).

Ester (AT)

Inicialmente la protagonista es denominada con su nombre hebreo, Edisa o *Hadassah*, que significa «mirto». Después se sustituye por un nombre pagano, Ester, «estrella», quizá porque la flor del mirto tiene forma de estrella y para ocultar a toda la corte babilónica que es judía. Según Réau, el nombre es una transcripción de la diosa babilonia Istar o Astarté. En latín sería «Stella», y en castellano, «Estrella».

Esta historia aparece en el Libro de Ester del Antiguo Testamento.

Asuero (el emperador persa Jerjes) residía en un palacio de la ciudad de Susa, con un harén en el que destacaba la reina o favorita Vasti. En el año tercero de su reinado hizo, durante ciento ochenta días, ostentación de la magnífica riqueza de su reino y del grandioso esplendor de su majestad con festejos variados. Después, dio una fiesta de siete días en los jardines reales para los habitantes de la capital, mientras la reina ofrecía a su vez otra a las mujeres. El último día, el rey ordenó a Vasti que compareciera para mostrar su hermosura. Ella no obedeció la orden y Asuero se enfadó tanto que la repudió y no volvió a verla nunca más; además, y para que no cundiese el mal ejemplo, publicó un decreto ordenando a todos los súbditos que todas las mujeres debían obedecer a sus maridos porque ellos eran los que mandaban en casa.

Pasado un tiempo, Asuero decidió nombrar una nueva reina entre las jóvenes de sus tierras. Para ello fueron enviadas, desde todos los pueblos del imperio, las muchachas más bellas para que el rey pudiese elegir.

Había en la ciudadela de Susa un judío llamado Mardoqueo que trabajaba como sirviente en el palacio y había adoptado a una prima huérfana que se llamaba Edisa, a quien para ocultar su condición de judía la hacía llamar Ester. Ella también se presentó en palacio para intentar ser la elegida. Las jóvenes quedaron al cuidado del eunuco jefe del harén, quien durante doce meses debía prepararlas y formarlas antes de su presentación ante Asuero. Ester impresionó al eunuco, que le dedicó una atención tan especial que llegó a recomendarle que, cuando fuese llamada ante el rey, se presentase con sencillez y sin ningún aderezo lujoso. Cuando el rey la vio, la prefirió a las demás y la nombró reina cuando ella no había mostrado todavía su condición de judía.

Poco después, Mardoqueo se enteró de que dos eunucos de palacio estaban preparando una conjura para asesinar al monarca. De inmediato se lo dijo a la reina, que se lo comunicó a Asuero. Tras la correspondiente investigación, los culpables fueron ahorcados y el suceso fue recogido en la crónica del reino sin que Mardoqueo recibiese ninguna recompensa.

Mientras tanto, Asuero había nombrado un nuevo visir, Amán, enemigo declarado de los judíos, el cual exigió que todos los ciudadanos se inclinasen ante él siempre que lo vieran, como signo de respeto, y así lo hacían todos salvo Mardoqueo. Al darse cuenta de ello, el visir decidió castigarlo a él y a todo el pueblo judío. Y, con notable frialdad, hizo un sorteo para elegir la fecha en que todos los judíos del imperio debían ser exterminados, y salió el día 13 del mes de adar. A continuación, firmó un decreto ordenando que en esa fecha fueran destruidos, matados y exterminados todos los judíos, jóvenes y viejos, niños y mujeres, y saqueados sus bienes. Para justificar esta felonía, Amán le explicó al rey que este pueblo no cumplía las órdenes del monarca porque tenían sus propias leyes y se mantenían apartados dentro del imperio; además, entregaría trescientos cincuenta mil kilos de plata con destino al tesoro real. El rey le indicó que hiciera con los judíos lo que quisiera.

El decreto se hizo público. Cuando Mardoqueo, Ester y todo el pueblo judío lo conocieron, lloraron, ayunaron, se vistieron con sacos y cubrieron con ceniza sus cabezas. Mardoqueo, vestido de harapos, quedó lamentándose frente a la puerta del palacio real. Al saberlo, la reina le preguntó la razón de su proceder y él le pidió que intercediera ante el monarca, a lo que ella le contestó que estaba prohibido acudir al rey, bajo pena de muerte, sin que este lo mandase y que llevaba treinta días sin que la hubiese llamado. Pidió ayuda a Dios y, durante tres días y tres noches, ayunó. Pasados estos días, Ester se vistió con sus mejores galas y se presentó ante el rey, que, cuando la vio tan hermosa, ordenó que se acercara a él sin temor; pero ella, débil por el ayuno, se desmayó. Asuero la cogió en sus brazos hasta que se recuperó y le dijo que le concedería lo que pidiese. Ella le contestó que solo deseaba que ese mismo día acudiese junto con el visir Amán a un banquete que ella misma había preparado. De inmediato, avisaron a Amán, que, muy contento, se fue a su casa para ataviarse. Al salir, vio a Mardoqueo, quien, de nuevo, evitó postrarse ante él, así que ordenó que preparasen una horca para ejecutarlo y después volvió a palacio.

Mientras tanto, Asuero recordó la conjura fallida de sus eunucos contra él y ordenó que le leyeran la crónica de estos acontecimientos; cuando acabaron, preguntó por la recompensa que le había dado a Mardoqueo y le contestaron que todavía no le había concedido ninguna. En ese momento llegó el visir y el rey le dijo que quería honrar a un hombre a quien estaba muy agradecido. Amán, pensando que se trataba de él mismo, sugirió todo tipo de honores, y entonces el rey le ordenó que lo hiciese, no a él sino al judío Mardoqueo. Amán cumplió el mandato, triste y cabizbajo.

A continuación, el rey y el visir fueron al convite de Ester; una vez allí, Asuero, al verla tan bella, volvió a decirle que le pidiese de nuevo lo que deseaba. Ella le contestó que quería que le salvase la vida y la de todo su pueblo para que pudiesen seguir sirviéndolo. Asuero le preguntó quién era la persona que deseaba cometer aquel crimen y la reina le dijo que era Amán, su visir. El rey, encolerizado, se levantó y salió de la estancia, momento que aprovechó Amán para acercarse a Ester y pedirle perdón; cuando el soberano entró y lo vio tan cerca de su esposa, ordenó que lo ejecutaran en la horca que había preparado para Mardoqueo, a quien después nombró visir.

Posteriormente Ester se presentó de nuevo ante el rey y, postrándose de rodillas y llorando, le pidió que anulase el decreto firmado por Amán en el que ordenaba el exterminio de los judíos porque estaba aún vigente. El rey le entregó su propio sello, le dijo que ella y Mardoqueo escribiesen la anulación de la orden, indicaran los favores que deseasen para su pueblo y después lo sellasen.

Mardoqueo, siguiendo este mandato, hizo un nuevo decreto que permitiría a los judíos defenderse de sus enemigos y «destruir, matar y aniquilar a la gente, incluidas mujeres y niños, de cualquier pueblo o provincia que los atacara, así como el derecho a saquear sus bienes» (Est 8, 11), todo ello en un día, que era el mismo que había salido en el sorteo de Amán: el 13 del mes duodécimo (adar).

Llegado el día, los judíos mataron en todas las ciudades del imperio a sus enemigos; en Susa ejecutaron a quinientos y a los diez hijos de Amán. Ester pidió al rey un nuevo deseo, que prorrogara el decreto un día más en la ciudad de Susa, y este se lo concedió. El segundo día mataron a otros trescientos hombres, pero no saquearon sus bienes. Más tarde, Ester pidió a su rey que colgase los cadáveres de los diez hijos de Amán, y, como escarmiento, así se hizo. En total, dieron muerte a setenta y cinco mil adversarios en todo el reino.

Por último, Mardoqueo y la propia Ester escribieron unas cartas a todas las comunidades judías del imperio instándolas a celebrar una fiesta, el *Purim*, en recuerdo de estos hechos, junto con las indicaciones para celebrarla.

ESTER EN EL ARTE

Ester es una de las grandes heroínas del Antiguo Testamento y ha sido representada en numerosas obras artísticas desde el comienzo de la religión cristiana.

107

Las primeras imágenes de la historia de Ester aparecen en el siglo XII como decoración en algunas biblias manuscritas e iluminadas de los monasterios europeos, donde se narra todo el ciclo, como se puede apreciar, por ejemplo, en la *Bible France (ca.* 1260, Ms. M.111, f. 27v). A partir del siglo XV, la representación se va a generalizar por medio de las biblias pauperum* o los *Speculum Humanae Salvationis** porque los cristianos consideran a Ester la prefiguración* de la coronación de la Virgen María. Así, ambos hechos aparecen unidos en la obra de Giovanni da Udine, *Compilatio historiarum,* de 1476. Igualmente, se considera a la Virgen María la gran intercesora ante Dios, y en este sentido aparecerán ambas relacionadas en el *Speculum* de Núremberg [1].

La concesión del perdón y del poder a Ester por parte del rey se simboliza cuando la toca con el cetro, aspecto que se puede observar en la *Biblia de París.* Los dos personajes aparecen sentados y llevan sendas coronas de reyes; es uno de los momentos más dramáticos de la historia porque cualquiera que se presentase ante Asuero sin haber sido convocado era ejecutado, salvo que el monarca extendiese su cetro hacia dicha persona. En la imagen, el rey señala con su cetro a Ester, la bella y joven reina, que con este gesto es perdonada.

En el Renacimiento se mantiene el interés por su historia. Botticelli y Filippino Lippi hicieron en 1470 seis pinturas sobre tabla para decorar dos baúles, encargados como regalo matrimonial, en las que se narra la vida de Ester, y que pueden verse en el Museo Condé. Las tablas fueron separadas y, en la actualidad, se reparten entre varios museos. En ellas se representa, en diversas escenas, toda la historia de la reina, desde la llegada de Ester a Susa hasta la muerte de Amán.

Mantegna, Miguel Ángel y Veronés reflejarán también a la reina en diversos ciclos que nos muestran a las grandes heroínas de Israel.

Tintoretto, en su obra de 1555 *Ester ante Asuero,* en el Museo del Prado, insiste en el momento fundamental en que Ester recibe el poder de Asuero, con el acto simbólico de tocarla con el cetro. Esta

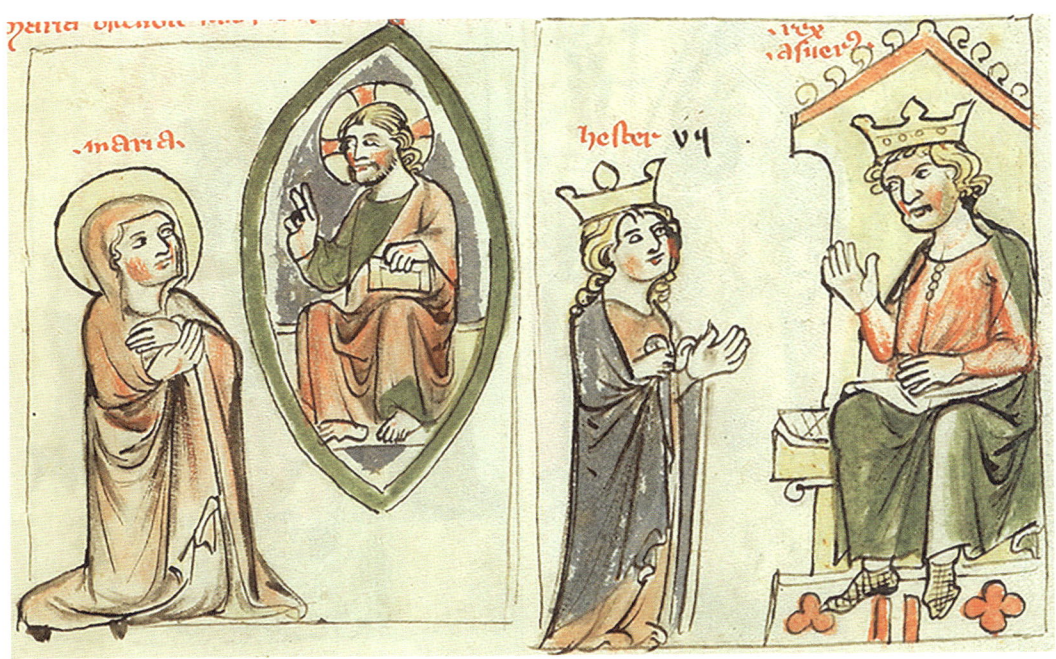

1. *Speculum Humanae Salvationis,* Núremberg, entre 1350 y 1400, Ms. M.140, f. 42r. A la izquierda, la Virgen intercede ante Dios; a la derecha, Ester intercede ante Asuero.

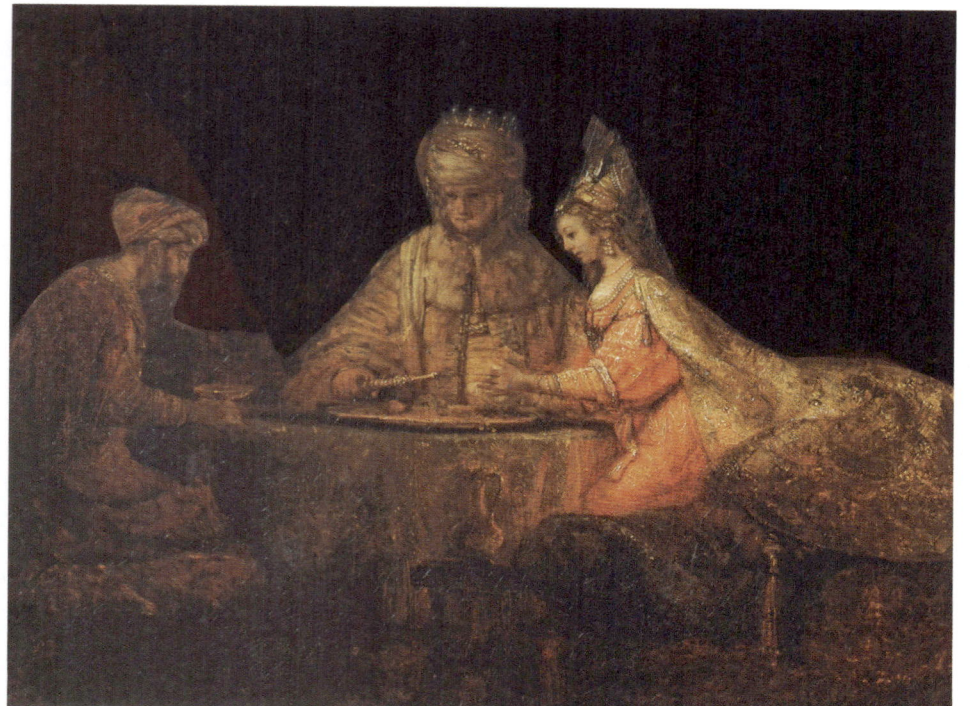

2. *Asuero y Amán en la fiesta de Ester,* Rembrandt, Moscú, Museo Pushkin.

obra forma parte de un conjunto de seis cuyas protagonistas son mujeres del Antiguo Testamento (Susana, Judit, la reina de Saba, Ester, la mujer de Putifar y la hija del faraón) y que Velázquez compró para Felipe IV. En todas ellas se muestran trajes lujosos y exóticos. En el lienzo del Museo del Prado, la reina se arrodilla y baja la cabeza con un gesto protocolario ante su rey, que le muestra con su cetro que no debe tener ningún miedo, mientras una dama de la corte sujeta el largo y ostentoso vestido de su señora. La escena es contemplada por el visir y varias cortesanas. El punto de vista tan bajo indica que era un lienzo que se iba a colocar en la parte superior de un salón.

Desde el Renacimiento y especialmente durante el Barroco fue un personaje muy representado en los Países Bajos porque los holandeses veían a Ester como una libertadora de su pueblo, que estaba dominado por el imperio persa, del mismo modo que ellos lo estaban por el imperio español. Rembrandt representará, en 1660, la escena de Asuero y Amán en la fiesta de Ester [2],

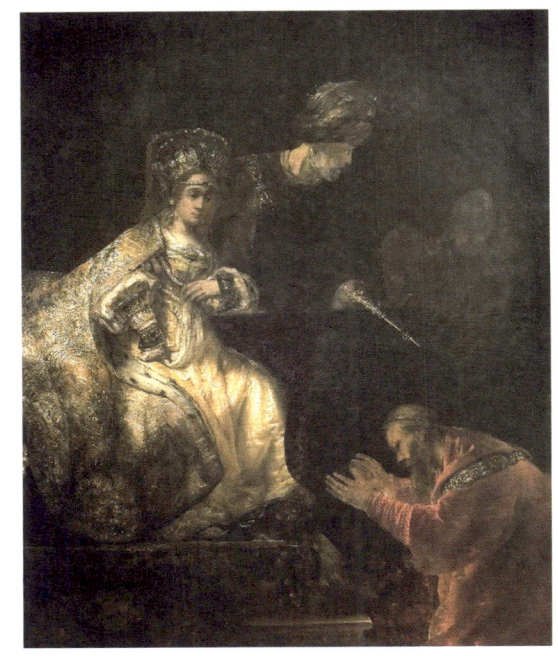

3. *Amán ruega a Ester por su vida,* Rembrandt (estudio), 1660, Bucarest, Museo Nacional de Arte de Rumanía.

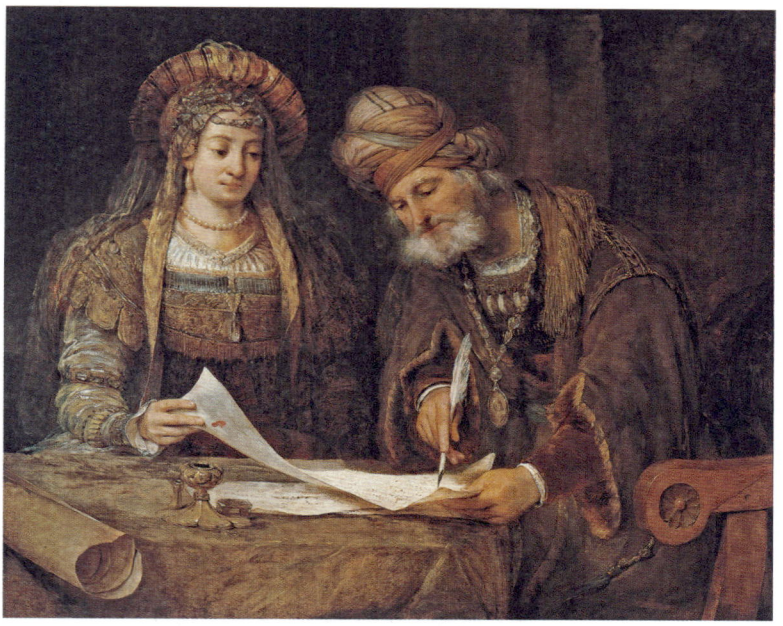

4. *Ester y Mardoqueo escriben las cartas a los judíos*, Aert de Gelder, 1675, Buenos Aires, Museo Nacional de Bellas Artes.

donde destacan la luminosidad y la unión de la pareja real frente a la soledad y la oscuridad de Amán, que aparece en el extremo opuesto de la mesa. En la misma línea, en otra de sus obras en la que Amán ruega por su vida ante Ester [3], se acentúa la posición superior de la pareja real, y especialmente la de la reina, con una explosión de color y luz que contrasta con la sobriedad de Asuero, por otro lado tan característica de la corte de los Austrias españoles.

Otra obra que aporta una nueva escena es la de

Gelder, que representó hasta once hechos de la vida de Ester. En la relativa a las misivas de los judíos [4], la reina y Mardoqueo, con ropas lujosas, escriben las cartas ante una mesa con un tintero y unos pergaminos. La influencia de Rembrandt es evidente porque Aert de Gelder (también conocido como Arent de Gelder) fue uno de sus mejores alumnos y el que se mantuvo más fiel al estilo del maestro.

También aparece una muestra del exotismo de la historia cuando Artus Wolffort [5] plasma a Ester en la vida del harén, en la preparación antes de presentarla a Asuero, detalle que parece más, como indica Bornay, un recurso para pintar temas eróticos bajo el velo de la historia sagrada que el reflejo de momentos política o religiosamente más importantes.

El mundo católico también la representará, contextualizada en un ambiente y una composición clasicistas, como se aprecia en la obra de Poussin [6]. En ella, Ester, después de ayunar tres días, se presenta ante el rey sin haber sido convocada y cae desmayada en brazos de una criada. Asuero extiende una mano hacia la reina en un intento de ayudarla. El movimiento del grupo de Ester frente a la regia majestad de Asuero ayuda a lograr una escena plena de dramatismo.

En el siglo XIX se mantiene el tema, pero desde la óptica del orientalismo y el romanticismo. La obra de Long [7] revela este nuevo ambiente, donde la protagonista es la reina en su momento más difícil, antes de ver al monarca, arriesgando su vida y sin saber el resultado. Este pintor, que visitó España varias veces y que se declaró seguidor de Velázquez, representa a Ester sentada en un escabel mientras dos doncellas la ayudan a vestirse; una está sacando una pulsera de un joyero y la otra se dispone a cubrirle la cabeza con un delicado pañuelo. La reina muestra una evidente tristeza, con una mirada profunda y apenada porque sabe que el destino de su pueblo depende de ella. Su mirada penetrante hacia el frente hace partícipe al

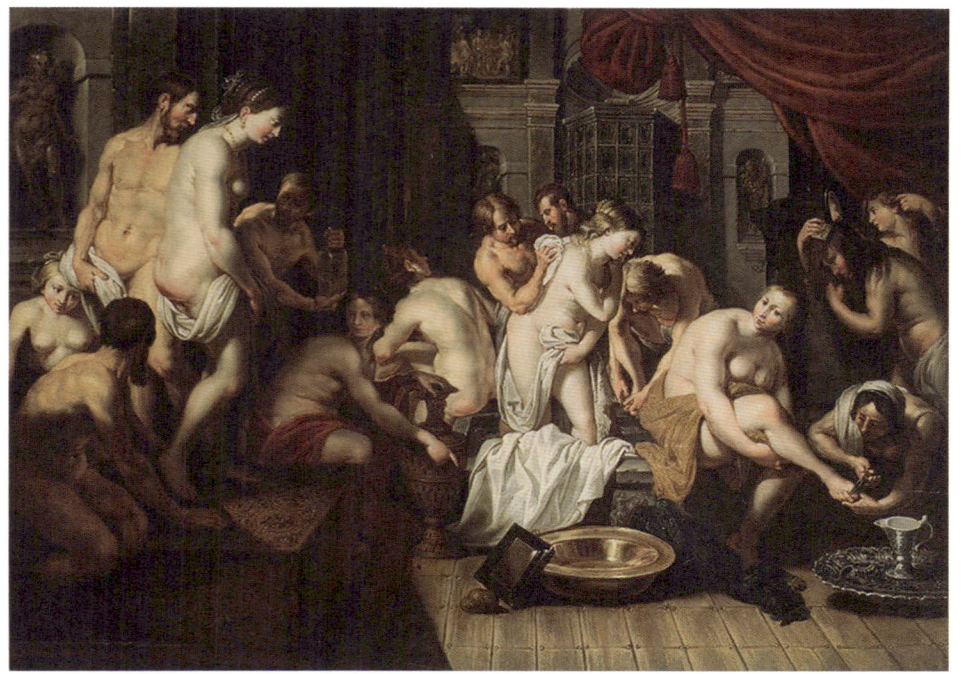

5. *El baño de Esther en el harén de Asuero*, Artus Wolffort, *ca.* 1620, Londres, Victoria and Albert Museum.

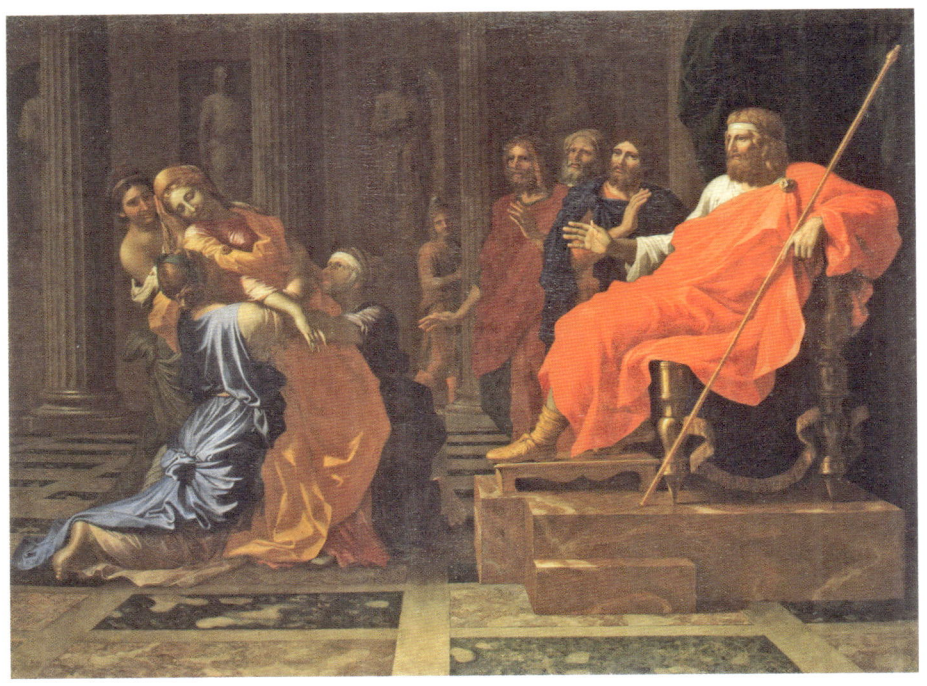

6. *Ester ante Asuero*, Nicolas Poussin, 1655, San Petersburgo, Museo del Hermitage.

espectador. Long pintó un cuadro gemelo con la reina Vasti. En ambos lienzos se mantiene una recreación orientalizante, adecuada a la época.

PRINCIPALES ESCENAS

- Ester es presentada al rey; es el momento en que la conoce. Si tienen las manos juntas, es el momento de la boda.
- Coronación de Ester.
- Ester se desmaya ante Asuero. El rey dirige hacia ella su cetro.
- Ester y Mardoqueo escriben cartas.

SÍMBOLOS Y ATRIBUTOS

Cuando la representan sola, lleva ropas lujosas, corona, cetro por ser reina y un libro (por su libro del Antiguo Testamento).

CONTEXTO HISTÓRICO

Asuero procede del hebreo *Ajashwerosh,* que es la transcripción del persa *Xšaya-ṛšā,* es decir,

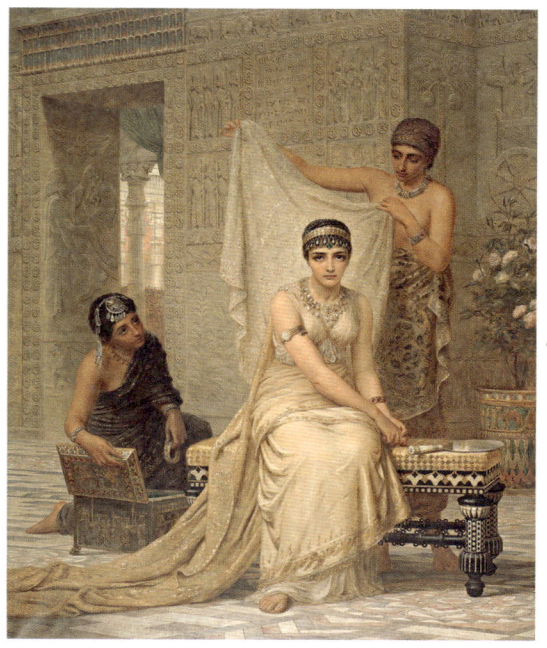

7. *Reina Ester,* Edwin Long, 1878, Victoria (Melbourne), Galería Nacional.

Ξερξης, «Xerxēs» o «Jerjes». Los expertos coinciden en que, por los datos del Libro de Ester, debe de tratarse del rey Jerjes I (519-465 a.C.), que fue emperador de Persia desde el 486 hasta su muerte en el 465 a.C. Jerjes reinó desde la India hasta Etiopía y estableció su capital en Susa. Antes de asumir el trono, aplastó una rebelión en Egipto y varios levantamientos contra su reino en Babilonia. Aunque fracasó en sus campañas militares contra los griegos (Salamina, Platea, Micale o Euromidión), esto no impidió que continuase ejerciendo el control del resto del imperio y viviese una vida frívola propia de un déspota oriental, aspecto claramente reflejado en la arbitraria política que se refleja en el Libro de Ester. Se le considera por muchos historiadores actuales débil de carácter y muy influenciable por sus esposas y cortesanos. La Biblia cuenta diversos enfrentamientos entre distintos grupos étnicos de su imperio y la lucha entre judíos y antijudíos (Esd 4, 17 y ss.). Realizó unas fastuosas construcciones en Susa y Persépolis, pero fue perdiendo energía y se dejó dominar por algunos eunucos y funcionarios de su corte. En el 465 a.C. fue asesinado por Artabano, comandante de la Guardia Real que contó con el apoyo del eunuco Mitrídates. Poco después Artabano fue ejecutado por el segundo hijo de Jerjes I, el futuro Artajerjes I.

OBSERVACIONES

Según las obras de Jensen y Frazer, la historia de Ester procede de un mito anterior que contaba la victoria de los dioses de Babilonia Merodak (Marduk) e Istar (Ester) frente a los de Elam, llamados Amán y Vasti. Asimismo, señalan que la fiesta judía del *Purim* procede de las Saturnales babilónicas en honor de Zakmuk, que significa «principio del año», y era un festival mesopotámico para celebrar el Año Nuevo que duraba unos doce días y se realizaba en el invierno. Festejaba el triunfo de Marduk, el gran dios de Babilonia, sobre las fuerzas del Caos.

«Purim» procede de la palabra persa *pur,* que significa «suerte», porque Amán jugó al azar el día en que iba a exterminar a todos los judíos de Babilonia. Es una fiesta hebrea que celebra la intervención de Ester ante Jerjes para evitar la aniquilación de su pueblo; es un día muy alegre durante el cual se lee en voz alta el Libro de Ester, y cada vez que se pronuncia el nombre de Amán, se golpea el suelo con los pies y se giran carracas para eliminar este odiado nombre. Además, celebran banquetes donde está permitido emborracharse y cantar canciones. Los niños se disfrazan y se deben hacer obras de caridad.

La Biblia de la Conferencia Episcopal española indica que, pese a las informaciones precisas en cuanto a costumbres y personajes, y que no incluyen elementos fantásticos o sobrenaturales, los datos no concuerdan con las fuentes históricas del momento, por lo que el libro se considera la descripción de un acontecimiento imaginario para dar base a una festividad religiosa, la de los *Purim,* que es una especie de carnaval con regalos y banquetes, a la vez que se lee el Libro de Ester. La obra se data en torno a la segunda mitad del siglo II a.C.

Pese a lo que indican la mayoría de los autores y la Conferencia Episcopal española, existen estudios, como el de Edno Almeida, que sugieren la posibilidad de que fuera un hecho con base histórica.

La coronación de Ester prefigura la de la Virgen María. Para los holandeses, es una libertadora, y, para otros, como dice Walker Vadillo, es una nueva diosa del amor porque su éxito se basó en su belleza y en el amor que inspiró a Asuero.

La petición ante Asuero para salvar a su pueblo es la prefiguración* de la Virgen María intercediendo ante Dios para salvar al mundo.

Eva (AT)

Primera mujer. El nombre procede del hebreo *chavvah*, que significa «vivir» o «fuente de vida». Génesis 3, 20, cuenta que Adán llamó a su mujer Eva por ser la madre de todos los que viven. Su historia aparece en Génesis, desde el capítulo 1, 27, hasta el 5, 2. En el Nuevo Testamento se la menciona igualmente en las cartas pastorales de san Pablo; en la primera a Timoteo (1Tim 2, 13-15), y en la segunda a los Corintios, al hablar de la seducción (2Cor 11, 3).

Eva fue la primera mujer que creó Dios y, por tanto, la madre del género humano.

La Biblia cuenta dos relatos: Génesis 1, 26, dice que Dios hizo al hombre a su imagen y semejanza y los creó varón y mujer, y Génesis 2, 21, afirma que Dios, después de crear al hombre y a todos los animales, durmió a Adán, le sacó una costilla, con la que hizo una mujer, y se la presentó a aquel, que la llamó «mujer».

Dios había prohibido a la pareja comer el fruto del árbol del bien y del mal, pero un día la serpiente convenció a la mujer para que lo probase, pues, le dijo, serían como Dios en conocimiento. Ella lo comió y se lo pasó a Adán, que también lo probó. De inmediato, se escondieron y se taparon con una rama de higuera, pero Dios los llamó y les preguntó qué habían hecho. Adán culpó a Eva y ella indicó que la serpiente la había seducido para comer el fruto.

Dios maldijo a la serpiente, y a la mujer le dijo que sufriría en el embarazo, pariría con dolor, ansiaría a su marido y este la dominaría, y a continuación castigó también a Adán. El Señor les dio unas túnicas de piel para que se taparan, les quitó el privilegio de la vida eterna y los expulsó del Paraíso. El matrimonio tuvo varios hijos, Caín, Abel y, más tarde, Set. Pasado un tiempo, tuvieron algunos más de los que la Biblia ya no cuenta nada.

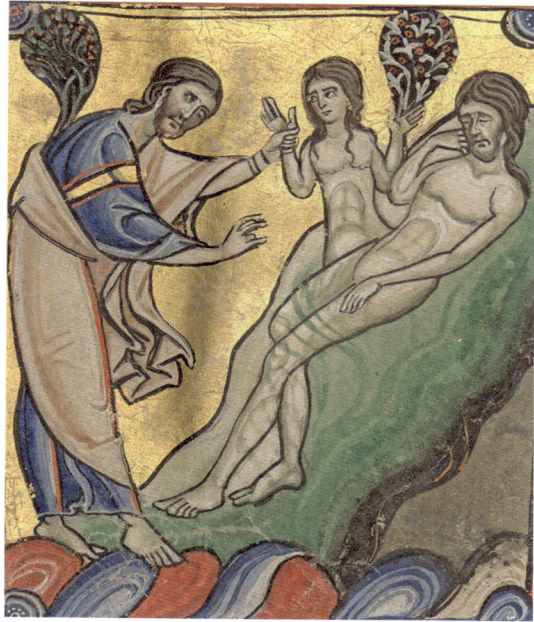

1. Detalle de la creación, *Biblia de Souvigny*, Ms.1, f. 4 vr, Moulins, Biblioteca Municipal.

EVA EN EL ARTE

Es un personaje muy representado ya desde la Antigüedad porque fue considerada la primera mujer, la primera esposa y madre, de la que procedemos todos, y, también, la que cometió el primer pecado de la humanidad y, en consecuencia, culpable de la expulsión del Paraíso y de que no gocemos de una vida eterna y feliz.

Además, la historia brindaba la posibilidad de pintar o esculpir a una mujer joven completamente desnuda.

Sus principales representaciones la muestran con su compañero Adán, con el que aparece en tres escenas en el Paraíso: la creación, la tentación y la expulsión.

La primera, la creación, fue muy reproducida en la Edad Media. La versión mayoritaria la refleja saliendo del costado del hombre para dejar claro que procede de su costilla, aunque el relato bíblico es algo diferente. El modelo aparece así en esculturas como en la Sainte-Chapelle, en el siglo XIII, y en algunos libros iluminados, como la *Biblia de Souvigny* [1] o la *Biblia de Troyes* (Francia), entre otros. Esta imagen se mantiene en el Renacimiento, como se aprecia en la obra de Miguel Ángel en la Capilla Sixtina. También puede destacarse en las esculturas de Santo Domingo de la Calzada y la colegiata de Toro, en las pinturas de Maestro Bartolomé de 1493, en la Universidad de Arizona, y la de Pietro Faccheti, *Creación de Eva*, en 1554, en el Museo del Prado. Este modelo se mantendrá hasta nuestros días. Son escasos los ejemplos que no hacen referencia a la costilla, como se observa en El Bosco [2], donde Dios presenta la mujer a Adán, que está recién despertado.

La segunda escena, la tentación, con la serpiente, se representa desde el inicio del cristianismo. Quizá la imagen más insólita y sugerente la esculpió el maestro Gislebertus [3]. Eva aparece acostada, apoyada en un codo y una rodilla, casi como si estuviese reptando, y con la mano izquierda coge un fruto. Es una posición muy ex-

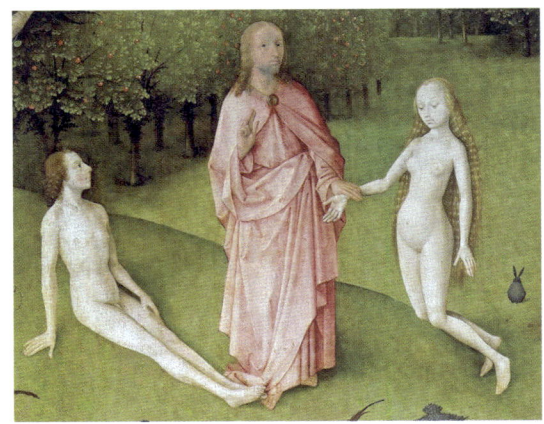

2. Detalle del lateral izquierdo del tríptico *El jardín de las delicias,* El Bosco, 1490-1500, Madrid, Museo del Prado.

traña para la época en la que el autor intenta convencer al espectador de lo fácil que resulta pecar bajo el «juego seductor» de una mujer. En el Renacimiento aparece junto a Adán, con diferentes matices de desnudez y tipos de frutos. La

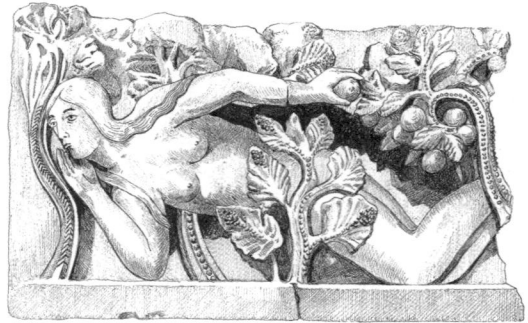

3. Representación de la escultura *Eva,* maestro Gislebertus, 1130, hueco del portal norte de la catedral de San Lázaro, Autun, Museo Rolin.

serpiente suele aparecer con cabeza o torso de mujer, como una bicha*. Así lo vemos en la obra de Miguel Ángel en el Vaticano. En la Capilla Brancacci de Florencia, Masolino da Panicale, en 1423, pinta a la pareja comiendo un higo, en vez de una manzana, quizá porque la Biblia dice que después se taparon con hojas de higuera. Hacia 1467, Van der Goes, en el díptico

Caída y redención del Hombre, que se exhibe en el Museo de Historia del Arte de Viena, pinta a la pareja en la situación tradicional, Adán a la izquierda y Eva a la derecha, junto a la serpiente, en este caso con cabeza de mujer y de pie, apoyada sobre dos patas, porque, como aún no había sido maldecida, no se arrastraba por el suelo. Curiosamente ambos ocultan disimuladamente su sexo, algo extraño si tenemos en cuenta que aún no habían pecado. Lucas Cranach el Viejo, en 1520, pintó varias versiones. Tiziano, en una obra de 1550 que puede verse en el Museo del Prado, representa a la serpiente como un inocente niño para ganarse la confianza de la mujer, aunque detrás aparece un zorro, símbolo de la astucia y del engaño. Resulta curiosa la obra de Domenichino [4] porque todos los personajes eluden la culpa; Dios interroga a Adán, que señala a Eva como la inductora, y esta, a su vez, a la serpiente. La obra de Blake en el siglo XIX [5] representa a una Eva «enredada» literalmente por la serpiente mientras Adán permanece aje-

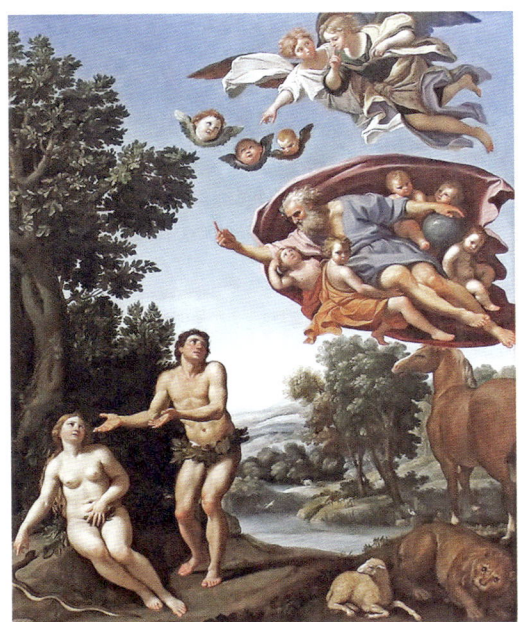

4. *Dios amonestando a Adán y Eva,*
Domenichino, 1623-1625, Grenoble,
Museo de Bellas Artes.

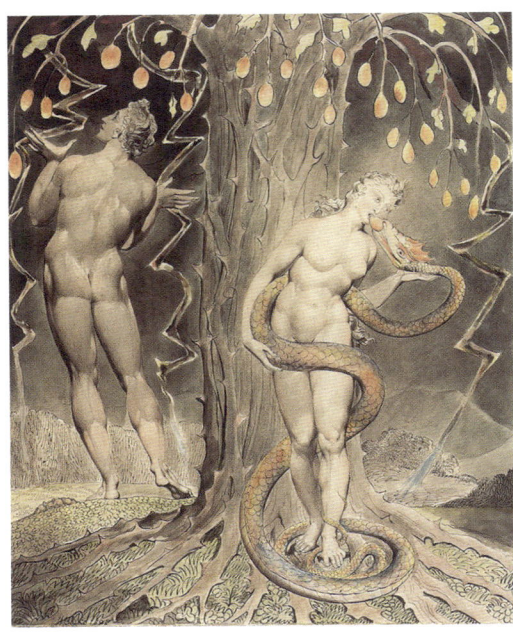

5. *La tentación y la caída de Eva,* William Blake, 1808.
Ilustración para la edición de 1808 de *El paraíso
perdido,* de Milton.

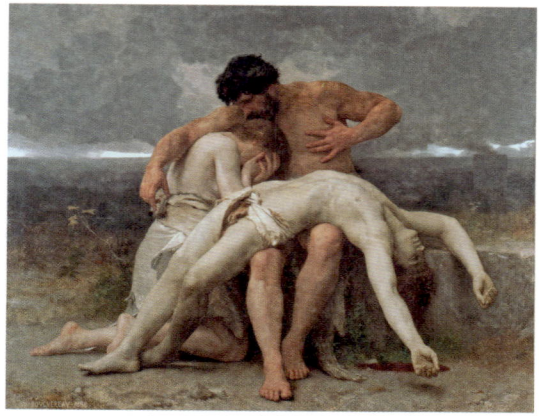

6. *Tristeza*, William-Adolphe
Bouguereau, 1888,
Buenos Aires, Museo de Bellas Artes.

no a la situación. Las versiones son muchas, con los matices propios de cada momento artístico. El tema ha permanecido hasta nuestros días con obras como las de Botero, donde aparece reflejada la pareja con todos los atributos.

La tercera escena es la expulsión del Paraíso, donde se suele mostrar a la pareja junto al ángel a las puertas del Edén. En la Capilla Palatina de Palermo, en un mosaico del siglo XII, aparece una doble imagen: a la izquierda, Dios castigando a la serpiente, al hombre y a la mujer, que se cubren con una hoja de higuera, y a la derecha, un ángel sin espada empuja a Adán fuera del jardín. Adán y Eva van vestidos con las pieles que les dejó Dios. Masaccio, en 1424, realizó unos extraordinarios frescos en la Capilla Brancacci (Florencia) en los que se observa a ambos todavía desnudos, a pesar de que el Génesis dice que iban vestidos tras cometer el pecado. Adán llora, sin pudor, y Eva, que se cubre los senos y el sexo, muestra un gesto de infinito dolor y abatimiento. Han franqueado ya la puerta y entran en un mundo sin vegetación, árido y desolado. Cosme III de Medici ordenó que pintasen sobre las figuras unas hojas de higuera para tapar la desnudez, pero en 1990 retiraron estos añadidos dejando el fresco en su estado original.

Muchos son los autores que la han representado: Durero, Fra Angélico, Giovanni di Paolo, Hippolyte Flandrin, Cavaliere-d'Arpino, Aureliano Milani, Doré, entre otros.

Otras escenas reflejan la vida de Eva fuera del Paraíso. En ellas se la ve hilando, cocinando o cuidando de sus hijos, mientras Adán trabaja el campo.

Más singular es la obra de Bouguereau [6], que refleja la desolación de la pareja ante el asesinato de Abel, que aparece muerto en el regazo de Adán, quien abraza a Eva para consolarla.

Las representaciones de Eva en solitario son más escasas. Algunas obras poseen gran calidad y se hicieron ya en el Renacimiento, como las de Durero en el Museo del Prado o la de Hans Menling, en Viena. El personaje cobra mayor protagonismo a finales del siglo XIX y el número de representaciones aumenta. Un ejemplo sería el polaco Pantaleon Szyndler [7], que presenta un magnífico desnudo femenino en el que la mujer mira al espectador con las manos cruzadas bajo la barbilla, dejando ver toda su anatomía; detrás

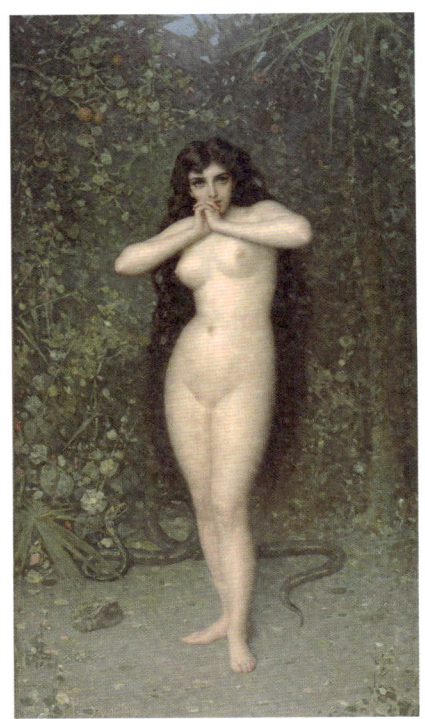

7. *Eva*, Pantaleon Szyndler, 1889, Varsovia, Museo Nacional.

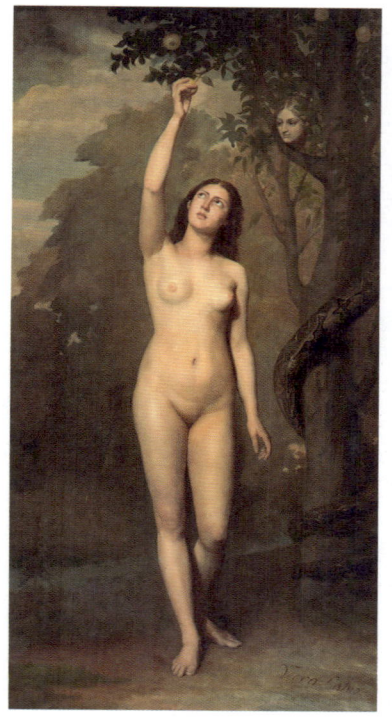

aparecen un manzano y una serpiente, que, desde el suelo, parece observarla. Germán Hernández Amores, en 1854 (Real Academia de San Fernando, Madrid), la pinta también desnuda, aunque ahora de espaldas y mirando al espectador mientras coge la manzana. Vera Calvo [8] representa otro desnudo de frente y con una serpiente con cabeza de mujer asomando entre la hojarasca. Todas ellas muestran el momento de la tentación, con la serpiente y la manzana.

Una de las obras más singulares es la de Cousin [9], en la que une la religión cristiana y el mito griego en un solo personaje: Eva, que es la culpable de introducir el pecado en el Paraíso cristiano, y Pandora, la que abrió la caja con todos los males en el mundo griego. En la tabla aparece una mujer recostada dentro de una cueva situada junto a un lago y una ciudad; el brazo derecho se apoya sobre una calavera que simboliza la muerte a la que la mujer ha condenado al género humano y, además, sostiene una rama con la manzana, a la vez que en el brazo izquierdo aparece la serpiente y con la mano señala la

8. *Eva cogiendo la manzana,* Juan Antonio Vera Calvo, 1871, Madrid, Museo del Prado.

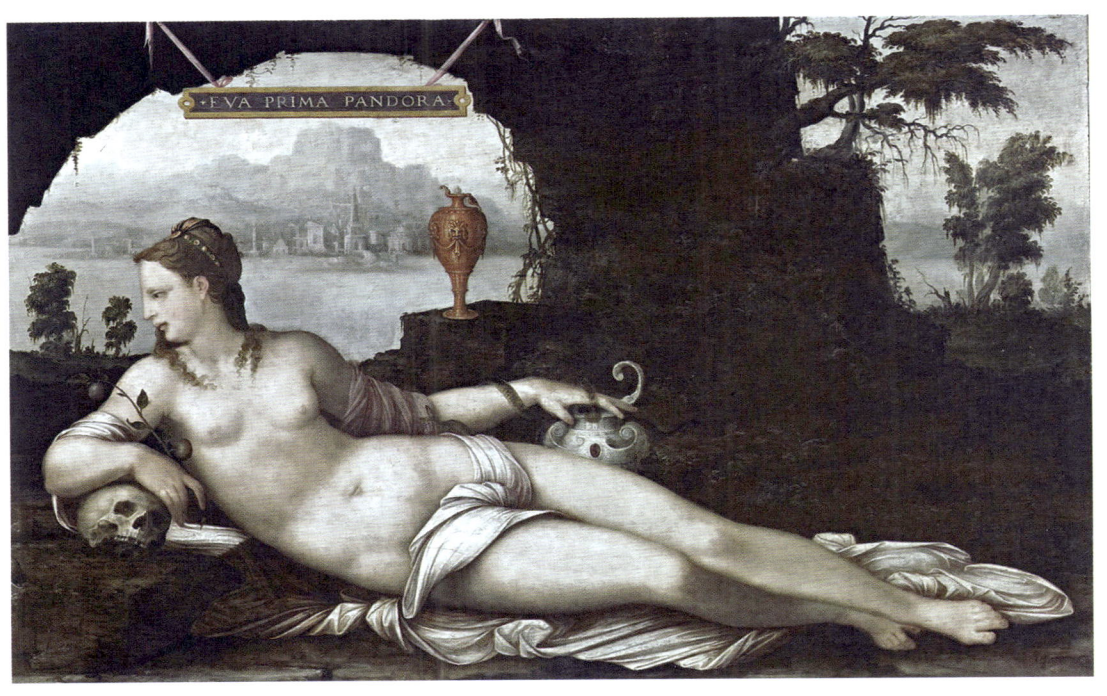

·EVA·PRIMA·PANDORA·

9. *Eva prima Pandora*, Jean Cousin, 1525-1550, París, Museo del Louvre.

jarra (símbolo de la caja) donde están guardados todos los males. Ambas culturas culpan a la mujer de traer al mundo todas las desgracias.

PRINCIPALES ESCENAS

- En el Paraíso: creación, tentación y expulsión.
- Sola.
- Con sus hijos.
- Realizando tareas domésticas.

SÍMBOLOS Y ATRIBUTOS

Aparece generalmente desnuda. Algunos de los elementos son un manzano o una manzana, una rama de higuera y la serpiente, a veces con cabeza de mujer (bicha*).

CONTEXTO HISTÓRICO

La mayor parte de los hechos se desarrollan en el Paraíso terrenal. Desde la Antigüedad, se ha intentado conocer su ubicación. La Biblia indica que el Edén estaba situado hacia oriente y lo regaba un río que se dividía en cuatro brazos: el Pisón, que rodeaba la tierra de Javila; el Guijón, en la región de Cus; el Tigris, y el Éufrates. Los dos últimos llevaron a la conclusión de que el Edén debió de ubicarse en Mesopotamia, pero, en los inicios del cristianismo, Flavio Josefo identificó el Pisón como el río Ganges, mientras que para otros el Guijón se asociaba con el Nilo, como muestran varios mosaicos del siglo VI encontrados en Qasr (Libia) y en Fiyé (Líbano). Hasta la Edad Media se creyó que los cuatro brazos eran Tigris, Éufrates, Nilo y Ganges, lo que dificultaba poder conocer su situación exacta.

Con el transcurso del tiempo, Javila ha sido identificada como Arabia, y Cus podía referirse a Etiopía. Y para hacerlo todo más complicado, en el siglo XIX algunos científicos asiáticos relacionan las tierras de Cus con el Hindú Kush, entre Afganistán y Pakistán, y el Guijón lo identifican con el Amu Daria (Asia central) porque este río era llamado «Jihon» por los persas.

En la actualidad desconocemos la posible ubicación del Paraíso terrenal.

Observaciones

Es un personaje ambiguo en el cristianismo porque, por un lado, la Biblia indica que le debemos todo, ya que descendemos de ella, y, por otro, el inicio de los males para la humanidad también procede de ella.

Existen dos versiones de la creación en el Génesis; en la primera, Adán y Eva son creados simultáneamente: «Y creó Dios al hombre a su imagen, a imagen de Dios lo creó, varón y mujer los creó» (Gén 1, 26-27). Esta visión igualitaria se ve rectificada en el capítulo 2, donde la mujer proviene del varón: «Entonces el Señor Dios hizo caer un letargo sobre Adán, que se durmió; le sacó una costilla, y le cerró el sitio con carne. Y el Señor Dios formó, de la costilla que había sacado de Adán, una mujer, y se la presentó a Adán. Adán dijo: "¡Esta sí que es hueso de mis huesos y carne de mi carne! Su nombre será 'mujer', porque ha salido del varón"» (Gén 2, 21-23). Esta última será la versión más recreada en el arte y en la que se insistirá, en el Nuevo Testamento, por parte de los discípulos de Jesús para apoyar la sumisión de la mujer respecto al hombre.

Esta insistencia en la primacía del hombre al proceder la mujer del varón se mantendrá hasta nuestros días, ocultando la primera versión. La mayoría de los creyentes cristianos solo «conocen» la narración en la que Eva sale de Adán.

La Guemará* judía es la primera que destaca la belleza de Eva sobre todos los seres humanos, aunque señala que es inferior a Adán.

La importancia de este detalle quedó remarcada en la propia Biblia. En el Nuevo Testamento, en las cartas de san Pablo a Timoteo, se insiste en la primacía del hombre al ser creado primero y además por la incitación al pecado de Eva: «Que la mujer aprenda sosegadamente y con toda sumisión. No consiento que la mujer enseñe ni que domine sobre el varón, sino que permanezca sosegada. Pues primero fue formado Adán; después, Eva. Además, Adán no fue engañado; en cambio, la mujer, habiendo sido engañada, incurrió en transgresión, aunque se salvará por la maternidad, si permanece en la fe, el amor y la santidad, junto con la modestia» (1Tim 2, 13-15). En la primera carta a los corintios se insiste en esta inferioridad de la mujer y la sumisión sobre la base de este aspecto del relato: «Pues un varón no debe cubrirse la cabeza, siendo como es imagen y gloria de Dios; la mujer por su parte es gloria del varón. Pues no procede el varón de la mujer, sino la mujer del varón. Pues tampoco el varón fue creado para la mujer, sino la mujer para el varón» (1Cor 11, 7-9). Aunque se produce esta afirmación tan categórica, la realidad de que todos salimos de una mujer queda también reflejada: «pues si la mujer procede del varón, el varón viene de la mujer. Y todo procede de Dios» (1Cor 12). En la segunda carta a los corintios se insiste en que Eva fue la engañada por la serpiente (el diablo) (2Cor 11, 3).

El hecho de que Eva incitase a pecar es otro argumento utilizado para considerarla inferior al hombre.

También, y para *compensar* esta actitud con la mujer, los cristianos consideraron a la Virgen María la «nueva Eva» que nos redime del pecado e intercede por nosotros para llevarnos al cielo. San Ireneo, a finales del siglo II, en su obra *Contra las herejías* señala: «De la misma manera que aquella —es decir, Eva— había sido seducida por el discurso de un ángel (Lucifer) hasta el punto de alejarse de Dios a su palabra, así esta —es decir, María— recibió la buena nueva por el discurso de un ángel, para llevar en su seno a Dios, obedeciendo a su palabra; y como aquella había sido seducida para desobedecer a Dios, esta se dejó convencer a obedecer a Dios; por ello, la Virgen María se convirtió en abogada de la Virgen Eva».

En el siglo XIX, influido por la relación con el pecado, la mujer se verá como causa de perdición por su capacidad de seducción y el mito de Lilith*. Este personaje nace de una leyenda rabínica (Genesis Rabba) y se extendió en la cultura europea tras el *Fausto* de Goethe, que la identifica como «la primera mujer de Adán». La leyenda judía mencionaba la existencia de dos esposas de Adán. La primera, Lilith, abandonó a Adán y se fue con otros hombres. Este personaje inspirará obras en las que destacan su belleza y su íntima conexión con el pecado y su capacidad de destruir a los hombres, como en la obra de John Collier [10], donde el pecado (la serpiente) abraza íntimamente a la mujer.

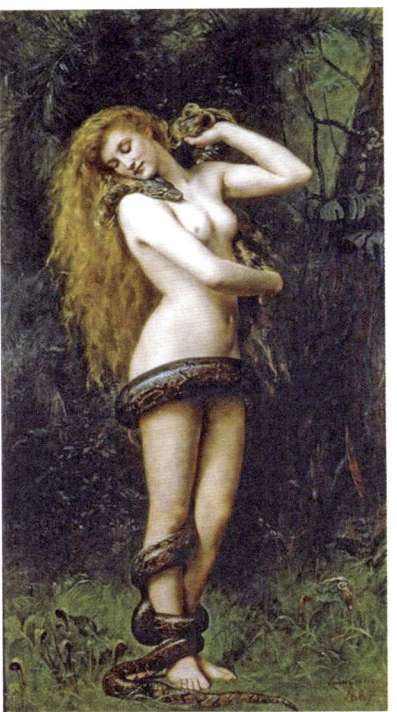

10. *Lilith*, John Collier, 1892, Southport, Merseyside, Atkinson Art Gallery and Library.

Isabel (NT)

Mujer israelita. Fue madre de Juan el Bautista, esposa de Zacarías y pariente de María.

Aparece en el evangelio de Lucas (Lc 1, 36-63).

El evangelio de Lucas comienza haciendo referencia a este personaje, del que dice que era descendiente de Aarón y estaba casada con un sacerdote llamado Zacarías. No tenían hijos porque Isabel era estéril y su edad era avanzada.

Cuenta Lucas que en una ocasión en que a Zacarías le tocaba entrar en el santuario de Dios para ofrecer el incienso, se le apareció a la derecha del altar el Ángel del Señor, Gabriel, quien le anunció que su mujer daría a luz un hijo al que pondría de nombre Juan. Como castigo a la incredulidad que mostró Zacarías ante la noticia, el ángel le dijo que se quedaría mudo hasta el día en que el acontecimiento sucediera. Días después, Isabel se quedó embarazada.

El ángel Gabriel, al anunciar a María que concebiría un hijo al que llamaría Jesús, también le dijo que su pariente Isabel estaba encinta de seis meses. María partió hacia Judá a visitar a Isabel, quien la reconoció en ese momento como la madre de Dios al comprobar que el niño que llevaba en su vientre saltaba de alegría al escuchar su voz. María se quedó con ella tres meses y después regresó a su casa. Posteriormente, Isabel dio a luz un niño y sus parientes y vecinos compartieron con ella su alegría al reconocer que el Señor había tenido misericordia con ella.

Cuando a los ocho días fueron a circuncidarlo, Isabel dijo que se llamaría Juan, no Zacarías, a pesar de que ningún pariente se llamaba así. Zacarías, que aún permanecía mudo por orden del Ángel del Señor, confirmó a todos los presentes el nombre al escribirlo en una tablilla, momento en el que, de nuevo, pudo hablar.

Isabel en el arte

Isabel aparece representada junto a María a lo largo de la historia en el momento de la visita que esta le hace tras saber que estaba embarazada («la Visitación»). Aunque esta escena muestra poco dinamismo, se presenta con variantes a lo largo de los siglos.

Esencialmente, el encuentro se suele reflejar en las obras de arte sin diferencias sustanciales excepto por la edad. Así se observa en *La Visitación* del Museo del Prado [1], que incluye en segundo plano la escena del bautismo.

No obstante, el afecto entre ambas se representa de forma diferente: desde la salutación hasta el abrazo o incluso la genuflexión de Isabel.

Frente a la escena de la Anunciación, con la que guarda ciertas semejanzas, en los ejemplos artísticos de la Visitación se observa a dos muje-

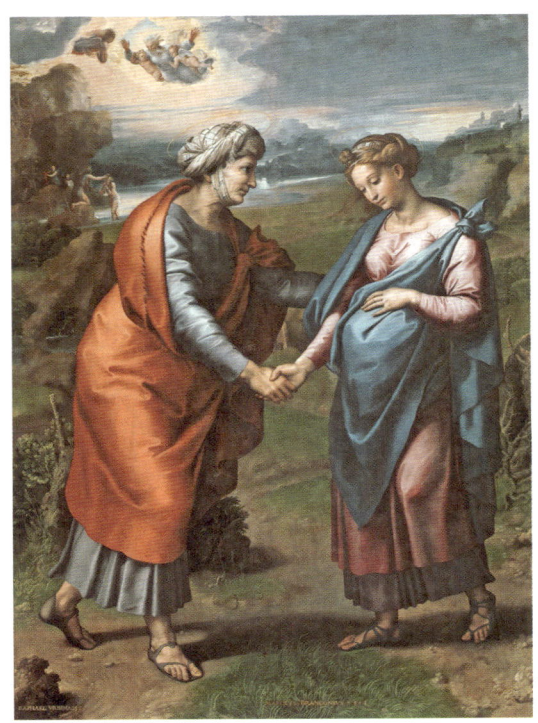

1. *La Visitación,* Giulio Romano y Giovanni Francesco Penni (de la escuela de Rafael), 1517, Madrid, Museo del Prado.

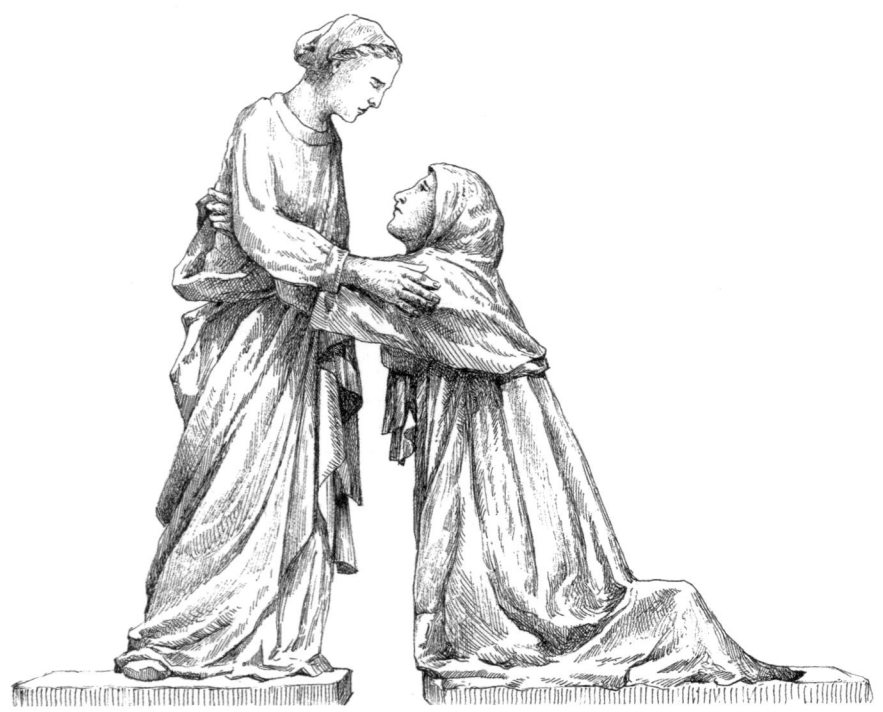

2. Representación de la
escultura *La Visitación*,
Luca della Robbia,
1445, Pistoia, San
Giovanni Fuoricivitas.

res en orden simétrico y unitario, que van evolucionando desde el saludo con distancia, como sucede en el arte francés de los siglos XII y XIII (esculturas de la portada de la catedral de Reims), hasta el abrazo de pie que se atisba en la escultura francesa del siglo XII (capiteles de Saint-Benoît-sur-Loire) y se introduce en la pintura italiana del XIV, donde ambas se tocan tiernamente, se besan o se abrazan en un espacio que habitualmente se sitúa en el exterior, frente a la casa de Isabel (*La Visitación* de Giotto, *ca.* 1302, Capilla Scrovegni, Padua).

También es posible observar desde principios del siglo XV obras que muestran la desigualdad solemne entre las dos primas (*Libro de Horas de Rohan* o las *Muy Bellas Horas* de Jean de Berry). La escena se reproduce a finales del XV en el arte italiano, como en *La Visitación* de Ghirlandaio (1491, Museo del Louvre), o en esculturas de terracota como la de Luca della Robbia [2], donde la prima aparece de rodillas ante María, y se impuso en el arte barroco tras el Concilio de Trento.

Otro aspecto singular son las curiosas escenas que, desde finales de la Edad Media y hasta el siglo XV, muestran los vientres de Isabel y María en los que se adivinan de forma visible los niños. Algunos ejemplos son *La Trinidad y La Visitación*, 1444 (taller de Konrad Wiltz), la vidriera de la iglesia Saint-Nizier en Lyon o la obra de los hermanos Strüb [3], donde ambas muestran unos pequeños infantes en su interior. Se distingue a la Virgen María, a la izquierda, por su juventud y la luminosidad que emana del niño alojado en su vientre. El tema se encuentra ya en iconos bizantinos desde el siglo XI, si bien en algunas ocasiones se representan orlados.

En el evangelio de Lucas no se dice quién estuvo presente en el encuentro, pero, a diferencia de nuevo de la Anunciación, existen obras en las que se añaden personajes a la escena, generalmente los esposos Zacarías y José, que se sitúan a ambos lados del grupo (bajorrelieve de marfil en el púlpito de Maximiano de Rávena, siglo VI). Esta presencia es habitual en la escuela veneciana

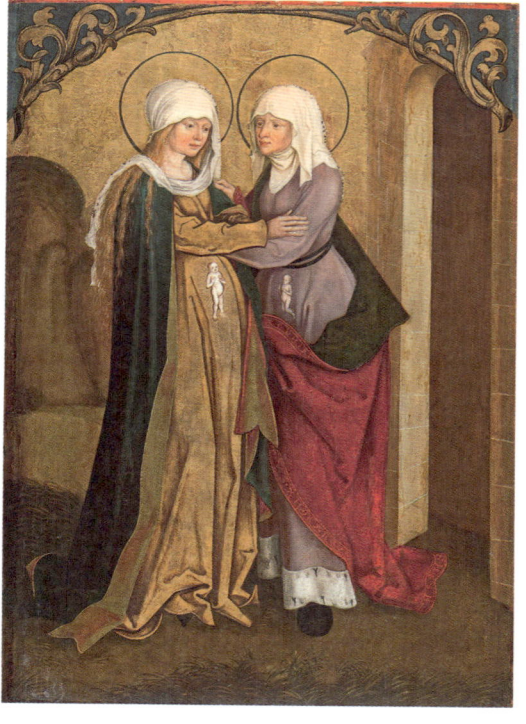

del siglo XVI, en los artistas románicos flamencos (Martin de Vos, Museo de Dijon) y en algunos dibujos y grabados del arte francés del siglo XVII. Otros personajes añadidos pueden ser parientes, ángeles turiferarios o criadas.

El tema se ha mantenido vigente con esculturas como la de Samsó [4], en donde ellas parecen al mismo nivel.

Principales escenas

• El encuentro y saludo de María a Isabel durante la visita.

• María e Isabel abrazadas.

• Isabel arrodillada ante María.

• María e Isabel con un embarazo «transparente».

• María e Isabel acompañadas de otros parientes o ángeles.

3. *La Visitación*, Jakob y/o Hans Strüb, 1505, Madrid, Museo Nacional Thyssen-Bornemisza.

SÍMBOLOS Y ATRIBUTOS

Aparece como mujer anciana y embarazada.

CONTEXTO HISTÓRICO

La Biblia indica que los acontecimientos se desarrollaron en el siglo I, en época de Herodes, rey de Judea. Se producen, según Lucas, en un pueblo montañoso de esa región, donde vive Isabel y hacia donde se dirige María desde Nazaret en Galilea. Estudiosos como Réau han identificado ese lugar como Hebrón.

Herodes I el Grande inició la dinastía originaria de Idumea, que reinó en Palestina alrededor del siglo I, antes y después de Cristo. Muerto en el 4 a.C., le sucedió su hijo Herodes Antipas, que fue rey durante el nacimiento de Jesús y del Bautista. Este fue el tetrarca* de Judea. Aunque el testamento de su padre le legaba a él el reino, finalmente se lo adjudicó a Arquelao, su hermano, y a él le dejó solo la tetrarquía de Galilea y de Perea.

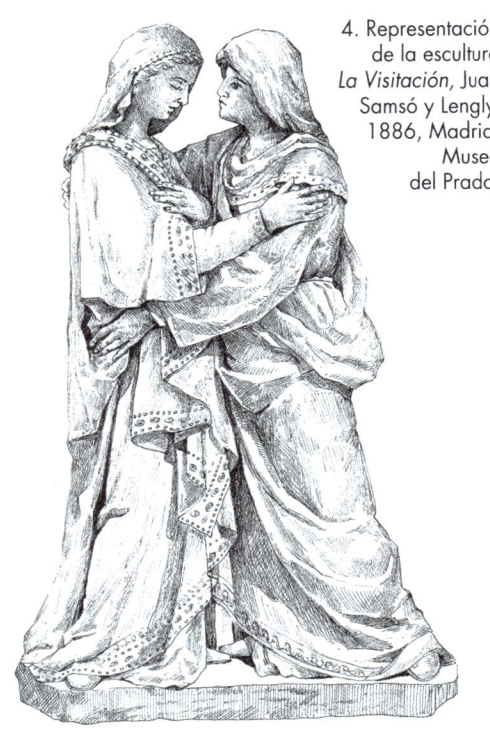

4. Representación de la escultura *La Visitación*, Juan Samsó y Lengly, 1886, Madrid, Museo del Prado.

La tribu a la que pertenecen Zacarías e Isabel, padres de Juan el Bautista, parece que era la de los levitas, ya que Isabel descendía de Aarón, el primer sacerdote de Israel.

El nombre elegido para el hijo de Isabel es revelador. Tras él se esconde una cuestión sacerdotal importante. El nombre no era común en la familia, como dice la Biblia, y llamó la atención en el lugar. Juan, sin embargo, era un nombre muy frecuente en el ámbito religioso de los seguidores de Sadoc, una rama sacerdotal muy perseguida por su extremismo religioso durante el dominio seléucida sobre Israel en el reinado de Antioco IV. Ello había ocasionado una fractura en la casta sacerdotal judía entre los seguidores de Sadoc y los menos ortodoxos que dominaban el templo. Con su nombre, por tanto, los padres mostraban un rechazo al sacerdocio institucional, más liberal que los radicales sadoquitas.

La ciudad de Hebrón fue arrasada por los romanos bajo el mando de Vespasiano en el año 69 d.C., durante la gran rebelión judía contra la dominación del Imperio romano.

OBSERVACIONES

Isabel es un personaje que aparece mencionado en varios evangelios apócrifos* como el evangelio de Santiago, donde se dice que Zacarías murió asesinado. Asimismo, en el Corán aparecen Zacarías y su mujer, de la que no se dice su nombre, a los cuales Dios les premia con un hijo, Juan (Yahia), por su amor hacia Él (Corán, sura 21, aleyas 89 y 90).

Una curiosidad son los tres meses que María se quedó con Isabel cuando la visitó, origen de la expresión popular italiana *visita di santa Elisabetta* para indicar que es prolongada.

Jezabel (AT)

Reina consorte de Israel. Era una princesa fenicia, hija del rey Itobaal, de la ciudad de Tiro o Sidón, que se casó con Ajab, que era el rey de Israel en Samaria. Su nombre significa «¿Dónde está el príncipe?». Aparece en los dos Libros de los Reyes (1Re 16, 18, 21, y 2Re 9) y se la menciona en el Apocalipsis (Ap 2, 20).

Jezabel adoraba al dios Baal y no reconocía a Yahvé como Dios único de Israel. Consiguió que su esposo, el rey, hiciera lo mismo y que levantara multitud de ídolos por todo el país para que fueran adorados. Además, intervino en el exterminio de los profetas del Señor.

Varios años después, Elías, uno de los pocos que habían sobrevivido, pues había huido, recibió la orden de Dios de regresar a Samaria. Allí pidió a Ajab que los cuatrocientos cincuenta sacerdotes de Baal se presentaran ante él en el monte Carmelo para demostrarles quién era el verdadero Dios. Tras realizar un milagro, los degolló a todos. Al conocer los hechos, Jezabel amenazó con ordenar la ejecución de Elías. Este, al saberlo, se asustó y volvió a huir.

Pasados varios años, el rey Ajab quiso una viña que estaba junto a su palacio y que pertenecía al campesino Nabot, en el campo de Yezrael. Como este no se la vendió, Jezabel preparó unos falsos testimonios contra él y consiguió que fuera juzgado y lapidado; así logró que el rey se quedase con la viña. Dios, enfadado por este hecho, mandó a Elías para que le anunciase a Ajab que exterminaría a todos sus descendientes varones y que los perros devorarían a su esposa Jezabel en el campo de Yezrael. Ajab se aterró y se humilló ante Yahvé, haciendo penitencia, por lo que Dios decidió no castigarle en vida, sino a través de sus hijos.

Ajab murió en la guerra y su hijo Ocozías ocupó el trono. Sin embargo, se cayó por un balcón y acabaría muriendo por las heridas. Como no tenía descendencia, le sucedió su hermano Jorán, pero Jezabel seguía controlando el poder a través de ellos y manteniendo el culto a Baal.

El profeta Eliseo, sucesor de Elías, siguiendo los designios de Yahvé, mandó que se ungiera rey de Israel a Jehú, un jefe militar de Israel, y que este se encargase de matar a los hijos de Ajab y de vengar a los profetas de Dios matando a Jezabel y dejando que su cuerpo fuera devorado por los perros. Él obedeció y organizó una rebelión contra su rey Jorán. Le tendió una trampa y acabó con él. Luego avanzó hacia el palacio de Jezabel. Cuando ella se enteró, se maquilló los ojos con antimonio y se adornó el pelo para recibirlo. Al llegar Jehú, ella le increpó desde el balcón llamándolo Zimri*. Jehú convenció a los sirvientes que estaban con ella para que la arrojaran por el balcón. Ellos la tiraron y pereció pisoteada por unos caballos. Jehú entró en palacio y se puso a comer; después ordenó: «Atended a esa maldita y dadle sepultura, pues no deja de ser hija del rey» (2Re 9, 34).

Cuando sus soldados fueron a cumplir su orden, solo encontraron el cráneo, los pies y las palmas de las manos de Jezabel porque había sido devorada por unos perros.

Se cumplió así la profecía de Elías: «En el campo de Yezrael comerán los perros la carne de Jezabel. Su cadáver será como estiércol sobre el campo, de modo que nadie podrá decir: "Esa era Jezabel"» (2Re 9, 36-37).

Jezabel en el arte

Pese a que es un personaje asociado a la maldad y cumpliría el estereotipo de «mujer fatal» al manipular al rey para conseguir sus propósitos, no fue muy representada. Aunque en el arte cristiano Jezabel simboliza la lujuria, no será esta su principal representación. Las principales escenas en las que aparece se relacionan con su muerte, que supone un castigo ejemplar: es arrojada por la ventana de su palacio a la calle, pisoteada por los caballos y devorada por los perros.

En las biblias iluminadas se representó su defenestración, como aparece en la *Biblia de Wenceslao,* del siglo XIV, en la Biblioteca de Viena, con su muerte en detalle, que se aprecia también en la miniatura del Libro de los Reyes del siglo XIII, donde se muestra en dos viñetas: arriba, comida por los perros [1], y abajo, pisoteada por los caballos, a pesar de que en la Biblia el proceso cronológico sea inverso.

En la evolución artística no se observan variaciones en la temática, que se centra en los detalles más morbosos de la muerte. Se refleja la caída por la ventana y el hecho de ser comida por los perros en la obra de Andrea Celesti titulada *La reina Jezabel castigada por Jehú,* del siglo XVII. Los grabados representaron ambos temas igualmente.

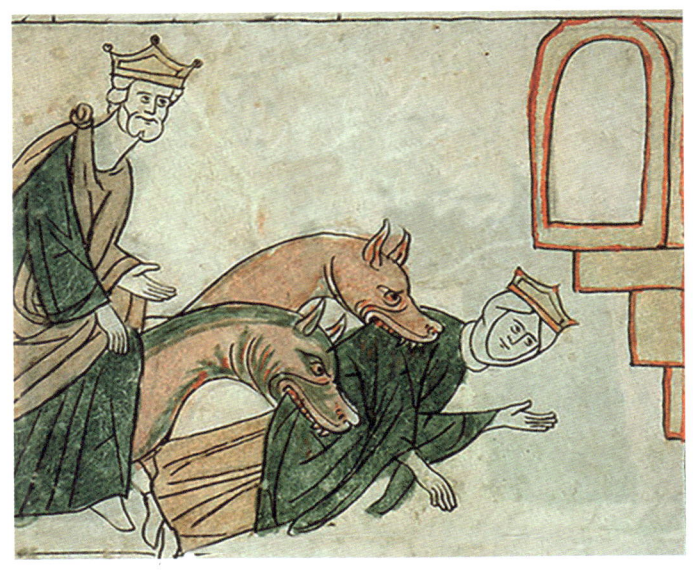

1. Detalle superior de la *Muerte de Jezabel,* miniatura del Libro de los Reyes, para Sancho VII el Fuerte, Registro 4 09, 33, Corbie, abadía de Saint-Pierre.

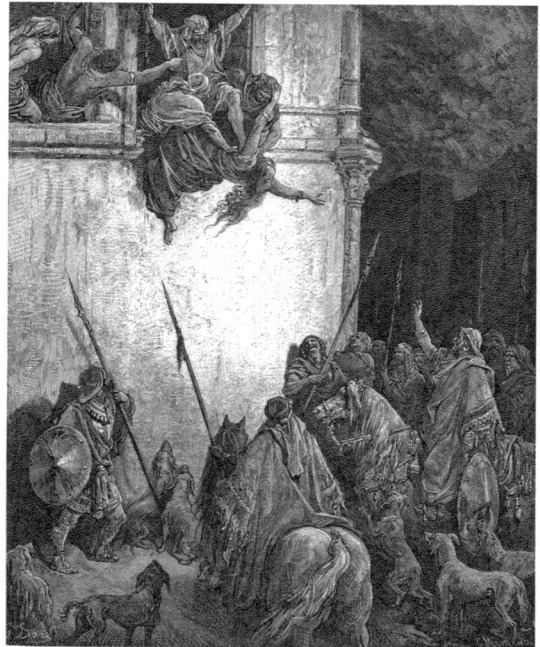

2. *La muerte de Jezabel,* grabado, Gustave Doré, siglo XIX, *Biblia ilustrada.*

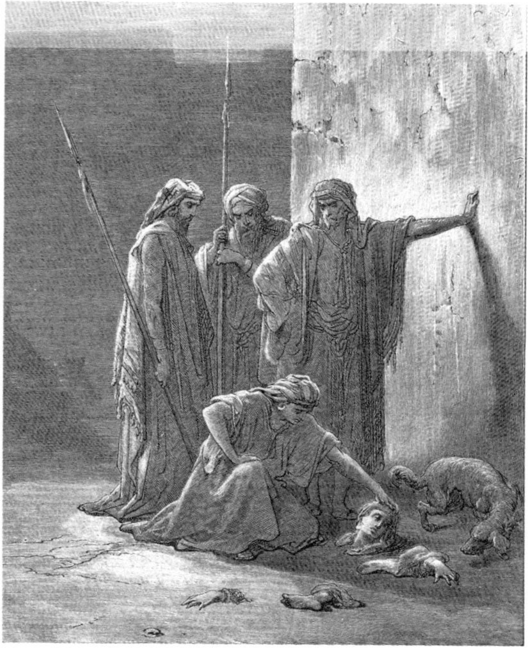

3. *Los compañeros de Jehú encuentran el cadáver de Jezabel,* Gustave Doré, siglo XIX, *Biblia ilustrada.*

En el siglo XIX, Doré, con sus ilustraciones de la Biblia, continúa la tradición y se recrea en los detalles sangrientos y crueles de la muerte. La defenestración representada en su obra *La muerte de Jezabel* [2] añade una inusitada violencia al empujar con el pie uno de los sirvientes a la reina. Los restos esparcidos de Jezabel se muestran en su obra *Los compañeros de Jehú encuentran el cadáver de Jezabel* [3]. Algunos escultores del siglo XIX, como por ejemplo Léon-Auguste Perrey [4], acentúan el horror al mostrar a Jezabel viva y aterrorizada mientras los perros la comen.

A finales del siglo XIX surge una nueva visión de ella como una mujer con poder y dignidad. La reina ya era mayor en el momento de la sublevación de Jehú; pese a ello, se maquilló para morir dignamente. Ella es la protagonista que se muestra arreglándose para la muerte que presiente ante la llegada de Jehú, como se aprecia en la obra de Byam Shaw, *Jezabel*, de 1896, que se encuentra en la Galería de Arte Russell-Cotes, de Bournemouth, en Reino Unido. Con una aureola, atormentada por diversos fantasmas y mientras observa con calma el horizonte aparece en la obra de Stock [5].

PRINCIPALES ESCENAS

- Con Ajab.
- Con Elías y Ajab.
- Mirándose al espejo y peinándose.
- Defenestrada.
- Pisoteada por los caballos.
- Devorada por los perros.

SÍMBOLOS Y ATRIBUTOS

Junto a los atributos propios de la realeza (corona, joyas, vestidos lujosos, etc.) se unen aspectos del entorno de su muerte, como los ojos maquillados, caballos o perros.

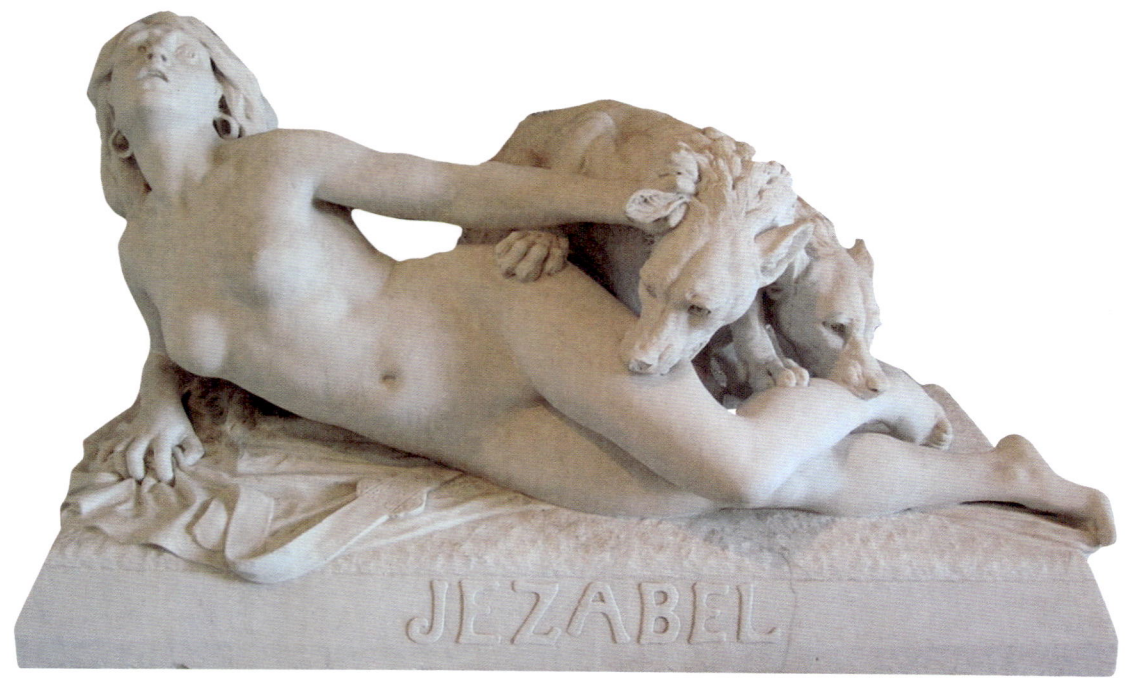

4. *Jezabel*, Léon-Auguste Perrey, siglo XIX, Besançon, Museo de Bellas Artes y Arqueología.

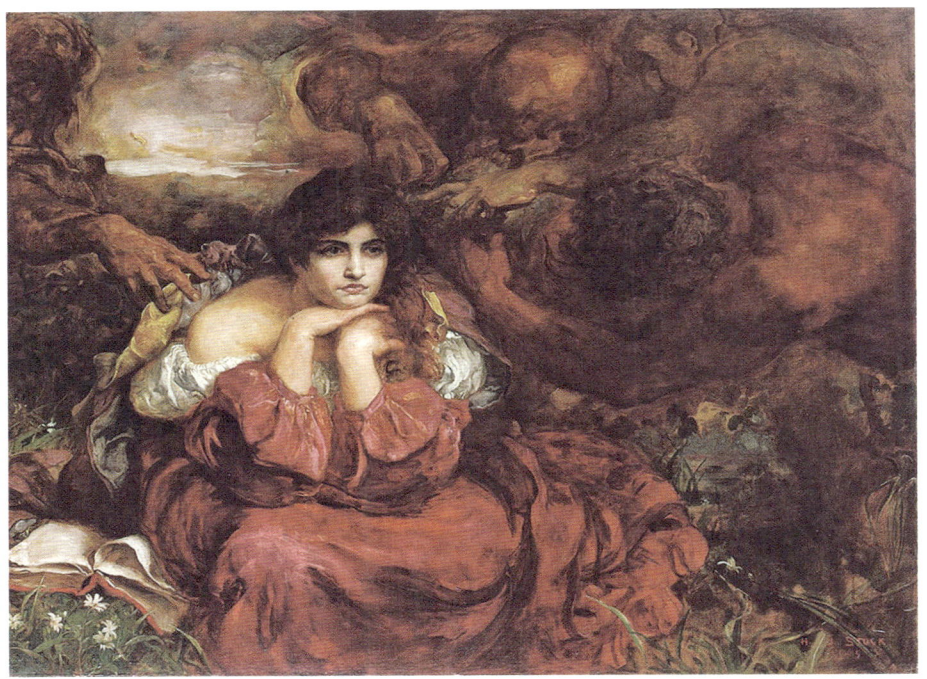

5. *Jezabel*, Henry John Stock, 1882, col. particular.

Contexto histórico

Los hechos se desarrollan en el siglo IX a.C., durante el reinado del rey Ajab. El reino de Israel se había dividido tras la muerte del rey Salomón en el año 928 a.C.: el reino de Israel, al norte, y el de Judá, al sur. Israel abarcaba las regiones de Samaria y Galilea y Judá comprendía la región de Judea. Ajab gobernaba Israel desde su capital en Samaria. En política exterior, destacó su defensa frente a los ataques de los arameos y su buena relación con los fenicios, cuyas alianzas se concretan en el matrimonio con Jezabel. En el interior permitió el sincretismo religioso, lo que debilitó el culto a Yahvé. Con la princesa fenicia con la que se casó, Jezabel, se introdujo con fuerza el culto a Baal y Astarté (dioses fenicios). Erigió en Samaria un templo a Baal, persiguió a los profetas de Yahvé y, según la Biblia, hizo más para provocar la ira del Señor que todos los reyes anteriores a él (1Re 16, 30).

Respecto al reino del padre de Jezabel, existen discrepancias. Una línea de estudio indica que reinó en Sidón y Tiro, por lo que algunos historiadores hablan de ella como una princesa fenicia de Tiro. Para otros, el padre era rey de Tiro y el término «sidonio», que aparece en la Biblia, se explica como un sinónimo de «fenicio».

La hija de Jezabel y Ajab, Atalía, sería otra de las mujeres más perversas que aparecen en la Biblia (véase Atalía).

Observaciones

La influencia de la mujer sobre el rey que le lleva a adorar a otros dioses se asemeja a la de Adán y Eva. Ellos pecaron por la influencia de la mujer. El personaje será tomado como la personificación del mal y la corrupción. El mensaje aparece así claramente reflejado en la historia que se narra en la Biblia. Si el rey Ajab realizó actos deplorables, fue porque Jezabel le instigó a ello (2Re 21, 25). A sus acciones censurables, como mandar asesinar a los sacerdotes del Señor, crear falsas pruebas contra Nabot, etc., se unen acusaciones de prostitución y hechicería (2Re 9, 22), si bien nunca se la señala como infiel y la acusación de prostitución se refiere a las prácticas del culto al dios Baal. El castigo por tales crímenes es brutal: defenestrada, pisoteada por caballos y comida por los perros sin dejar rastro.

La referencia bíblica a su uso de cosméticos (antimonio) (2Re 9, 30) permitió su asociación en el cristianismo con la promiscuidad y la hechicería. El antimonio solo se usa una vez en la Biblia, referido a la reina, y provocó que algunos cristianos asociaran el maquillaje con el vicio. Así, el cronista medieval inglés Matthew Paris, indica Vicent, criticó a la reina Isabel de Angulema por su utilización del maquillaje al escribir que era «más Jezabel que Isabel». En el uso moderno, el nombre de Jezabel a veces se utilizó como sinónimo de mujeres sexualmente promiscuas, controladoras o transgresoras. La película *Jezabel*, de Bette Davis, en 1938, reforzó el mito de la mujer transgresora y malvada.

El castigo a Jezabel la persiguió tras su muerte. El nuevo rey, Jehú, exterminó a todos los hijos del rey Ajab, más de setenta, además de a familiares, amigos, sacerdotes y fieles (2Re 10). Este baño de sangre se admitió porque se cumplían los designios de Yahvé. No obstante, el profeta Oseas criticó dichos crímenes (Os 1, 4-5).

Jezabel encarna igualmente el peligro de que las esposas extranjeras de los reyes introdujeran cultos diferentes a Yahvé.

A mediados del siglo XX se reivindicó la imagen de Jezabel como una «mujer fuerte», decidida y capaz, que intentó instaurar su cultura (sus dioses) en un territorio extranjero. Luchó hasta el final por sus creencias. El exterminio de los profetas de Yahvé y el episodio de la viña de Nabot y la injusticia que conlleva se obvian.

Judit (AT)

Mujer de la ciudad israelí de Betulia. Como en hebreo se escribe *Yehudit,* que significa «la judía», podría tratarse de la personificación de las mujeres judías más que de una persona real.

Judit tiene libro propio en el Antiguo Testamento. Esta obra no es aceptada por las iglesias cristianas reformadas, que lo incluyen entre los apócrifos, y tampoco por los propios judíos, que no lo admiten en su canon; solo los católicos y ortodoxos lo consideran revelado por Dios porque aparece en la *Biblia Septuaginta* o *Biblia Griega*. Esta Biblia era uno de los textos que usaban los judíos en sus ceremonias durante la época romana y que más tarde fue adoptada por la iglesia cristiana primitiva de lengua griega. Se la llama también «Septuaginta» porque fueron setenta los traductores judíos que vertieron al griego los abundantes textos sagrados que se hallaban escritos en arameo, hebreo y otras lenguas. La *Biblia Septuaginta* es la base del Antiguo Testamento de la Biblia católica.

Las razones de la exclusión judía del canon de la Biblia no han quedado claras, como señala Bornay en su obra *Mujeres de la Biblia en la pintura del Barroco* (pág. 42), y el argumento de que se compuso originariamente en griego y no en hebreo es igualmente poco consistente, ya que en la cultura popular el personaje está tan enraizado en la tradición judía como lo están los Reyes Magos en la cultura católica.

Judit era una viuda joven, guapa, rica y temerosa de Dios, de quien ningún vecino podía hablar mal. En la Biblia se insiste, en diversas ocasiones, en su belleza: «muy hermosa y atractiva» (Jdt 8, 7), «maravillosa hermosura» (Jdt 10, 14), y también en su sabiduría y prudencia: «No hay en toda la tierra mujer como ella, tan hermosa y tan prudente en su hablar» (Jdt 11, 20).

Vivía en Betulia, cuando fue sitiada por el ejército asirio comandado por el general Holofernes, que intentó conquistarla por medio del hambre y la sed. Transcurridos treinta y cuatro días de asedio, los habitantes de la ciudad, cansados, hambrientos y sedientos, decidieron rendirse, pero Ozías, el jefe de los sitiados, les pidió que aguantaran cinco días más porque Dios les iba a ayudar.

Entonces Judit se presenta ante Ozías y le comunica que antes de esos cinco días Dios les va a socorrer mediante una acción que ella misma va a realizar.

Aquella noche, la joven viuda se quitó el sayal de luto que vestía, se bañó, se perfumó, se adornó con collares, brazaletes y anillos, se puso un bonito vestido y, acompañada solo por una sierva, se presentó ante el campamento de Holofernes. Al llegar frente a los guardias asirios, les dijo que la llevasen a ver a su general porque ella había huido de Betulia para comunicarle un paso secreto que les permitiría entrar en la ciudad sitiada si a cambio el general le perdonaba la vida.

Holofernes, cuando la vio tan hermosa, y tras escuchar las razones que la habían llevado allí, le dijo que no tuviese miedo y la invitó a cenar, pero la dama rehusó porque prefería comer los alimentos que había traído consigo para no cometer falta. A medianoche solicitó permiso para salir a orar con su criada y este lo consintió.

Al cuarto día de estar en el campamento, fue invitada a cenar con Holofernes, ya que él pensaba que «sería una vergüenza que la dejáramos marchar sin gozar de sus favores. Si no consigo poseerla, se reirá de mí» (Jdt 12, 13). En esta ocasión, Judit aceptó, de modo que se vistió y engalanó con todo esmero y se presentó en la tienda del general; cuando él la vio, seducido por su belleza, bebió más que nunca y ordenó a sus oficiales que los dejasen solos. El hombre, por efecto del vino, se desplomó sobre el lecho; entonces Judit le sujetó la cabeza agarrándola por el pelo y con la espada del propio Holofernes se la cortó mediante dos golpes en el cuello. A continuación, ella y la criada metieron la cabeza en una alforja y abandonaron el campamento, como todas las noches, con la disculpa de que era para orar, pero, en esta ocasión, se dirigieron a Betulia.

Una vez allí, comunicó al pueblo que Dios había matado a Holofernes por mano de mujer, sin que hubiese sido mancillada, y pidió que colocasen la cabeza en el saliente de las murallas. Al día siguiente, el ejército asirio levantó el asedio y salió huyendo; fue perseguido desde Jerusalén hasta Galilea, hasta llegar a Damasco, por los judíos, que les causaron graves pérdidas. Judit regresó a su casa y se dedicó a administrar su hacienda; a su criada le concedió la libertad. Vivió hasta los ciento cinco años, y en este periodo nadie se atrevió a amenazar a Israel.

JUDIT EN EL ARTE

A lo largo de la historia Judit se ha representado en todo tipo de medios: pintura, escultura, vidrieras, manuscritos iluminados, eborarias, etc. Se pueden diferenciar las representaciones aisladas y las que muestran todo el ciclo narrativo.

Estas últimas suelen ser propias de los primeros momentos del cristianismo, y más tarde aparecerá la figura aislada.

Asimismo, la visión del personaje ha evolucionado a lo largo de la historia. Judit comienza destacando como modelo de virtud cristiana, sabiduría, belleza, humildad y castidad. Es el momento en que se la muestra como una alegoría de la victoria de la iglesia y como prefiguración* de la Virgen María que vence al mal. Incluso la victoria se utilizó en la *Biblia de Pamplona* como símbolo del triunfo de los cristianos sobre los musulmanes, aspecto que se verá reproducido en otros lugares, como en la República de Florencia, donde representaba la lucha por la libertad e independencia.

Al final del Renacimiento se producirá un cambio y surge una vertiente nueva en la que predominan detalles eróticos y licenciosos que la vinculan con un cierto prototipo de *mujer fatal* que, con su belleza y astucia, empuja al hombre a la perdición.

Aunque la historia de Judit es compleja y con diversas vicisitudes, los artistas han representado casi en exclusividad el encuentro entre ella y el general asirio dentro de la tienda y la posterior decapitación.

En el arte paleocristiano apenas quedan restos del personaje. La imagen más antigua que se conserva data del siglo VIII, en los muros de la iglesia de Santa María la Antigua en Roma, en un fresco que plasma el regreso de Judit a Betulia con la cabeza de Holofernes.

Más adelante, en la Edad Media, el ciclo de Judit se reproduce en diversas obras. La *Biblia de Rodas* muestra, en desorden, desde la salida de Betulia hasta el retorno con la cabeza de Holofernes, incluida la escena principal de la decapitación. El *Speculum Humanae Salvationis*, manuscrito iluminado anónimo datado hacia el año 1309, establecía unos espejos en los que se veían los hechos del Nuevo Testamento prefigurados en el Antiguo, y en este sentido relaciona a Judit con la propia Virgen María [1], que venció al demonio, mostrando ambas imágenes, a la izquierda la Virgen y a la derecha Judit decapitando a Holofernes. Así aparece también en la *Biblia de Pamplona* (Biblioteca Universitaria de Augsburgo), donde se la representa junto a una imagen de Satanás derrotado. Conviene destacar además el grabado para las *Crónicas de Núremberg* en el que Judit lleva la cabeza de Holofernes en la punta de una espada [2]. También aparece con la espada y la cabeza en los frescos toscanos de Lucignano junto a Aristóteles. Es, pues, considerada en esta época el símbolo de la iglesia triunfante.

En el Renacimiento, algunos artistas italianos van a comenzar a representarla aislada, sin formar parte de un ciclo narrativo, con una espada y Holofernes o su cabeza junto a ella. Ahora se la iguala con David, como dos jóvenes defensores de la libertad de la comuna de Florencia frente a la tiranía. Donatello también esculpió a ambos. En este periodo se la consideraba un símbolo político y no religioso.

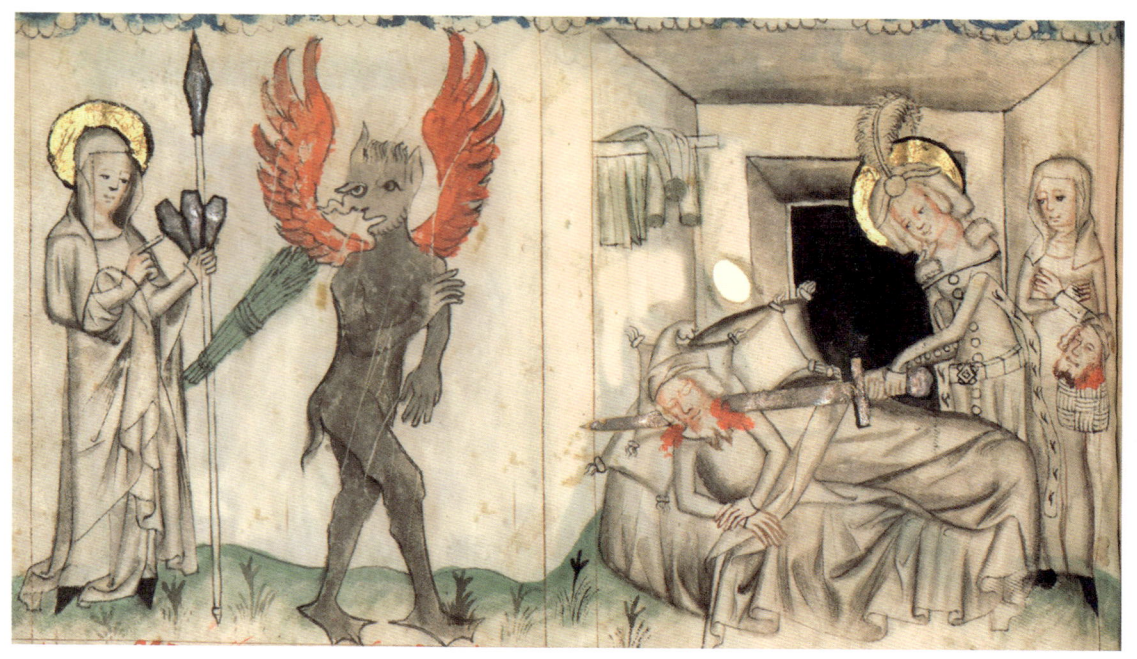

1. *Speculum Humanae Salvationis* (detalle), f. 30v, Lyon, Biblioteca Municipal, siglo XIV.

Botticelli pintó un díptico formado por *Regreso de Judit a Betulia* [3] y *Descubrimiento del cadáver de Holofernes.* En el primero aparecen Judit y su criada regresando a Betulia con la cabeza del asirio en una cesta. La heroína parece mirar hacia atrás para comprobar que no las sigue ningún soldado y lleva en una mano la espada y en la otra una rama de olivo como símbolo de la paz que va a lograr.

Miguel Ángel, en una de las pechinas de la Capilla Sixtina, reproduce la escena en la que Judit sale de la tienda, acompañada de su criada, llevando la enorme cabeza de Holofernes en una bandeja.

Otros autores la representan sola con sus atributos, como la espada y la cabeza, y algunos comienzan a despojarla de sus ropajes mostrando un cierto carácter erótico, a pesar de que la Biblia insiste en que iba muy bien vestida y era ejemplo de castidad, pureza y recato. Ya no es una mujer virtuosa, ni una santa ni un símbolo religioso, sino una mujer astuta que engaña a un

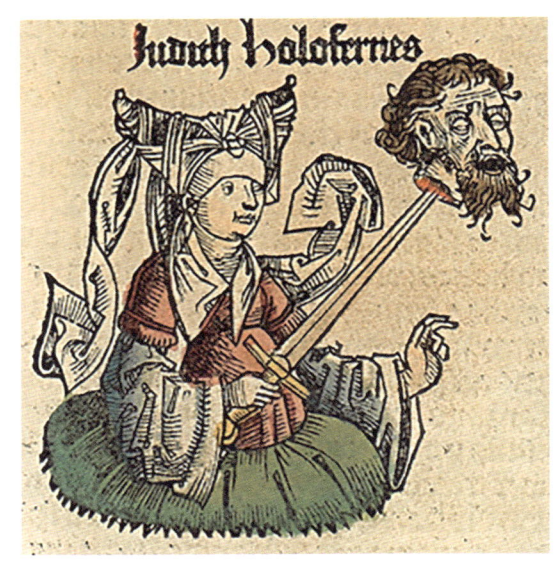

2. *Crónicas de Núremberg* (f. 69r. 2), Núremberg, 1493, Anton Koberger (ed.).

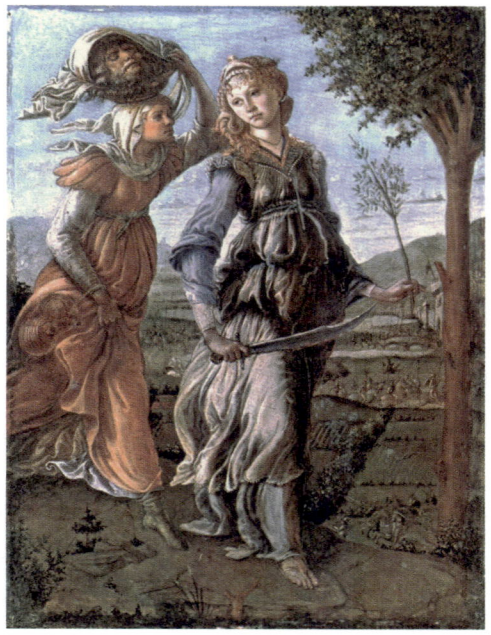

3. *El regreso de Judit a Betulia,* Botticelli, 1472-1473, Florencia, Uffizi.

hombre; en definitiva, una «mujer fatal». Esta visión de la heroína la van a compartir muchos pintores. Giorgione, en su *Judit con la cabeza de Holofernes* [4], muestra a una bella mujer, insinuante, que enseña una sensual pierna con la que pisa la cabeza del asirio; por tanto, se abandona ya el ideal de belleza heroica y pura de épocas anteriores. Mecarino la representa, seductora, con vestidos vaporosos.

Este modelo de mujer, entre erótica y desafiante, se da principalmente en los países de la Reforma protestante. No hay que olvidar que en ellos el Libro de Judit se considera apócrifo y, por esto, la heroína ya no es una santa y puede, en consecuencia, adquirir aspectos diferentes de la recatada figura medieval. Estos detalles comienzan a aparecer a principios del siglo XVI, decantándose por una actitud erótica y sensual. Jan Massijs la viste con transparencias; Heinrich Guttenberg en un grabado la muestra con un pecho al aire, y poco después ya aparece totalmente desvestida, como en la obra de Jan Sanders van Hemessen [5], con su desnudo integral y una fornida Judit que mira desafiante al espectador con la espada y la

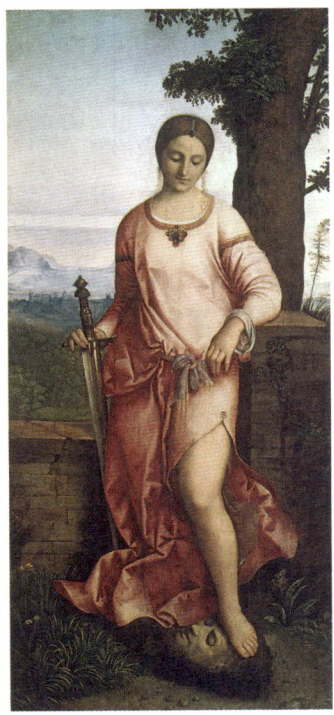

4. *Judit con la cabeza de Holofernes*, Giorgione, 1504, San Petersburgo, Museo del Hermitage.

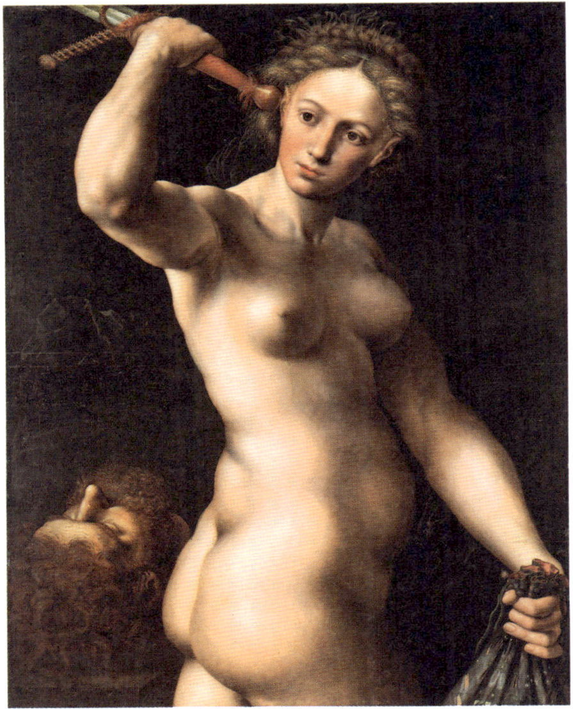

5. *Judith*, Jan Sanders van Hemessen, 1540, Chicago, Instituto de Arte.

cabeza de Holofernes. Hans Baldung también la muestra desnuda, de pie, con las piernas cruzadas, en una extraña posición, llevando la cabeza en una mano y un cuchillo en la otra.

No obstante, es curioso que la vertiente más sensual de la historia no se desarrollara, porque cabía la posibilidad de representar el baño, momento erótico por excelencia en las diversas culturas, como veremos en el caso de Susana (véase SUSANA). La Biblia indica claramente que «cada noche se adentraba en el valle de Betulia y se bañaba en la fuente» (Jdt 12, 7), pero no existen representaciones al respecto, salvo una iluminación medieval y una posible «Judit acicalándose» que es una copia de Van Eyck que se conserva en Amberes y en la que algunos expertos creen ver el baño de Judit, aunque la atribución es muy dudosa.

Otros autores prefieren pintarla vestida, como Lucas Cranach el Viejo [6], quien, en uno de sus más célebres cuadros, la representa orgullosa y sujetando con fuerza la cabeza, que nos enseña para que apreciemos la anatomía del cuello cercenado. Esta combinación de mujer fatal y hombre rendido a su belleza que acaba mal, por su lujuria, la representó más de diez veces, siempre con una mujer rubia o pelirroja, desafiante y serena, que observa directamente al espectador.

En el mundo católico es menos frecuente la imagen de Judit desnuda. Cabe señalar, como curiosidad, la obra de Giovanni Gioseffo dal Sole, que la muestra enseñando el pecho. En esta zona del cristianismo la van a seguir representando vestida, con ropas lujosas y muy enjoyada, fieles al texto bíblico, pero destacando la fortaleza del personaje y su sentido de mujer peligrosa para los hombres que sucumben a sus encantos y pierden la cabeza por ello. Así, Palmezzano, en 1525, o Veronés, en 1580, la pintan con una criada de color. Y, sobre todo, la Judit de Tiziano, de 1565, en el Instituto de Artes de Detroit, donde la mujer muestra su triunfo, con la cabeza y la espada. La escena sucede en el interior de la tienda, delante de unos cortinajes

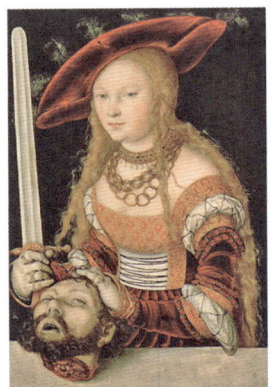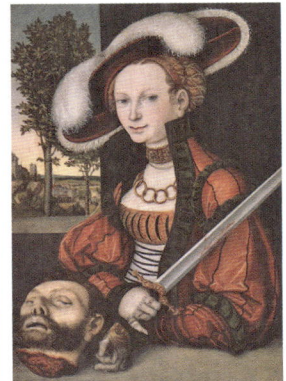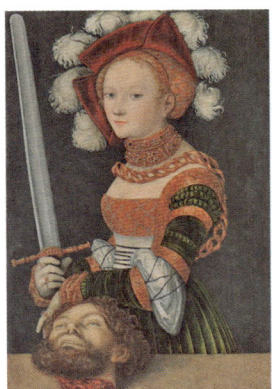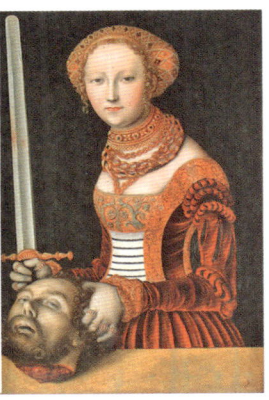

6. *Judit con la cabeza de Holofernes,* diversas versiones de Lucas Cranach el Viejo o su taller, hacia mediados del siglo XVI. De izquierda a derecha: Colección Burrell, Glasgow; Metropolitan Museum of Art, Nueva York; Museo de Historia del Arte, Viena, y Museo Estatal, Kassel.

rojos, aunque el colorido es limitado, y las pinceladas, más libres, como corresponde a los últimos años del pintor.

En el Barroco, algún pintor como Valentín de Boulogne, en su obra *Judit* del Museo de los Agustinos de Toulouse (Francia), aún la representa con una serena belleza, con el brazo levantado y señalando con el dedo a Dios para indicar que todo lo ha hecho por decisión divina; por tanto, simboliza la iglesia vencedora.

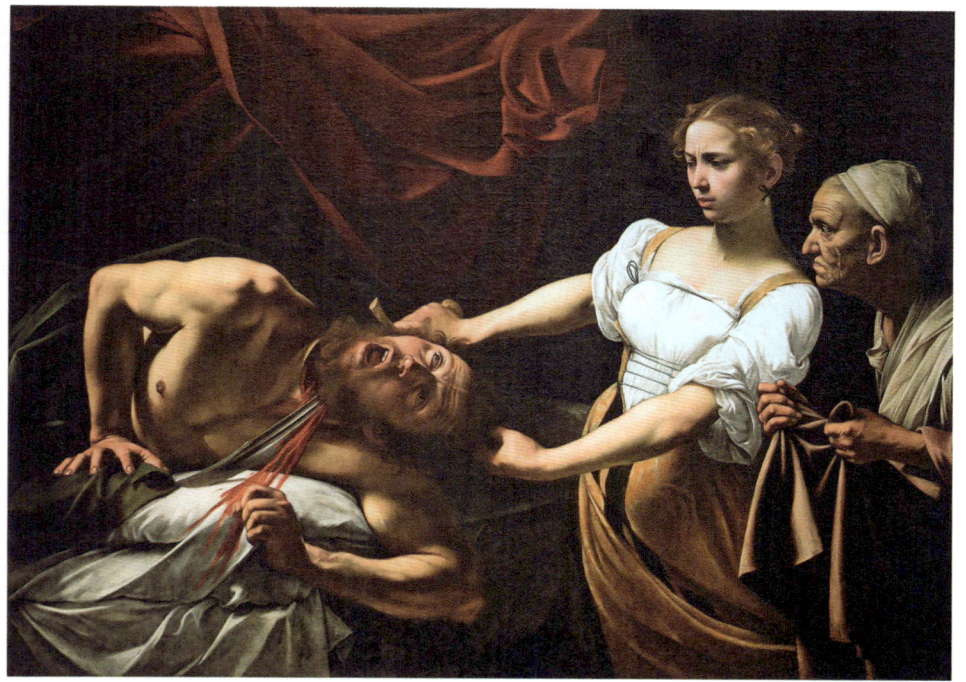

7. *Judit y Holofernes*, Caravaggio, 1599, Roma, Galleria Nazionale d'Arte Antica.

Pero la mayoría de los autores se deciden por representar una mujer violenta, amenazante y sanguinaria. Así lo vemos en *Judit y Holofernes*, de Caravaggio [7], en la que se enfatizan aspectos brutales, como la sangre que surge proyectada del cuello de Holofernes, que, con los ojos desorbitados, es plenamente consciente del hecho y grita de dolor mientras ella le corta la garganta mostrando una actitud impasible y algo cruel en una escena terrible que conmueve al espectador.

Judit decapitando a Holofernes, de Artemisia Gentileschi [8], presenta la novedad de mostrar a la criada como una joven que ayuda a su señora en la brutal tarea. Judit, con unos brazos fuertes, hunde con saña la espada en la garganta de la que manan unos chorros de sangre que las salpican; algunos creen ver en la escena la venganza de Artemisia hacia los hombres, pues unos meses antes había sido violada por un pintor amigo de la familia cuya cabeza, parece, sirvió de modelo para la de Holofernes.

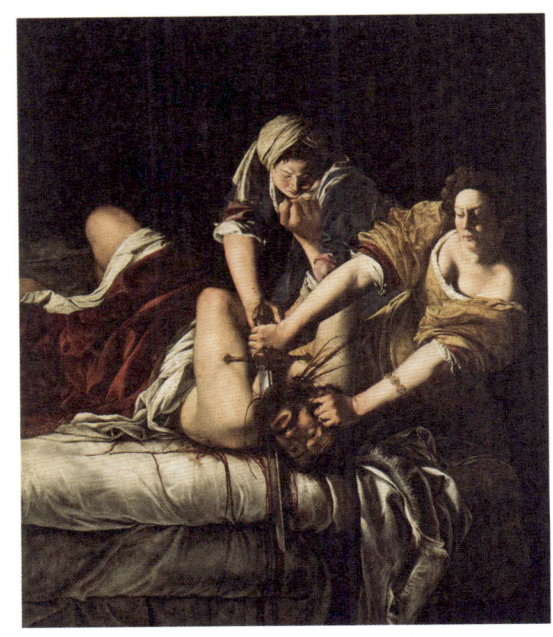

8. *Judit decapitando a Holofernes*, Artemisia Gentileschi, 1614-1620, Florencia, Uffizi.

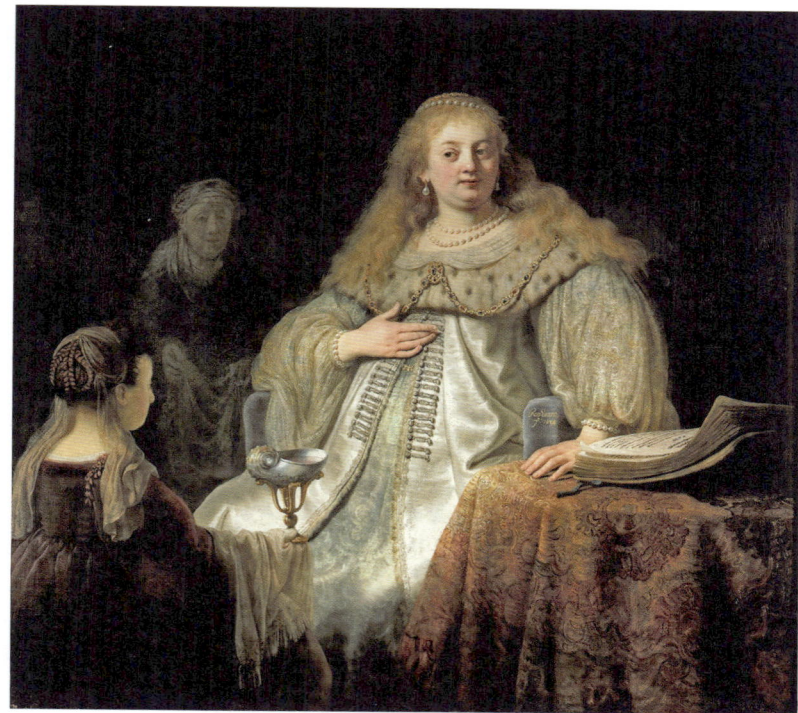

9. *Judit en el banquete de Holofernes*, Rembrandt, 1634, Madrid, Museo del Prado.

El ejemplo más extraño lo representa Cristofano Allori, que, como cuenta Bornay, realizó varias versiones del tema, entre las que destaca la del Palacio Pitti; en ella —de ahí lo singular del caso— representaba a Judit con el rostro de su amada y a Holofernes con el suyo para resaltar el sufrimiento que le provocaba su relación amorosa.

El Museo del Prado posee una *Judit* de Rembrandt [9]; es una obra extraordinaria en la que se representa a una majestuosa mujer, ricamente ataviada con un jubón blanco, un vestido bordado y varias joyas, como una cadena de rubíes y zafiros, ante la que se inclina una sirvienta que le ofrece una copa de vino, formada con una concha de nautilus. No aparecen ni Holofernes ni la espada, solo una vieja criada con un saco, al fondo, que es el único símbolo que nos permite identificar al personaje. Quizá el maestro holandés quiso reflejar su respeto a la heroína judía con esta grandiosa imagen, buscando similitudes con la propia situación de su país, en guerra contra España.

Otros autores han representado «el triunfo de Judit» en obras solemnes en las que la protagonista muestra la cabeza del enemigo señalando la victoria de la Fe sobre los que no creen en el verdadero Dios. Luca Giordano, en 1703, en la cartuja de San Martino en Nápoles, realiza su último y monumental fresco en el que el centro lo ocupa Dios Padre con un gran número de ángeles y alrededor aparece Judit con la cabeza cortada, mostrándola con orgullo, en un claro gesto de desafío; en otro lado, muestra el cuerpo derrotado de Holofernes, y en los dos restantes, a los judíos matando a los aterrorizados asirios.

En la Edad Contemporánea destacan las representaciones heroicas y religiosas, con una Judit triunfante y seductora.

Goya la representará como una mujer sencilla, sin joyas, oscura, en su versión de las pinturas negras, en torno a 1823 [10]. Al pintor aragonés la figura de Judit le servía para representar la fortaleza necesaria para acabar con

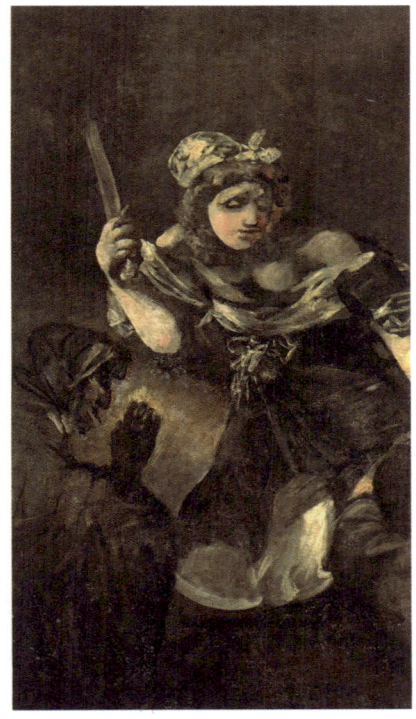

10. *Judit y Holofernes*, Goya, 1820-1823, Madrid, Museo del Prado.

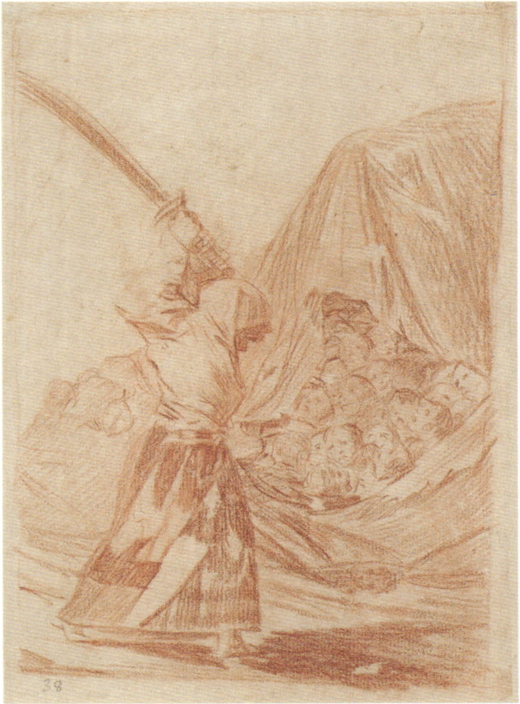

11. *Judit moderna*, sanguina, Goya, 1797-1798, Madrid, Museo del Prado.

los males del Antiguo Régimen; incluso tiene una obra simbólica, en sanguina, de finales del siglo XVIII, *Judit moderna* [11], en la que aparece una mujer cortando muchas cabezas que están en un saco, alegoría de la necesidad de cambio en el país.

Doré representa a Judit en dos momentos clave: uno cuando va a ejecutar la decapitación, en el que aparece ricamente vestida, mirando al cielo, y el otro, triunfante [12], mostrando la cabeza del general a sus conciudadanos. En el primero exhibe un absoluto recato, incluso lleva capucha, mientras que en el segundo predominan su fuerza y su poder en una composición atrevida, en la que aparece en el centro y en un plano superior, casi levitando, exhibiendo la cabeza cortada.

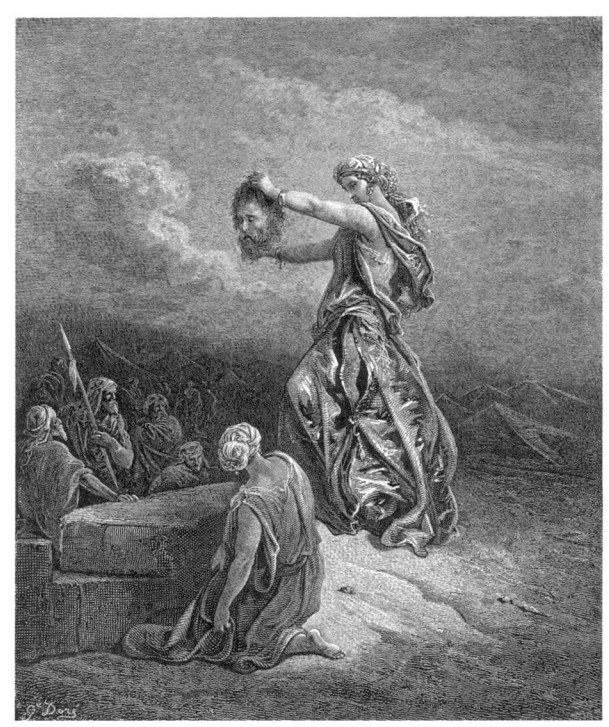

12. *Judit muestra la cabeza de Holofernes,* grabado, Gustave Doré, 1866, *Biblia ilustrada.*

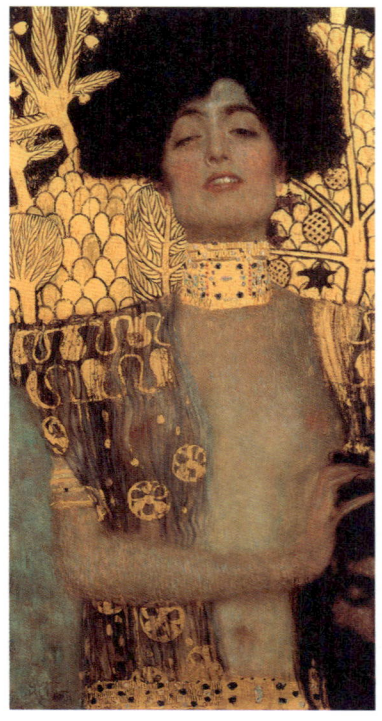

Gustav Klimt, en su obra [13], la presenta semidesnuda, con un acusado erotismo y con un rostro sugerente con el que acaba de seducir a Holofernes, que apenas asoma por la parte inferior del cuadro, en una combinación fatal de sexo y muerte.

Franz von Stuck pinta en 1926 una Judit (Staatliches Museum de Schwerin, Alemania) totalmente desnuda, de pie, sujetando con ambas manos una gran espada con la que va a matar a un desarmado general, que yace dormido en su cama; la mujer no muestra ninguna duda ante lo que va a hacer.

En 2012, Kehinde Wiley [14] pinta una Judit afroamericana, vestida con un modelo de Givenchy, sujetando por el pelo la cabeza de un joven en un espacio lleno de flores.

PRINCIPALES ESCENAS

• En el banquete nocturno de Holofernes, con diversos momentos: la cena en sí, la embriaguez del general, la petición de Judit de ayuda a Dios, la decapitación y la entrega de la cabeza a la criada.

13. *Judith y Holofernes*, Klimt, 1901, Viena, Österreichische Galerie.

• El regreso a Betulia. Criada y ama atraviesan un campamento dormido o vagan solas por el valle camino de Betulia; finalmente son recibidas por Ozías.

• Judit muestra la cabeza de Holofernes a los habitantes de la ciudad.

SÍMBOLOS Y ATRIBUTOS

Destacan los elementos relacionados con la muerte de Holofernes: la espada, la cabeza de hombre decapitado, un saco o cesta y la criada que la acompaña. También puede aparecer con un nimbo que representa su santidad, sobre todo en la Edad Media, y un perro que simboliza la fidelidad hacia su esposo Manasés al que permaneció fiel, incluso después de muerto.

Judit y su ciclo han representado múltiples alegorías. Su victoria sobre Holofernes aparece

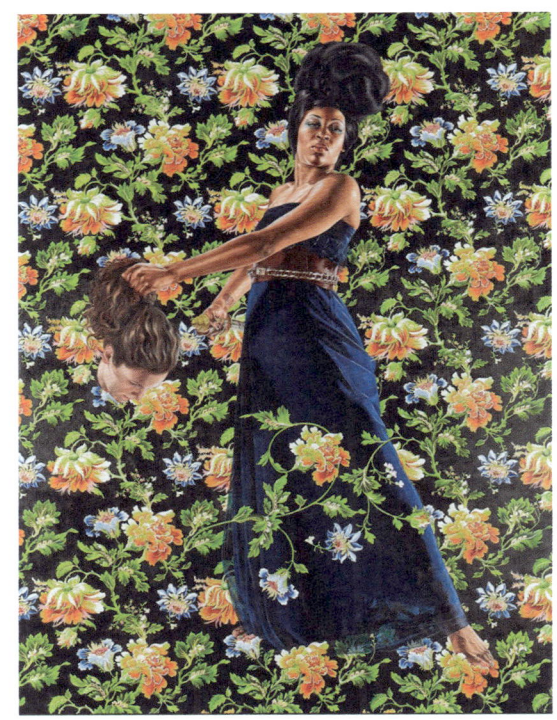

14. *Judith decapitando a Holofernes*, Kehinde Wiley, 2012, Nueva York, Museo de Arte de Brooklyn.

como prefiguración* de la victoria de la Virgen María sobre el demonio o del triunfo de la Iglesia.

La entrega a Ozías de la cabeza de Holofernes ha sido vista como prefiguración* de la Visitación, donde María, victoriosa, es recibida por su pariente Isabel.

Por su nombre se la considera representación del pueblo judío. También es símbolo de la Sanctimonia (la castidad y humildad) que triunfan sobre el orgullo y la lujuria encarnados en Holofernes. Igualmente, se la vio como símbolo de la lucha por la libertad e independencia. También representa a la esposa virtuosa, y finalmente, a la mujer fuerte y seductora.

CONTEXTO HISTÓRICO

No se puede citar ninguna etapa histórica ni localización geográfica, porque en la actualidad se considera que los hechos que relata el Libro de Judit nunca sucedieron.

Pese a las abundantes referencias geográficas y detalles históricos que en él aparecen, estos no coinciden con ningún detalle real. Los anacronismos son constantes, la ciudad de Betulia es desconocida, tampoco existe un general asirio denominado Holofernes ni un rey llamado Nabucodonosor, porque es un nombre babilónico. No obstante, en Babilonia sí aparece Nabucodonosor II, que arrasó Israel y conquistó Jerusalén.

Tampoco coinciden los datos relativos al rey derrotado (Arfaxad de Media), ni la ciudad de Ecbatana se cita en fuentes asirias.

Tantas inexactitudes e incoherencias han llevado a calificar la historia como ficción patriótica sin fundamento histórico (Réau y otros).

La propia versión de la Biblia de la Conferencia Episcopal indica en el preámbulo del Libro de Judit lo siguiente: «El relato tiene la apariencia de una narración histórica en la que abundan datos sobre lugares, fechas y personajes, pero muchos de sus datos nos muestran que no puede ser histórico. No es que su autor pretenda engañar al lector, ni que desconozca la historia; de hecho, su intención no es hacer historia antigua, sino una teología de la historia de forma narrativa. Selecciona deliberadamente personajes y acontecimientos de diversas épocas con una finalidad religiosa: mostrar cómo Dios vence a los enemigos de su pueblo; su salvación no depende del poder militar, sino de la confianza y la fidelidad a él».

OBSERVACIONES

Respecto a la veracidad de la narración, la postura general es la expuesta; no obstante, existen sectores tradicionalistas dentro del catolicismo que, basándose en la obra de Vigoroux, defienden su historicidad. Este identifica a Nabucodonosor con el asirio Asurbanipal, y a su rival Arfaxad, rey de los medos, con Fraortes de Media. Lo cierto es que la realidad de un ataque a Judea puede concordar con varios reyes asirios, ya que sus incursiones fueron constantes y, desde el punto de vista histórico, sería más coincidente con el ataque de Senaquerib en el año 701 a.C., que se centró en la conquista de las fortalezas judías de las montañas. En un momento determinado llevó a cabo una rápida y humillante retirada que fue considerada milagrosa por sus contemporáneos. Realmente, la huida se debió, según los historiadores israelíes actuales (Herzog y otros), a la robustez de las fortalezas hebreas: «No es nuestro deseo negar que la creencia en la ayuda y el consuelo divino ayudaron a los judíos en su desesperada lucha por la supervivencia, pero no queremos dejar de recordar el papel decisivo desempeñado por las fortificaciones de Roboam en la consecución de este milagro» (Herzog, pág. 217).

Igualmente ayudó, y mucho, el ataque del faraón Tirhakak a la desguarnecida retaguardia del rey asirio, a la que destrozó, lo que obligó a Senaquerib a ocuparse de este frente y dejar el asedio de las fortalezas. Tras estos hechos, Judá pudo sobrevivir independiente 115 años más, hasta la conquista por Nabucodonosor en el 587 a.C.

Lía (AT)

Mujer de la ciudad de Nacor (cerca de Harán, en la Mesopotamia superior). Era la hija mayor de Labán. Fue la primera esposa de Jacob. Tuvo seis hijos varones y una hija.

Su historia se cuenta en Génesis 29-33.

Jacob, hijo de Isaac, siguiendo las órdenes de su padre para que buscara mujer fuera de Canaán, se dirigió a Jarán, a casa de su tío Labán, para desposarse con una de sus primas. Su tío tenía dos hijas, Lía, la mayor, *con ojos apagados*, y la menor, Raquel, muy guapa y bien formada. Cuando estaba llegando, vio junto a un pozo a su prima Raquel y, de inmediato, se enamoró de ella. Jacob pidió a su tío casarse con Raquel y a cambio trabajaría para él durante siete años. Pasado este tiempo, Labán organizó un banquete para celebrar la boda, pero, por la noche, envió a Lía a la tienda de su sobrino,

que no se dio cuenta de que era ella porque iba cubierta con un velo.

Por la mañana, Jacob descubrió que había yacido con Lía y pidió explicaciones a su tío; este le contestó que, en aquellas tierras, la costumbre fijaba que debía casarse primero la hija mayor, y que, si estaba tan interesado en Raquel, debía trabajar otros siete años y, en caso de aceptarlo, le entregaría a su hija pequeña pasada una semana. Jacob aceptó el trato y en siete días Labán le entregó a su amada Raquel junto a Bilá, una criada. «Él cohabitó también con Raquel y amó a Raquel más que a Lía; y se quedó a su servicio otros siete años. El Señor vio que Lía era menospreciada y la hizo fecunda, mientras Raquel seguía estéril» (Gén 29, 30 y 31).

De este modo, Lía dio a luz al hijo mayor de Jacob, a quien llamaron Rubén, y pensó que ahora su marido sí la querría puesto que Dios había visto su aflicción, pero no fue así. Después tuvo a Simeón y creyó que entonces sí sería amada porque Dios había oído que su marido la menospreciaba, pero tampoco sucedió. Poco después parió a Leví y supuso que, al darle ya tres hijos varones, Jacob la consideraría como a su hermana, pero su marido no cambió de actitud. Más tarde tuvo a Judá, pero su esposo ya no se le acercó más.

Mientras tanto, Raquel, celosa de su hermana, entregó a Jacob a su criada Bilá, con quien tuvo a Dan y a Neftalí. Entonces Lía también le dio a su propia criada Zilpa para que se acostase con él y de esa unión nacieron Gad y Aser.

Pasado un tiempo, Rubén encontró unas raíces de mandrágora, una planta con poderes afrodisíacos y reproductores, y se las dio a su madre. Cuando Raquel se enteró, le pidió a su hermana las plantas a cambio de permitirle que esa noche yaciese con Jacob; así lo hicieron y Lía engendró a Isacar; más tarde dio a luz a Zabulón y, finalmente, a una hija, Dina.

A pesar de todos los hijos que Lía le dio a Jacob, este siempre prefirió a Raquel; incluso parece que, tras la muerte de esta, eligió como compañera a Bilá, la esclava de su segunda esposa (Gén 35, 21).

Lía siempre soportó con prudencia y humildad los desprecios de Jacob. Tras su muerte, fue enterrada en la Tumba de los Patriarcas en Hebrón (Palestina).

LÍA EN EL ARTE

No es una figura muy representada a pesar de ser la madre de seis hijos de Jacob, que formarán las tribus de Israel, y una hija, porque los artistas han preferido mostrar a Raquel como esposa de Jacob.

Algunas de las obras más destacadas pertenecen a grandes artistas. La escultura de Miguel Ángel es una de ellas. Se encuentra en la inacabada tumba del papa Julio II, junto a Raquel y Moisés [1]. En ella, Lía aparece como una matrona romana y sujeta una especie de diadema a través de la cual coloca su larga trenza de pelo. Simboliza la salvación mediante el trabajo frente a la de su her-

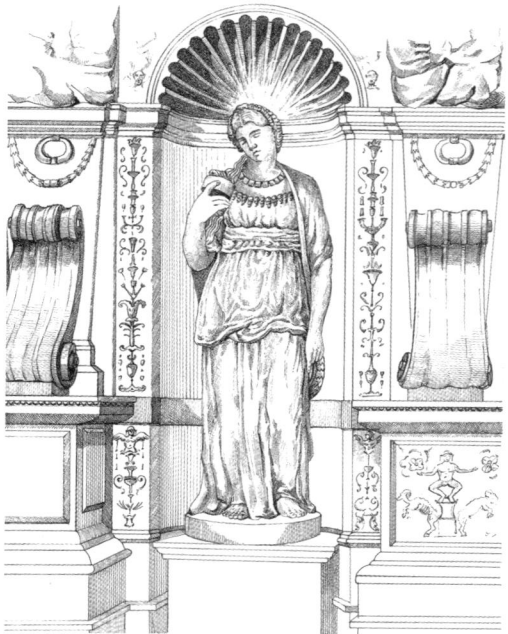

1. Representación de la escultura en mármol *Lía*, Miguel Ángel, 1545, Roma, iglesia de San Pietro in Vincoli.

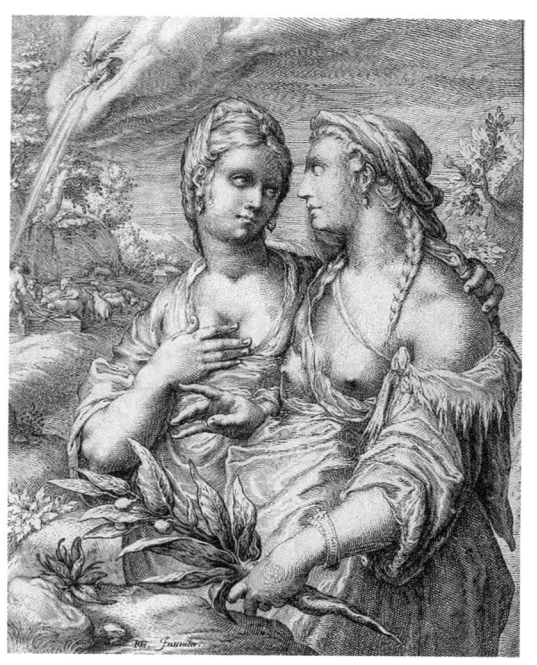

2. *Lía y Raquel*, Hendrik Goltzius, 1597, Londres, Museo Británico.

mana Raquel, que la consigue a través de la oración, según señala Vasari. San Gregorio Magno también afirma que Lía es símbolo de la acción porque fue capaz de procrear siete hijos frente a los dos que tuvo su bella hermana Raquel.

Fue representada sobre todo en grabados, por ejemplo el de Goltzius, *Lía y Raquel* [2]. En él, Raquel le pide a su hermana la mandrágora porque, según creían en la época, evitaba la infertilidad y era afrodisíaca. A cambio, le iba a dejar acostarse con Jacob aquella noche. Lía aparece con los pechos desnudos, mientras, al fondo, un pastor cuida de un rebaño de ovejas; quizá se trate de Jacob, el marido de ambas mujeres.

Lía, grabado de Maarten de Vos [3], es una de las escasas representaciones en que está sola, sin Jacob ni Raquel. Va vestida de pastora porque trabaja y es activa; está embarazada de uno de sus siete hijos y al fondo está dando a luz a uno de ellos. El grabado de Restout [4] escenifica el momento en que Jacob le pide explicaciones a su tío cuando descubre que ha sido engañado

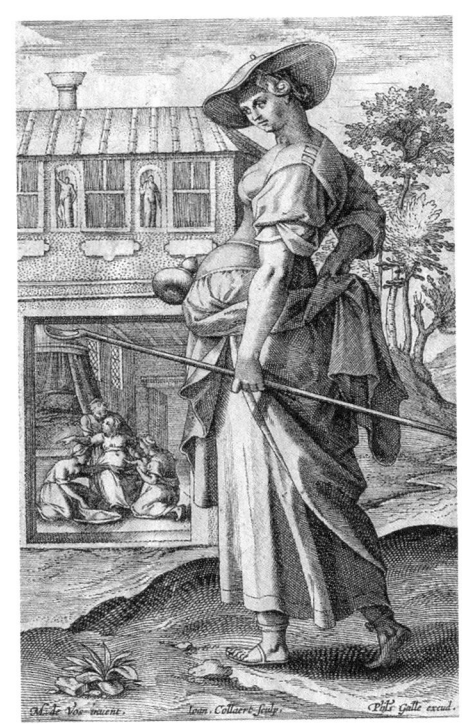

3. *Lía*, Maarten de Vos, según impresión de Collaert II, 1590, Londres, Museo Británico.

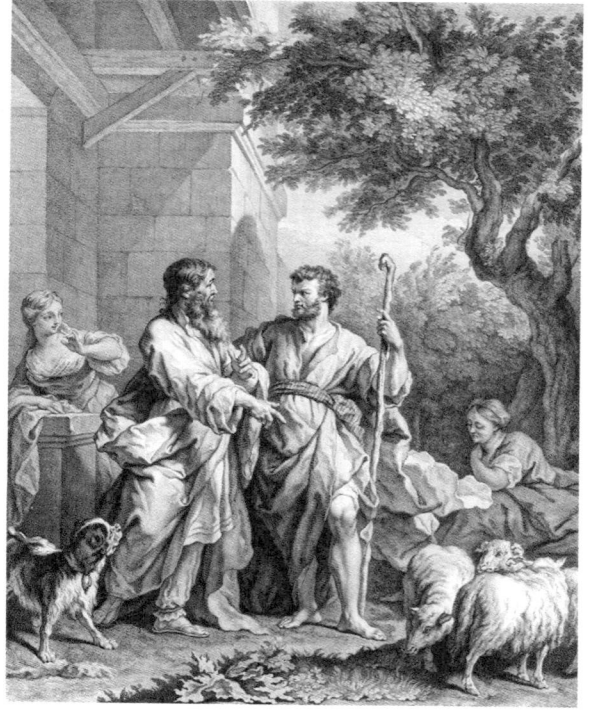

por Labán, que le ha entregado a la hija que no quería. Lía aparece en segundo término sabiéndose despreciada y muestra aspecto de mujer mayor mientras que su joven y bella hermana Raquel sonríe con picardía.

Aunque aparece en alguna pintura, como sucede en el cuadro de Andrea di Lione, *El viaje de Jacob,* del Museo del Prado, en Madrid, se aprecia claramente su papel secundario, ya que figura de espaldas y apenas se adivina su rostro.

PRINCIPALES ESCENAS

• Con Jacob, su padre y su hermana, en una actitud sumisa, secundaria o rechazada.
• Sola, vestida de pastora.
• Con Raquel y la mandrágora.

4. *Labán explica a Jacob su engaño,* Jean Restout, según impresión de Charles N. Cochin, padre, 1737, Londres, Museo Británico.

Aparece como pastora, a veces, embarazada. La mandrágora será otro de sus atributos.

Ha sido considerada símbolo de la fecundidad y de la vida activa, y también de la ayuda que presta Dios a aquellos que son despreciados si confían en Él.

CONTEXTO HISTÓRICO

Los acontecimientos se desarrollan en la época de los patriarcas del pueblo de Israel. Según los arqueólogos, corresponde al siglo XVII a.C., cuando los primeros grupos nómadas judíos procedentes del norte comenzaron a establecerse en las tierras de Canaán. Prefieren no mezclarse con los cananeos y buscan pareja en su lugar de origen: «Isaac llamó a Jacob, le bendijo y le dio estas órdenes: "No tomes por mujer a una cananea. Anda, vete a Padán Arán, a casa de Betuel, tu abuelo materno, y toma allí por mujer a una de las hijas de Labán, hermano de tu madre"» (Gén 28, 2) y luego «Jacob salió de Berseba en dirección a Jarán» (Gén 28, 10).

Algunos de estos grupos se mezclaron con la población local cananea, pese a conservar sus costumbres; otros intentaron mantener la unidad de tribu buscando a sus esposas en la zona de la que procedían antes de emigrar. Esta fue la postura que adoptó Isaac, hijo de Abrahán, primer emigrante del lugar.

Padán Arán era una región entre las actuales Turquía y Siria cuyos habitantes hablaban arameo; y la localidad de Jarán o Haram, en Padán Arán, se encontraba cerca de Edesa, en el sur de Turquía.

Lot, hijas de (AT)

Mujeres arameas del clan de Lot, que era sobrino de Abrahán. Lot tuvo dos hijas cuyos nombres no se mencionan en la Biblia. Solo conocemos de ellas este calificativo: «hijas de Lot».

La historia aparece en el Génesis, capítulo 19, versículos 30 al 38.

Lot y sus dos hijas habían huido de Sodoma y se habían establecido en la pequeña población de Soar, pero tenían miedo de vivir allí y se marcharon a una cueva. Una vez instalados, la hija mayor le dijo a la pequeña que no había quedado ningún hombre en la zona y que no iban a poder tener hijos, así que le propuso emborrachar al padre y acostarse con él para quedar embarazadas. Esa noche embriagaron a Lot y la mayor yació con él, sin que se diera cuenta. La noche siguiente hicieron lo mismo y la pequeña se acostó con Lot, a quien habían emborra-

chado de nuevo. Meses más tarde, la mayor tuvo un hijo varón a quien llamó Moab, y la pequeña dio a luz a otro hijo al que llamó Amón. Son los antepasados de los moabitas y amonitas.

Las hijas de Lot en el arte

Es un tema escabroso y muy duro, con un incesto de por medio, y por este motivo no se representó durante la Edad Media; solo nos ha llegado alguna imagen del siglo XV en una miniatura francesa.

En cambio, en el Renacimiento, con la renovación ideológica imperante, los artistas se fijaron en los aspectos eróticos de la historia y la representaron con frecuencia porque les permitía plasmar dos cuerpos jóvenes de mujeres semidesnudas en posturas atrevidas junto a un anciano. Algunos establecieron cierta relación con el tema de Susana y los viejos, aunque en la historia de las hijas de Lot podían ser más osados.

Siempre aparecen los tres protagonistas con actitudes y posturas variadas.

Pese a mantener una línea recatada en la serie de heroínas del Antiguo Testamento, Lucas Cranach el Viejo muestra una escena llena de pasión, algo encorsetada. En su *Lot y sus hijas* [1] se observa cómo una de ellas abraza a su padre, quien mantiene en la mano una copa de vino que está llenando su otra hija. Lot, con la boca semiabierta y una mirada cargada de lujuria, le presta toda su atención a la mujer. Al fondo, Cranach aún muestra la destrucción de Sodoma, la estatua de sal de la esposa y a Lot y sus dos hijas huyendo para salvarse.

Albrecht Altdorfer, en su *Lot y sus hijas* [2], se muestra más audaz. Lot, recostado sobre un manto verde, abraza a su hija, que está encima de él; ambos están desnudos y ella sostiene una copa de vino; sus miradas son elocuentes. El pintor crea un fuerte contraste entre la piel morena y gastada del padre y la

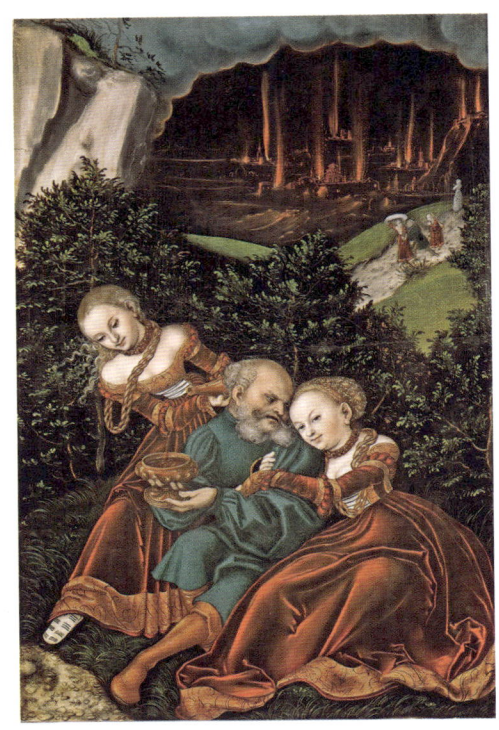

1. *Lot y sus hijas*, Lucas Cranach el Viejo, 1528, Viena, Museo de Historia del Arte.

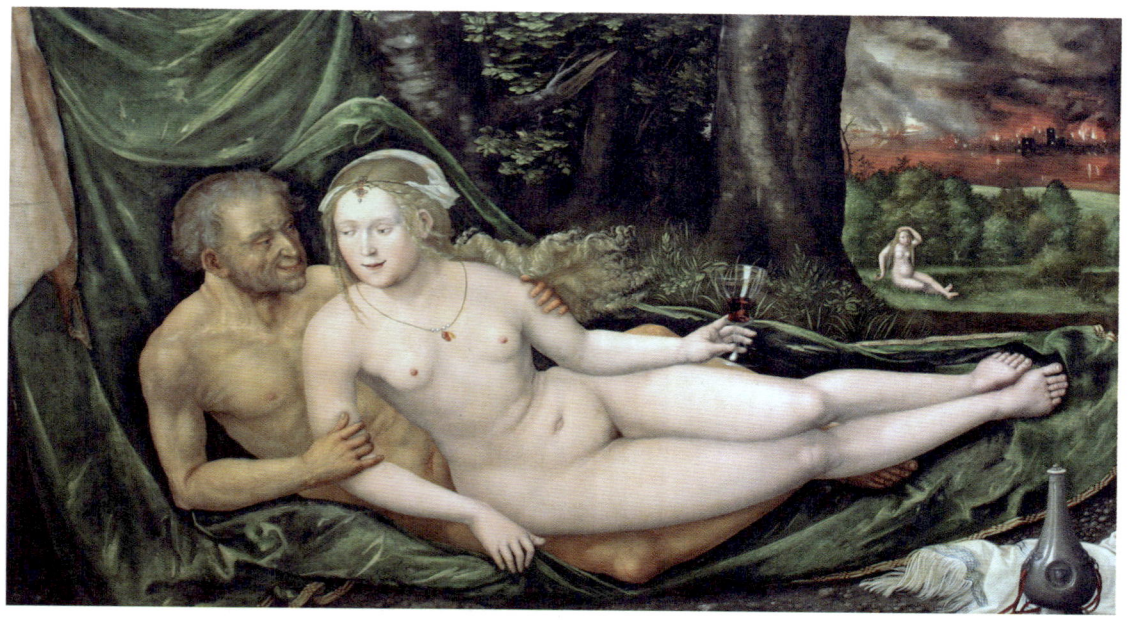

2. *Lot y sus hijas*, Albrecht Altdorfer, 1537, Viena, Museo de Historia del Arte.

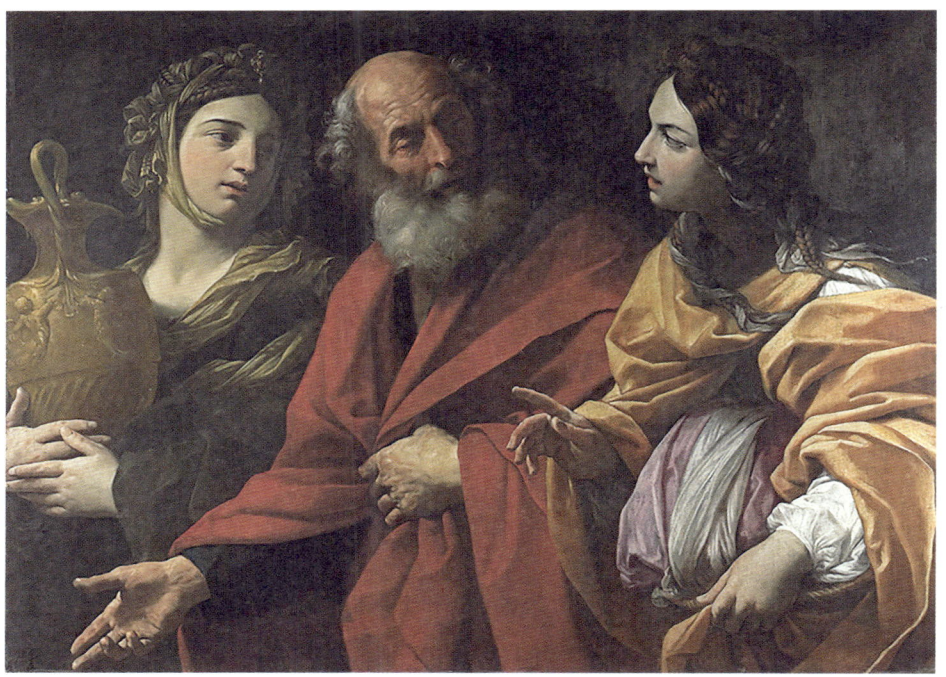

3. *Lot y sus hijas saliendo de Sodoma,* Guido Reni, *ca.* 1615, Marsella, Museo de Bellas Artes.

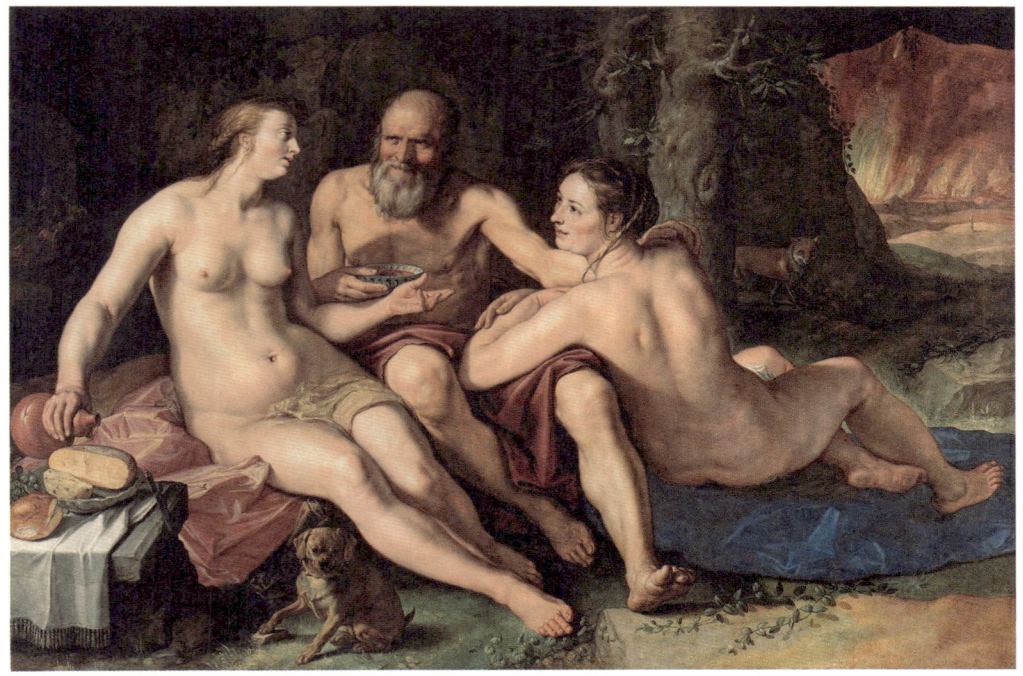

4. *Lot y sus hijas*, Hendrik Goltzius, 1616, Ámsterdam, Rijksmuseum.

de su hija, blanca, tersa y brillante, como correspondía a la distinta edad de ambos. En un segundo plano, la hija menor espera también desnuda mientras al fondo se ve la ciudad de Sodoma en llamas.

En el Barroco fue uno de los temas más populares, y son numerosos los ejemplos, aunque autores, como Guido Reni en su obra [3], reflejan un momento diferente del incesto, la salida de Sodoma, aunque ya se adelantan detalles de lo que sucederá con un elemento clave, como es el recipiente con vino que porta una de sus hijas.

Para Goltzius [4] la escandalosa historia se transforma en una sencilla comida campestre donde los tres protagonistas, desnudos, van a compartir varios alimentos. La escena tiene lugar en medio de un frondoso y tranquilo paisaje en cuyo centro, y con los genitales cubiertos por un lienzo bermejo, está el padre sin ningún signo de ebriedad, complaciente, barbado, calvo, con la piel flácida y tostada que acentúa su edad. A los lados, sus hijas, rosadas, tersas, jóvenes,

desnudas y sirviendo bebida y comida a su progenitor, que las recibe agradecido. Una de las hijas se muestra de frente, y la otra, de espaldas, para satisfacer el deseo erótico del espectador. Lot coge con una mano el vino que le ofrecen y con la otra acaricia el hombro de una de sus hijas mientras mira con atención a la otra. Todo resulta natural y sencillo. Solo en un segundo plano una zorra asoma tras un árbol para simbolizar el engaño al que van a someter al padre. Al fondo aparece Sodoma en llamas. La imagen contiene una naturalidad grotesca.

Furini [5] interpreta la historia a su modo y presenta una tórrida imagen en la que las dos hijas están seduciendo al padre; una le ofrece vino y la otra comienza a desnudarlo. El padre, mientras, abraza a las dos. Ambas jóvenes aparecen desnudas; una, cubierta con un velo transparente, se nos muestra de espaldas, con la gran carga erótica que las nalgas femeninas tenían en la época. Lot mira a una de ellas sin que se note la embriaguez. Ya ha desaparecido cual-

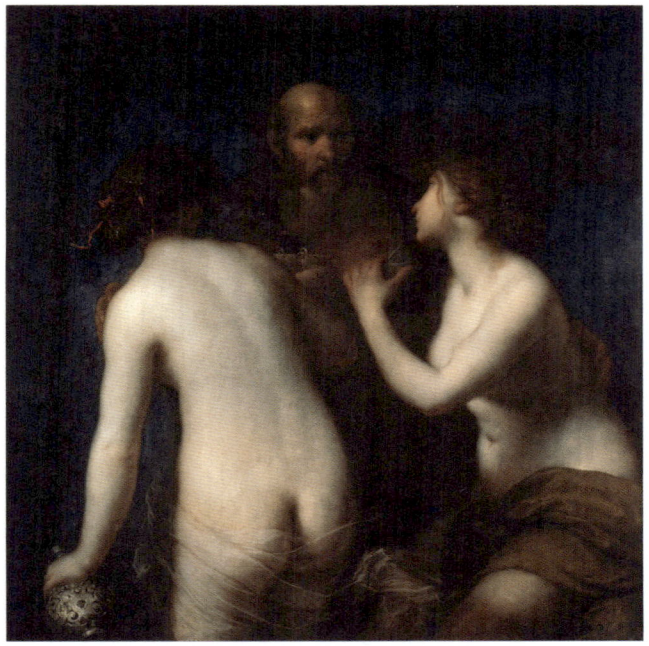

5. *Lot y sus hijas*, Francesco Furini, 1634, Madrid, Museo del Prado.

quier referencia a la estatua de sal o al castigo de la ciudad; es una seducción amorosa por parte de dos mujeres jóvenes hacia un hombre maduro. Un fondo de lapislázuli resalta la sensualidad de la blanca piel de las hijas.

Sin embargo, no todos los autores siguieron esta línea. Son muchos los que representan imágenes más contenidas desde el punto de vista erótico, desde Rubens y su *Lot y sus hijas en una gruta de roca,* de 1610, actualmente en los Museos Estatales de Berlín, hasta los Gentileschi. Artemisia, en su obra *Lot y sus hijas,* de 1638, en el Museo del Arte de Toledo, Ohio, muestra a los personajes vestidos en la preparación de una cena, mientras que Orazio Gentileschi, en su obra [6], representa un momento menos sensual, pues los personajes aparecen vestidos y las hijas señalan hacia la ardiente

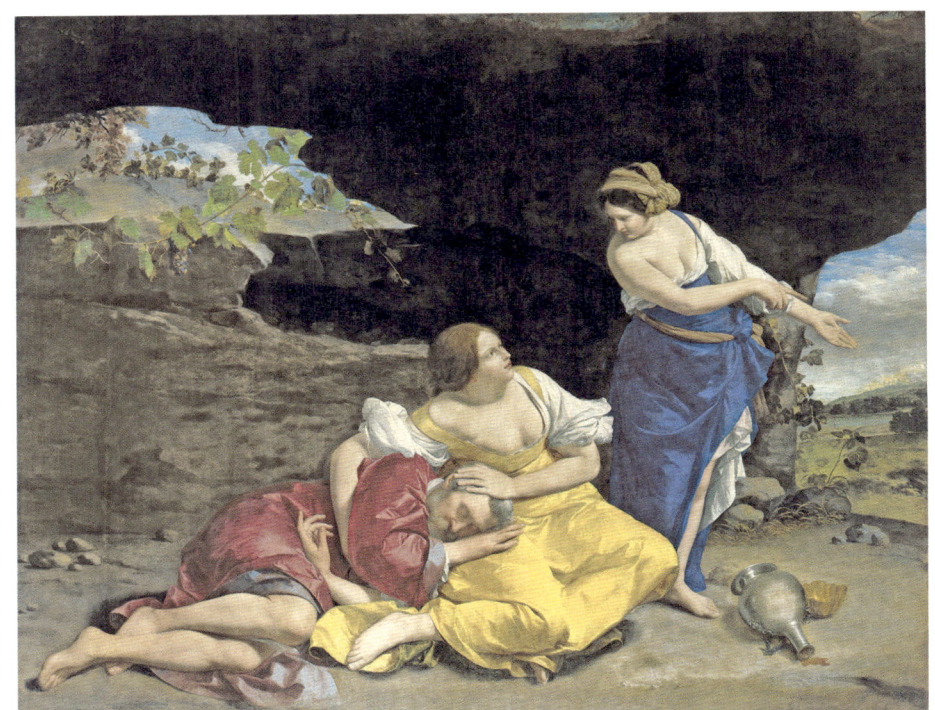

6. *Lot y sus hijas*,
Orazio Gentileschi,
1628, Bilbao,
Museo
de Bellas Artes.

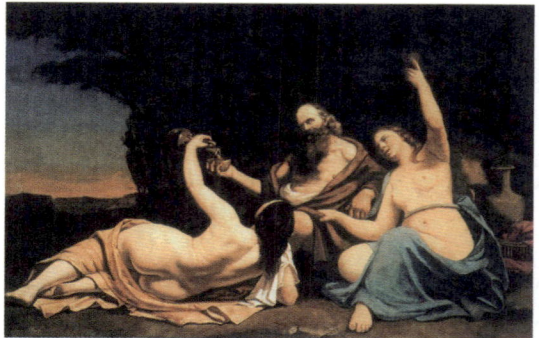

7. *Lot y sus hijas,* Gustave Courbet, 1844,
col. particular.

Sodoma para justificar su acción, mientras Lot permanece ajeno a los hechos y aparece dormido. El vino derramado muestra que la acción ya ha concluido.

El enfoque erótico se mantiene hasta el siglo XIX con obras —como la de Courbet [7]— que asemejan más una bacanal y cuyos protagonistas se muestran muy complacientes.

Durante el siglo XX, las vanguardias artísticas van a tratar el tema según el ideario de los diferentes movimientos artísticos, sin tener en cuenta la historia bíblica. Sirva como ejemplo la obra de Carrá [8], que muestra solo a las dos hijas y un perro entre ellas; una, a la izquierda, está asomada a la puerta de una casa; su hermana aparece delante y arrodillada, en una plaza desierta, en el suelo, con un bastón que parece indicar que ha llegado caminando desde lejos. La zona está enlosada y al fondo se distinguen unas colinas y un templo clásico. Es una pintura extraña y enigmática, muy alejada de la historia bíblica. Está adscrita a la pintura metafísica, un movimiento artístico italiano que muestra una especie de sueño pintado en el que se mezclan objetos cotidianos en plazas desiertas enlazados con la mente inconsciente, más allá de la realidad física; de ahí su nombre.

PRINCIPALES ESCENAS

- Lot saliendo con sus hijas de Sodoma.
- Las dos hijas seduciendo a Lot.
- Las dos hijas junto a Lot borracho o dormido.

SÍMBOLOS Y ATRIBUTOS

A veces aparecen en un segundo plano imágenes de Sodoma o de la estatua de sal en la que se había convertido su madre.

CONTEXTO HISTÓRICO

El hecho se produjo en el siglo XVII a.C., coincidiendo con la llegada de las tribus nómadas judías a las tierras de Canaán. La historia sucede poco después de la destrucción de cuatro ciudades de la zona: Sodoma, Gomorra, Dama y

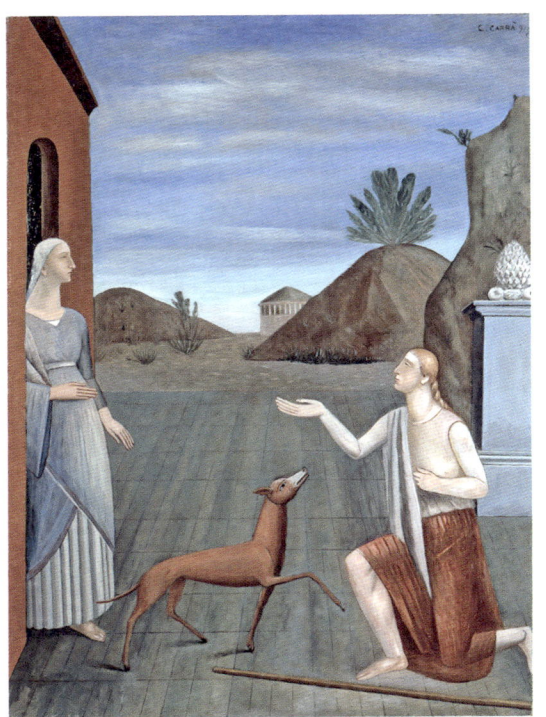

8. *Las hijas de Lot*, Carlo Carrá, 1919, Trento, Museo de Arte Moderno.

Zeboím. Sodoma, según la Biblia, estaba situada en un valle cerca del mar Muerto.

OBSERVACIONES

Réau cree que esta historia la han podido inventar los judíos para desacreditar a los moabitas y amonitas, pueblos enemigos, demostrando así que su origen es «escandaloso».

El incesto es para los cristianos un tema reprobable y pecaminoso. La Biblia lo condena en múltiples momentos (Lev 18, 7-17; Dt 22; 27, etc.), y en alguno de ellos incluso se castiga con la muerte (Lev 20, 11 y ss.). Sin embargo, la moral judía de la época anterior a Moisés aceptaba sin reparos el incesto y el engaño con el objetivo de procrear. Para cualquier mujer hebrea la esterilidad era vergonzosa y un castigo de Dios, y por este motivo las hijas de Lot actuaron por deber y no por vicio. Así se observa en la historia de Tamar, nuera de Judá, cuya estratagema se admite por la necesidad de procrear (véase TAMAR de Judá).

La Biblia exculpa especialmente a Lot porque insiste, en las dos ocasiones y con la misma frase, en que estaba ebrio y no era consciente de sus actos: «… se acostó con él, sin que él se diera cuenta al acostarse y levantarse ella» (Gén 19, 33 y 35).

En la producción artística se distingue de la historia de Susana porque aquí hay un viejo y dos jóvenes.

Lot, mujer de (AT)

Mujer aramea del clan de Lot. Fue la esposa de Lot, sobrino de Abrahán. La Biblia no menciona su nombre. En algunas tradiciones judías se la llama Ado o Edith.

Su historia aparece en los capítulos 14 y 19 del Génesis.

Lot, junto a su mujer y sus dos hijas, vivía en Sodoma. Durante la guerra con los reyes del norte dirigidos por Quedorlaomer, la ciudad fue saqueada, y sus habitantes, llevados como esclavos. Abrahán, su tío, los salvó y volvieron a Sodoma.

Dios había decidido destruir diversas ciudades por sus pecados, entre las que estaba Sodoma, e informó de ello a Abrahán. Este intentó salvar la ciudad donde vivía su sobrino Lot con su familia y consiguió que Dios consintiera en perdonar a Sodoma si encontraba diez personas justas. Para ello envió unos ángeles a investigar. Estos llegaron una tarde a ver a Lot; él estaba sentado a la puerta de la ciudad y, cuando los divisó, los invitó a su casa. Cenaron, y, antes de acostarse, llegaron todos los hombres de la ciudad, que rodearon la casa y exigieron que saliesen los dos forasteros para «conocerlos» (eufemismo que significa «yacer» o «acostarse» con ellos). Lot se opuso y les ofreció a sus propias hijas, que eran vírgenes, para que les dejaran en paz, pero la turba se negó, por lo que amenazaron a Lot con tratarlo peor que a ellos e intentaron derribar la puerta. Entonces los ángeles metieron dentro a Lot y extendieron sus manos creando un resplandor que dejó ciegos a todos aquellos pecadores.

Al amanecer, los ángeles le dijeron a Lot que cogiese a su mujer y a sus dos hijas y se marchasen todos deprisa de la ciudad. Como no se decidían, los propios ángeles los cogieron de las manos y los sacaron fuera, mientras les advertían de que se dirigiesen a los montes cercanos y no se detuviesen ni miraran hacia atrás. Entonces Lot les dijo que no deseaba ir a los montes, sino que se quedarían en una pequeña aldea cercana, Soar, donde encontrarían refugio. Dios aceptó y no destruyó esta población. A continuación envió una lluvia de azufre y fuego sobre las cuatro ciudades pecadoras y las arrasó con todos sus habitantes.

Mientras huían de la destrucción, la mujer de Lot miró hacia atrás y quedó convertida en una estatua de sal.

LA MUJER DE LOT EN EL ARTE

La historia de la destrucción de Sodoma ha sido objeto de un especial interés por los artistas, que han recogido los diferentes momentos del relato: Lot recibiendo a los ángeles, protegiéndoles en su domicilio frente a la población, la destrucción de la ciudad y la huida de la familia y el final escalofriante de la mujer de Lot convertida en estatua de sal.

La narración incluye momentos muy atractivos para la representación por lo llamativo de los sucesos: el asalto a la casa amenazando con una violación masiva, el milagroso acto de los ángeles confundiendo a los atacantes y cegándoles mediante la magia, la destrucción total de las ciudades haciendo llover del cielo azufre y fuego y el final, con la mujer de Lot castigada con dureza «simplemente» por «mirar atrás» (Gén 12, 26), son aspectos tan mágicos y espectaculares que se reprodujeron con abundancia en diversas biblias y manuscritos.

Los artistas han representado, especialmente, el castigo de la mujer de Lot y la destrucción de Sodoma antes que el pecado que cometieron sus habitantes. Suelen ser representaciones de toda la familia, junto a los ángeles, con una ciudad ardiendo a un lado o sirviendo de fondo y con la estatua de sal en un segundo plano.

Solo en la *Biblia de Morgan* [1] se refleja el episodio de la captura de la mujer de Lot por Quedorlaomer; es en una viñeta donde la descubrimos compungida y pidiendo ayuda a Dios. En la misma obra se reproducen diferentes esce-

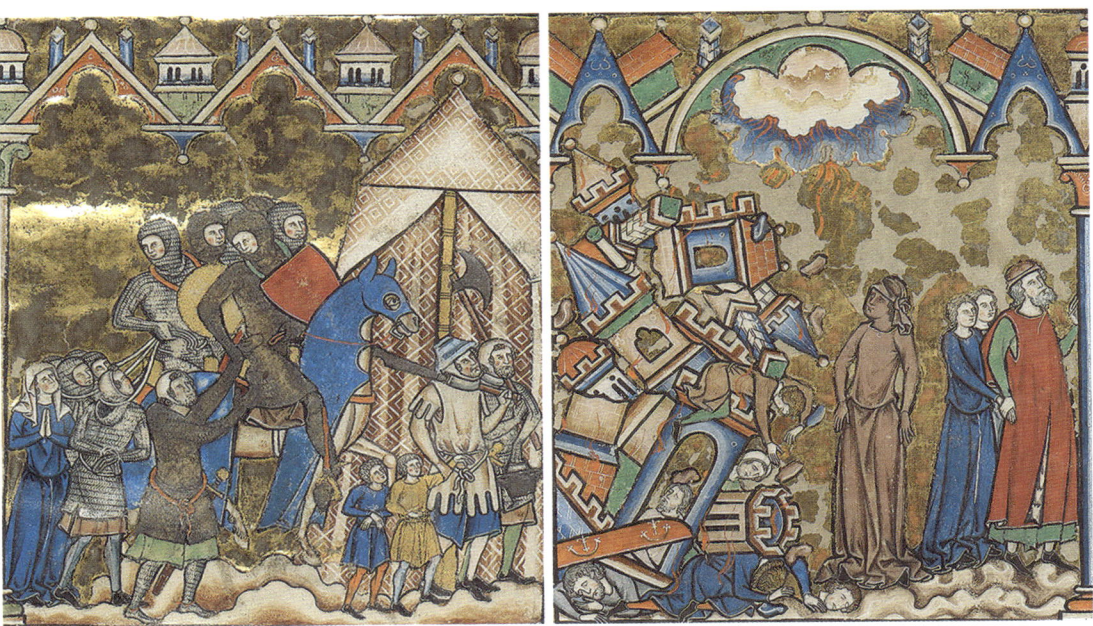

1. A la izquierda, *La familia de Lot es capturada por Quedorlaomer*, y a la derecha, *Lot y sus hijas huyen mientras Sodoma es destruida*. Detalles del Ms. M.638, f. 3r y 4r, escena inferior derecha, de la *Biblia de Maciejowski* (o *de Morgan*), siglo XIII, Nueva York, Morgan Library & Museum.

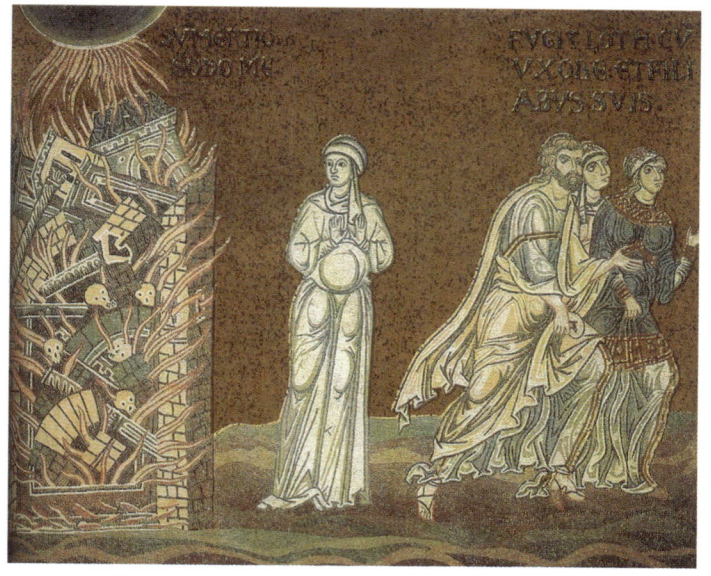

2. *La mujer de Lot convertida en estatua de sal mientras se incendia Sodoma*, mosaico, catedral de Monreale, siglo XII.

nas entre las que destaca la destrucción de Sodoma y la conversión de la mujer en estatua de sal. Es curioso comprobar el juego cromático que identifica a la mujer como estatua.

La escena se repetirá en los mosaicos de la catedral de Monreale, del siglo XII [2]. A la izquierda aparece la urbe, que está siendo arrasada y en la que se aprecian algunas calaveras, mientras la mujer de Lot se detiene para mirar su ciudad en llamas y su marido y sus dos hijas siguen deprisa hacia Soar.

Muchos artistas han aprovechado esta historia para representarla en varias escenas a modo de narración, como se observa en el Salterio de San Luis de Francia [3], donde aparece en tres imágenes:

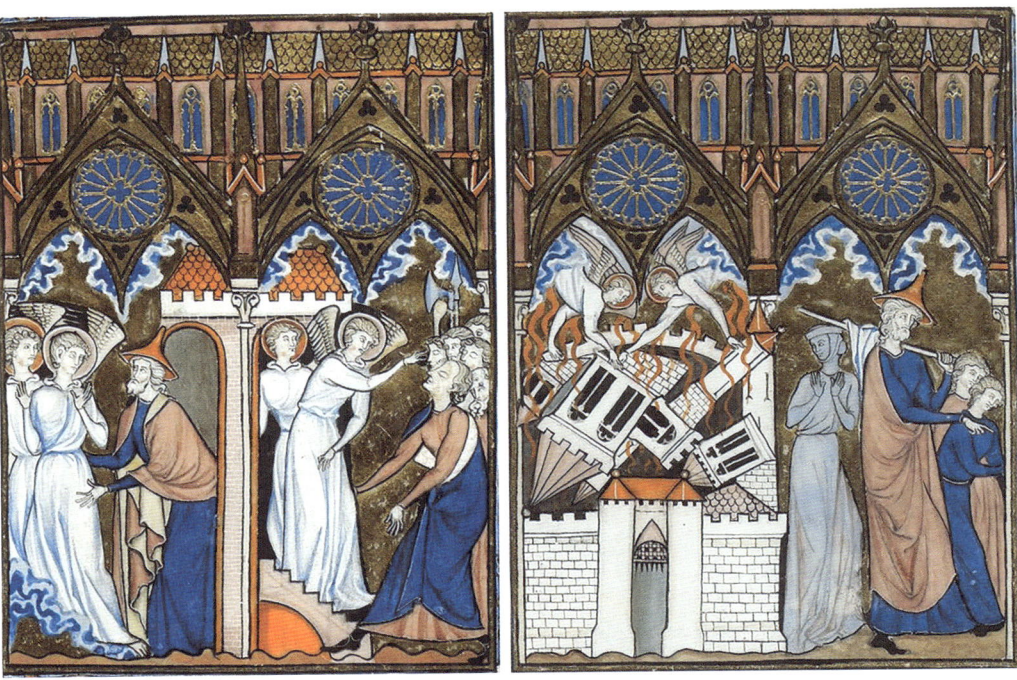

3. Salterio de San Luis de Francia, libro ilustrado, siglo XIII, París, Bibliothèque Nationale de France, ff. 8 y 9v.

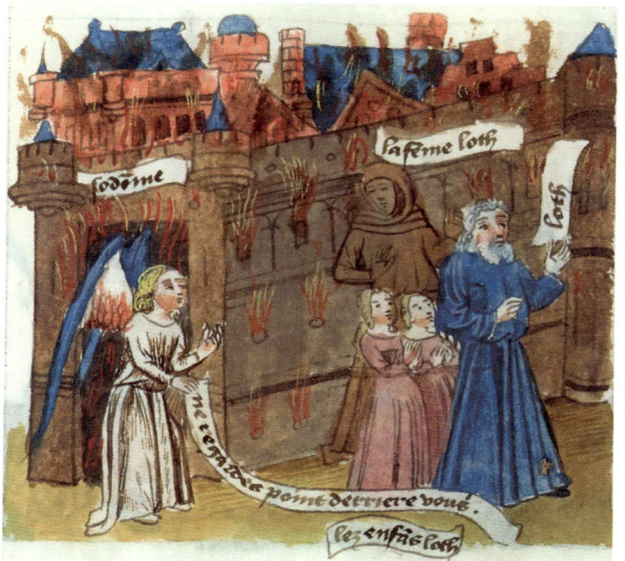

4. *Speculum Humanae Salvationis*, Jean Miélot, siglo XV,
París, Bibliothèque Nationale de France, f. 36r.

«La visita de los ángeles a Lot», «Los ángeles cegando a los sodomitas» y «La destrucción de Sodoma mientras Lot y sus hijas huyen y la mujer de Lot está convertida
en estatua de sal».

En múltiples variantes de la obra *Speculum Humanae Salvationis* [4] se repite
la misma acción de la destrucción de Sodoma, la conversión de la mujer en estatua de sal y Lot y sus hijas, ajenos al drama, huyendo.

En las *Crónicas de Núremberg* [5] se
muestra la ciudad de Sodoma siendo
arrasada por las llamas; delante de ella,
la mujer, ya convertida en una columna
de sal, mientras observa la destrucción de
Sodoma y un ángel, de facciones agra-
dables, llevando de la mano a un malhu-
morado Lot, que se ayuda también de un
bastón; les siguen las dos hijas.

El Renacimiento y Barroco mantendrán
drán el tema, y las escenas de la destruc-

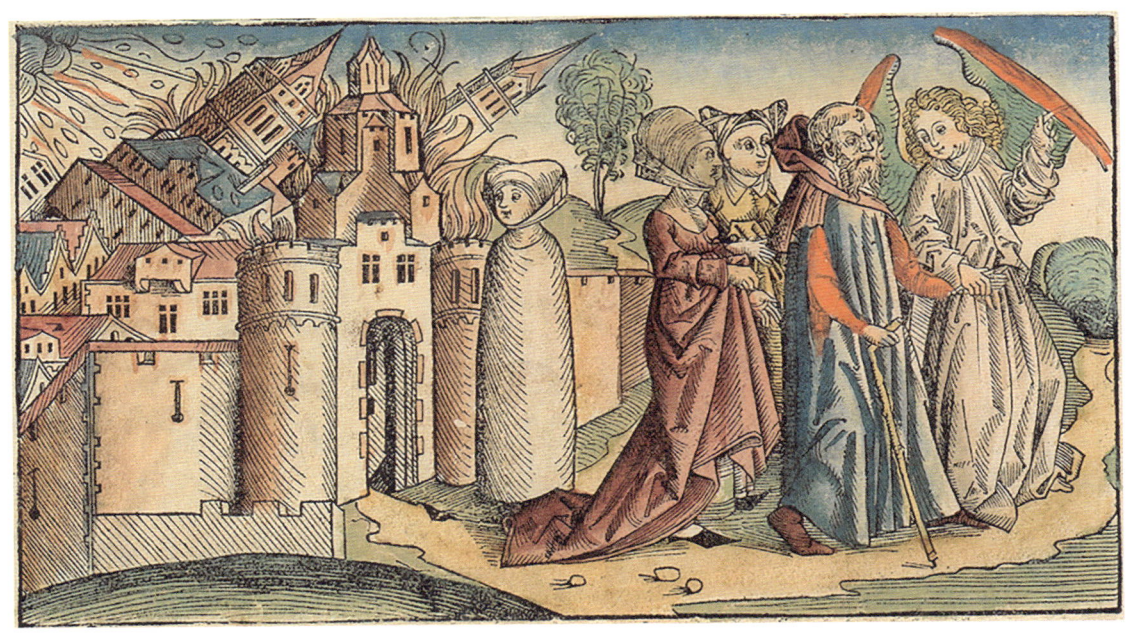

5. *Crónicas de Núremberg*, 1493, Anton Koberger (ed.), f. 21r.

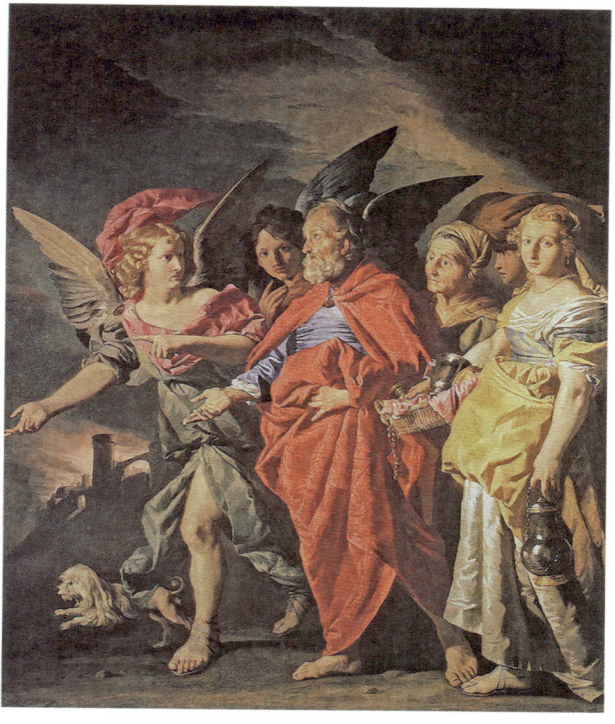

ción de la ciudad y la conversión de la mujer de Lot en estatua de sal se repiten en múltiples autores: Jacob Jacobsz, Veronés, Pieter Schoubroeck, Durero o Rubens.

Una versión más intimista, centrada en la familia de Lot, es el trabajo de Matthias Stom [6], en el que se refleja, en un ambiente aún nocturno, a los dos ángeles señalando el camino a la familia y a una de las hijas portando un farol para alumbrarse.

El siglo XIX mantendrá la escena con la esposa de Lot como protagonista en una posición central, como es el caso del grabado de Doré [7]. También puede aparecer como una inquietante presencia, aspecto que se aprecia en la obra de Co-

6. *Lot saliendo de Sodoma,* Matthias Stom, 1630, Greenville, Museo y Galería de la Universidad Bob Jones.

rot [8], donde, en un lúgubre paisaje iluminado por el fuego y con numerosas columnas de humo, un ángel lleva de la mano a Lot mientras este ayuda a una de sus hijas, que se cubre la cara, llena de dolor; detrás, su hermana ha cogido una hogaza de pan; una inquietante sombra delata la estatua de sal de la madre y esposa.

El siglo XIX incluirá visiones apocalípticas de la destrucción de la ciudad, donde los personajes son apenas meros puntos en un conjunto de aniquilación masiva, como puede apreciarse en la obra *La destrucción de Sodoma y Gomorra*, de John Martin, de 1852, actualmente en la Lain Art Gallery de Newcastle.

Lo espantoso de la escena y la lluvia de fuego harán que múltiples artistas recojan este momento, incluso en el siglo XX.

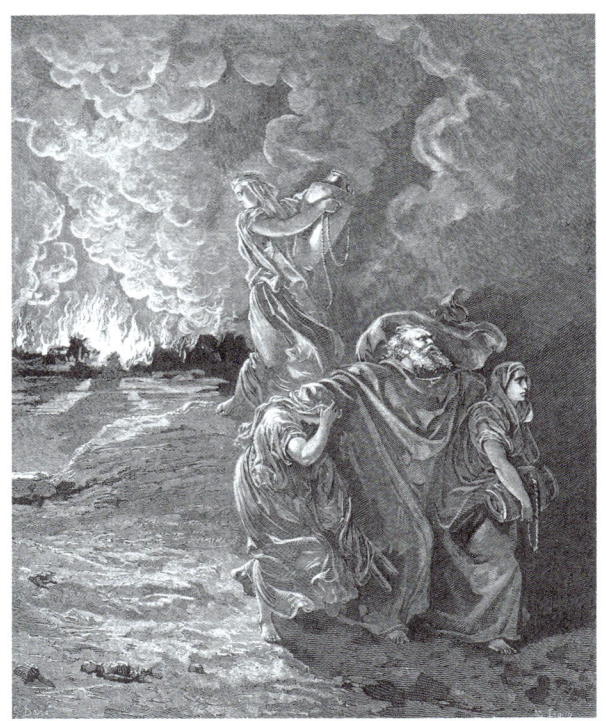

7. *Lot abandona Sodoma ardiendo*, grabado, Gustave Doré, siglo XIX.

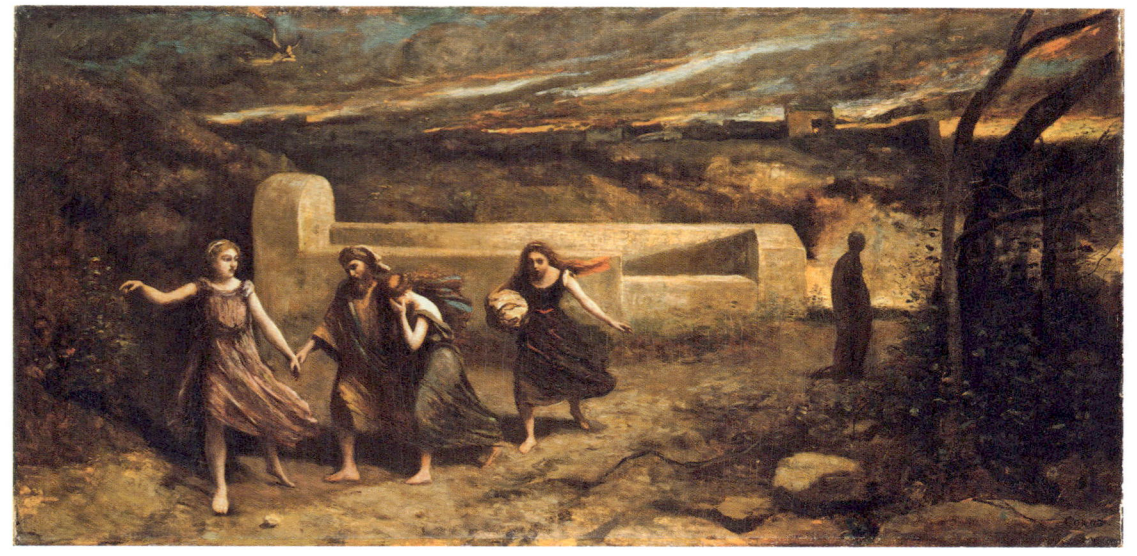

8. *La quema de Sodoma*, Camille Corot, 1843-1857, Nueva York, Galería 803.

PRINCIPALES ESCENAS

• Lot protegiendo a los ángeles de los habitantes de Sodoma.

• Lot, su mujer y sus dos hijas saliendo de la casa o de la ciudad ayudados por los ángeles.

• La mujer de Lot volviendo a mirar hacia atrás.

• La mujer convertida en estatua de sal.

SÍMBOLOS Y ATRIBUTOS

La columna o estatua de sal de una mujer, que fue en lo que se convirtió.

CONTEXTO HISTÓRICO

En el siglo XVII a.C., según los arqueólogos judíos, comienzan a asentarse en Israel las primeras tribus procedentes del norte, de Harán. Es una época violenta, de frecuentes enfrentamientos bélicos con los pueblos ya establecidos en la zona, los cananeos y otras coaliciones mesopotámicas.

La Biblia recoge un conflicto en el que los reyes del norte Anrafel (rey de Senaar), Arioc (rey de Elasar), Quedorlaomer (rey de Elán) y Tidal (rey de Goín) declararon la guerra a Bera (rey de Sodoma), a Birsa (rey de Gomorra), a Sinab (rey de Adma), a Semeber (rey de Seboín) y al rey de Soar, todos de la zona del mar Muerto. Los reyes del norte vencieron y esclavizaron a algunos habitantes de las ciudades. En esta contienda participaron también los judíos, pues Abrahán, al enterarse de que su sobrino Lot y su familia habían sido capturados, atacó a Quedorlaomer y sus aliados y los derrotó, liberando a Lot y recuperando los bienes que le habían quitado.

La Biblia describe que cerca del mar Muerto se encontraba el valle Siddim, en el que abundaban los pozos de asfalto y en donde se habían establecido las ciudades de Sodoma y Gomorra, que fueron destruidas por una lluvia de fuego

(Gén 19); a corta distancia, en el mismo valle, se hallaban otras dos localidades, Dama y Zeboím, que también desaparecieron (Dt 29, 23).

Una investigación hecha en la zona durante el siglo XX por arqueólogos y geólogos afirma que hacia el 1650 a.C. una onda de calor provocada por una explosión destruyó Tall el-Hammam, una ciudad de la Edad del Bronce Medio, al noreste del mar Muerto. Y algunos creen que puede tratarse de una de esas cuatro ciudades. Otros afirman que tanto Sodoma como Gomorra descansan bajo el mar Muerto. Graves y Patai sugieren que el propio Estrabón cuenta una leyenda según la cual cerca de la costa sudoeste del mar Muerto trece ciudades fueron destruidas hacía mucho tiempo por un terremoto, erupciones de betún y azufre y un súbito avance del mar. Actualmente, las hipótesis se centran más en la caída de un meteorito que explotara al atravesar la atmósfera y provocase la destrucción de las ciudades.

OBSERVACIONES

El castigo divino por mirar atrás y verse convertido en estatua de sal parece algo desmesurado. Gran cantidad de autores, teólogos y exégetas han intentado dar una explicación a semejante hecho. Así Scharestein, entre otros autores, señala que no se trató de una simple mirada, sino que, al volverse hacia esas ciudades, en realidad lo que hacía la mujer era añorar ese estilo de vida pecaminoso, y por eso no se la consideró digna de ser salvada y fue castigada por Dios de manera tan radical.

El historiador judío Flavio Josefo afirmó haber visto la columna de sal que era la esposa de Lot. También los Padres de la Iglesia primitiva Clemente de Roma e Ireneo afirmaron que la estatua de sal existía realmente.

En el monte Sodoma, que es una colina de sal gema situada junto al mar Muerto, se puede ver una columna a la que llaman «la esposa de Lot». La Mishná* establece que se diga una bendición en el lugar donde se encuentra dicha columna.

La mitología griega cuenta una historia similar en el mito de Orfeo y Eurídice, donde ella sufre una condena por volver la vista atrás.

En el Corán se menciona a Lot y su esposa, ella sin nombre, aunque la historia tiene matices diferentes. Lot predica en Sodoma y, al no ser escuchado, pide a Dios que aniquile la ciudad y salve a su familia. Sin embargo, «solo su esposa prefirió quedarse y no salió con él. Debía perecer por su incredulidad y su traición, protegiendo y aliándose con los libertinos» (Corán, sura 26, aleya 171). En el islam, la ciudad fue destruida por una lluvia de piedras, y así es representada la muerte de la mujer de Lot [9].

9. Manuscrito ilustrado, *Qisas al-Anbiya (Relatos de los profetas)*, Ishaq b. Ibrahim al-Nayshaburi, siglo XIII (f. 2 v), Boston, Harvard Art Museums.

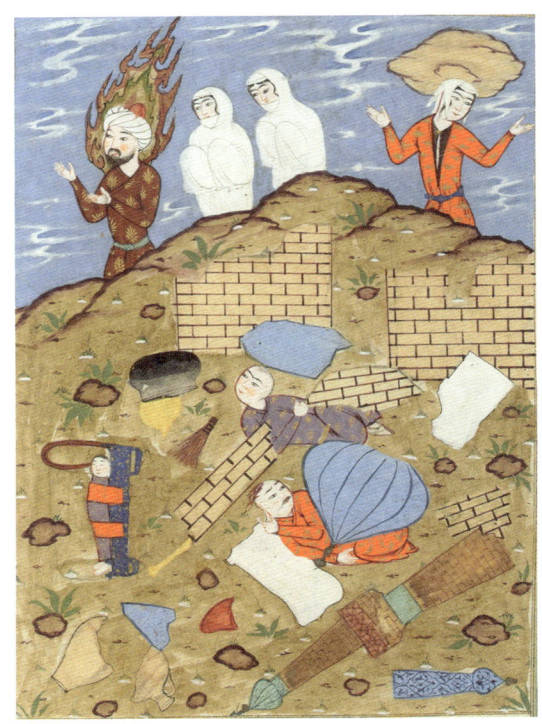

María (la Virgen) (NT)

Mujer galilea. Es la madre de Jesús. María es un nombre de origen hebreo (מִרְיָם, «Miriam») cuya etimología y significado son aún discutibles. Algunos consideran que el nombre es equivalente a «hermosa», «espejo», «señora», «eminente» o «excelsa».

La relevancia del personaje es esencial. Es la protagonista más importante de la Biblia, junto con Eva, que está en segundo plano respecto a ella, lo que hace que sea prácticamente inabarcable en un libro de estas dimensiones. Ya avanzamos algo en las anteriores obras *(Guía para identificar los santos de la iconografía cristiana* [2018] y *Guía para identificar las escenas y los personajes de la Biblia* [2021])*, a las que nos remitimos dejando aquí un par de apuntes sobre el personaje.

Aparece en todos los evangelios sinópticos*, en los Hechos de los Apóstoles y en el Apocalipsis, y también en varios evangelios apócrifos*.

En los evangelios sinópticos quien más habla de ella es Lucas. La menciona en la Anunciación (Lc 1, 27 y ss.), la visita a Isabel (Lc 1, 39), el nacimiento y la Adoración de los pastores o de los Reyes, la presentación en el templo, la peregrinación a Jerusalén (Lc 2), junto a sus hijos e hijas (Lc 8, 19-21), y en la bendición a una mujer (Lc 11, 27).

En Mateo aparece en la genealogía de Jesús (Mt 1, 16 y ss.), la Natividad (Mt 1, 25), la Adoración de los Reyes Magos (Mt 2), la huida a Egipto (Mt 2, 13), el retorno a Israel (Mt 2, 20) y también en los pasajes que mencionan a sus hijos e hijas (Mt 13, 55).

En Marcos, María es mencionada exclusivamente en relación con sus otros hijos e hijas, y solo en dos momentos (Mc 3, 31, y 6, 3-4).

Juan la menciona en las bodas de Caná (Jn 2) y es el único que la coloca en la Crucifixión (Jn 19, 25).

María aparecerá también en los Hechos de los Apóstoles (Hch 1,14), y en el Apocalipsis se la menciona simbólicamente.

Su vida se desarrolla en el siglo I a.C. y I d.C. en Nazaret. Sobre su muerte existen diferentes versiones que la sitúan unas en Éfeso y otras en Jerusalén.

La mayor parte de las informaciones sobre su infancia aparecen en los evangelios y textos apócrifos. Sus padres fueron Joaquín y Ana (véase ANA). Ambos tenían muchos problemas para tener descendencia, pero el ayuno y la oración, unidos a un casto beso en la Puerta Dorada, consiguieron la llegada de María. En los textos apócrifos se dice que fue llevada al templo con tres años y allí subió sola la escalinata de acceso; permaneció en aquel lugar hasta los doce años, alimentada por ángeles o con comidas angélicas.

Apenas llegada a la pubertad, fue entregada a José, del linaje de David, de edad avanzada, en un matrimonio espiritual.

En el evangelio sinóptico de Lucas aparece por primera vez en el momento de la Anunciación del arcángel Gabriel. Así conoció que sería madre del Hijo del Altísimo. Su embarazo provocó los recelos de su esposo, pero fue avisado por un ángel de la situación y aceptó la virtud de María. Esta, posteriormente, visitará a su pariente Isabel, que estaba embarazada del futuro Juan el Bautista. Permaneció con ella tres meses (véase ISABEL). Un decreto romano que ordenaba un censo obligó a María y José a trasladarse al lugar de origen de la casa de David, Belén. José, según el evangelista Mateo, era descendiente del rey David. Llegado el momento del alumbramiento, y al no encontrar posada, tuvo al niño en un pesebre. Allí le adorarán los pastores y unos Reyes Magos les avisan del peligro que corre por la envidia del rey Herodes, que lanza un edicto de ejecución de los menores de dos años. Presentan al niño en el templo y huyen a Egipto; solo regresarán cuando el rey haya muerto. En la infancia de Jesús, María está presente también en la desaparición del niño, su búsqueda y encuentro posterior en el templo.

En la vida pública de Jesús aparece puntualmente en algún momento, como las bodas de Caná. Únicamente san Juan la sitúa al pie de la Cruz en su relato de la Pasión. Igualmente, estará con los apóstoles el día de Pentecostés.

Tras la muerte de Jesús, aparecerá unida al grupo de seguidores de Cristo (Hch 1, 14). Nuevamente los apócrifos relatan detalles de su vida tras la Ascensión de Jesús a los cielos. Hablan de curaciones milagrosas, de predicaciones, de instrucciones a los apóstoles sobre cómo transmitir la palabra de Jesús, etc. María figurará de modo velado incluso en el críptico libro del Apocalipsis (capítulo 12).

Los apócrifos señalan dos lugares para su muerte y sepultura: Éfeso o Jerusalén. A partir del siglo VI se profesa la doctrina de la Asunción de María a los cielos, mientras que la iglesia oriental se refiere a la dormición de María.

LA VIRGEN MARÍA EN EL ARTE

Las implicaciones teológicas relativas a la Virgen María suelen englobarse en los denominados «estudios marianos» o «mariología». Abarcan no solo aspectos históricos de su vida sino el alcance de su papel en la cristiandad y su veneración en el mundo cristiano, los dogmas y las referencias que aparecen en el Nuevo y Antiguo Testamentos. Estos aspectos influirán en su representación artística, que será ingente.

En esta figuración se pueden diferenciar tres modos o aspectos clave. El primero es la reproducción de cada una de las escenas vitales en imágenes adaptadas a cada modo y manera de la época. El segundo es cuando alcanza un valor simbólico, por encima de los acontecimientos; es el caso de la deesis*, la coronación, la inmaculada, etc. Aquí lo que representa el personaje está por encima de la misma representación. Por último, aparecen las imágenes que son fruto de una especial veneración:

las vírgenes locales, como la Almudena, la de Montserrat, la de Fátima, etc.

En los primeros momentos del arte cristiano se destaca el papel de Madre de Dios y de intercesora ante Él. Mención especial merece el mundo bizantino y sus representaciones en diferentes facetas: *hodigitria* (la que muestra el camino), *la del Signo,* etc. A finales de la Edad Media, la exaltación de la Virgen continúa y aparecerá el modelo de la coronación, que tendrá mucho éxito en el orbe católico. La defensa frente al diablo, al que siempre vence, se inicia en los comienzos del cristianismo y se mantendrá hasta nuestros días. Un ejemplo es la obra *Virgen del Socorro* [1], en la que María salva a un niño del demonio, iconografía que servía para desalentar la práctica del bautismo tardío. El Renacimiento consagra el modelo de la *Maestà* [2]. La simpli-

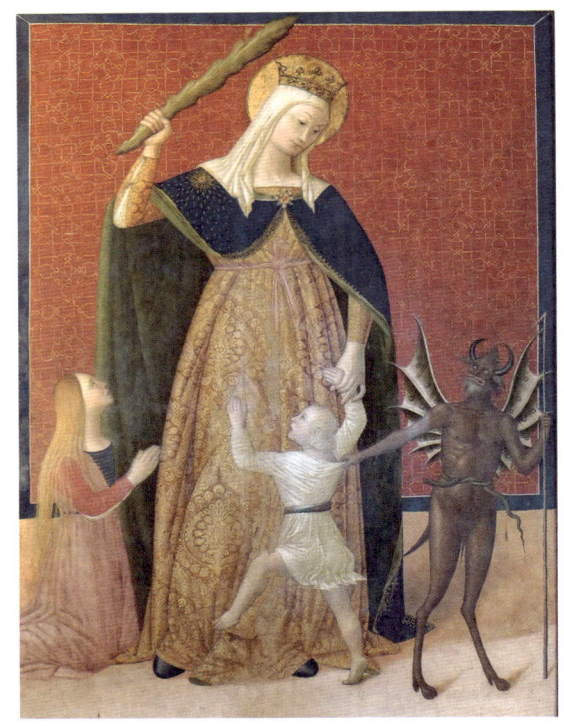

1. *Virgen del Socorro,* anónimo, finales de 1400, Montefalco, Museo de San Francisco.

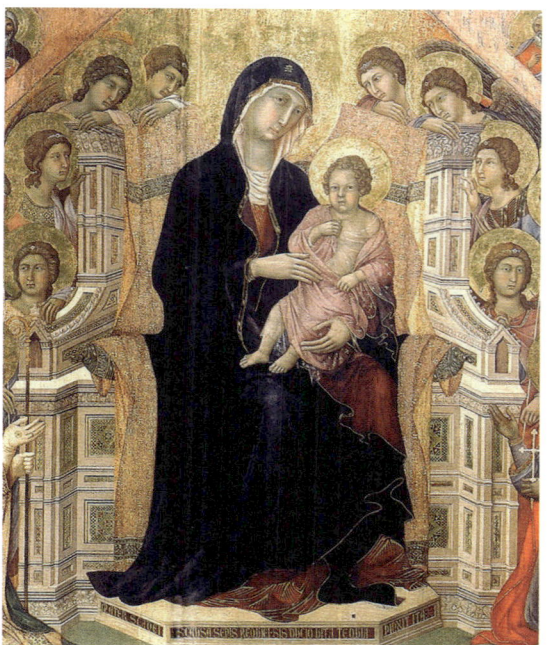

2. Detalle de la obra *Maestà*, Duccio, 1308-1311, Siena, Museo de la Catedral.

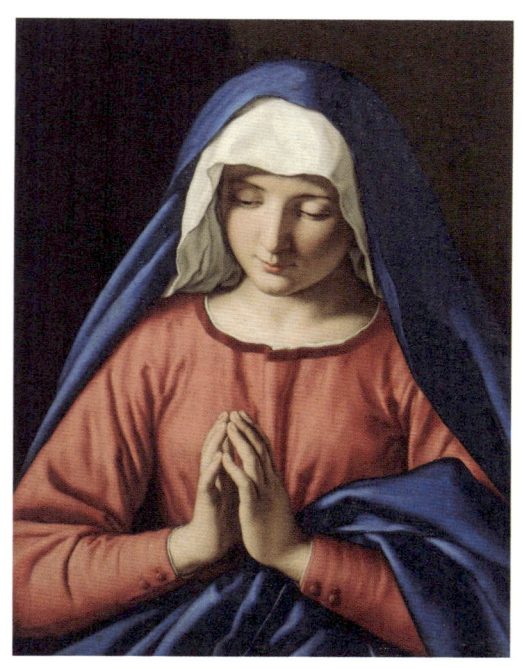

3. La Virgen en oración, Sassoferrato, siglo XVII, Estrasburgo, Museo de la Villa.

cidad y pureza del personaje se mantienen siempre, como madre o como personaje aislado orando [3].

Los tipos se multiplican hasta la Edad Contemporánea: *Hortus conclusus*, la Piedad, la Inmaculada [4], etc. Los modelos se perpetúan en el siglo XIX, cuando grandes artistas reflejan el personaje o alguno de los modelos iconográficos, como, por ejemplo, Delacroix, Vincent van Gogh con su *Piedad* [5] o Paul Gauguin, que recupera el modelo de madre con una adaptación a su entorno paradisiaco de la Polinesia [6]. Las vanguardias artísticas también se acercaron al tema mariano (Matisse, Dalí, Picasso, etc.), y aún hoy sigue siendo fuente de inspiración para el arte. Hasta nuestros días, y en todos los formatos artísticos, será el personaje femenino de la Biblia más representado.

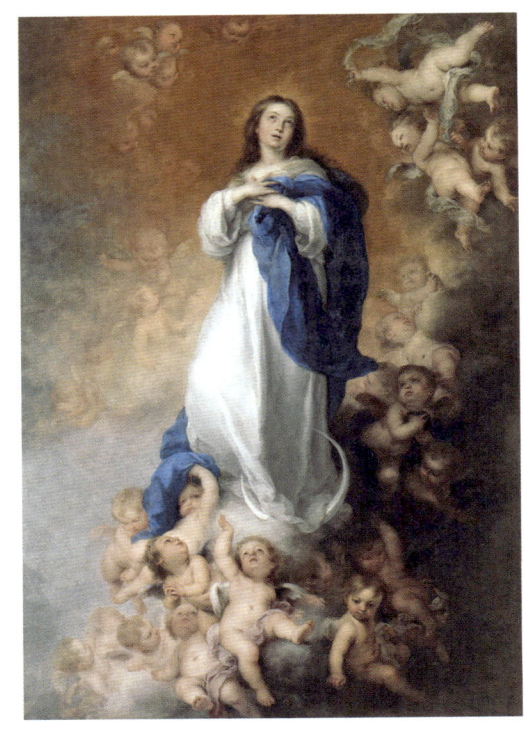

4. *La Inmaculada Concepción de los Venerables*, Murillo, 1678, Madrid, Museo del Prado.

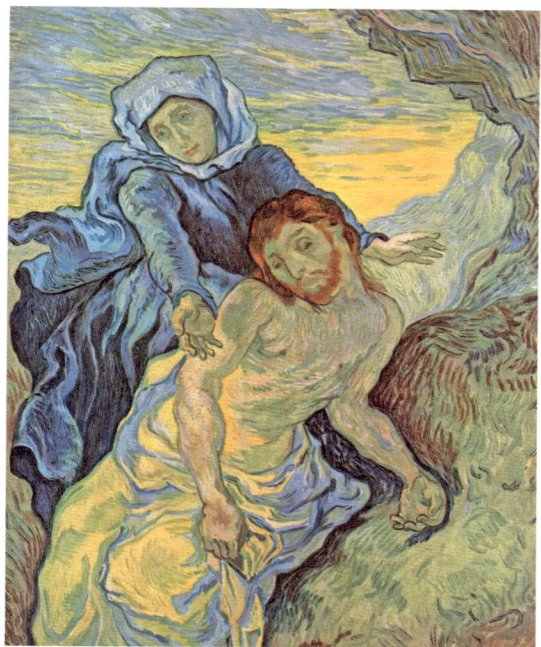

5. *Piedad*, Van Gogh, 1889, Ámsterdam, Museo Van Gogh.

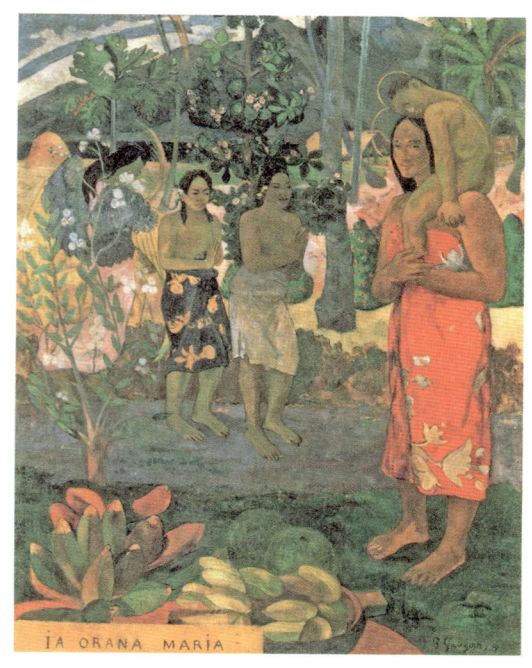

6. *Virgen y el Niño*, Paul Gauguin, 1891, Nueva York, Metropolitan Museum of Art.

Principales escenas

Las variantes en la representación de la Virgen son demasiado numerosas como para agotarlas en este libro. Dado el volumen, nos limitaremos a un breve perfil de sus principales modelos.

Puede aparecer sola, con alguno de sus atributos o en algunos de los momentos de su vida: nacimiento, desposorios, Anunciación, Visitación, Natividad de la Virgen, Natividad de Jesús, presentación en el templo, bodas de Caná, en la Cruz, ascensión, etc.

Algunos modelos básicos se explicaron en las dos guías anteriormente mencionadas.

Símbolos y atributos

Son múltiples los atributos, dadas las amplias variaciones en sus representaciones locales. Algunos de los elementos más destacados que la rodean son: la corona real, de estrellas (entre otras), el manto que cubre su cabeza, el monograma MP-Y, un nimbo y un velo, y como personaje, el Niño Jesús en brazos.

Contexto histórico

Los hechos se desarrollan alrededor del siglo I, antes y después de Cristo.

Viven en Nazaret, Galilea, territorio administrado por el rey Herodes I, el Grande, y, tras su muerte en el 4 a.C., por su hijo Herodes Antipas, tetrarca* de Galilea, que domina el territorio y es vasallo de los romanos.

Observaciones

La Virgen María es la gran protagonista de la Biblia. Representa el lado del bien en las mujeres, frente al mal asignado a Eva.

La inmensa producción artística es la muestra de la devoción a este personaje. Supone el camino para la liberación de la humanidad del pecado y es considerada fuente de virtudes y bondades.

María de Betania (NT)

Mujer de Betania, aldea cercana a Jerusalén. Era hermana de Marta y de Lázaro. Es uno de los nombres más habituales en el mundo cristiano. Procede del hebreo *Myriam*.

María de Betania es un personaje difícil de precisar porque se le ha confundido con María Magdalena y con la mujer pecadora en la casa de un fariseo.

Aparece tres veces en el Nuevo Testamento: cuando Jesús visita la casa de Lázaro y sus dos hermanas (Lc 10, 38), en la resurrección de Lázaro (Jn 11, 1) y en una cena de Betania (Jn 12, 1).

María de Betania y Jesús se vieron tres veces según los evangelios. La primera vez fue cuando Jesús se dirigió a Jerusalén. Por el camino se detuvo en Betania, en casa de su amigo Lázaro, que vivía con sus dos hermanas Marta y María.

Una vez allí, y mientras la primera se dedicaba a las tareas domésticas necesarias para atender a los visitantes, María se sentó a los pies de Jesús y lo escuchó con atención. Entonces Marta se dirigió a Jesús y le pidió que le dijese a su hermana que la ayudase, pero Este le contestó: «Marta, Marta, andas inquieta y preocupada con muchas cosas; solo una es necesaria. María, pues, ha escogido la parte mejor, y no le será quitada» (Lc 10, 41). Este episodio solo lo recoge el evangelio de Lucas.

La segunda ocasión en que se ven se produce cuando ambas hermanas avisan a Jesús para que ayude a Lázaro porque está enfermo de gravedad. Cuando el Mesías llegó a Betania, su amigo ya había fallecido. Marta salió a las afueras de la aldea y habló con Él. Poco después se acercó María, acompañada por la gente que estaba en su casa consolándola, y, al verlo, le dijo que si hubiese estado allí unos días antes, su hermano no habría muerto; entonces se puso a llorar; Jesús se entristeció y también lloró, y le dijo a María que lo llevase hasta su tumba (Jn 11).

La tercera vez que se menciona al personaje sucede seis días antes de la Pascua, cuando Jesús fue a la casa de Lázaro, a quien había resucitado, y se quedó a cenar. Mientras Marta servía la comida, María cogió una libra de perfume de nardo, le ungió los pies al Maestro, se los secó con su propio cabello y la casa se llenó con la fragancia del caro perfume. Entonces Judas Iscariote protestó y le dijo a Jesús que hubiese sido preferible dar los trescientos denarios que costaba el perfume a los pobres. Cristo le contestó que la dejase continuar porque a los pobres siempre los tendrían, pero a Él, en cambio, no. Este suceso lo cuentan los cuatro evangelistas, pero con bastantes diferencias entre ellos. Juan dice que ocurrió en casa de Marta y María (Jn 12, 1), mientras que los otros tres evangelios cuentan que la cena se celebró en otros sitios. Lucas indica que fue en la casa de un fariseo llamado Simón (Lc 7, 36), y Marcos y Mateo, en la de Simón el leproso (Mt 26, 6, y Mc 14, 3). Para complicarlo más aún, Lucas y Juan dicen que la mujer ungió los pies de Jesús, mientras que Mateo y Marcos afirman que el perfume lo derramó sobre la cabeza del Mesías.

MARÍA DE BETANIA EN EL ARTE

Las diferentes versiones de la unción que dan los evangelistas junto con los siete demonios que, según Marcos 16, Jesús había sacado de María Magdalena llevaron al papa san Gregorio Magno a afirmar, el 14 de septiembre del año 591, en su homilía XXXIII, que la pecadora de Lucas, la María de Betania y la María Magdalena de Marcos eran la misma mujer. Esta simplificación aparente complicaría más la identificación.

En 1264, Santiago de la Vorágine, en su *Leyenda dorada*, que usaron numerosos artistas, afirmó que María Magdalena era hermana de Marta y de Lázaro y que procedía del castillo de Magdala, situado en Betania. Por estos motivos, la tradición cristiana siempre ha considerado que María Magdalena, la pecadora anónima y María de Betania son una sola mujer, y así la han representado. Esta confusión se ha mantenido hasta el Concilio Vaticano II, en 1969, que estableció que la Magdalena y María de Betania eran personas diferentes. Este hecho ha ayudado a clarificar la identificación, aunque toda la producción artística anterior se vio afectada por la afirmación del papa Gregorio Magno.

Por tanto, las únicas representaciones fiables de María de Betania son las referidas a la visita de Jesús en la que su hermana Marta se queja. En las escenas de la unción, solo se trata de María cuando aparece en la mesa Lázaro ya resucitado o Judas protestando. En cualquier caso, la mujer siempre está ungiendo los pies de Jesús y no la cabeza.

La iglesia cristiana contraponía en esta escena la figura de Marta, con su preocupación por las cosas mundanas, frente a la actitud de oración y veneración de María. Este tema fue igno-

rado en la Edad Media pero muy representado durante la Contrarreforma por el debate entre vida activa y contemplativa. Además, en los países protestantes se consideraba muy adecuado por la posibilidad de reflejar bodegones y naturalezas muertas en el interior de la cocina, temas muy queridos en el norte de Europa en las representaciones artísticas.

Así lo van a realizar diversos pintores holandeses, como Pieter Aertsen o Joachim Beuckelaer. Este último, en su obra ubicada en el Museo del Prado [1], nos muestra un bodegón en primer plano, con dos mujeres, mientras la escena bíblica aparece al fondo de la composición, donde Jesús, sentado en un sillón, conversa con Lázaro, mientras María, sentada en el suelo, escucha con atención y su hermana Marta se dirige al Maestro para quejarse. En un primer plano, ocupando la mayor parte del lienzo, aparecen mezclados y desordenados una gran cantidad de alimentos, como carnes, pescados, frutas, verduras, pan, etc., y también se ven di-

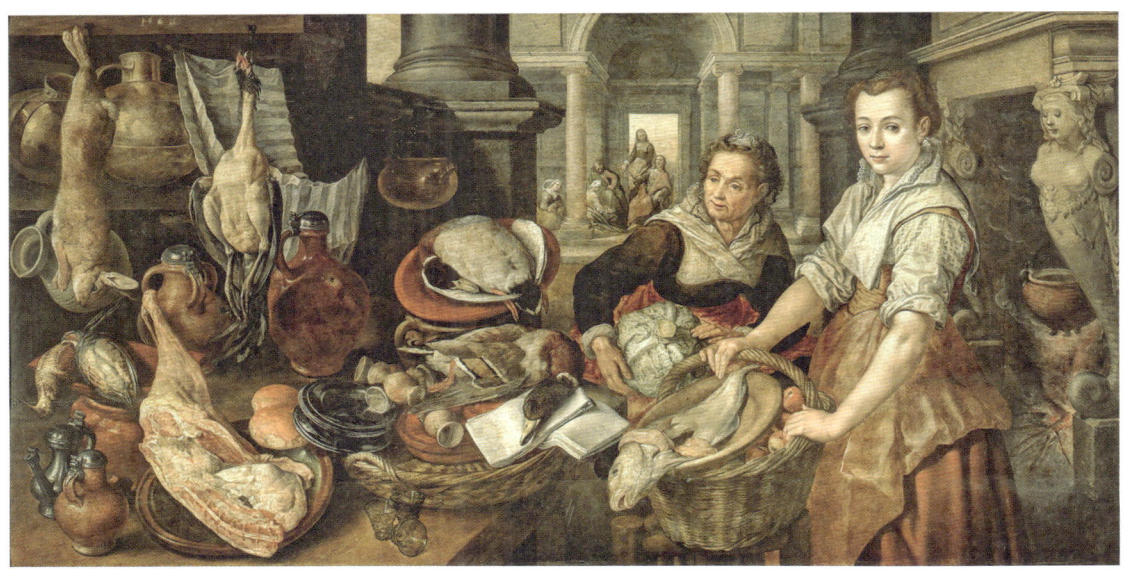

1. *Cristo en casa de Marta y María,* Joachim Beuckelaer, 1568, Madrid, Museo del Prado.

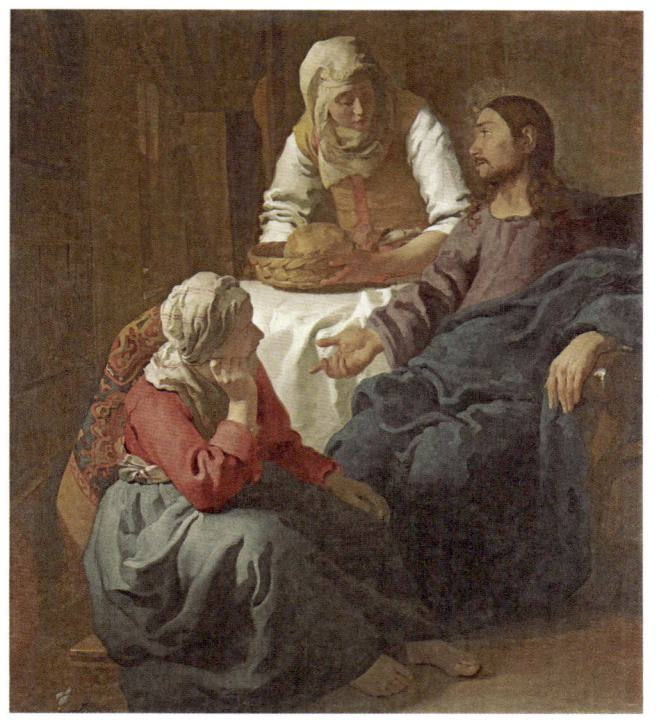

versos recipientes de cerámica, todo lo cual parece un bodegón con un equilibrio inestable que agobia al espectador. En él, una mujer joven nos mira de un modo extraño; a su lado, una anciana está atareada. La escena sucede en un espacio arquitectónico inverosímil, con una gran chimenea en la que un fuego calienta una marmita y, detrás, un solemne y espacioso edificio que no parece la casa de Betania, sino más bien un palacio, y que tampoco guarda relación con la supuesta cocina.

Esta composición, ideal para realizar un bodegón, la inició Pieter Aertsen en 1553 (Museo Boymans) y alcanzó la suficiente fama como para que otros muchos autores lo siguieran; es el caso

2. *Cristo con Marta y María*, Johannes Vermeer, 1655, Edimburgo, Galería Nacional de Escocia.

de Vincenzo Campi, *ca.* 1580 (Galleria Estense), Pieter de Bloot, en 1637 (Museo Liechtenstein), Jacopo Bassano y Francesco Bassano, en 1577 (Museo de Bellas Artes de Houston), o, incluso, Velázquez en su obra de 1618 (National Gallery de Londres).

Más intimista es la versión de Vermeer [2]. En ella, con una estructura piramidal, más propia del Renacimiento, Marta, con una cesta con pan, le pide a Jesús que reprenda a su hermana, que, sentada en el suelo, contempla, admirada, al Señor, mientras este la señala.

En el siglo XX se mantiene este mismo tono. Así se observa en la obra de Julia Minguillón [3]. En el interior de una casa con una ventana que deja ver el paisaje se muestra una mesa rectangular con un mantel blanco y, sentado en un sillón, aparece Jesús, imberbe y descalzo; a su lado, también sentada, María, con una mirada

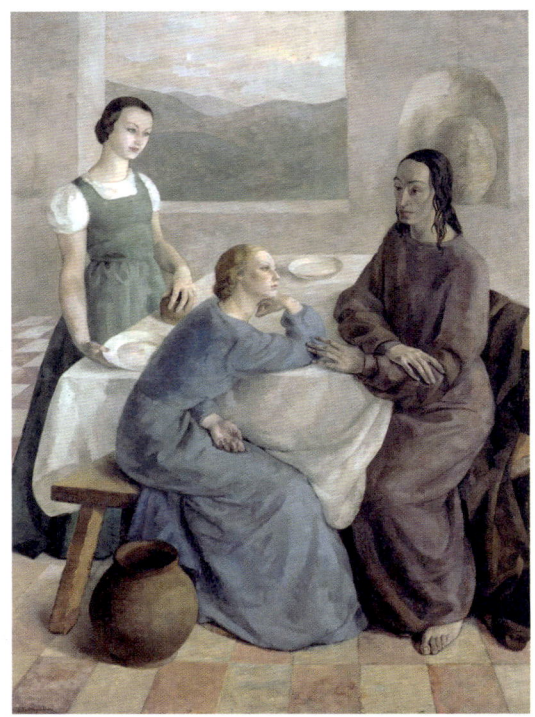

3. *Jesús, Marta y María,* Julia Minguillón, 1934, Madrid, Museo Reina Sofía.

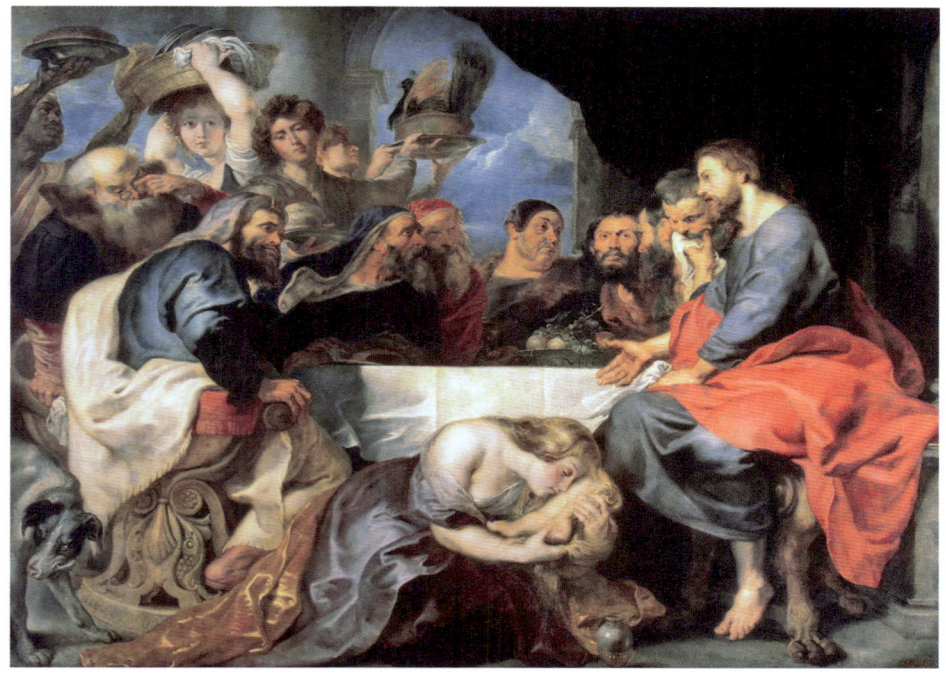

4. *La unción de Betania,* Rubens y Van Dyck, 1618, San Petersburgo, Museo del Hermitage.

soñadora pero que no se dirige al Maestro. Marta, con un vestido de manga corta, está poniendo la mesa y dirige su mirada hacia Él. El estilo es el retorno al orden de la figuración, propia del periodo de entreguerras; se trata de un clasicismo depurado, con algo de la simplificación de las formas, heredado de Cézanne, la escuela de Vázquez Díaz y el cubismo, pero volviendo a lo real y concreto.

En cuanto a la escena de la unción, casi siempre se trata de la Magdalena salvo cuando están presentes Lázaro o Judas. Este parece ser el caso de *La unción de Betania,* obra de Rubens y Van Dyck [4], en la cual se muestra a Cristo, sentado y descalzo, a la derecha, explicando a Judas, que se halla enfrente y a la derecha, sus argumentos sobre la actuación de María. Lázaro, justo al lado de Jesús, sostiene una tela blanca, en alusión a su sudario. Cristo transmite serenidad y firmeza. La actuación de María es claramente sensual.

PRINCIPALES ESCENAS

- Marta hablando con Jesús y María observando arrobada.
- María ungiendo los pies de Cristo.
- Marta y María solas.

SÍMBOLOS Y ATRIBUTOS

María es el símbolo de la vida contemplativa. No tiene atributos especiales, aunque en la escena de la unción puede compartir el tarro de perfume y la larga cabellera con María Magdalena.

CONTEXTO HISTÓRICO

Los hechos acaecieron en la década de los años treinta del siglo I de nuestra era. Israel estaba ocupado por los romanos, que lo habían dividido administrativamente en cuatro provincias: Galilea, Samaria, Judea y Perea. La aldea de Betania correspondía a Judea. El emperador de

Roma en esta época era Tiberio, que era quien nombraba al gobernador de Judea con el título de prefecto. Solía residir en Cesarea y se trasladaba a Jerusalén con motivo de las fiestas.

Betania, en la época de Jesús, era una pequeña población, situada a escasa distancia de Jerusalén, en el camino hacia Jericó. En la actualidad pertenece a Palestina y se llama Al-Azariyeh, en honor a Lázaro, el amigo a quien Jesús resucitó.

Observaciones

La obra de Julia Minguillón se presentó en la Exposición Nacional de 1934. Al respecto de las exposiciones de autoras femeninas de la época, el crítico de arte Juan de la Encina publicó lo siguiente en el periódico *El Sol:* «… dan lecciones de atrevimiento artístico a sus compañeros de Exposición […]. En fin, debemos confesarlo mal que nos pese a los que no sentimos exceso de simpatía por eso que se llama feminismo; ni más ni menos que en la Universidad o en las profesiones liberales estas mujeres artistas hacen su papel con discreción y talento».

Respecto a la resurrección de Lázaro, llama la atención que un milagro tan extraordinario solo lo cuente el evangelista san Juan.

María de Cleofás
(mujer o hija de Cleofás) (NT)

Mujer de Galilea. Posiblemente, era hermana de la Virgen María y seguidora de Jesús. Probable hija o esposa de Cleofás (véase ANA, madre de la Virgen María).

Se la menciona directamente en el evangelio de Juan (Jn 19, 25) e indirectamente en los de Mateo (Mt 27, 56) y Marcos (Mc 15, 40).

Con el nombre de María de Cleofás solo la menciona el evangelio de Juan (19, 25), donde se dice que junto a la Cruz se encontraban la Virgen María, su hermana María de Cleofás y María Magdalena.

Los evangelios de Marcos y Mateo cuentan que, durante la Crucifixión, se encontraban María Magdalena, María (la madre de Santiago el Menor y José) y la madre de los hijos del Zebedeo; por tanto, puede suponerse que María de Cleofás (en el evangelio de Juan) es la misma que la madre de Santiago y José (en los evangelios de Marcos y Mateo).

San Jerónimo añade que fue madre de dos hijos más: Simón y Judas.

Estuvo presente, junto a María Magdalena, cuando depositaron el cuerpo de Jesús en la tumba, y al llegar el domingo, acudió de nuevo al sepulcro acompañada por María Magdalena y por Salomé a embalsamar a Cristo. Por el camino se iban preguntando quién las podría ayudar a mover la pesada piedra de la entrada, pero al llegar, vieron que estaba movida, la tumba abierta y a un joven dentro, vestido de blanco, que les dijo que Jesús el Nazareno no estaba ya allí porque había resucitado (Mc 15 y 16).

MARÍA DE CLEOFÁS EN EL ARTE

No es una figura muy representada, y casi siempre hay que buscarla entre las mujeres que acompañan a la Virgen en la Crucifixión, en el traslado al sepulcro y cuando el ángel les comu-

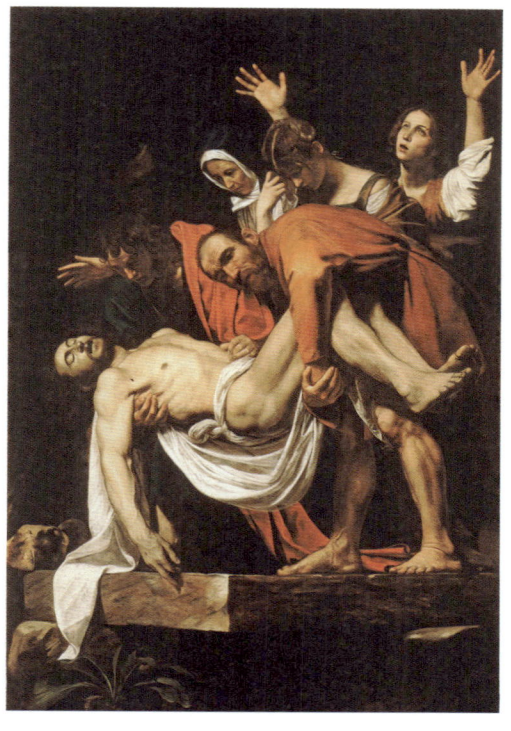

nica la Resurrección. A veces cuesta distinguirla de María Magdalena y de María Salomé.

En algunas obras parece claro quién es el personaje por la tradición, ya que el artista así lo manifestó. En *Santo entierro*, de Caravaggio [1], tiene un evidente protagonismo. Nicodemo y san Juan sostienen el cuerpo inerte de Jesús, al que van a depositar sobre una losa de piedra. El cuerpo tiene un gran tamaño y muestra un rostro sereno que no parece corresponder con la terrible agonía que padeció, pero el autor quiere resaltar la importancia de Cristo llenándolo también de luz. Detrás, con la cabeza cubierta y avejentada, aparece la Madre de Dios; a continuación está la Magdalena (identificable por el pelo y vestido amarillo), con la mirada baja, y algo más atrás destaca la figura de María de Cleofás, con los brazos en alto y mirada hacia el cielo, que parece gritar y estremecerse de dolor frente a la tristeza más contenida de los otros personajes.

1. *Santo entierro*, Caravaggio, 1602, Roma, Museos Vaticanos.

La manifestación externa del dolor fue algo común en las representaciones. En la obra de Niccolò dell'Arca [2] forma parte del conjunto de siete figuras a tamaño natural que representa a Cristo yacente y, rodeándolo, la Virgen, María Magdalena, María Salomé, María de Cleofás, José de Arimatea y san Juan. Destacan la Magdalena y María de Cleofás, que, por su expresión tan dramática, en la que muestra un dolor incontenible, con las manos delante y gritando, parece no admitir la muerte del Señor; se distingue de la Magdalena porque esta se encuentra cerca de los pies de Cristo que ella ungió.

Una María de Cleofás muy diferente es la que representó Pedro de Campaña [3], a mediados del siglo XVI, en el retablo mayor de la iglesia sevillana de Santa Ana, donde aparece de cuerpo entero, muy serena y rodeada por sus cuatro hijos: Santiago el Menor, José el Justo, Simón y Judas.

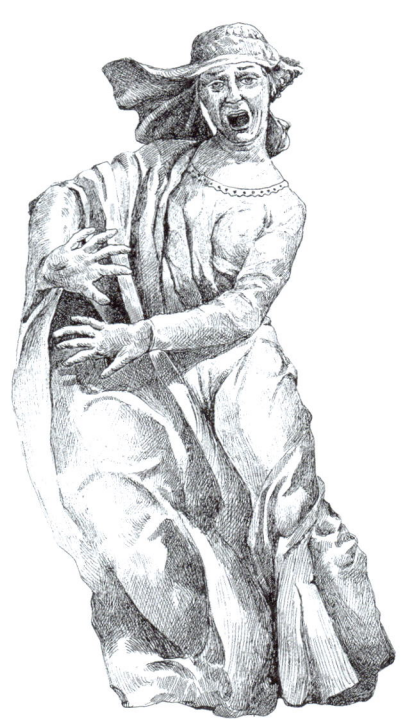

2. Representación de María de Cleofás, detalle de la obra *Llanto sobre Cristo muerto,* de Niccolò dell'Arca, *ca.* 1470, Bolonia, santuario de Santa María de la Vida.

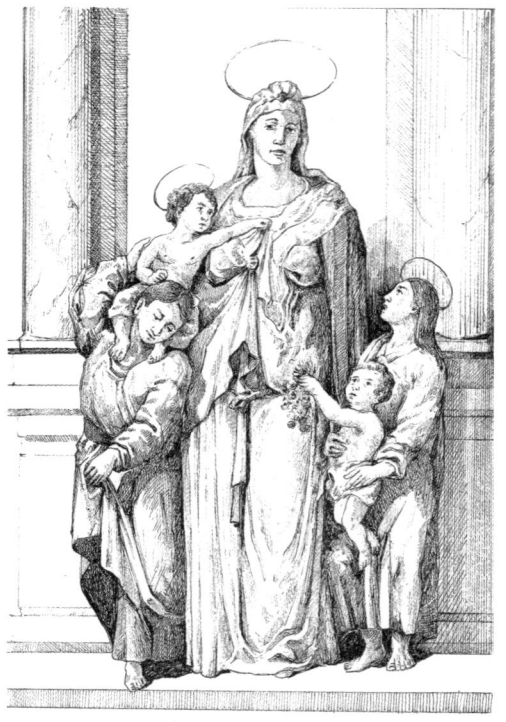

3. Representación de *María de Cleofás y sus hijos*
(detalle), Pedro de Campaña, mediados del siglo XVI,
Sevilla, retablo mayor de la iglesia de Santa Ana.

PRINCIPALES ESCENAS

- En el grupo de las santas mujeres que acompañan a la Virgen en la muerte de Jesús.
- En la Resurrección, junto a otras mujeres.
- Sola, con sus hijos.

SÍMBOLOS Y ATRIBUTOS

No tiene atributos especiales, por lo que debe distinguirse por el contexto, en las escenas de la Crucifixión, el entierro de Cristo o la Resurrección.

CONTEXTO HISTÓRICO

Los hechos se desarrollan hacia el año 33 en Jerusalén, momento en el que existían distintos grupos sociales o religiosos en Israel:

Saduceos: eran los miembros de la aristocracia judía, formada por las familias sacerdotales dirigentes, los comerciantes ricos y los grandes propietarios de las tierras. Aceptaban el dominio romano y adoptaban su moda y cultura. Ostentaban los cargos públicos más importantes. Eran un grupo especialmente odiado por los zelotes por su connivencia con los poderes de la ocupación romana.

Fariseos: fueron un grupo religioso formado por algunos sacerdotes y una mayoría de laicos. Defendían una rigurosa y estricta obediencia de la ley y las tradiciones. Solían conformar las clases medias, formadas por artesanos, pequeños comerciantes y agricultores. Estaban esperando la llegada del Mesías, que los liberaría de la odiada dominación romana.

Escribas: eran los estudiosos de la Ley de Moisés, que interpretaban y explicaban. Eran teólogos, profesores y jueces que ocupaban determinados cargos y ejercían la justicia.

Zelotes: constituían el ala más radical de los fariseos. Creían que debían actuar contra el yugo romano y eran hombres de acción y violentos. Llegaron a realizar algunos atentados y fueron los causantes, con su sublevación en el año 66, de la terrible represión romana.

Publicanos: eran los recaudadores de impuestos. No eran funcionarios públicos, sino comerciantes que alquilaban al Estado el derecho a cobrar los tributos, pagaban una cuota anual y podían quedarse con lo recaudado. Los ricos, que eran los que arrendaban este derecho, solían usar esclavos o empleados para realizar esta tarea. Eran odiados por el pueblo.

OBSERVACIONES

Una tradición antigua afirma que María era una mujer muy guapa y se había casado con Cleofás, un viudo que ya tenía dos hijos. Ambos tuvieron tres más. Un día ella le pidió a Jesús que a sus cinco hijos los hiciese sus discípulos: Simón, que era escribiente; Santiago el Menor y Judas Tadeo, que eran pescadores, y sus dos hijastros, Mateo, quien le había dado un gran disgusto puesto que era publicano, y Simeón de Jerusalén, que era sacerdote. Pasado un tiempo, y tras la muerte de Cleofás, volvió a casarse, ahora con Sabas, con quien tuvo un hijo llamado José Barsabás, que fue pescador. Jesús le dijo que acogería a sus hijos, incluido el publicano Mateo. Esta historia la confirmó tiempo después la vidente y mística beata Ana Catalina Emmerick.

San Egesipo de Jerusalén fue un escritor paleocristiano del siglo II que abordó, entre otros asuntos, el de los parientes de Jesús. La tradición católica ha tomado de este autor la creencia de que la Virgen y María de Cleofás no son hermanas, sino cuñadas, porque el parentesco proviene de Cleofás, que es hermano de san José, el esposo de María, la madre de Jesús.

En cualquier caso, los parentescos de la Virgen María y las figuras de las Marías (María Salomé, María de Cleofás) son complejos. El asunto se enredó más aún con las leyendas del siglo XIII que hablan de la familia de santa Ana. La historia, reflejada por Santiago de la Vorágine en su *Leyenda dorada*, cobró fuerza por el respaldo de una monja mística, santa Coleta, que afirmó que santa Ana se le había aparecido con sus tres hijas, milagro que se extendió por el norte europeo con el auge del culto a esta. Según la leyenda, santa Ana se habría casado tres veces. La primera con san Joaquín, de cuya unión nacería la Virgen María; luego con Cleofás, del que nacería María de Cleofás, y, por último, con Solás o Salomé (que es la forma helenizada del nombre hebreo Solás), del que nacería María Salomé (véase ANA).

María Magdalena (NT)

Su nombre hace referencia al pueblo natal de María, llamado Magdala, situado en la costa del lago Tiberíades en Galilea. Era una de las seguidoras de Jesús.

Su historia aparece en el Nuevo Testamento en diferentes ocasiones: siguiendo a Jesús en sus predicaciones (Lc 8, 1); en la Crucifixión de Jesús (Mc 15, 40, Mt 27, 55, y Jn 19, 25); en la sepultura de Jesús (Mt 27, 61, y Mc 15, 47); cuando acude a la tumba de Cristo al tercer día de su muerte (Mt 28, 1, Mc 16, 1, Lc 24, 1, y Jn 20, 1), y, finalmente, cuando Cristo resucitado se le aparece (Mc 16, 9, y Jn 20, 11).

Según el Nuevo Testamento, María era una mujer de Magdala a quien Jesús curó sacándole siete demonios (Mc 16, 9, o Lc 2, 8). Desde ese momento se convirtió en una fiel seguidora del Mesías. Debió tener un contacto muy directo con Él porque acompañó a la Virgen cuando lo crucificaron y estaba junto a Ella en el momento en que depositaron el cuerpo de su Hijo en el sepulcro y lo cerraron con una gran piedra. Fue con otras mujeres el domingo por la mañana a la tumba de Jesús para ungir su cuerpo, cuando descubrieron la sepultura vacía y un ángel les dijo que había resucitado. Según Juan, la Magdalena acudió sola a la tumba y fue la primera en verla vacía; después corrió a avisar a los apóstoles y también fue la primera persona a la que Cristo resucitado se le apareció (Jn 20). Al parecer, fue una mujer acomodada, pues Lucas dice que ella y otras mujeres ayudaban a Jesús con sus bienes (Lc 8, 3).

Pero esta relación tan especial con Jesús y su madre ha contribuido a que, a lo largo del tiempo, la tradición cristiana le haya añadido varias leyendas. Una de ellas cuenta que, pasados unos años tras la Pasión de Cristo, embarcó en una nave y de manera milagrosa, pues no llevaba ni vela ni timón, llegó a las costas francesas, donde evangelizó a sus gentes. Además, durante treinta años vivió en una cueva expiando sus pecados. Otra dice que guardó la corona de espinas y un puñado de tierra con sangre de Jesús crucificado. También que, durante su vida como eremita, varios ángeles la recogían cada día y la llevaban al cielo a escuchar un coro celestial y luego la devolvían a su gruta. El evangelio apócrifo* de Felipe dice que Jesús la quiso mucho, la besaba con frecuencia y era su compañera perfecta.

Su historia se ha confundido con la de otras mujeres, y se la ha identificado con María de Betania, con la mujer que unge los pies de Jesús y con la mujer adúltera a quien el Señor salva de ser lapidada. La confusión se inició en el comienzo del cristianismo, con el papa san Gregorio Magno.

También se la confunde con santa María Egipcíaca, que sí estuvo en el desierto y con quien comparte los atributos característicos de la vida eremítica.

María Magdalena en el arte

María Magdalena fue aumentando su importancia y devoción en el mundo cristiano con el paso de los siglos. Es uno de los personajes con mayor dificultad de identificación en el arte. Algunos de los principales hechos representados son:

En la unción de Jesús: Es un tema muy frecuente en la Edad Media. La Magdalena suele aparecer tumbada en el suelo, secando los pies de Jesús con una larga melena rubia, como se puede apreciar en la tabla de Jaume Serra [1] o en el fresco de la iglesia de Maderuelo, ambos en el Museo del Prado.

En el estilo gótico internacional, Crivelli [2] nos muestra una Magdalena de cabello largo y rubio, de cuerpo entero y llevando el tarro de perfumes.

A veces se han unido dos escenas en una sola imagen, la Última Cena con la Unción, como se ve en el retablo realizado por Gil de Siloé [3], en el que aparece la Última Cena con

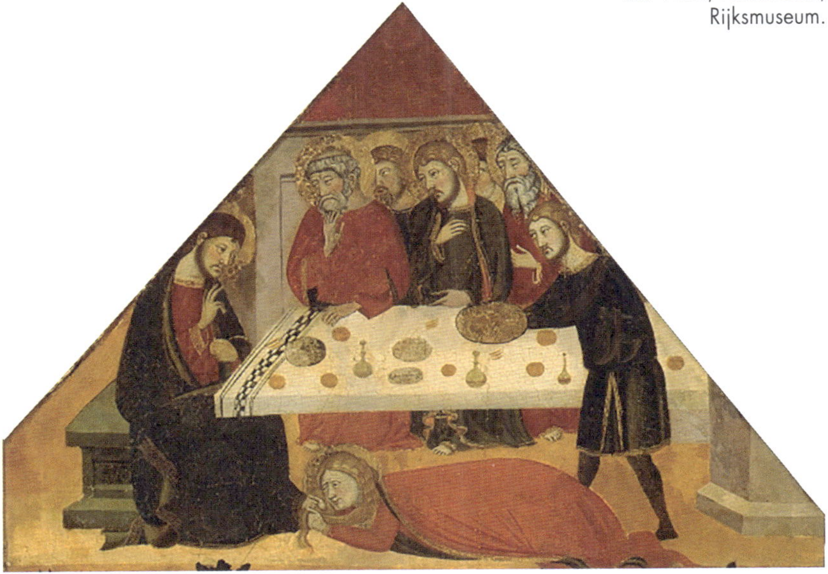

2. *María Magdalena* (detalle), Carlo Crivelli, *ca.* 1480, Ámsterdam, Rijksmuseum.

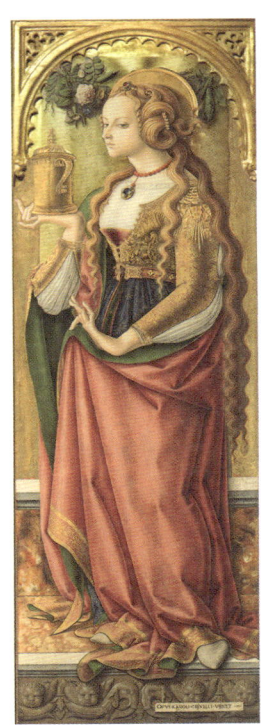

1. *Episodios de la vida de María Magdalena* (detalle), Jaume Serra, 1359-1362, Madrid, Museo del Prado.

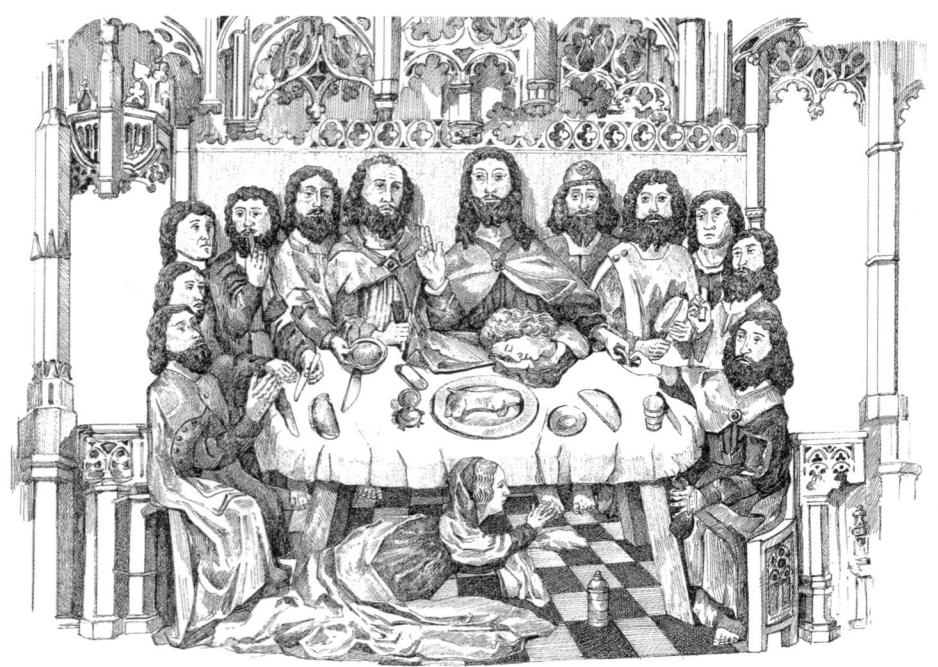

3. Representación del retablo *La Última Cena*, Gil de Siloé, 1496, Burgos, cartuja de Miraflores.

Jesús y los doce apóstoles, y María Magdalena ungiendo los pies del Salvador. Esta mezcla se produce porque existen elementos comunes en ambas, como el hecho de que la Unción sucede en una cena y que en las dos está presente Judas. Algunos expertos creen que se trata en realidad de la cena de Betania, aunque otros, como Elena Monzón y Victoria Bernard, señalan, en función de los elementos que aparecen, que se trata sin duda de la Última Cena con el añadido de la unción.

La escena se ha representado hasta nuestros días y se mantiene en ocasiones la ambigüedad con la Última Cena, como apreciamos, por ejemplo, en *El lavatorio de pies*, de Wayne Forte, de 2008 (colección particular), en la que la Magdalena ocupa un lugar protagonista al centrar toda la obra en su cabeza y cabellos, que ungen los pies, única parte visible, junto a la mano, de Jesús.

Ante la Cruz: Son muchas las obras que plasman a un conjunto de mujeres en torno a Cristo crucificado, hecho que dificulta a veces su correcta identificación, que solo puede realizarse por indicaciones claras del pintor, por la ubicación a los pies, por el color de los cabellos o el amarillo de su manto.

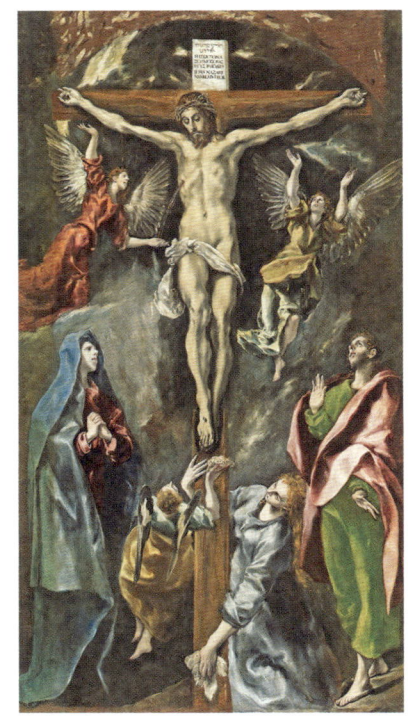

4. *Crucifixión*, El Greco, 1597, Madrid, Museo del Prado.

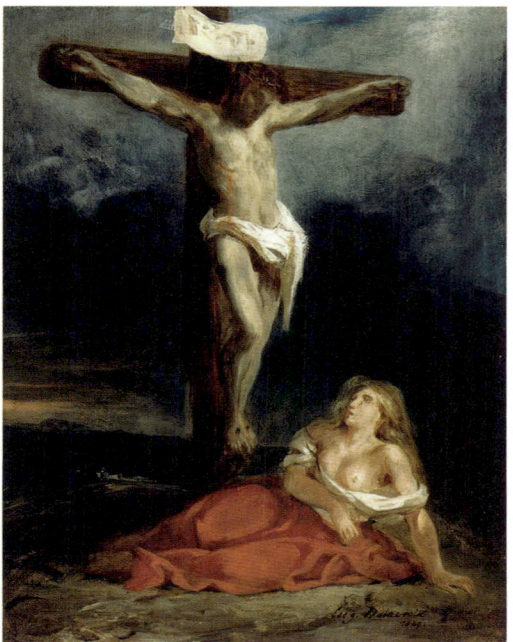

5. *Santa María Magdalena a los pies de la Cruz,*
Eugène Delacroix, 1829, Houston, Museum of Fine Arts.

El Greco la pinta en su obra *El expolio,* hacia 1570, que se encuentra en la catedral de Santa María de Toledo, y en su obra *Crucifixión* [4]. En esta última presenta a Cristo, que acaba de morir en la Cruz, ante tres testigos: su Madre, san Juan y María Magdalena. Todo ello con su peculiar estilo, en un cielo oscuro, porque «llegaron las tinieblas» (Lc 23, 44). María Magdalena y tres ángeles se apresuran a recoger la sagrada sangre de Jesús que mana de sus heridas. El pintor hace referencia a la eucaristía con la sangre del Salvador. No obstante, le reprocharon que usase pañuelos y no cálices, ya que parecía más apropiado. La recogida de la sangre fue un ejemplo que se repitió en muchos autores, como, por ejemplo, Louis de Caulery.

El romanticismo subrayó los aspectos dramáticos de la escena, como se aprecia en la obra de Delacroix [5]. En un paisaje desolado y nocturno («se oscureció el sol», Lc 23, 45) aparecen las dos únicas figuras: Cristo crucificado y, sentada en el suelo, María Magdalena, abatida, triste, dirigiendo su mirada hacia Él pero mostrando desnudo el pecho para señalar su anterior vida de pecado, de la que se arrepiente.

El tema se mantiene en los siglos XIX y XX con nuevas perspectivas, como sucede en la obra de Matvejevich [6], en el que aparecen solo la mujer, desplomada al pie de la Cruz, de la que se ve únicamente la parte inferior del madero, y, desdibujado en la lejanía, un soldado. Ella, descalza, con una mano sobre su cabeza y la mirada perdida, muestra su enorme desconsuelo y se convierte en la principal protagonista de la escena.

En el Descendimiento o la sepultura de Jesús: Los muchos autores que tratan el tema reflejan el inmenso dolor de la Magdalena y su protagonismo en el conjunto de mujeres, hecho que se constata desde los comienzos, por ejemplo, en la obra de Correggio *El Descendimiento* —cuya copia de mediados del siglo XVI se encuentra en el Museo del Prado—, donde ella aparece a los pies de Jesús. Este papel protagonista y central va creciendo desde el Renacimiento hasta la época actual. Así lo vemos en Giotto, a comienzos del siglo XIV;

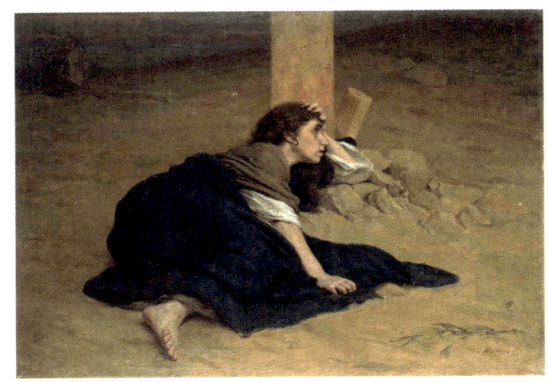

6. *María Magdalena al pie de la Cruz,* Heinrich Matvejevich Maniser.

en Perugino, con su *Lamentación sobre Cristo muerto,* a finales del siglo XV, o en *La Deposición,* de Rafael Sanzio [7]. En ella, Cristo muerto es trasladado en una sábana por dos hombres hasta la cueva donde lo sepultaron. María Magdalena le sujeta la mano izquierda e intenta acariciar el rostro de Jesús, mostrando un cariño y una tristeza

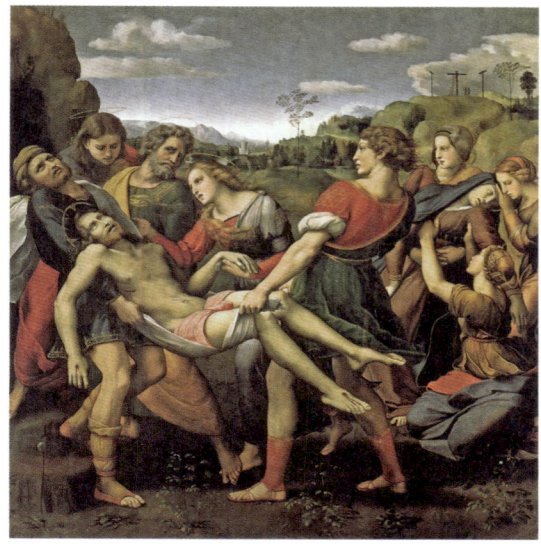

7. *La Deposición,* Rafael Sanzio, 1507, Roma, Galería Borghese.

evidentes. Algo más atrás, la Virgen se desmaya y es ayudada por tres mujeres; al fondo y a la derecha se ve el Gólgota con las tres cruces. El pintor refleja la cercanía de la Magdalena con Cristo y, por tanto, la importancia de la relación que ella mantuvo con el Mesías. Esta cercanía se mantiene en muchos autores, como, por ejemplo, Bronzino, en su obra manierista de la Galería de los Uffizi, del siglo XVI, en la que Cristo muerto, sentado en el suelo, es sujetado por la Virgen y por la Magdalena, quien, con el pelo suelto y sin cubrir, lo sostiene por los pies.

La Resurrección y *el Noli me tangere:* Se representa con asiduidad. En la primera, puede aparecer acompañada de varias mujeres pero también sola. Este es el caso de la obra de Cristoforo de Predis presente en el *Predis Codex,* de 1476, de la Biblioteca Real de Turín, en la que se representa la tumba vacía, con un ángel sentado delante de una gruta y a María Magdalena, portano un tarro de ungüentos, acercándose al sepulcro; al fondo, Cristo, el Gólgota y una ciudad amurallada.

El papel preeminente del personaje queda claro en el momento en que se encuentra a solas con Cristo, dado que es la primera persona que lo ve resucitado; es la escena denominada *Noli me tangere.* El evangelio de Juan cuenta que Cristo resucitado se apareció a María Magdalena, quien lo confundió con un hortelano, pero, cuando Él la llamó, lo reconoció y le dijo: «¡Maestro!», y entonces Jesús le contestó: «No me retengas, que todavía no he subido al Padre» (Jn 20, 17). Es un tema muy representado en el arte desde la Edad Media hasta la actualidad, como lo atestiguan desde un capitel románico del monasterio de Santa María la Real en Aguilar de Campoo (Palencia), la basílica de Asís con Giotto en 1300, la catedral de Siena de Duccio en 1308, Fra Angélico, en 1448, en San Marcos de Florencia, etc., hasta alguna obra de nuestros días como, por ejemplo, la escultura de David Wynne de la catedral de Ely, de 1963. El Museo del Prado atesora un ejemplo magnífico con el lienzo de Correggio [8]. María se

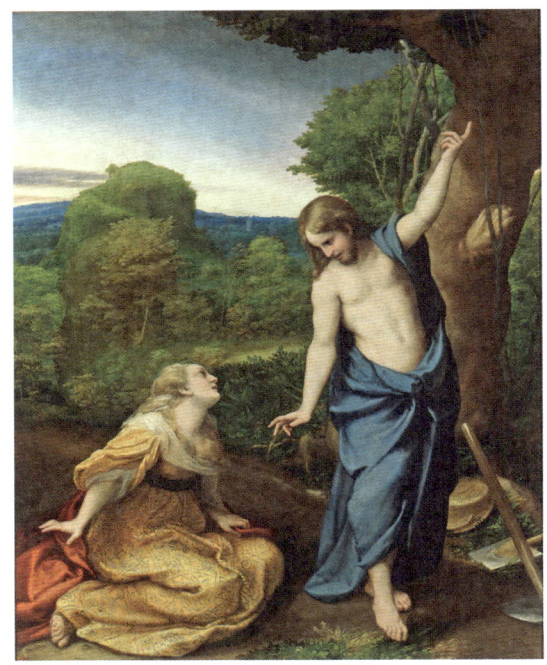

8. *Noli me tangere,* Correggio, *ca.* 1525, Madrid, Museo del Prado.

arrodilla ante Jesús resucitado, cubierto solo con un manto azul, aludiendo al cielo y ya sin rastros de la Pasión; es un Cristo triunfante, al que solo los útiles de labranza permiten identificarlo con el hortelano del evangelio. La mujer lleva un vestido amarillo, usado por las prostitutas en esa época.

Pentecostés: La presencia de María Magdalena en esta escena muestra la importancia del personaje y su ensalzamiento dentro de la jerarquía eclesiástica, a pesar de que su presencia no queda reflejada expresamente en la Biblia. Aparece en la obra de fray Juan Bautista Maíno, de 1614, en el Museo del Prado, donde ocupa un lugar central entre los apóstoles junto a la Virgen María.

Las representaciones de sus numerosas leyendas: En ellas se muestran más variantes del personaje, aspectos que no están reflejados en la Biblia y que se inventan o se toman de distintas tradiciones, como ciertos episodios de su vida antes de conocer a Cristo. Así la representa el Maestro de la leyenda de María Magdalena,

pintor flamenco de principios del siglo XVI que según algunos se trata de Van der Stockt, que nos la muestra a caballo, como una gran dama que va de caza, acompañada por otros caballeros, en una escena que refleja la vida mundana de lujo que la Magdalena llevaba antes de conocer a Cristo.

La conversión de María Magdalena, de Veronés, de 1545, en la National Gallery de Londres, se basa en una leyenda muy extendida por el norte de Italia en esta época. María, mujer pecadora, fue a un templo a escuchar las enseñanzas de Jesús y, al hacerlo, se arrepintió de su vida anterior y cayó de rodillas. Su vestido, demasiado escotado, y el collar roto simbolizan el rechazo a sus pecados y su verdadero arrepentimiento; es una pintura manierista en la que el hombre barbado de la derecha que mira con curiosidad se antepone a la serenidad majestuosa de Cristo, a la derecha.

Como penitente: Los artistas la representaron así en numerosas ocasiones. La escultura más expresiva con los toques más trágicos y duros será la de Donatello [9], que llama la atención por su excesivo dramatismo y expresividad. Es una mujer envejecida, muy delgada, con una deteriorada dentadura, los pómulos salientes y los ojos hundidos; viste unos harapos o ajadas pieles de camello. La obra resulta muy desagradable, algo impropio en el Renacimiento italiano. El Concilio de Trento, a mediados del siglo XVI, fomentaba el ejemplo que daban los santos eremitas al expiar sus pecados mediante la penitencia y la oración, aspecto que se destaca con las posibilidades expresivas que el tema les proporcionaba: una mujer joven, prostituta, semidesnuda y cubierta de harapos, en la que se conciliaban fe y sexo, voluptuosidad y penitencia. A partir de ahí son muchos los autores que adoptan este matiz salvaje y primitivo del mundo de los eremitas.

Otra vertiente muy diferente que pone de manifiesto el erotismo sería la perspectiva barroca de Tiziano, que, en 1533, en un lienzo depositado en el Palacio Pitti de Florencia, la refleja muy devota, expresiva y, al mismo tiempo, con una gran carga sensual y erótica. El fondo oscuro del atardecer la hace resplandeciente y magnífica en su desnudez. En la misma línea trabaja

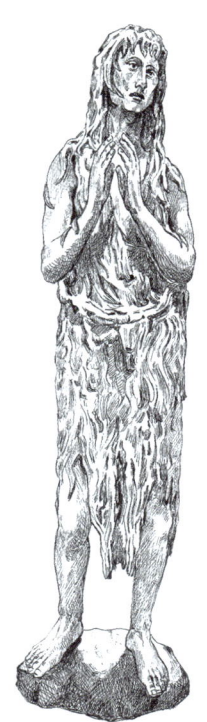

9. Representación de *María Magdalena*, Donatello, 1455, Florencia.

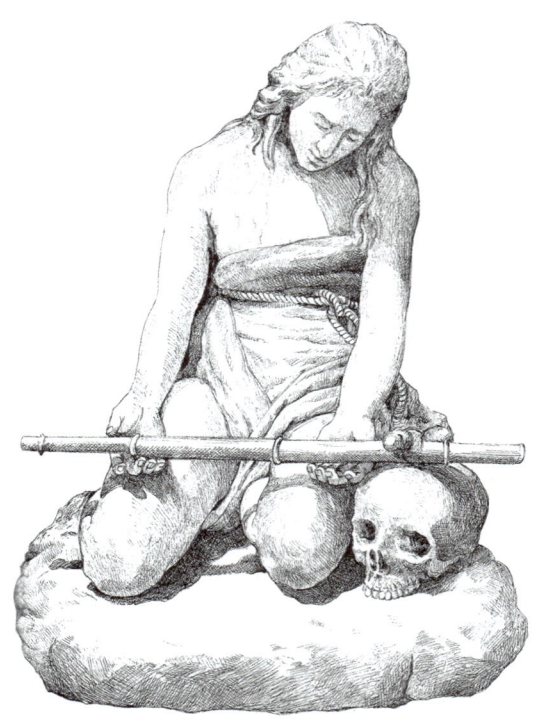

Murillo, que hizo varias versiones del tema, como la fechada en 1650, de la National Gallery de Dublín, en la que aparece de rodillas, delante de un oscuro fondo en el que apenas se vislumbra la cueva en la que vivía. Una calavera y un tarro de perfume sirven para identificarla; está desnuda y se cubre parte del cuerpo con un manto rojo. Su mirada se dirige al cielo con arrobo y muestra su juventud y belleza. Canova, durante el neoclasicismo, realizó una escultura [10] en la que se ve a una Magdalena de rodillas, sobre una roca, llorando, sobre un crucifijo de bronce que sujeta con ambas manos. Un manto, atado con una cuerda, tapa parte de su figura, cuya desnudez se aprecia mayormente en los hombros. El escultor resaltó en un cuerpo joven y sensual el arrepentimiento por los pecados cometidos y la confianza en el perdón de Dios. Una llamativa calavera pone

10. Representación de *Magdalena penitente,* Antonio Canova, 1793, Génova, Palacio Doria-Tursi.

el contrapunto místico ante los aspectos eróticos. En 1808, la escultura fue presentada en el Salón de París y suscitó una fuerte controversia.

La Contrarreforma insistió en la importancia de la penitencia y el misticismo como grandes valores para alcanzar la salvación. En este sentido, Rubens, en su *María Magdalena en éxtasis*, de 1619, en el Palacio de Bellas Artes de Lille, plasma ambos aspectos religiosos, como se puede apreciar viendo la cueva en la que la santa vivió treinta años junto a la calavera, ambos símbolos tradicionales de los ermitaños, mientras que ella, en éxtasis, es sujetada por dos ángeles para evitar que caiga al suelo; el frasco de ungüento permite identificarla, y aparece iluminada por una luz celestial.

Ascensión, Tránsito o Asunción al cielo: Un aspecto destacado en el arte es el tema de la Ascensión, Asunción o Tránsito al cielo de María Magdalena, elevada por ángeles, que la sitúa en un plano similar a la Virgen María. Este hecho, repetido por múltiples artistas, no tiene ninguna base y fue fruto de la copia del tema de unos a otros, sin analizar las fuentes o de dónde provenía. Existen muchos autores anónimos que así la representan en las obras medievales, como los libros de horas y biblias pauperum*, y la Crónica de Núremberg, así como en diferentes esculturas, por ejemplo en la abadía de Chanteuges o en la catedral de San Juan Bautista y San Juan Evangelista, en Toruń, Polonia. El tema se mantuvo en el Renacimiento y el Barroco, llegando a incluir una escena apócrifa basada en *La leyenda dorada*, donde se cuenta que los ángeles llevaban todos los días, durante unas horas, al cielo a María Magdalena penitente, como se ve en la tabla de Jaume Serra de 1359, del Museo del Prado. También sorprende la versión de Giovanni Lanfranco [11], que muestra a la santa desnuda, cubierta solo con su cabello, mientras los ángeles la elevan al cielo. El Museo del Prado posee una copia de Claudio Coello, del siglo XVII, en la que con ropas harapientas, pero con gran dignidad, va ascendiendo sobre una nube empujada por ángeles.

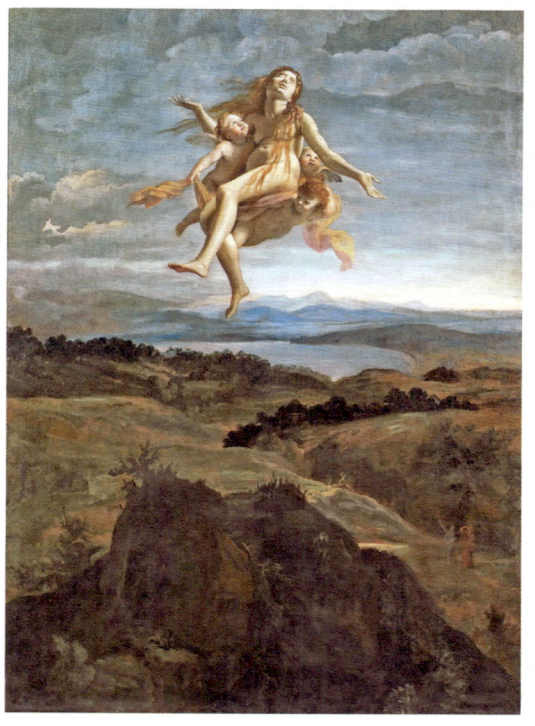

11. *Asunción de Magdalena*, Giovanni Lanfranco, 1616, Nápoles, Museo de Capodimonte.

PRINCIPALES ESCENAS

- Con Jesús durante la unción de los pies.
- Con su «hermana Marta» cuando esta le recrimina su vida licenciosa.
- A los pies de la Cruz.
- Delante del sepulcro vacío.
- *Noli me tangere.*
- Sola como penitente, en un desierto o cueva, con los atributos, leyendo un libro.
- En éxtasis, acompañada de ángeles, subiendo al cielo.
- Antes de su conversión, con vestidos lujosos, bailando, de cacería, etc.

SÍMBOLOS Y ATRIBUTOS

Es la patrona de los perfumeros por la unción de Cristo; de las prostitutas confinadas en órdenes religiosas (en España, en los conventos de las Recogidas de Santa María Magdalena o Egipciaca); de los fabricantes de guantes, porque antes estos se perfumaban; de los aguadores, por el parecido de los vasos con los botes de perfume.

Aparece representada con cabellos largos, generalmente rubios, castaños o pelirrojos, y vestidos lujosos en su etapa previa a la conversión. Al margen, otros muchos elementos la acompañan en sus representaciones como una corona de espinas, un crucifijo, una cruz, un espejo, un frasco de perfume o un tarro de ungüentos. En su versión como penitente, destacan la calavera, que alude a la meditación sobre la muerte típica de los santos eremitas; un libro para orar o meditar, y harapos, telas bastas o pieles.

Contexto histórico

Magdala, en el siglo I d.C., era una pequeña población de Galilea, a orillas del lago Tibería-des, dedicada a la pesca y a la industria de salazón. En esta época, los galileos no tenían buena fama entre los demás judíos porque se les consideraba incultos y poco religiosos. Así, Juan relata que cuando Felipe encuentra a Natanael y le dice: «Aquel de quien escribieron Moisés en la ley y los profetas, lo hemos encontrado: Jesús, hijo de José, de Nazaret», Natanael le replicó: «¿De Nazaret puede salir algo bueno?» (Jn 1, 45 y 46).

Era una provincia con una importante presencia de gentes de cultura griega que se dedicaban al comercio, vivían en ciudades y tenían una buena posición económica; sin embargo, la población de cultura judía, con menos recursos, se dedicaba a la pesca, la agricultura o el pastoreo y habitaba en los pueblos y aldeas.

Magdala fue abandonada, y posiblemente destruida, durante la gran revuelta judía contra los romanos del 66 al 73 que acabó con la derrota hebrea, la destrucción del templo y la diáspora.

Observaciones

Según una tradición muy extendida, María Magdalena estuvo presente cuando bajaron de la Cruz a Jesús. Cogió la corona de espinas y un puñado de tierra bañada con la sangre de Cristo, y guardó estas reliquias y las trasladó a Francia cuando se marchó a evangelizar estas tierras. En 1248, Luis IX de Francia trasladó la corona de espinas a la Sainte-Chapelle junto con otras reliquias que se perdieron durante la Revolución francesa. En la actualidad, en la catedral de Nôtre Dame de París aseguran que conservan la auténtica corona, pero sin espinas.

En algunos países cristianos se ponía el nombre de María Magdalena a las niñas nacidas fuera del matrimonio.

En 1969, el papa Pablo VI le retiró el sobrenombre de penitente y la Iglesia católica dejó de conceptuarla como prostituta arrepentida.

A diferencia de otras «Marías», su único referente es su gentilicio, que la relaciona con su lugar de origen. No es madre, ni esposa ni hija de nadie destacable.

Es considerada santa por las iglesias católica, ortodoxa y anglicana. Para los ortodoxos siempre fue una mujer diferente de María de Betania. La confusión de personajes en el catolicismo parte del papa Gregorio Magno, que, en el año 591, afirmó: «Pensamos que aquella a la cual Lucas denomina "la pecadora" (Lc 7, 36) y que Juan llama "Mariaí" (Jn 12, 3) designa a aquella María de quien, según Marcos, fueron expulsados siete demonios» (Mc 16, 9). A continuación, contestándose a sí mismo sobre el significado de los siete demonios, indica: «¿Qué designan los siete demonios sino el conjunto de los vicios?», tras lo que concluye: «Es claro que la mujer utilizó previamente el ungüento para perfumar su carne en actos prohibidos. Lo que, por tanto, mostraba más escandalosamente, ahora lo ofrecía a Dios de una manera más loable. Había codiciado con ojos terrenales, pero ahora por la penitencia estos se consumen en lágrimas. Mostró su cabello para realzar su rostro, pero ahora su cabello seca sus lágrimas» (Auberger, pág. 24). A partir de este momento quedó claro en el mundo católico que eran la misma persona y el personaje se asoció claramente con una prostituta penitente, aspecto que caló en el imaginario popular y que llevaría a la asociación y confusión, aún mayor si cabe, con santa María Egipciaca.

Los apócrifos añadieron mayor confusión sobre el tema; incluso existe el evangelio de María Magdalena, en parte perdido. En él se muestra a una mujer resuelta a propagar el mensaje de Cristo, y que asume muchos riesgos. El evangelio apócrifo de Felipe la define como compañera, amiga o pareja de Jesús, lo que ha disparado la polémica y dado lugar a varias novelas de ficción al respecto, entre las que destaca *El código da Vinci* de Dan Brown.

El tema de la Ascensión o Asunción se reflejó por múltiples artistas, incluso por el hijo de El Greco, en 1607, cuya obra, *Asunción de la Magdalena*, está en la parroquia de Santa María Magdalena, en Titulcia, Madrid. Se comenzó a realizar a partir de *La leyenda dorada*, del siglo XIII, donde se menciona que la santa era alimentada cada día, durante los treinta años de su penitencia, por Jesús en el cielo, para lo cual unos ángeles la ascendían diariamente. Sin embargo, tras su muerte, los restos se guardaron en Vézelay, con lo que no se puede hablar del tránsito, ascensión o asunción, características reservadas a la Virgen María.

María Salomé (NT)

Mujer de Galilea. Seguidora de Jesús, también considerada madre de Santiago el Mayor y de Juan, dos de los doce apóstoles. Su nombre puede proceder de la palabra hebrea *shalom*, que significa «paz», y puede ser la forma helenizada del nombre hebreo Shulamit o Shlomzion. Algunas leyendas la consideran hija de santa Ana y hermana de la Virgen María y de María de Cleofás (véase ANA).

Aparece en los evangelios de Marcos (Mc 15, 40, y 16, 1) y Mateo (Mt 27, 56, y 20, 20).

Es una de las mujeres que siguieron a Jesús durante su ministerio. Fue testigo de la Crucifixión junto a María Magdalena y María de Cleofás. Tuvo dos hijos, Santiago el Mayor y el apóstol y evangelista Juan. Según Mateo, un día se acercó a Jesús y le pidió que sus dos hijos se sentaran en su reino, uno a su derecha y el otro a su izquierda, pero el Señor le contestó que ese sitio solo lo concede su Padre (Mt 20, 20). Marcos, sin embargo, indica que fueron los mismos apóstoles quienes hicieron esta petición a Jesús (Mc 10, 37).

Después de la Pasión de Cristo, acudió el domingo junto a María Magdalena y María de Cleofás al sepulcro para embalsamar a Jesús, pero al llegar encontraron la tumba vacía, donde un joven vestido de blanco les dijo que Jesús había resucitado.

Con el nombre de Salomé solo la menciona Marcos. El evangelio de Mateo se refiere a ella como la madre de los hijos de Zebedeo, por lo que, si consideramos que ambas mujeres son la misma persona, puesto que son mencionadas como acompañantes de la Magdalena, cabe suponer que estaba casada con el mencionado Zebedeo.

MARÍA SALOMÉ EN EL ARTE

Varios artistas reflejan la leyenda que la relaciona como hermanastra de la Virgen e hija de santa Ana. Así la vemos en el tríptico de Quinten Massys, de 1509 (véase ANA), de la Cofradía de Santa Ana de Lovaina, depositado en los Museos Reales de Bellas Artes de Bélgica.

Otras escenas muestran solo a su familia, durante la infancia de los niños, como Hans Süss en su obra *Salomé, Zebedeo y sus hijos Santiago y Juan* [1], donde el autor presenta un retrato de familia con Salomé sentada, llevando en sus rodillas a san Juan, muy pequeño, con el cáliz que lo identifica (le dieron una copa con veneno, pero, al bendecirlo, el veneno desapareció), y Santiago, con su bordón de peregrino.

Suele aparecer en la Crucifixión o ante el sepulcro vacío, acompañando a María Magdalena y a la Virgen, como se observa en la *Crucifixión* de Gerard

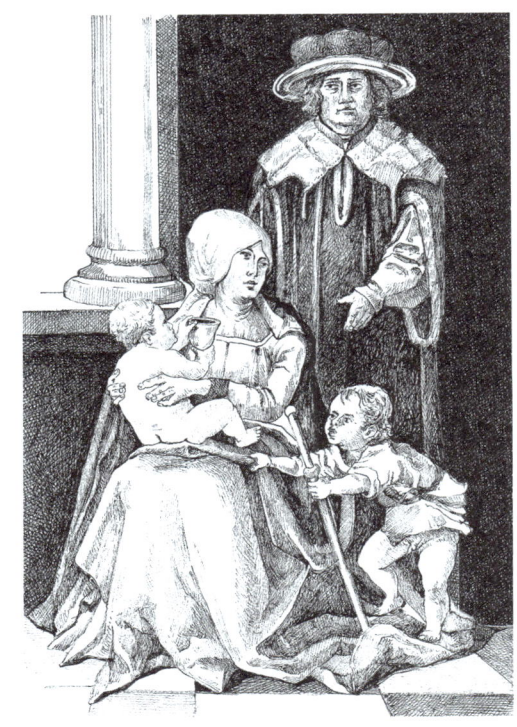

1. Representación de la obra *Salomé, Zebedeo y sus hijos Santiago y Juan*, Hans Süss, siglo XVI, San Luis, Museo de Arte.

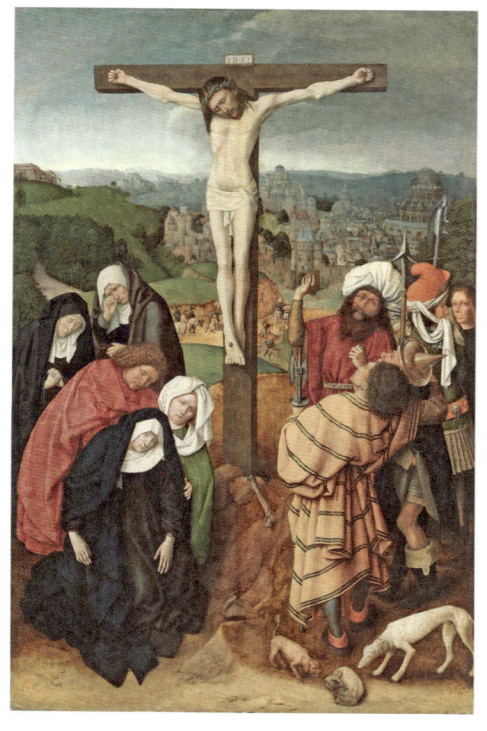

David [2]. Allí se sitúa a la izquierda del cuadro, donde aparece la Virgen, desmayada y sostenida por María Magdalena y san Juan, y detrás se aprecian las figuras de María de Cleofás y Salomé, que es la de las manos entrecruzadas, de forma similar a la Virgen.

En el *Descendimiento* de Van der Weyden [3], Salomé es la mujer de verde, a la que el pintor ha representado con un gran parecido físico con la Virgen María, siguiendo la leyenda del vínculo familiar.

En Santiago de Compostela es una santa muy venerada porque es la madre del apóstol cuyos restos, según una tradición muy extendida, descansan en la catedral de esta ciudad. Aquí aparecen varias imágenes de María Salomé. Una de las mejor conservadas, situada en el crucero de la catedral, es la de una mujer sola [4], con una cartela en la que aparece su nombre, vestida con toca y manto y con un libro abierto en el que se lee el pasaje del evangelio de Mateo, para interceder por sus hijos.

2. *Crucifixión*, Gerard David, 1457, Madrid, Museo Nacional Thyssen-Bornemisza.

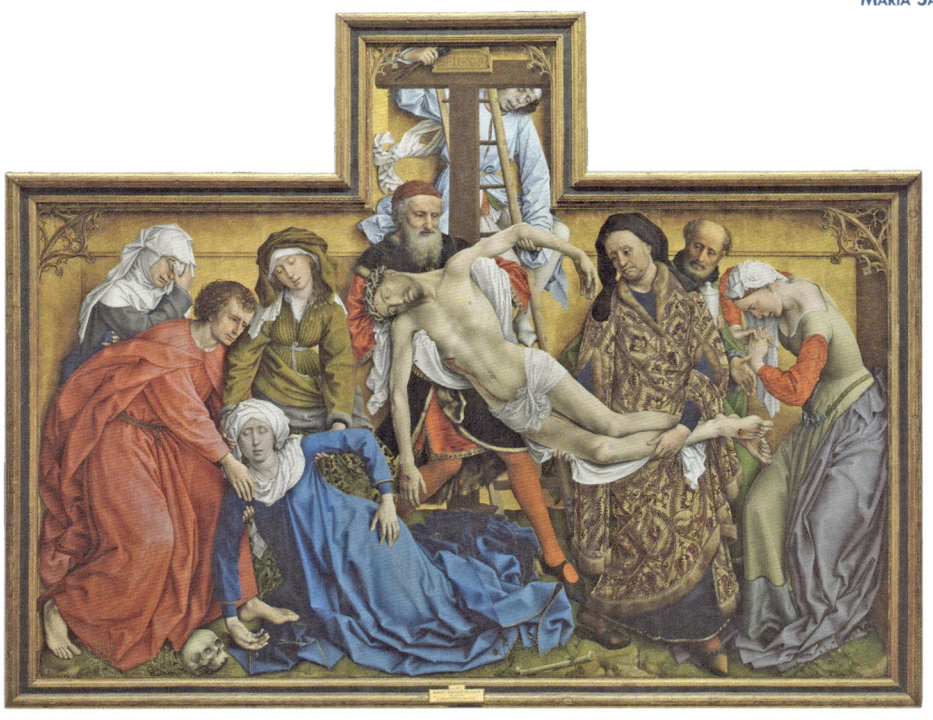

3. *Descendimiento*, Van der Weyden, 1443, Madrid, Museo del Prado.

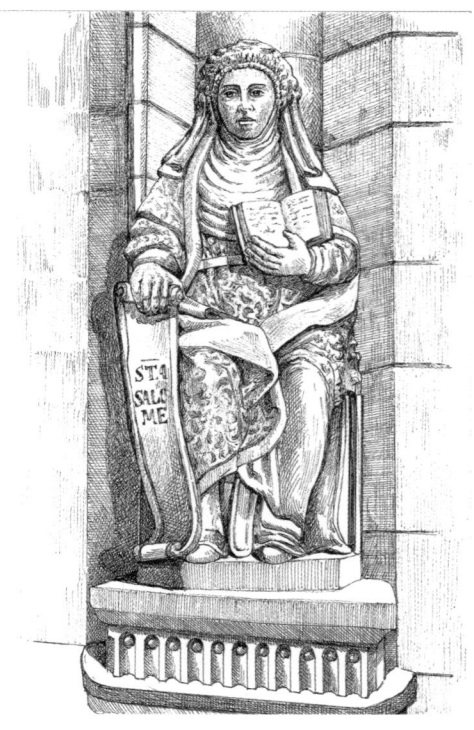

Otra de las escenas típicas es la que refleja la petición a Jesús para que coloque a sus hijos en lugar preferente en el cielo. Así se la ve en el relieve de Cosimo Fancelli [5].

PRINCIPALES ESCENAS

- Retrato de familia con su marido e hijos.
- Con la familia de santa Ana, su madre.
- Acompañando a las santas mujeres en la Pasión o en la Resurrección.
- Pidiendo a Jesús que sus dos hijos ocupen un lugar importante en el cielo.
- Sola con un libro abierto.

SÍMBOLOS Y ATRIBUTOS

La similitud con la Virgen María será una de las guías para poder distinguirla de otras mujeres que

4. Representación de la obra *María Salomé*, anónimo, s.f., catedral de Santiago de Compostela.

aparecen en el entorno de Jesús en escenas como la Crucifixión o la Resurrección.

Su presencia coincide con los hechos sucedidos en torno a la Pasión de Cristo, alrededor del año 33.

Uno de los órganos de gobierno de Palestina en tiempos de Jesús era el sanedrín. Consistía en una asamblea de notables judíos que administraba justicia, mediante la interpretación de la Ley. Entendía en asuntos religiosos, civiles y penales, pero no podía condenar a la pena de muerte, que estaba reservada solo a la alta autoridad romana. Lo formaban setenta y un hombres porque Dios le dijo a Moisés en el desierto: «Reúneme a 70 ancianos a quienes tú conozcas para

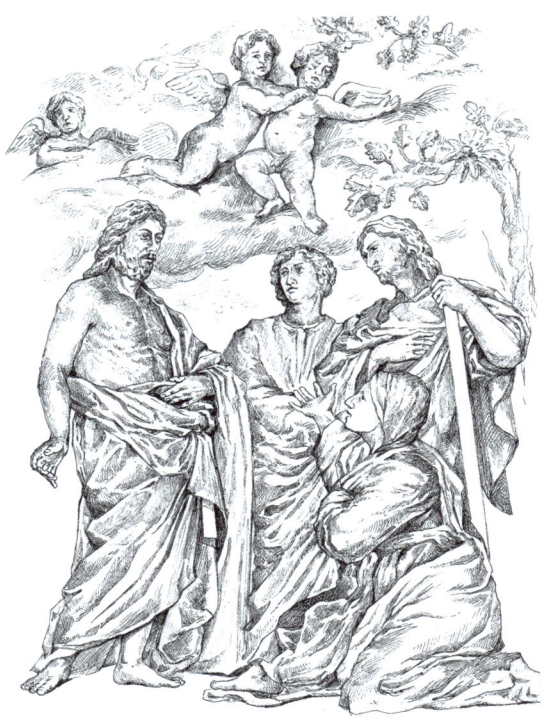

5. Representación de la obra *Jesús con María Salomé y los apóstoles Santiago y Juan*, Cosimo Fancelli, 1645, Roma, Santa Maria Portae Paradisi.

que te ayuden a llevar la carga del pueblo» (Núm 11, 16).

El tribunal estaba presidido por el sumo sacerdote, que era designado por el gobernador romano de Judea. En la época de Jesús este era Caifás, que había sustituido, entre otros, a su suegro, Anás. Sus miembros eran elegidos entre los altos sacerdotes, los grandes comerciantes y terratenientes y los más distinguidos fariseos.

No tenían un lugar fijo de reunión, aunque solían congregarse en el «Salón de las Piedras Talladas», que estaba situado en la pared norte del templo; pero en el juicio a Jesús lo hicieron en la casa de Caifás. No podían reunirse los sábados ni los días de fiesta.

Estos órganos tenían una fuerza propia de hombres armados y el derecho de arrestar (Mt 26, 47; Mc 14, 43), y en ellos se discutían los temas durante el día y se tomaban las decisiones por la noche. Este fue el órgano que condenó a Cristo por declararse Hijo de Dios (Mc 14, 60-64).

OBSERVACIONES

María Salomé aparece brevemente en los evangelios canónicos y, con más detalle, en los escritos apócrifos*. A veces se identifica como la esposa de Zebedeo, la madre de Santiago el Mayor y Juan Evangelista, dos de los apóstoles de Jesús, y también como la hermana de María, madre de Jesús.

En la tradición medieval que desarrolló la leyenda de la familia de la Virgen María se la consideraba una de las hijas de santa Ana, fruto de su tercer matrimonio con un hombre llamado Shalom o Salomé, lo que explica el calificativo (véase ANA).

Marta de Betania (NT)

Mujer de Betania, aldea cercana a Jerusalén. Era hermana de Lázaro y de María de Betania. El nombre procede del arameo *Marta,* «la señora».

Aparece en dos evangelios del Nuevo Testamento: en el de Lucas (Lc 10, 38), cuando recibe a Jesús en su casa, y dos veces en el de Juan, con la resurrección de Lázaro (Jn 11, 1) y cuando María le unge los pies a Cristo (Jn 12, 1).

Jesús iba de camino a Jerusalén acompañado de sus discípulos cuando entró en una aldea y una mujer llamada Marta lo recibió en su casa y le dio de cenar. Esta tenía una hermana llamada María que, sentada a los pies de Cristo, lo escuchaba embelesada. Marta se dedicaba a las numerosas tareas que requería una visita tan amplia y, al ver que su hermana no la ayudaba, se dirigió a Jesús para que le dijese a María que le echase una mano con las labores domésticas.

Cristo le contestó: «Marta, Marta, andas inquieta y preocupada con muchas cosas; solo una es necesaria. María, pues, ha escogido la parte mejor, y no le será quitada» (Lc 10, 41-42).

Un día que Jesús estaba en la otra orilla del río Jordán le avisaron de que su amigo Lázaro estaba muy enfermo, pero Él les dijo que esa enfermedad no era para morir sino para glorificar a Dios y se quedó dos días en aquel lugar. Después, decidió regresar a Judea. Cuando llegó a Betania, su amigo Lázaro llevaba cuatro días enterrado. Al enterarse Marta de que Jesús venía, salió a su encuentro y mantuvo con el Mesías el siguiente diálogo: «Señor, si hubieras estado aquí no habría muerto mi hermano. Pero aún ahora sé que todo lo que pidas a Dios, Dios te lo concederá». Jesús le dijo: «Tu hermano resucitará». Marta respondió: «Sé que resucitará en la resurrección en el último día». Jesús le dijo: «Yo soy la resurrección y la vida: el que cree en mí, aunque haya muerto, vivirá; y el que está vivo y cree en mí, no morirá para siempre. ¿Crees esto?». Ella le contestó: «Sí,

Señor: yo creo que tú eres el Cristo, el Hijo de Dios, el que tenía que venir al mundo» (Jn 11, 21-27). A continuación Marta se dirigió a su casa y le dijo en voz baja a María que Jesús la llamaba y que fuese a verlo. Se dirigieron a la tumba de su hermano y Jesús ordenó que quitaran la losa que la tapaba. Marta le dijo que ya olía mal porque llevaba cuatro días muerto, pero Él, como respuesta, conminó a Lázaro a que saliera fuera y el muerto así lo hizo.

La tercera vez que aparece Marta es en el evangelio de Juan, donde solo se dice que, seis días antes de la Pascua, Jesús fue a Betania, a casa de Lázaro, donde le invitaron a cenar y Marta sirvió la mesa. Después se produjo la unción por parte de María.

Marta de Betania en el arte

La mayoría de los autores han optado por representarla según cuentan los evangelios, y la escena más frecuente es aquella en la que Marta pide que su hermana le ayude a preparar la mesa (véase María de Betania).

La obra de Velázquez [1] nos muestra en un primer plano una cocina en la que una criada joven está machacando algo en un almirez y dirige una seria mirada al espectador; a su lado, una anciana le da indicaciones sobre la tarea; encima de la mesa aparece un plato con pescados, algunos ajos, una guindilla y dos huevos. Parece una pintura de género en la que el artista muestra una típica cocina de su época, pero, si nos fijamos bien, la anciana, que también nos mira, señala con su dedo extendido hacia un recuadro en el que se muestra la escena principal en la que Jesús, sentado en una silla y con María a sus pies, escucha las quejas de Marta.

Otros autores se centran en identificar a María, la hermana de Marta, como la Magdalena pecadora y representan a las dos hermanas solas, sin la presencia de Jesús, con Marta recriminando a su hermana la vida disipada y banal que llevaba y a María escuchándola, rodeada

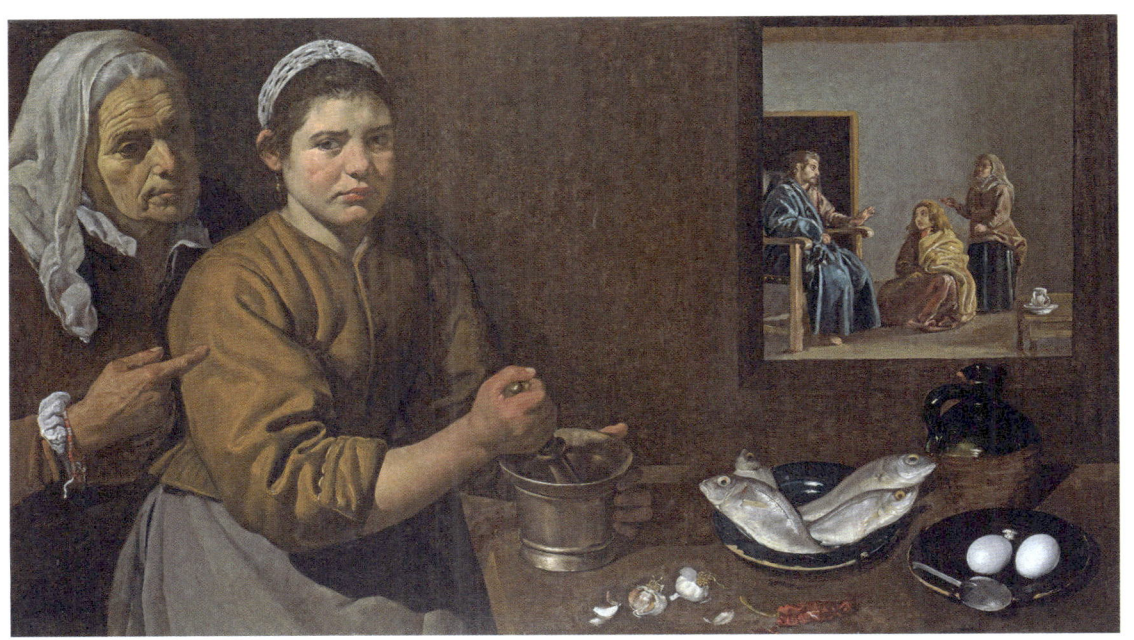

1. *Cristo en casa de Marta y María*, Velázquez, 1618, Londres, National Gallery.

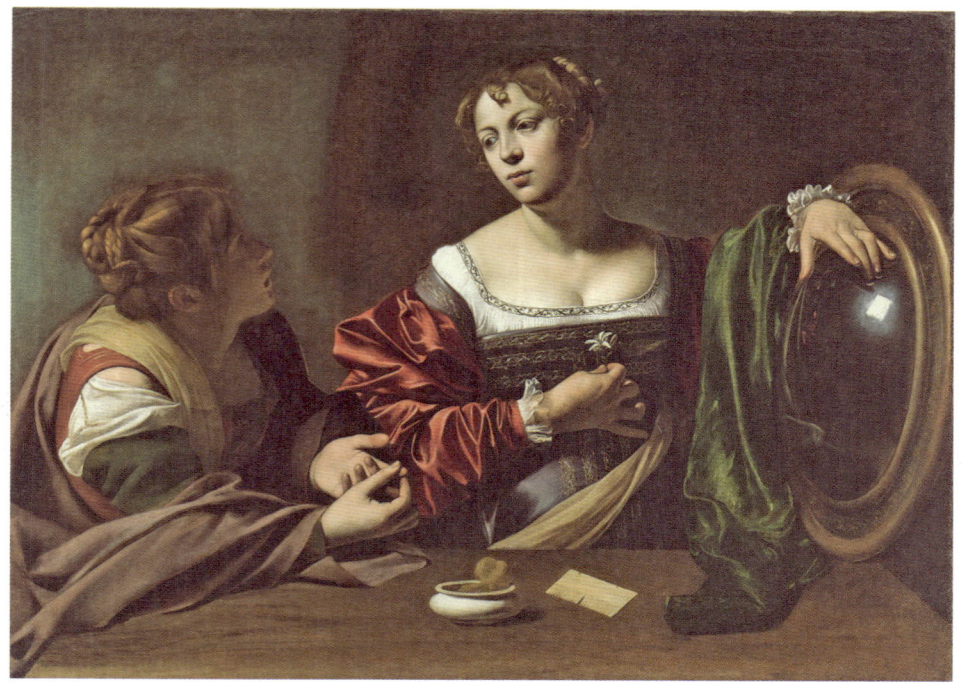

2. *Marta y María*, Caravaggio, 1598, Detroit, Institute of Arts.

de las joyas, ungüentos, espejos y vestidos lujosos a los que va a renunciar. En este caso, Marta es el símbolo de la austeridad, y María, el de la vanidad. Este es el modelo seguido por Caravaggio en su *Marta y María* [2], que muestra solo a las dos hermanas. Marta, con el rostro entre penumbras, porque el pintor era un maestro en el arte del tenebrismo, interpela y censura a María su actitud ensoñadora. Ella la escucha con atención sosteniendo una flor de azahar entre los dedos mientras apoya su mano izquierda sobre un extraordinario espejo convexo que es un símbolo de la vanidad a la que va a renunciar; sobre la mesa se aprecian un peine y un objeto de tocador. Ninguna lleva la aureola o nimbo sagrado, y más que un tema bíblico parece una escena costumbrista entre una dama y su criada.

Marta suele ocupar un segundo plano en la cena con Jesús frente a su hermana. Así sucede en la obra de Henryk Siemiradzki [3], que coloca en un primer plano a Jesús conversando con María mientras Marta, algo apartada, los observa. Dentro del estilo neoclásico, presenta un paisaje mediterráneo, de casas blancas, olivos centenarios y galerías cubiertas, con parras en el que conversan Jesús y María; en un lugar secundario, Marta, de pie, lleva un cántaro con agua.

En las diferentes obras queda claro el trabajo y esfuerzo de Marta frente a la contemplación de su hermana María, como, por ejemplo, en el grabado de Julius Schnorr von Carolsfeld *Jesús en la casa de Marta y María*, de 1860, en el que aparece muy cargada de platos y elementos de cocina mientras María descansa a los pies de Jesús.

También suele aparecer en la escena de la resurrección de Lázaro y, del mismo modo, en las representaciones de la cena con la unción de su hermana.

Donde cobra mayor protagonismo es en las representaciones de sus leyendas. Las principales imágenes se dan en la Edad Media, principalmente en Francia, donde Marta aparece en diversos libros de horas. En el libro de Louis de

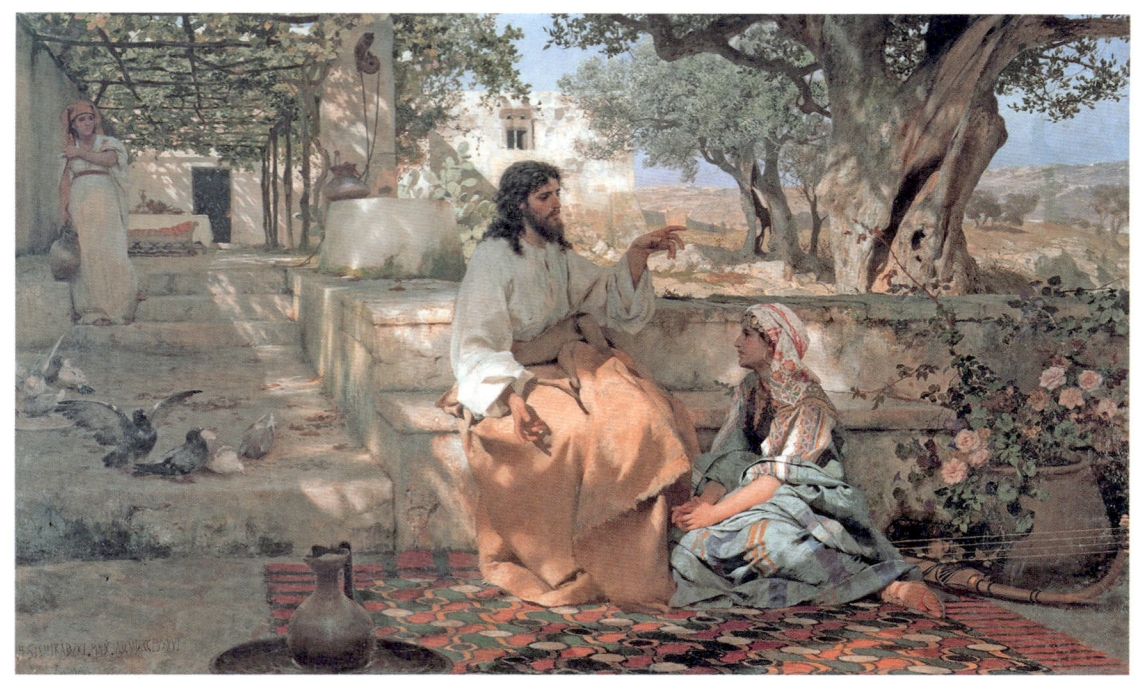

3. *Cristo en casa de Marta y María*, Henryk Siemiradzki, 1886, San Petersburgo, Museo Ruso.

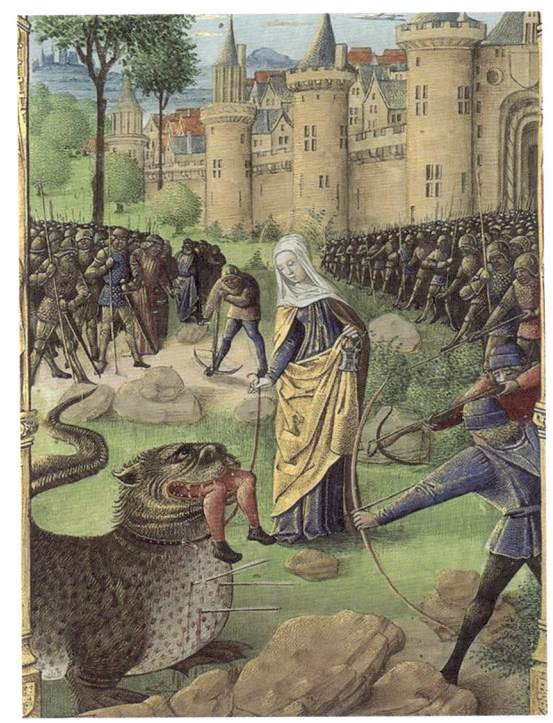

Laval [4], por ejemplo, aparece de pie en el centro de la obra, dominando al monstruo fácilmente con una correa mientras sostiene el hisopo (varilla de metal con una bola agujereada en su extremo, usada para esparcir agua bendita) y la sítula (caldero o vasija) del agua bendita; a su alrededor se encuentra un ejército de infantería y arqueros. El monstruo (dragón de Tarascón o «Tarasca») acaba de devorar a un hombre y parece mirar pacíficamente a Marta.

En ocasiones, los artistas han pintado a los tres hermanos juntos, como el Maestro de Perea, en su obra *San Lázaro con sus hermanas Marta y María* [5]. Las tres figuras están de pie y de cuerpo entero; a la izquierda, María como la Magdalena, joven, guapa, con escote y sin toca, lleva un tarro con perfume y la corona de espinas que cogió y guardó tras el Descendi-

4. *Santa Marta y Tarasca**, *Libro de Horas de Louis de Laval*, ilustrado por Jean Colombre, ca. 1472, París, Bibliotèque Nationale de France, Ms. Latin 920, f. 317v.

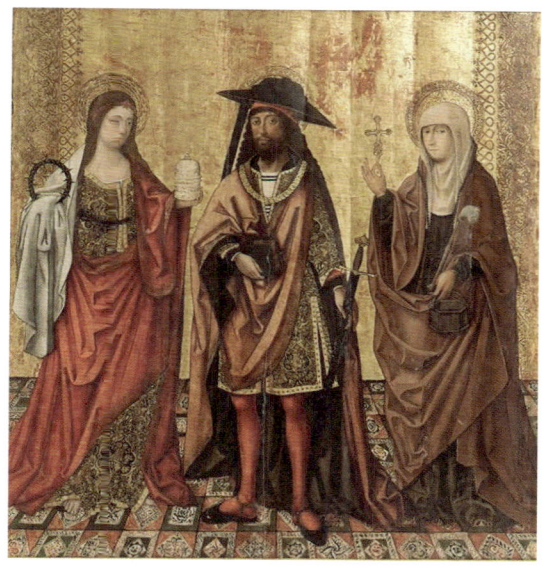

5. *San Lázaro con sus hermanas Marta y María*, Maestro de Perea, 1501, Madrid, Museo Lázaro Galdiano.

miento de Jesús de la Cruz; en el centro, Lázaro, ataviado como caballero, con túnica, calzas, manto, un gran collar y un sombrero y, en las manos, un libro y una espada; Marta, a la derecha, de mayor edad y con túnica, lleva una toca en la cabeza y sostiene la cruz con la que se defendió del dragón, además de una sítula con su hisopo.

PRINCIPALES ESCENAS

- Sola, con sus atributos.
- En casa, quejándose a Jesús o sirviendo la cena.
- Con su «hermana» María Magdalena.
- Los tres hermanos.
- En la resurrección de Lázaro.

SÍMBOLOS Y ATRIBUTOS

Es la patrona de las amas de casa, cocineras, lavanderas, hoteleros y hermanas de la caridad, profesiones todas ellas relacionadas con su historia de mujer servicial y laboriosa.

Representa la vida activa frente a la de meditación; también simboliza la austeridad en contraposición con el lujo de María Magdalena. Entre sus atributos destacan elementos de la casa: la escoba, el cucharón, la tina de lavar los cubiertos e incluso un manojo de llaves que muestra su papel como ama de casa. Cuando se refiere al episodio del dragón, aparece este, una cruz, un hisopo para asperjar al dragón con agua bendita y una sítula o acetre (caldero con el agua bendita).

CONTEXTO HISTÓRICO

La vida de Marta se desarrolla en un Israel ocupado por los romanos, cuyo emperador es Tiberio.

La familia vivía en Betania, lugar que en la actualidad se denomina Al-Elzariya. Allí se encuentra la tumba de Lázaro. Esta realidad histórica se vio alterada por las diversas leyendas existentes sobre la familia de Marta. Santiago de la Vorágine, en *La leyenda dorada*, refiere que era una estirpe rica y principesca, procedente del gobernador de Siria, con diversas posesiones cuyo reparto fue confuso y contradictorio entre los hermanos. En cualquier caso, el relato de la Vorágine, más propio de un mundo feudal medieval, es claramente anacrónico. Siria era una provincia romana desde que, en el 64 a.C., fue incorporada al imperio tras derrotar a Antíoco III. El territorio estuvo bajo control romano durante la vida de Cristo y sus tropas se emplearon en la primera guerra judeo-romana, entre el año 66 y el 70, para reprimir las revueltas judías.

OBSERVACIONES

Pese a que se la suele representar con vestidos sencillos en comparación con su hermana, esto no se produce en todos los autores. Algunos muestran el «señorío» de Marta con lujosos vestidos, como en la obra de Tintoretto *Jesús en casa de Marta y María*, en la Alte Pinakothek de Múnich. En cualquier caso, en relación con su hermana María, siempre ocupa un lugar secundario.

Además del relato bíblico, existe una leyenda que cuenta que, tras la muerte de Jesús y la persecución de los cristianos, los tres hermanos, Lázaro, Marta y María, huyeron de Palestina y se refugiaron en Chipre y, años más tarde, se trasladaron a Francia, donde estuvieron evangelizando a aquellas gentes.

Santiago de la Vorágine escribió en *La leyenda dorada* algunos episodios sobre la vida de esta santa en Francia, sucesos recogidos por varios artistas desde finales de la Edad Media. Uno de ellos trata sobre un dragón que vivía en un bosque cerca del río Ródano, entre Arlés y Avignon, y que tenía aterrorizada a toda la población. Le pidieron ayuda a Marta, que entró en el bosque y vio al dragón devorando a un hombre. La santa le enseñó una cruz y le echó agua bendita y el monstruo se amansó; entonces lo ató con el cinturón de su vestido y lo llevó a un campo, donde la gente lo mató. Marta fundó un convento en Tarascón, donde murió.

La obra de Velázquez, en la National Gallery de Londres [1], es una composición muy atrevida que el maestro sevillano repetirá en *Las hilanderas* y que ha suscitado una cierta controversia. Fernando Marías cree que se trata de un bodegón «desdoblado» en el que interrelacionan dos realidades: la cocina, que forma parte del mundo del espectador, y la escena evangélica, que dota de valor trascendente a la composición. Algunos críticos creen que Marta aparece dos veces: una, en la escena con Jesús, y la otra, en la anciana que aconseja a la criada. Para Julián Gállego, por el contrario, Marta estaría representada en la joven cocinera afanada en las tareas domésticas, mientras que la anciana tendría el papel de intermediaria entre las dos escenas. Por este motivo la cocinera muestra un gesto enfadado y no tardará mucho en presentar sus quejas a Jesús.

Mical (AT)

Princesa israelita. Era la hija pequeña de Saúl, el primer rey. Este la dio en matrimonio al futuro rey David. También se la denomina Micol.

Aparece en distintos libros del Antiguo Testamento. Los dos Libros de Samuel (I y II) y el libro primero de Crónicas.

David había entrado al servicio del rey Saúl. Trabajaba en la corte como músico porque le calmaba cuando le atormentaban los malos espíritus. Cuando Goliat, un gigantesco guerrero filisteo, desafió a Israel, el rey prometió que aquel que lo matara sería colmado de riquezas y le daría la mano de su hija pequeña. La mayor, Merab, había sido entregada ya a otro hombre, pero quedaba la menor, Mical. Tras su victoria sobre Goliat, David comenzó a ser un jefe militar de gran éxito. Sus triunfos enturbiaron las relaciones con el rey, que pensó matarlo encargándole un trabajo suicida. Le propuso que, ya que no tenía dinero, le proporcionara como dote para casarlo con su hija cien prepucios de los filisteos, pensando que en esta empresa moriría. Sin embargo, David salió airoso del empeño y Saúl le entregó a Mical como esposa.

Poco a poco las relaciones con Saúl fueron empeorando hasta que este decidió acabar definitivamente con David. Mical, conocedora del hecho, avisó a su marido, que escapó por una ventana ante la llegada de las tropas del rey. Para engañar a los soldados de su padre, ella colocó en la cama un terafín* (muñeco, ídolo) coronado con pelos de cabra para simular que allí estaba David e indicó a los guardias que su marido estaba enfermo, con lo que estos se presentaron ante el rey sin haber logrado su propósito. Pese a todo, Saúl insistió en que le enviaran a David y finalmente se descubrió el engaño, pero él ya estaba lejos. Cuando Saúl le reprochó a Mical que le hubiese dejado escapar, esta le dijo que lo había hecho porque David la había amenazado con matarla si no le dejaba huir.

David quedó proscrito y perseguido y el rey Saúl entregó a Mical a otro hombre llamado Paltí o Paltiel. Mientras, David tomó dos nuevas esposas: Ajinoán y Abigaíl.

Tras la muerte de Saúl, se produjo una guerra civil en Israel entre David e Isobet, hijo de Saúl, durante la cual Abner, general de Isobet, desertaría al bando de David. Este le pidió como prueba de su lealtad que le devolviera a su esposa Mical y se la arrebatara a su nuevo marido Paltiel, y el general así lo hizo.

David controló finalmente todo el reino de Israel y prosiguió con su campaña de conquistas. Cuando tomó Jerusalén, decidió llevar el Arca de la Alianza para instalarla en la ciudad. Durante la entrada, David iba semidesnudo, danzando y cantando delante de la comitiva. Mical le vio, sintió vergüenza de él y así se lo hizo saber cuando regresó al palacio: «Cómo se ha cubierto hoy de gloria el rey de Israel, descubriéndose a los ojos de sus servidoras y servidores, como se descubre un cualquiera». David respondió: «Danzaré sin descanso ante el Señor, que me ha preferido a tu padre y a toda su casa para hacerme jefe de todo su pueblo Israel. Y me rebajaré todavía más y me humillaré a mis propios ojos; pero apareceré cada vez con más gloria ante esas criadas de las que tú has hablado» (2Sam 6, 20-22). El mismo hecho se narra en 1Crón 15, 29). La Biblia termina indicando que «Mical, hija de Saúl, no tuvo ya hijos en toda su vida» (2Sam 6, 23). Réau entiende, sin que la Biblia lo especifique, que el rey repudió a Mical, aunque el texto no aclara si fue así o se trató de una maldición divina.

MICAL EN EL ARTE

La importancia política de Mical al dar legitimidad a David no fue un aspecto especialmente reflejado en el arte, que se centró únicamente en mostrar las diferentes escenas importantes de la vida de Mical en relación con David. Principalmente se destacan dos situaciones clave: la salvación de David al avisarle del intento de asesinato de Saúl y el momento en que ella despreció a David, lo que le acarreó la esterilidad.

En la Edad Media, las biblias iluminadas y manuscritos reflejan la historia de David, y en ella aparecen las distintas escenas en que Mical cobra protagonismo. La escena de la petición de mano de la *Biblia de Maciejowski* muestra un David adulto, elegante, con guantes y una túnica carmesí; la novia, a la derecha, tras su padre, luce también ricos vestidos, un perrito y un bolso de delica-

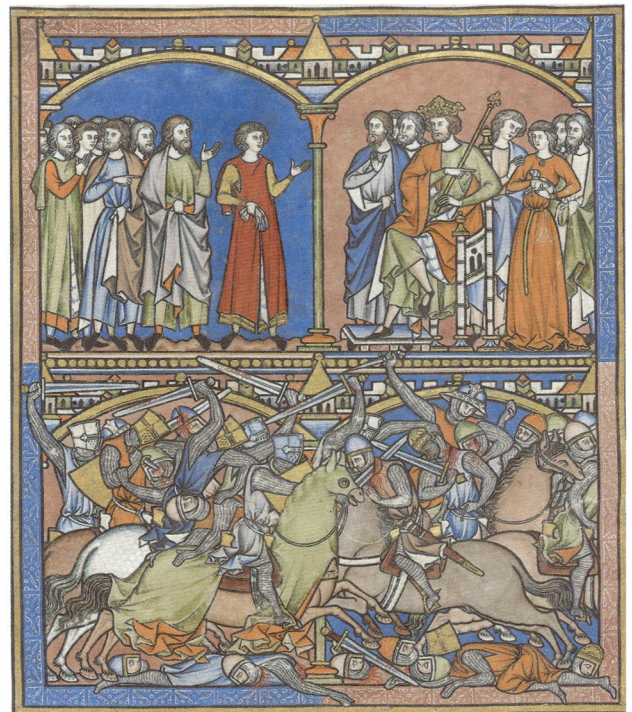

1. El enlace de Mical y David. En la escena superior aparece la petición de mano, y en la inferior, la batalla donde David, en el centro, corta el hombro de un enemigo que pisotea los cadáveres de sus compañeros. Detalle del Ms. M.638, f. 29v, de la *Biblia de Maciejowski*, siglo XIII, Nueva York, Morgan Library & Museum.

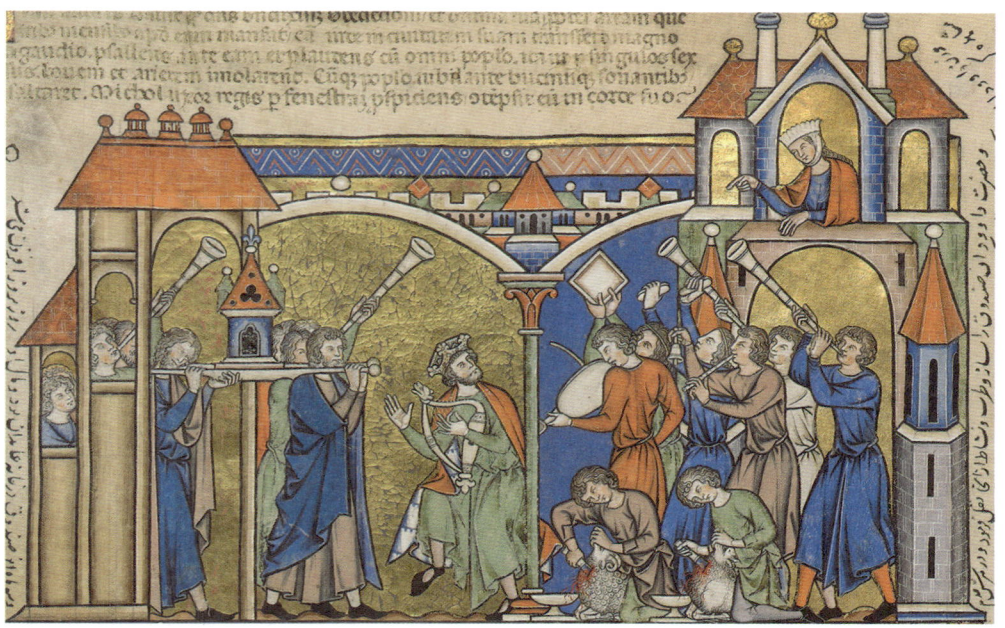

2. Escena del regreso del Arca de la Alianza a Jerusalén. El rey David danza mientras toca el arpa
y en la parte superior derecha, desde una ventana, Mical le señala con un dedo. Detalle del Ms. M.638,
f. 39v, de la *Biblia de Maciejowski*, siglo XIII, Nueva York, Morgan Library & Museum.

do brocado. La escena inferior refleja la masacre que David realiza para cumplir el encargo de los cien prepucios.

El detalle de que Mical amaba a David se observa en la cara de satisfacción de ella cuando es prometida o se casa con David. Así parece en la *Biblia de Maciejowski* [1]. Igualmente queda claro que toma partido por su marido, pues no duda en engañar a los soldados de su padre para salvarlo. En la misma obra [2] resulta relevante el momento del baile de David a su entrada en Jerusalén, cuando era observado por su esposa Mical. Curiosamente, el rey suele aparecer vestido convenientemente y no con un simple y ceñido efod*, como indica la Biblia.

Apenas aparece en el Renacimiento y Barroco, donde la principal escena representada es la del enfrentamiento de la pareja en la entrada de Jerusalén. En el siglo XIX se lleva a cabo una actualización de vestuario, adecuado a las modas orientales del momento. Algunos autores románticos, como Podesti o Virginio Grana [3], pintan

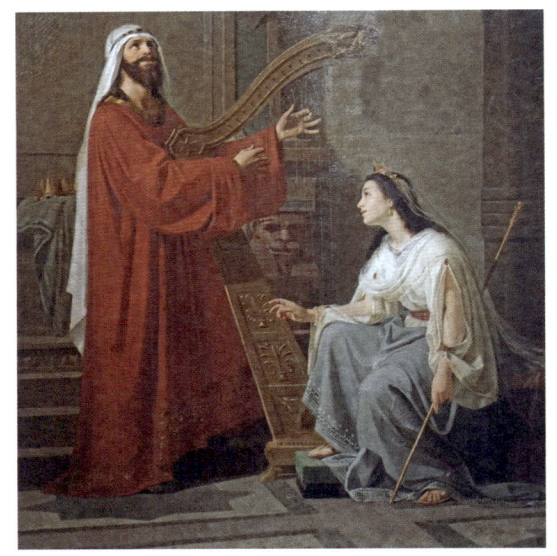

3. Detalle de *David y Mical,* Virginio Grana, 1865, Génova, Accademia Ligustica di Belle Arti.

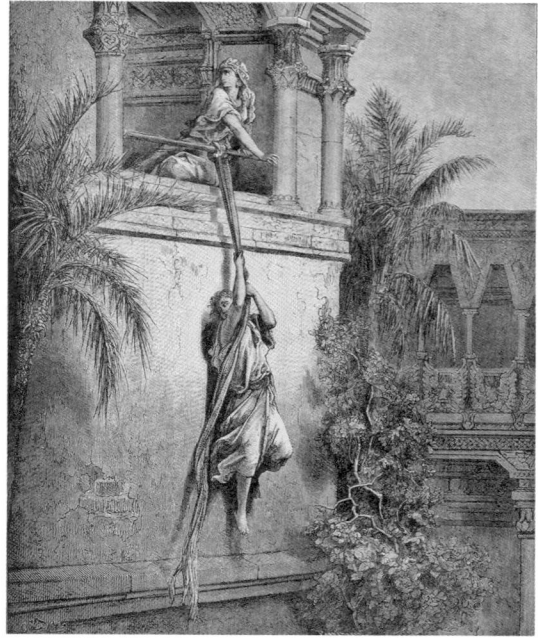

4. *Huida de David con la ayuda de Mical,* grabado, Gustave Doré, siglo XIX, *Biblia ilustrada.*

a David tocando el arpa en la corte mientras Mical le observa arrobada.

Doré, con sus grabados, insistirá en el momento de la huida por la ventana [4]. Los hechos que reflejan las distintas obras son puramente descriptivos, y el principal personaje es David, y no Mical, salvo en un grabado de Groot y Blussé [5] en el que se revela el papel protagonista de Mical al dar explicaciones a los soldados de su padre sobre el engaño del terafín.

PRINCIPALES ESCENAS

• La petición de la dote de David (los cien prepucios).
• La huida de David por la ventana.
• La devolución de Mical a David.
• La danza de David al llevar el Arca de la Alianza a Jerusalén mientras es observado por su esposa Mical.

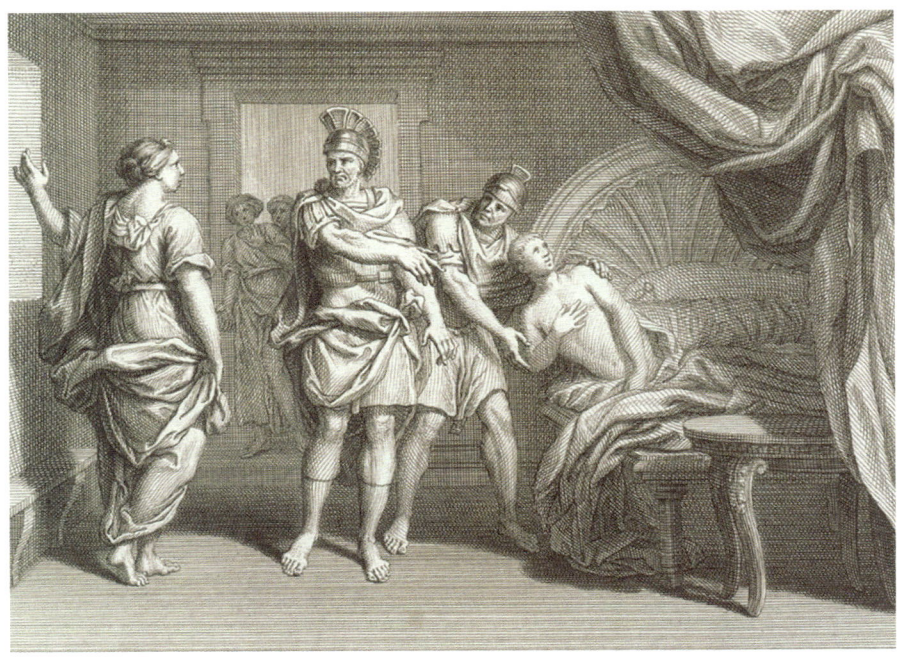

5. *Mical en la huida de David*, grabado, Jan de Groot y Pieter Blussé,
en *Historias de la Biblia*, Ámsterdan, 1791.

SÍMBOLOS Y ATRIBUTOS

La juventud y la belleza aparecen como sus únicos atributos. Se la considera una de las denominadas «mujeres fuertes» de la Biblia, estimada por su belleza y resolución en la defensa de sus creencias y sus sentimientos. Para ello no duda en poner su vida en juego, y así se aprecia cuando se arriesgó al engañar a su padre para que David pudiera escapar.

Un elemento que contribuye a su identificación son las ventanas, por las que huyó David o por las que observaba al rey mientras danzaba.

Suele mostrarse sonriente y arrobada, salvo en los momentos difíciles, como la huida de David. Aparece enamorada del rey hasta su desencuentro en la entrada a Jerusalén.

CONTEXTO HISTÓRICO

Los hechos se producen durante el reinado de Saúl, en el siglo XI a.C.

OBSERVACIONES

Mical desempeña un papel importante, ya que supone una fuente de legitimidad para David y sus posibles aspiraciones al trono de Israel al ser hija del rey Saúl. La falta de hijos tras el suceso de la entrada del Arca en Jerusalén frustrará la línea de sucesión de Saúl. Pero David ya tenía la fuerza suficiente y el control de todo Israel, por lo que eliminó la línea masculina de Saúl cuando entregó, entre otras acciones, a siete de sus descendientes varones a los gabaonitas para que los empalaran (2Sam 21, 9-12).

David fue objeto de crítica al danzar con un simple vestido de lino, el efod*, algo que podía ser considerado impropio de un personaje de su edad y dignidad. Sin embargo, su conducta fue imitada posteriormente, y en determinadas festividades religiosas podía verse danzar a hombres ligeros de ropa, especialmente en la fiesta de los Tabernáculos*. Asimismo, en los salmos quedará reflejada la invitación a alabar a Dios con danzas (Sal 149, 3, y Sal 150, 4).

Putifar, mujer de (AT)

Mujer egipcia. Su nombre no aparece en la Biblia. Fue la esposa de un alto funcionario de la corte de Egipto llamado Putifar.

Los hechos en los que aparece se cuentan en el Génesis (Gén 39, 1-22).

Putifar era un cortesano, jefe de la guardia del faraón, a cuyo servicio estaba el esclavo José, hijo de Jacob y Raquel y también principal personaje en varios episodios del Génesis; había sido arrojado a un pozo por sus hermanos para que muriera. En ese lugar lo encontraron unos mercaderes, que acabarían vendiéndolo como esclavo en Egipto. La mujer de Putifar, cuyo nombre no aparece en el libro, se fijó en él por su bello rostro y gallarda presencia e intentó seducirlo. Sin embargo, José, a pesar de la insistencia de ella, la rechazó porque no quería ofender a Dios ni traicionar la confianza de su amo.

Un día, la mujer de Putifar lo agarró por el vestido y le instó a que se acostara con ella. José consiguió huir, pero se dejó el ropaje en la habitación. Despechada, ella lo acusó ante todos de haber querido agredirla y de huir cuando comenzó a gritar mostrando la capa como prueba: «Mirad, nos han traído un hebreo para que se aproveche de nosotros; ha venido a mí para acostarse conmigo, pero yo he gritado. Al oír que yo alzaba la voz y gritaba, dejó su vestido junto a mí y huyó, saliendo afuera» (Gén 39, 14,15). Putifar la creyó y metió en la cárcel a José.

La mujer de Putifar en el arte

La historia se representó principalmente en miniaturas de biblias y manuscritos iluminados, insertada en el ciclo de la vida de José.

En ellos se muestra la escena donde la mujer, vestida, tira de la capa de José. Así aparece, por ejemplo, en la *Biblia de Maciejowski* (siglo XIII, f. 5r) o en la Crónica de Núremberg (1453,

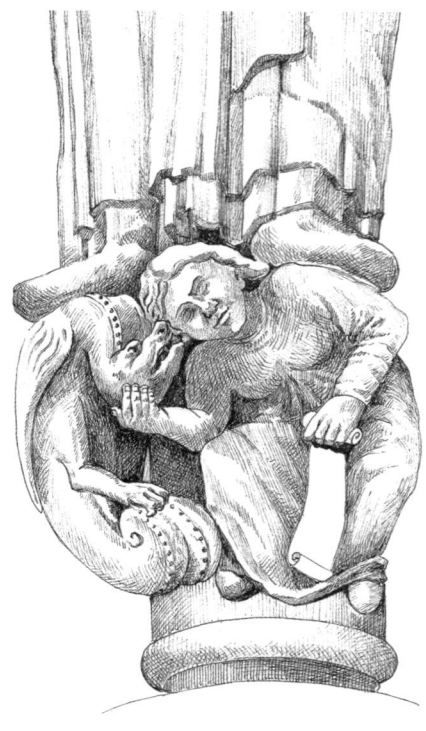

f. 27a). En el pórtico de la catedral de Chartres, la escultura, que tiende a ser simbólica y didáctica, nos muestra al personaje junto al demonio, en forma de dragón, que le susurra al oído para cometer el pecado de la lujuria [1]. En general, ella aparece vestida salvo excepciones, como en la Furtmeyr-Bibel (Cod.I.3.2.III, f. 34v), donde una mujer desnuda intenta seducir a José ayudada por una criada que sirve bebidas.

En el Renacimiento se inicia la representación de generosos desnudos, pues el intento de seducción se presta a ello.

Así se observa en los países del norte europeo, donde el Maestro de Affligem [2] muestra una composición que incluye tres escenas. En la primera aparece una mujer desnuda, agarrada a un «muy vestido» José. A la derecha, la mujer, ya recompuesta, recatada y con actitud suplicante, arrodillada, explica su versión de los hechos a su marido

1. Representación del pedestal de la estatua de José. Pórtico de la catedral de la Asunción de Nuestra Señora, siglo XIII, Chartres. En la parte superior del pedestal está la estatua de José.

señalando el manto inculpatorio que le sirve para acusar al joven. Al fondo, José es conducido a la prisión acompañado de dos sirvientes.

En Italia aparece como ejemplo de las pasiones humanas en los frescos de Rafael que se encuentran en las logias vaticanas, en donde la mujer, cubierta por una túnica, se incorpora de la cama para atraer a José, que huye despavorido. Similar patrón se halla en un bajorrelieve de la basílica de San Petronio de Bolonia en donde su autora, Properzia

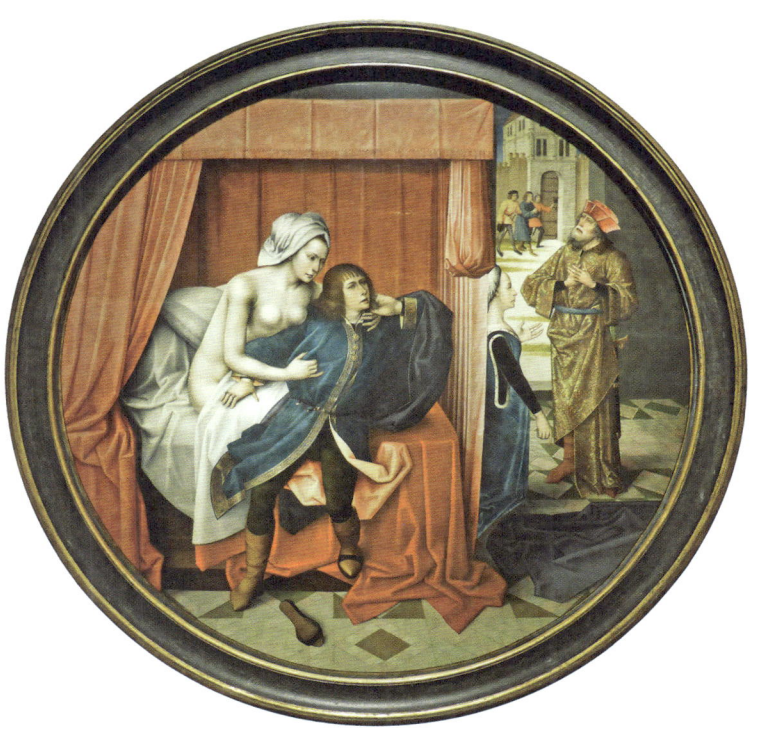

2. *José y la esposa de Putifar,* Maestro de Affligem, *ca.* 1495, Maxvorstadt, Alte Pinakothek.

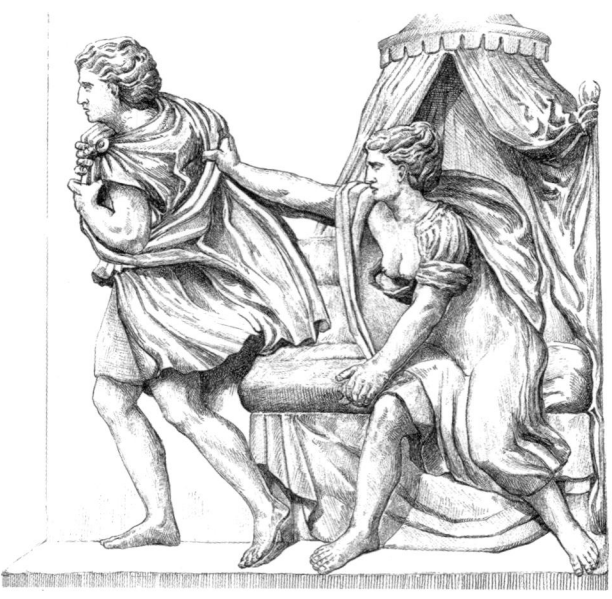

3. Representación del relieve *José acosado por la esposa de Putifar*, Properzia de Rossi, *ca.* 1520, Bolonia, basílica de San Petronio.

de Rossi [3], refleja el tema. Tintoretto [4] la representa desnuda, recostada y sensual (Museo del Prado), frente a otros ejemplos en que aparece con unas sábanas que cubren la parte inferior de su cuerpo.

El Barroco insiste en el erotismo desbocado de ella y la asustada posición de José. Las diversas obras muestran solo variaciones de esta estructura básica. Ludovico Cardi, en su obra de 1610 de la Galería Borghese de Roma, la representa sonriente e impasible seduciendo a un José que se opone a ella con cierta sonrisa. Guercino, en 1649, muestra una seducción clásica, algo más comedida; actualmente la obra se encuentra en la Galería Nacional de Arte de Washington.

El rococó repite el tema a través de escenas eróticas en las que destacan la voluptuosidad y sensualidad del cuerpo femenino y se margina el sentido reli-

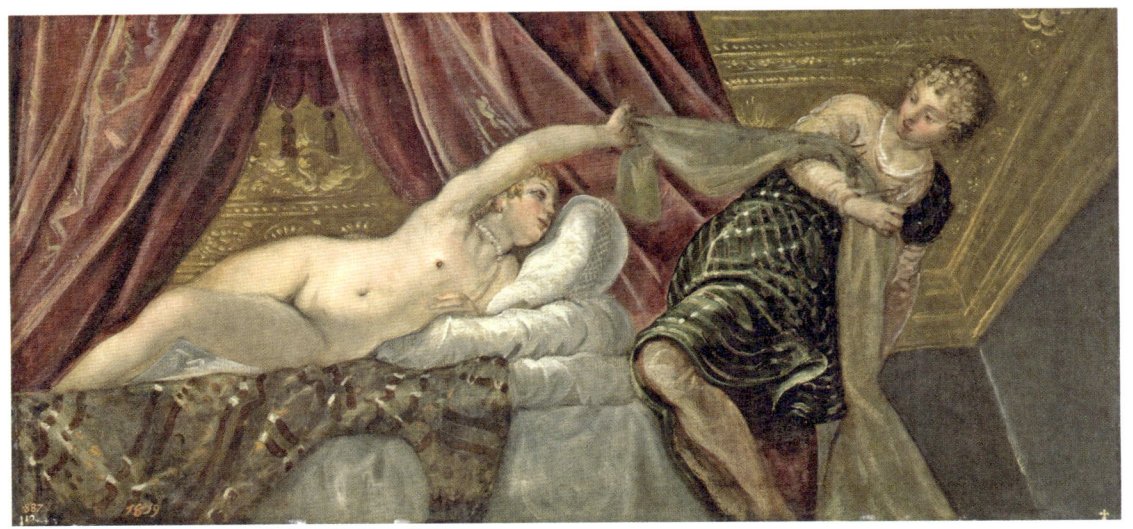

4. *José y la mujer de Putifar*, Tintoretto, *ca.* 1555, Madrid, Museo del Prado.

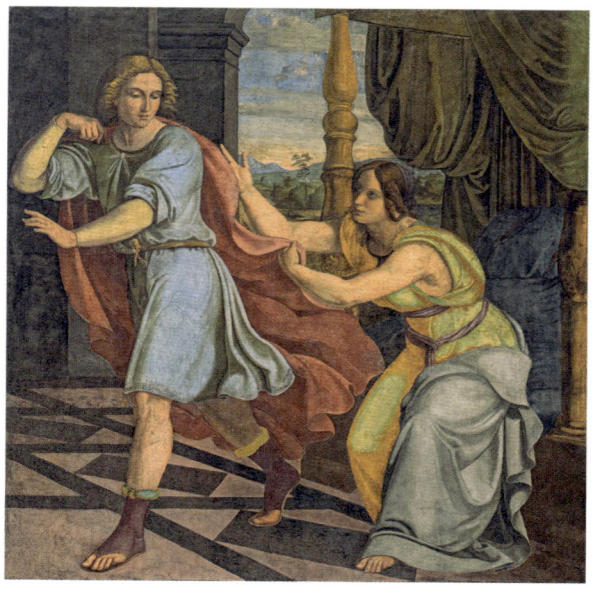

5. *José y la esposa de Putifar*, Philipp Veit, 1861, Berlín, Alte Nationalgalerie.

gioso para centrarse en el momento pasional, como se observa, por ejemplo, en la obra de Carlo Cignani *La mujer de Putifar (ca.* 1680), en la Galería de Arte de Dresde.

El aspecto sensual se mantendrá hasta el siglo XX, con mayor o menor tensión erótica en la representación. Así se pueden ver desde modelos contenidos, como en la obra de Esquivel de 1854 en el Museo de Bellas Artes de Sevilla y los muy recatados personajes de la obra de Veit [5] que se incluyen en los románticos alemanes *(nazarenos)* y donde los personajes aparecen totalmente vestidos, hasta modelos donde la carga erótica es dominante, como sucede en la obra de Louis-Stanislas Faivre-Duffer [6], publicada en *El desnudo en el salón de 1894*, en París, donde la esposa de Putifar es el centro de la composición. En 1914, Corinth, en su obra *José y la esposa de Putifar* [7], situada entre el impresionismo y el expresionismo, muestra a una mujer desenfrenada en su pasión,

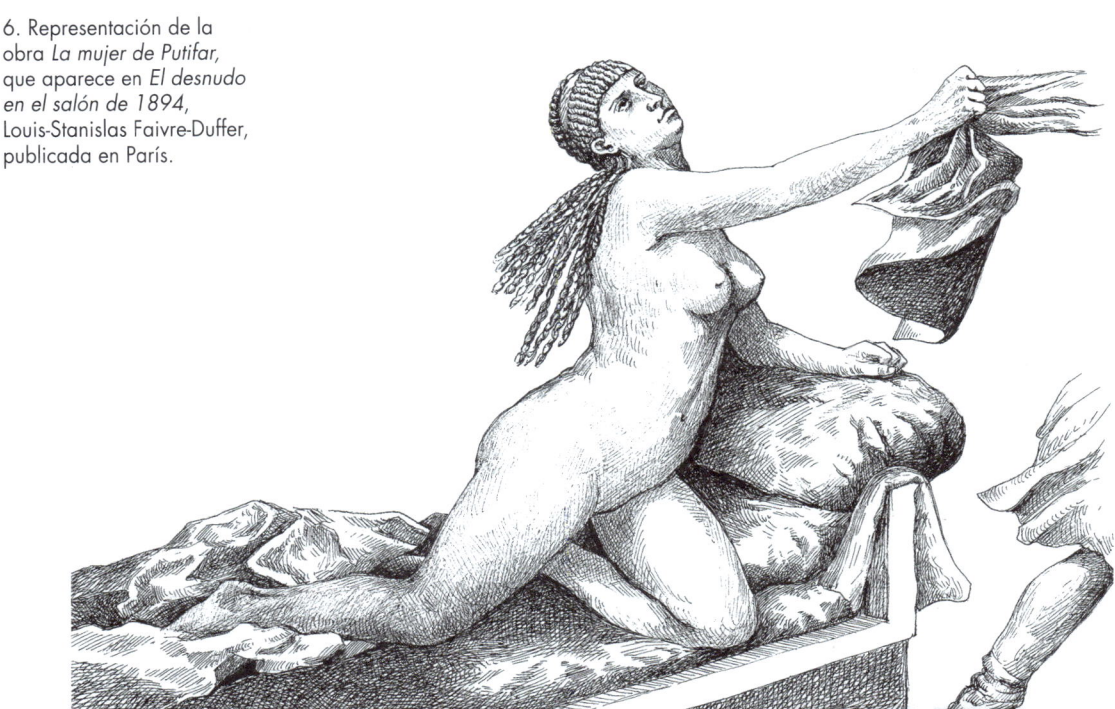

6. Representación de la obra *La mujer de Putifar*, que aparece en *El desnudo en el salón de 1894*, Louis-Stanislas Faivre-Duffer, publicada en París.

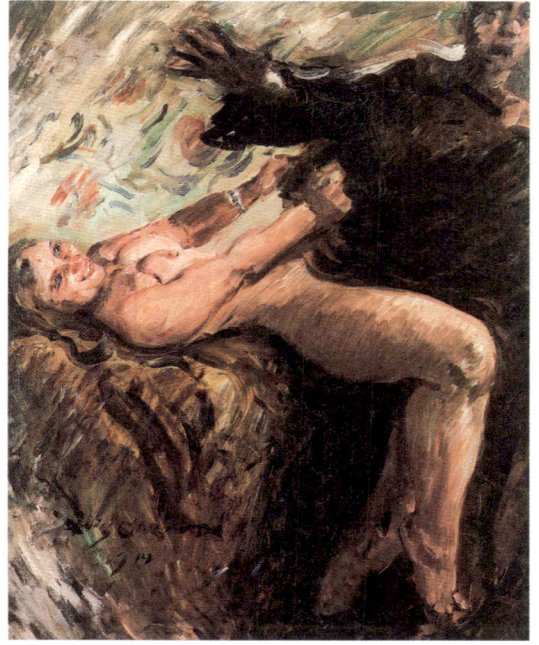

7. *José y la esposa de Putifar,* Lovis Corinth, 1914, Krefeld, Museo Káiser Guillermo.

frente a un horrorizado y oscuro José. El contraste entre la claridad del desnudo de ella y la oscuridad de los ropajes de él acentúa la diferencia entre las dos posturas.

En cuanto a la escena de la acusación a José, suele estar desprovista de la carga erótica en obras como la de Rembrandt (1655, Washington, Galería Nacional de Arte) o la de Jan Pynas, de 1629 [8], en la cual el rostro de José prefiguraba a Cristo.

PRINCIPALES ESCENAS

- La mujer de Putifar rechazada por José.
- José huyendo de la mujer de Putifar.
- El demonio, José y la mujer de Putifar.
- José acusado por la mujer de Putifar.

SÍMBOLOS Y ATRIBUTOS

La escena se ha interpretado por los estudiosos cristianos y los Padres de la Iglesia, desde

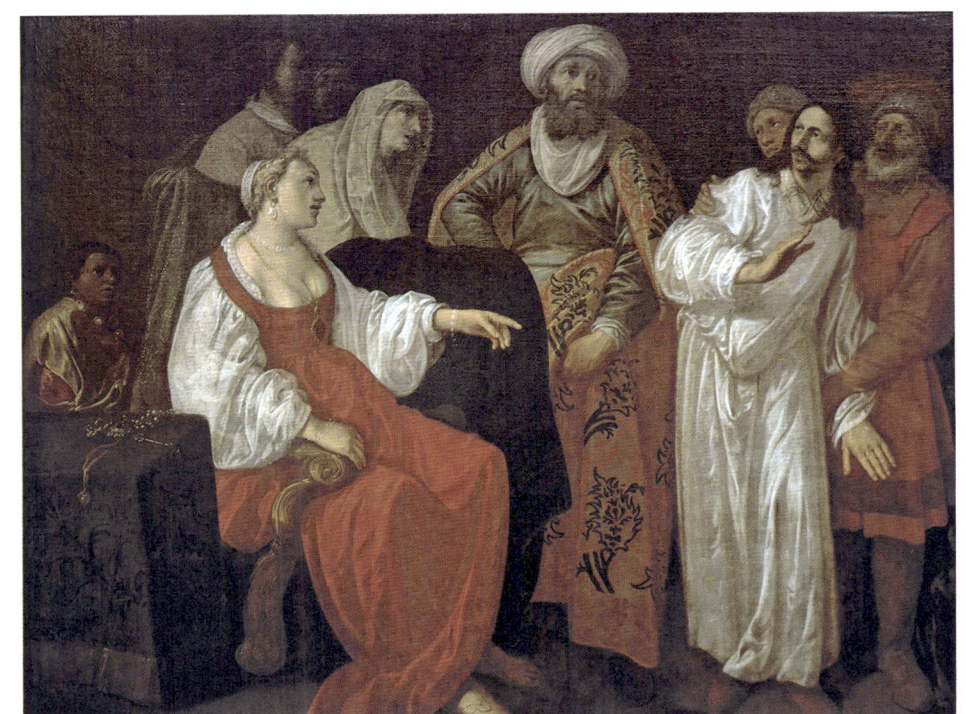

8. *José acusado por la esposa de Putifar,* Jan Pynas, 1629, Milwaukee, colección de Alfred e Isabel Bader.

Orígenes a san Ambrosio, como una prefiguración* de Cristo y de la Pasión, donde José representa a Cristo y el acoso es la Pasión. José es el inocente perseguido al que no se cree, por tanto, guarda similitudes con la figura de Cristo.

La capa de la que se desprende es el símbolo de la separación de la carne del espíritu, previo a la Resurrección, asimilable al expolio y al sudario de Cristo. Igualmente, la escena del acoso encaja en la lucha entre la iglesia cristiana, que es pura, y la sinagoga judía, que quiere apropiarse de su pureza. Simboliza la lujuria.

Contexto histórico

En la Biblia no se mencionan ni el nombre del faraón ni el periodo. Existen varias hipótesis del momento en que José llega a Egipto. Unas sitúan el acontecimiento en torno al siglo XIX a.C.; otras, en el siglo XVII o XVI a.C. La mayoría de estudiosos sitúa el desarrollo de la historia de José en el antiguo Egipto, alrededor del siglo XVI a.C.

Los pueblos cananeos que habitaban la actual Palestina e Israel tenían por costumbre relacionarse con los egipcios e incluso se producían migraciones ocasionales al país del Nilo cuando la situación de hambruna o los problemas así lo aconsejaban. La menor regularidad en la afluencia de agua en la zona palestina, a diferencia del Nilo, determinaba estos movimientos. Este es el caso, por ejemplo, de Abrahán, que se trasladó a Egipto cuando se desató el hambre en Canaán (Gén 12, 10), y también de los hermanos de José.

Los encuentros con las zonas palestinas, intercambios de personas, comercio, etc., son constantes. La presencia masiva de hebreos en Egipto se inicia con la historia de José, que tras muchas vicisitudes, entre ellas la de la mujer de Putifar, llega a ocupar el cargo de visir. Desde este puesto privilegiado, José y el faraón llamarían al clan familiar para que se instalase en Gosen, Egipto (Gén 45, 16, y 47, 27).

Los problemas hebreos se producirán cuando aparezca, años después, un faraón que «no había conocido a José» (Éx 1, 8) y comience a oprimirlos; posiblemente Amosis, de la XVIII dinastía.

Observaciones

La figura de la mujer de Putifar se representa como un arquetipo de *femme fatale*. A diferencia de las mujeres hebreas de su época, para quienes la procreación era el fin de la unión con el hombre, ella simplemente buscaba un goce sexual. El hecho de ser extranjera hacía más fácil que los judíos asimilasen este modelo de mujer desenfrenada en su deseo sexual, aunque Dios, en la Biblia, había maldecido a la mujer, al expulsarla del Paraíso con un «tendrás ansia de tu marido» (Gén 3, 16).

Posiblemente, la historia de la mujer de Putifar fue importada por los hebreos a su paso por Egipto, ya que la tradición existe en la mitología egipcia en la leyenda de los hermanos Anubis y Bitis, que era muy similar. En ella, Bitis cuidaba la casa en ausencia de su hermano cuando la mujer de Anubis intentó seducirle; al no conseguirlo, denunció al joven ante Anubis, lo que obligó a Bitis a huir. Existen arquetipos paralelos en conexión con mitos griegos; así sucede, por ejemplo, con Fedra e Hipólito.

El personaje de José se ha considerado similar al de Susana, pero con el rol masculino, por ser ambos víctimas de sus agresores y defender su castidad. Ambos prefieren sufrir antes que violentar los preceptos de Dios, motivo por el que Susana prefigura a la Iglesia, y José, a Jesucristo.

En el Corán (sura 12), la mujer de Putifar se llama Salicha o Suleika («la seductora» en árabe) y el episodio se desarrolla prácticamente igual, excepto por el detalle de que José está a punto de sucumbir a la tentación hasta que recibe la advertencia de Dios. Putifar no creyó a su mujer y descubrió que era la acosadora. El hecho se conoció en la ciudad y la reputación de la mujer quedó mal parada. La respuesta de la esposa fue organizar una fiesta entre las princi-

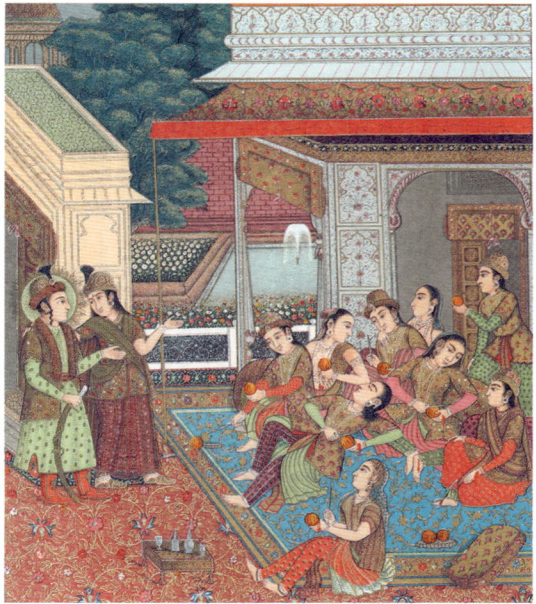

9. *La historia de Yusuf y Zulaikha*, según Racinet (ed. de 1888). El original de esta miniatura forma parte de la biblioteca de M. Ambroise Firmin-Didot, París.

pales mujeres para mostrarles a José con el fin de que vieran lo irresistible que era, y así sucedió, pues todas quedaron impresionadas con él. Este suceso aparece reflejado en un delicioso e inocente facsímil [9] de un cuadro que representa a José y a Suleika en el momento en que ella presenta al joven a las mujeres. Él aparece con un nimbo circular y ellas, ocupadas en pelar naranjas, quedan tan deslumbradas por la belleza del joven que una parece perder el conocimiento al verlo y varias se cortan las manos con los cuchillos, como indica el Corán, ya que están absortas por la visión de José. Ante la situación, se decidió encarcelar a José, aun sabiendo que era inocente, para evitar habladurías y tentaciones.

Un Midrash* judío indica que Suleika intentó repetidamente seducir a José, incluso envenenarlo, pero no lo consiguió. Eso la condujo a la enfermedad y la locura.

La historia aparece también en la literatura (Goethe, Thomas Mann) y en la música *(La corte de Faraón*, de Vicente Lleó Balbastre).

Rajab o Rahab (AT)

Mujer de la ciudad de Jericó. Ayudó a Josué a conquistar su ciudad. Es la tatarabuela del rey David y, por tanto, antepasada de Jesús.

El Antiguo Testamento narra su historia en el Libro de Josué (Jos 2 y 6).

En el Nuevo Testamento aparece en el evangelio de Mateo (Mt 1, 5) cuando enumera la genealogía de Jesús. También la mencionan en la Epístola a los Hebreos (Heb 11, 31) y en la Epístola de Santiago (Sant 2, 25).

Tras la llegada a la Tierra Prometida después de los cuarenta años por el desierto, los judíos, comandados por Josué, decidieron conquistar la ciudad cananea de Jericó, que estaba rodeada por fuertes murallas. En esta ciudad vivía Rajab, una prostituta que regentaba una casa de hospedaje.

Josué mandó dos espías a que reconociesen las defensas de Jericó. Cuando llegaron a la ciudad, se alojaron en casa de Rajab. El rey cananeo fue informado del hecho y ordenó a Rajab que los entregase. Sin embargo, la mujer los escondió en la azotea de la casa y le contestó al rey que ya se habían marchado pero que, si se daba prisa, los capturaría. A continuación subió a ver a los dos espías y les dijo que los había ocultado porque el Dios de los judíos era el verdadero, como había demostrado en el mar Rojo y en toda la ayuda que les había proporcionado desde entonces, pero que, a cambio, Josué debía protegerla a ella y a su familia cuando entrasen en la ciudad. Ellos aceptaron y le dijeron que, cuando ocupasen Jericó, debía colocar una cinta roja en la ventana como señal y meter a toda su familia dentro de la casa y así estarían a salvo. Ella los descolgó con una cuerda desde una ventana que daba a la muralla y los sacó fuera de la ciudad. Igualmente les indicó que se dirigiesen a un monte cercano y que se escondieran durante tres días y luego siguiesen hasta encontrar el campamento judío. Cuando llegaron los espías, informaron a Josué de todo lo que habían visto y de cómo la gente temblaba ante ellos. Poco antes de atacar la ciudad, Josué les recordó a sus hombres que debían respetar la vida de Rajab y su familia.

Después de la conquista, la sacaron a ella y a todos los suyos fuera y, a continuación, quemaron la ciudad y mataron a todos sus habitantes. Rajab se quedó a vivir entre los judíos.

Dos epístolas de san Pablo la mencionan. En Hebreos (Heb 11, 31) dice que por su fe en Dios se salvó de morir en Jericó, y en Santiago (Sant 2, 25) afirma que fue justificada por sus obras.

Rajab o Rahab en el arte

Aunque judíos y cristianos ven a Rajab como una mujer llena de virtudes entre las que se encuentran su fe en Dios y la hospitalidad, no es un personaje muy representado entre los cristianos, quizá por ser prostituta o por traicionar a los su-yos. Existen varios grabados, pero pocos cuadros o esculturas, y por este motivo suele ser poco conocida.

Una de las escasas pinturas que existen, *Rahab y los emisarios de Josué* [1], pertenece a la escuela italiana del siglo XVII, y en ella se muestran dos escenas. En primer plano, la mujer aparece dialogando con los dos espías y uno de ellos le entrega un cordón rojo para que lo coloque en la ventana y así puedan identificar la casa que se ve en alto y a la izquierda. En la parte inferior, se observa de forma borrosa la escena en que Rajab despista a los soldados cananeos que vienen buscando a los judíos. En el fondo se ve un paisaje con árboles, aunque la escena, según la Biblia, ocurrió en el interior de la vivienda.

En cuanto a los grabados y miniaturas, existen más ejemplos, casi todos ellos con Rajab ayudando a escapar a los espías. El maestro de Boèce [2] realizó en 1483 una miniatura en la que aparece bajando en una cesta a los dos hombres

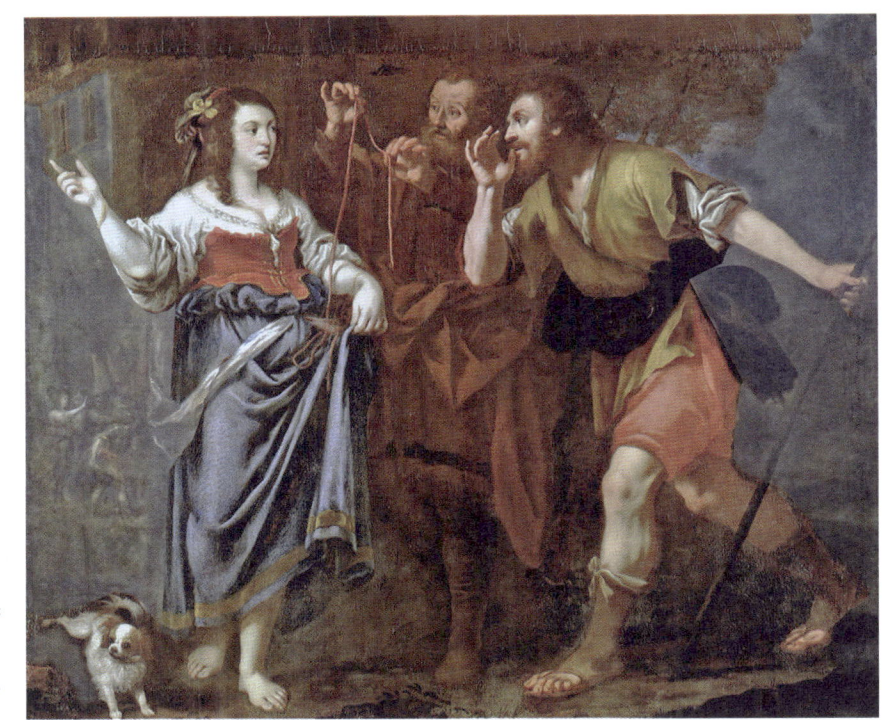

1. *Rahab y los emisarios de Josué*, anónimo, escuela italiana del siglo XVII, Nimes, Museo de Bellas Artes.

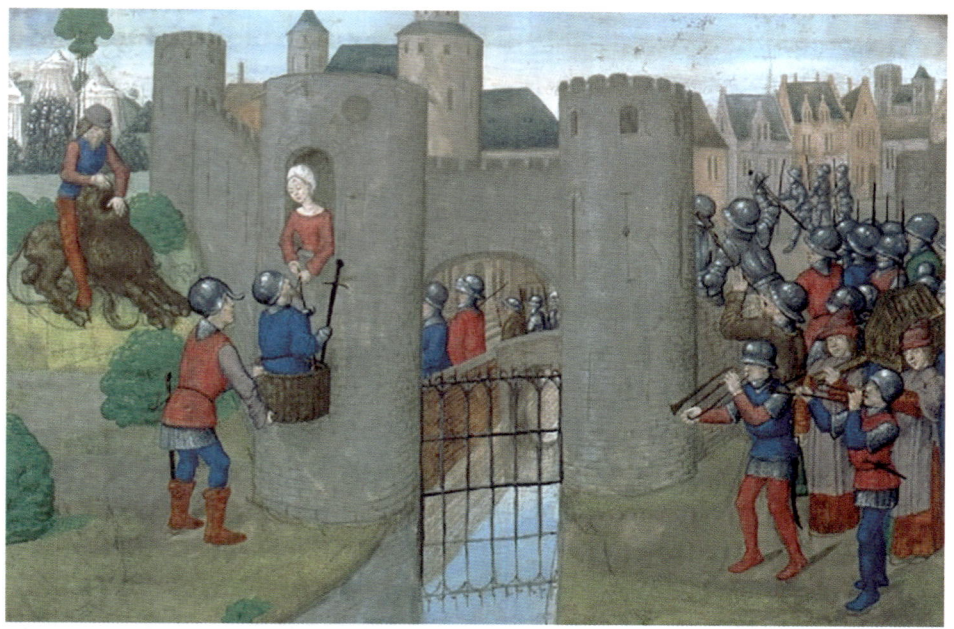

2. *La prostituta Rahab ayuda a escapar a los dos espías de Josué,* miniatura del libro ilustrado de Flavio Josefo *Antigüedades judías,* en el capítulo del libro de Josué (capítulo 2, 12, f. 1112), siglo XII, anónimo, París, Biblioteca Nacional de Francia.

de Josué desde una urbe medieval amurallada mientras, a la derecha, el ejército hebreo ataca la ciudad. También Harmen Jansz Muller, en 1567 (Ámsterdam, Rijksmuseum), representa a una Rajab fornida, con un vaporoso vestido, señalando un camino equivocado a los soldados cananeos que buscan a los espías de Josué y, a la derecha, aparece ayudando a bajarlos con una cuerda; al fondo, el rey de Jericó ordena a sus hombres que busquen a los dos judíos. El tema se mantiene en el siglo XVIII, como se observa en la calcografía de Francisco Martí donde Rajab ayuda a escapar a los dos espías de Josué (Real Academia de Bellas Artes de San Fernando, Madrid). Otros grabadores, como Julius Schnorr von Carolsfeld o Charles Foster, repiten la escena.

También algunos grabados reflejan a Rajab sola, con su atributo principal, que es el cordón rojo para colocar en la ventana. Pieter Jalhea Furnius, a finales del siglo XVI, en un grabado que se exhibe en el Rijksmuseum de Ámsterdam, dibuja a una mujer desafiante, con el pelo alborotado, llevando en las manos el mencionado cordón. Al fondo se atisba la ciudad amurallada.

Pero a finales del siglo XIX y en los comienzos del XX Rajab será representada con mayor crudeza al hacerse hincapié en los aspectos más turbios del personaje: la traición a su pueblo y su condición de prostituta. Ya Gustave Doré, en su *Biblia ilustrada*, reproduce uno de los detalles más crueles, que corresponde al momento en que Rajab se presenta ante Josué para ser admitida en el pueblo judío pero, a su alrededor, con dureza, se ven los cadáveres decapitados de sus compatriotas a los que había traicionado. Ephraim Moses Lilien, en un grabado modernista [3], representa a Rajab desnuda y arrodillada ante un Josué ataviado con poca ropa y con una gran espada, en una escena que parece indicar el momento en que ella le pide quedarse a vivir con el pueblo judío. En 1902, James Tissot [4] la representa tratando a los dos espías como una prostituta.

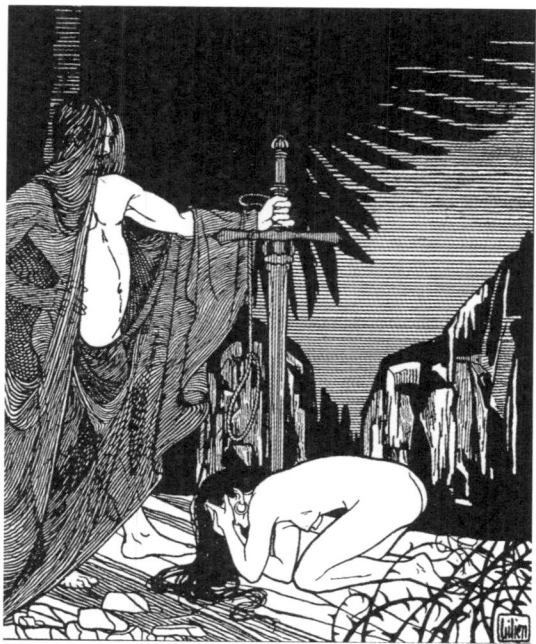

3. *Rahab,* ilustración de Ephraim Moses Lilien, 1901, del libro *Juda, baladas de Börries von Münchhausen,* Berlín.

PRINCIPALES ESCENAS

- Rajab con los dos espías hablando o ayudándolos a escapar.
- Ella sola con el cordón rojo.

SÍMBOLOS Y ATRIBUTOS

El cordón rojo que puso en la ventana.

CONTEXTO HISTÓRICO

Jericó es una de las ciudades más antiguas del mundo. Investigaciones recientes aseguran que comenzó a ser habitada hace unos 11.000 años. Era famosa porque tenía unas impresionantes murallas para su época. Las excavaciones arqueológicas llevadas a cabo por Sellin y Watzinger entre 1907 y 1909 y por Garstang entre 1930 y 1936 concluyeron que hacia el año 8000 a.C. sus habitantes ya habían levantado un muro de tierra alrededor de la ciudad de unos cinco metros de alto y unos tres de ancho, así como una sólida torre de piedra que aún se conserva. Un foso ante las murallas concluía las fortificaciones. Posteriormente, añadieron otra muralla más. También descubrieron restos de viviendas entre ambos muros, lo que confirmaría el dato bíblico que situaba la casa de Rajab en la muralla.

Garstang afirmó que había descubierto los restos de la destrucción de la urbe y los dató hacia el 1400 a.C., aunque otros expertos lo ponen en duda. Igualmente indicó que los muros cayeron de dentro hacia fuera y, por tanto, su derrumbe se produjo por un terremoto y no por un combate, porque cuando una muralla es atacada, suele caer hacia dentro. Pese a todo, en algunos restos se encontraron trazas de fuego intenso y destrucciones propias del arrasamiento intenciona-

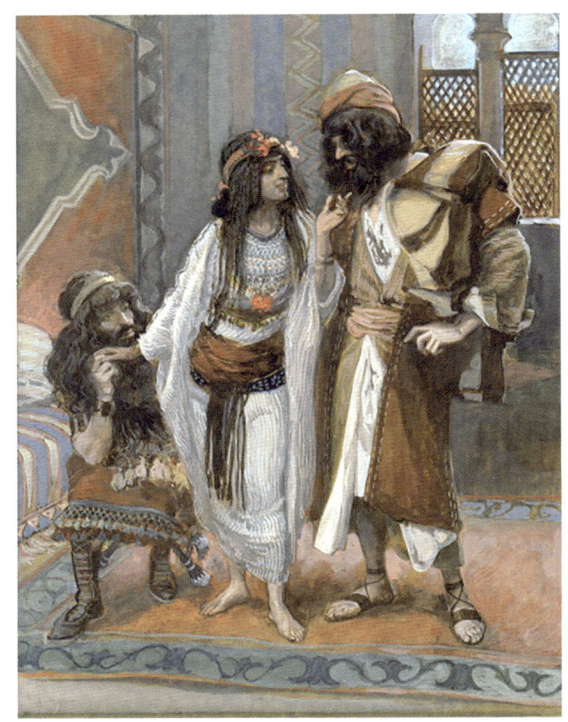

4. *La ramera de Jericó y los dos espías*, James Tissot, *ca.* 1896-1902, Nueva York, Museo Judío.

do de la ciudad, lo que coincidiría con el relato bíblico (Jos 6, 24).

Tras su destrucción por Josué, la ciudad sufrió diversos avatares, desde ser un oasis hasta recuperar su estatus de ciudad asignada a la tribu de Benjamín. Fue ocupada por diversos pueblos y casi desapareció con la cautividad de Babilonia. Se volvió a repoblar cuando regresaron del destierro (Esd 2, 34). Controlada posteriormente por los sirios, recobró su valor estratégico con las guerras de los Macabeos (1Mac 9, 50). Los romanos, con Marco Antonio al frente, la saquearon. Jericó existe en la actualidad y se encuentra situada a 258 metros por debajo del nivel del mar, sobre una colina en el valle del río Jordán al oeste de Jerusalén, en una zona con abundantes manantiales.

Observaciones

La tradición judía y cristiana considera a Rajab un ejemplo de hospitalidad, fe en Dios, valentía y caridad, y de este modo la prostituta de Jericó se convirtió en un dechado de virtudes. Sin embargo, es un personaje polémico porque, en definitiva, traicionó a su propio pueblo, que fue masacrado, para salvarse a sí misma y a su familia. También es controvertida su profesión de prostituta, ya que, en algunos textos rabínicos, en concreto, el Tárgum arameo*, se señala que era una posadera, opinión que también comparte Flavio Josefo. Otros opinan que regentaba solo una casa de huéspedes, sin ninguna prestación sexual, e incluso algunos afirman que tenía un taller de ropa por la abundancia de lino que había en la azotea.

El Midrash* afirma que poseía una extraordinaria hermosura y la incluye junto a Sara, Abigaíl y Ester entre las cuatro mujeres más bellas del mundo.

Para los cristianos es una prefiguración*, pues es la primera gentil convertida a la religión judía, y es antepasada de Jesús. Dante la nombra en la *Divina Comedia*.

Raquel (AT)

Mujer de la ciudad de Nacor (cerca de Harán, en la Mesopotamia superior). Era la hija menor de Labán. Fue pastora y segunda esposa de Jacob. Tuvo dos hijos, José y Benjamín. El nombre procede del hebreo y significa «oveja».

Aparece en Génesis (Gén 29 y ss.).

Isaac, que vivía en Canaán, llamó a su hijo Jacob y le dijo que no debía casarse con una mujer cananea y que fuese a la región de Padán Arán, donde residían sus antepasados maternos, para que tomase por esposa a alguna de las hijas de su tío Labán. Jacob se dirigió allí y, poco antes de llegar, se detuvo junto a un pozo tapado con una piedra muy grande donde abrevaban los rebaños de la zona y preguntó por su tío Labán. Los pastores que había allí le dijeron que en ese momento se acercaba por el camino Raquel, la hija de su tío, con su rebaño porque era pastora. Jacob se apresuró a quitar la piedra para que el ganado bebiese, le dijo que era su primo y la besó emocionado. Ella se marchó corriendo a contárselo a su padre, que salió a recibir a su sobrino y lo llevó a su casa.

Labán tenía dos hijas, Lía, la mayor (véase Lía), de ojos apagados, y Raquel, la menor, guapa y hermosa. Jacob se enamoró de Raquel y le pidió a su tío casarse con ella, a cambio de lo cual se comprometió a trabajar para él unos siete años; Labán aceptó. Pasado ese tiempo, se organizó la boda, pero por la noche su suegro le envió a Lía. A la mañana siguiente, al notar el engaño, Isaac le pidió explicaciones a Labán y este le contestó que la costumbre del lugar indicaba que la hija mayor debía casarse primero, pero que si respetaba la semana nupcial con Lía, le entregaría a Raquel tras cumplir otros siete años de trabajo.

Jacob aceptó, se casó con ella y la amó más que a su hermana; pero, a pesar de ello, Lía tuvo cuatro hijos y Raquel ninguno. Entonces esta, desesperada, entregó a su esclava Bilá a Jacob para que yaciese con ella porque, si en el momento del parto, la señora se colocaba al lado de la esclava, el niño era considerado legítimo; de este modo indirecto tuvo a Dan y a Neftalí. Pasó el tiempo y Lía y su esclava tuvieron más hijos; finalmente, Raquel se quedó embarazada y tuvo a su hijo José.

Llevaba Jacob veinte años viviendo en las tierras de Labán, había prosperado mucho y tenía una gran familia con dos mujeres, once hijos, varios esclavos y un numeroso rebaño con ovejas, camellos y asnos. Decidió regresar a Canaán y un día se puso en camino, mientras Labán estaba fuera esquilando su ganado; pero antes Raquel entró en la tienda de su padre y le robó los ídolos familiares.

Cuando Labán se enteró de su marcha y de la sustracción de sus ídolos, se enfadó y los persiguió. Les dio alcance seis días después en las montañas de Galaad y, furioso, le preguntó a su sobrino por los motivos de su huida y lo acusó de ladrón. Jacob le dijo que deseaba volver a su país, pero que no le había robado nada; a pesar de ello, Labán registró toda la caravana con sumo cuidado, y cuando entró en la tienda de Raquel, encontró a su hija sentada en la silla del camello, que era el lugar donde había escondido los amuletos. Ella no se levantó porque dijo que tenía la menstruación y su padre no pudo encontrar los ídolos.

Después de este incidente, continuaron su camino y llegaron a Canaán, donde Jacob se reconcilió con su hermano Esaú. Más tarde se dirigieron a Efratá y en el camino Raquel se puso de parto y tuvo a su segundo hijo, al que llamaron Benjamín. Fue un alumbramiento difícil y doloroso y Raquel falleció. Allí la enterraron y Jacob erigió una estela sobre su tumba para demostrar lo mucho que la había querido.

Raquel en el arte

A Raquel la han representado en todos los episodios de su vida, desde el primer encuentro con Jacob hasta el episodio del robo de los amuletos de Labán. Siempre aparece joven, guapa y esbelta, en contraposición a su hermana Lía.

Principalmente los artistas la han reflejado en el primer encuentro con Jacob, donde se centraron en el beso entre los dos primos que permite pintar una imagen romántica en un ambiente bucólico. En el Antiguo Testamento hay pocas situaciones en que una pareja se bese. Pero podemos verlo en la obra de Palma el Viejo, hacia 1523, depositada en la Gemäldegalerie de Dresde (Alemania), donde los dos jóvenes se dan un casto beso cogidos de la mano ante la atenta mirada de uno de los pastores, mientras otro da de beber al ganado. No será un tema generalizado en el Barroco, rococó o neoclasicismo, aunque está presente, pero sí resultará interesante para los movimientos románticos del siglo XIX. Muestra de ello es la obra del autor del grupo de los pintores *nazarenos* William Dyce [1], que presenta una esce-

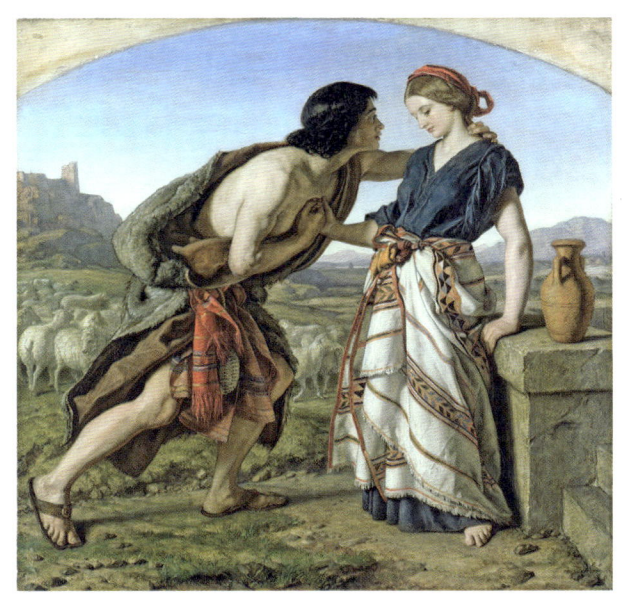

1. *Jacob y Raquel,* William Dyce, 1853, Hamburgo, Kunsthalle.

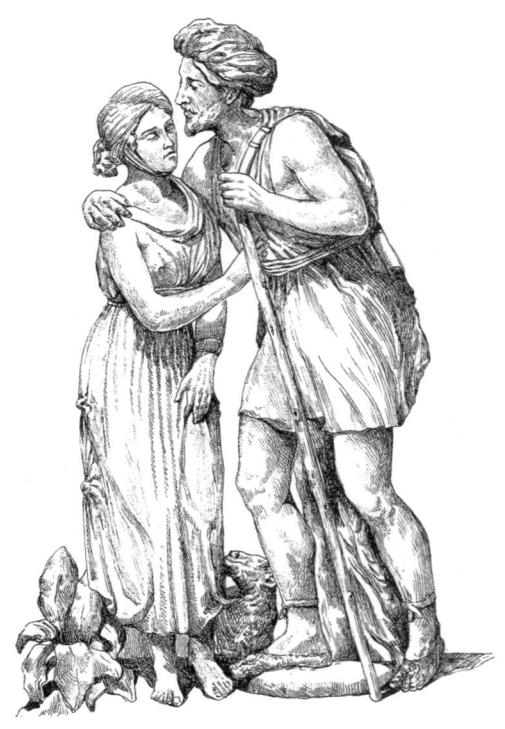

na más apasionada, aunque sin beso, en la que Jacob intenta abrazar a su prima y le lleva su mano al pecho, a la vez que Raquel adopta una actitud más recatada y prudente. Al fondo, el paisaje con las ovejas. También Democrito Gandolfi [2] esculpió en mármol a los dos primos cuando él le va a dar un sencillo beso en la frente, aunque la abrace con fuerza. Jacob lleva turbante en la cabeza y una túnica muy corta; Raquel luce un ceñido vestido.

Un número menor de autores han elegido la escena en la que Raquel esconde los ídolos de su padre. Un ejemplo es la obra de Murillo [3] donde se expone el hecho en una escena de género pastoril.

Son escasas las imágenes de ella en solitario. La más famosa es la escultura realizada por Miguel Ángel [4] en la que Raquel forma pareja con su hermana

2. Representación de la estatua *Jacob y Raquel*, Democrito Gandolfi, siglo XIX, Viena, Museo de Historia del Arte.

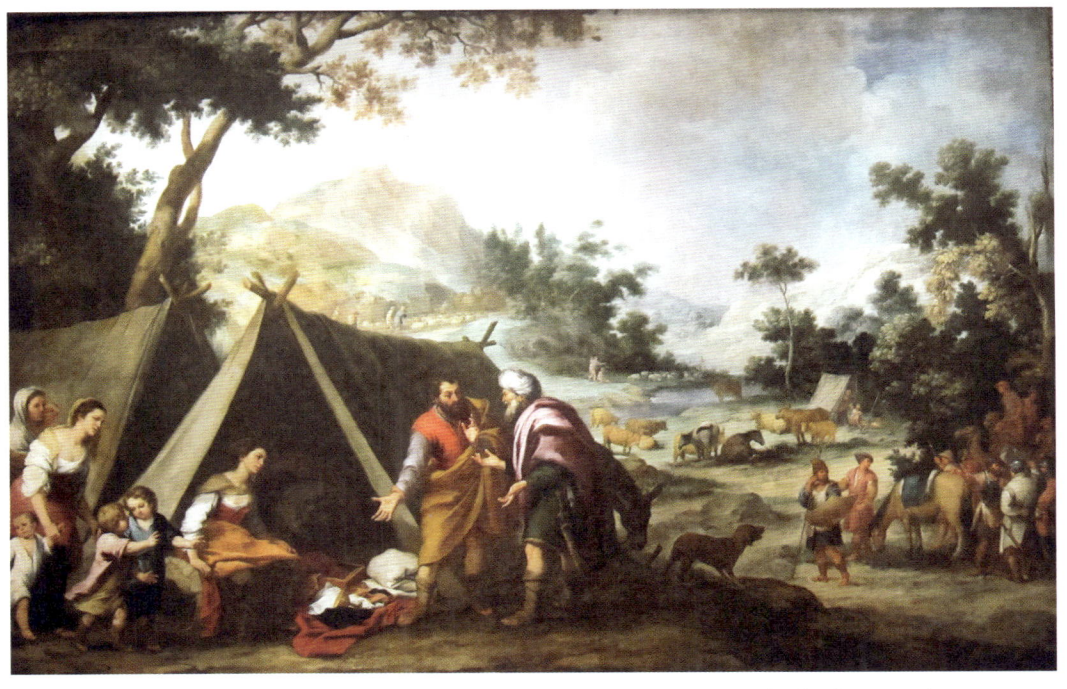

3. *Labán en busca de sus dioses domésticos robados*, Murillo, 1665-1670, Cleveland, Museo de Arte.

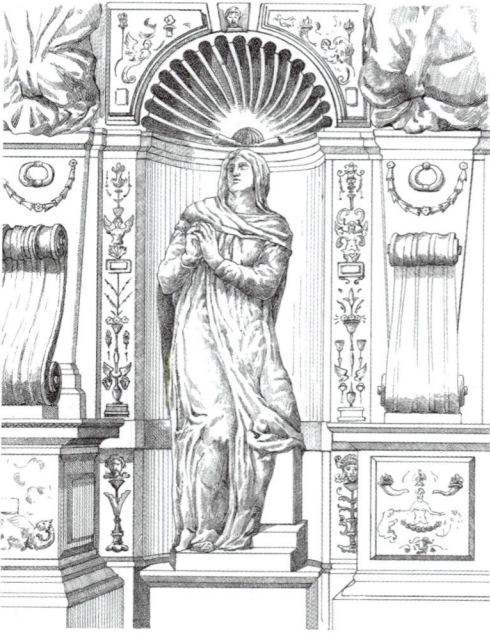

4. Representación de la estatua *Raquel*, Miguel Ángel, 1545, Roma, San Pietro in Vincoli.

Lía y ambas flanquean a Moisés. Aparece de pie, con la cabeza cubierta, vestida con un gran manto y mirando al cielo, con las manos juntas. Vasari cree que es una alegoría de la vida contemplativa frente a la vida activa de su hermana Lía.

Un grabado de Jan Collaert II [5] representa a Raquel sola, de pie, como si fuese una pastora, pero con un atuendo muy extraño en el que destaca un vestido transparente que la muestra semidesnuda, con un sombrero y un bastón peculiares. Transmite un evidente erotismo, quizá motivado por el propósito del autor de reflejar que era joven, hermosa y muy deseada por su marido. Al fondo aparecen unas ovejas, un puente y la escena en que Raquel entrega a su esclava Bilá a Jacob para que le dé un hijo.

PRINCIPALES ESCENAS

- El primer encuentro entre Jacob y Raquel.
- Raquel y su hermana Lía.
- Jacob pidiendo explicaciones a Labán delante de sus dos hijas.

- Raquel escondiendo los ídolos.
- La caravana de regreso a Canaán.

SÍMBOLOS Y ATRIBUTOS

Suele aparecer vestida de pastora, salvo en la escena de los ídolos. También junto a un cordero o un rebaño. En los paisajes suele aparecer un pozo.

CONTEXTO HISTÓRICO

Esta historia sucedió en el siglo XVII a.C., en la zona de Padán Arán, cercana al río Éufrates. La ciudad de Jarán estaba situada en un área estratégica, en el cruce de Damasco, Nínive y Karkemish. En esta época estaba poblada por arameos y era una ciudad muy importante por su activo comercio y porque allí se encontraba uno de los grandes santuarios del dios Sin («Luna»), muy venerado por los pueblos mesopotámicos.

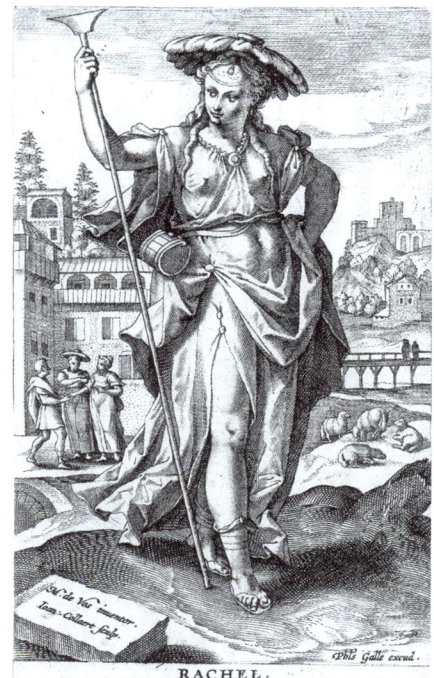

RACHEL.
Cauta RACHEL, Liæ soror, atqᷓ marita Iacobi,
Occultat patrios, clam fugitiua, deos.

5. *Raquel*, grabado, Jan Collaert II, dibujo de Maarten de Vos, 1590, Londres, Museo Británico.

En el siglo XIV fue incendiada por un ejército hitita al mando de Sarri-Kusuh, que estaba ayudando a recuperar su trono al depuesto rey de Mitani, Shattiwazza. En la actualidad se encuentra en la frontera turco-siria.

OBSERVACIONES

En esta época, los hijos de una esclava se consideraban hijos de su señora. Bastaba con que en el momento del parto la esclava se colocase entre las rodillas de su ama. En Anatolia se ha encontrado una tablilla cuneiforme del 1900 a.C. con un contrato matrimonial que establece que, si la mujer no tiene hijos en dos años, debe comprar una esclava a su marido. Tiempo después, el Código de Hammurabi también recoge la misma disposición.

En Jeremías 31, 15, aparece un texto extraño: «Se escucha un grito en Ramá, gemidos y un llanto amargo: Raquel que llora a sus hijos, no quiere ser consolada, pues se ha quedado sin ellos». Los judíos lo interpretan como una petición de Raquel a Dios para que cese el sufrimiento del pueblo hebreo.

Los ídolos familiares o terafines*, a los que se alude en la historia, eran unas figuras de dioses familiares habituales en esta época y entre las tribus nómadas. En general eran pequeños, y por eso cupieron bajo la montura de Raquel. Pero los había de gran tamaño (1Sam 19, 11-17). Representaban el derecho del heredero. La posesión otorgaba al marido de la hija casada la heredad de las propiedades de su suegro, pero, dado que Labán tenía hijos varones, el hurto representaba un perjuicio grave para estos. Es posible que Raquel se apoderara de ellos para garantizar que Jacob, o su hijo José posteriormente, fuesen considerados jefes de la familia después de la muerte de Labán o Jacob. Al respecto cabe recordar el enfrentamiento con su hermana Lía, que tenía hijos mayores que José, el primogénito de Raquel.

Rebeca (AT)

Mujer de la ciudad de Arán-Naharáin (situada en el norte de Mesopotamia). Fue la esposa de Isaac y madre de Esaú y Jacob. Su nombre significa «lazo» o «cuerda» para atar o aprisionar. En el mundo patriarcal, al aplicarlo a una mujer, pretende indicar que es muy bella y por ello aprisiona o cautiva al hombre.

Aparece en el Génesis (Gén 24 y ss.).

Abrahán, siendo ya anciano y viudo, decidió casar a su hijo Isaac, que tenía cuarenta años y aún permanecía soltero. Encargó a su criado Eliezer, que era el administrador de su casa, que marchase a las tierras de Arán a encontrarle esposa, puesto que no quería casarlo con una mujer cananea. El criado preparó una caravana con numerosos regalos y se marchó a cumplir el encargo de su señor.

Cuando llegó a la ciudad de Arán-Naharáin, donde vivía el hermano de Abrahán, se detuvo junto a un pozo donde solían ir las mujeres a coger agua y se sentó a esperar. Al mismo tiempo, le rogó a Dios que le ayudase en su misión. Mientras estaba con estos pensamientos, se le acercó una joven con un cántaro; él le pidió agua y ella le dio de beber y, a continuación, sacó agua del pozo para los camellos. Eliezer entendió que era esa era la señal que estaba esperando y, de inmediato, cogió un anillo de oro y se lo puso a la joven en la nariz y dos pulseras que le colocó en los brazos. A continuación le preguntó su nombre y ella le contestó que se llamaba Rebeca y que era nieta de Najor, el hermano de Abrahán, y que lo podían alojar en su casa.

Eliezer acompañó a Rebeca a su casa y allí explicó a sus padres los motivos de su visita. La familia le dijo que aceptaban los designios de Dios y que consentían en la boda. Al día siguiente se pusieron en camino y regresaron con Rebeca y varias doncellas a las tierras de Abrahán. Cuando Isaac vio a la bella joven, la llevó a la tienda de su madre Sara, que ya había fallecido, y la tomó por esposa.

Durante una hambruna tuvieron que emigrar a Guerar, una población filistea. Allí Isaac presentó a Rebeca como su hermana, pues temía que su belleza provocara que lo asesinaran para poseerla. El rey filisteo de la zona, Abimélec, descubrió el engaño y les protegió para que nadie los molestara. Allí prosperarían hasta tal punto que el rey les recomendó marcharse para evitar enfrentamientos con los pastores de la zona. Así, pudieron volver a Canaán.

Pasados veinte años, el matrimonio no conseguía tener hijos. Isaac rogó a Dios que permitiera a su mujer tener descendencia y el Señor aceptó. Poco después, Rebeca quedó embarazada de gemelos, pero los niños chocaban con frecuencia entre sí dentro del vientre; la mujer lo consultó con Dios, que le dijo que en su seno tenía dos naciones, dos pueblos que se separarían, y que el mayor serviría al menor. En el momento del parto nació primero uno, rojo y peludo, al que llamaron Esaú, y después, agarrado al talón del hermano, nació Jacob.

Conforme fueron creciendo, Esaú se convirtió en el hijo favorito de su padre mientras que Jacob lo era de su madre. Un día, siendo ya un anciano que había perdido la vista, Isaac llamó a Esaú y le dijo que saliese a cazar algún animal y que preparase un guiso con él, puesto que lo iba a bendecir. Rebeca, que escuchó la conversación, buscó de inmediato a Jacob y le dijo que le trajese dos cabritos, con los que iba a preparar una comida que debía llevarle a su padre para que lo bendijese a él en lugar de a Esaú. Una vez preparado el guiso, Rebeca vistió a Jacob con ropa de su hermano y le cubrió el cuello y los brazos con la piel de los cabritos, porque Esaú era muy velludo, y lo envió a presencia de Isaac. Jacob hizo lo que le ordenó su madre y recibió la bendición paterna, convirtiéndose en el heredero del clan familiar.

A continuación, Rebeca le indicó que se marchase a tierras de su hermano Labán para evitar la venganza de Esaú. Jacob se marchó y estuvo fuera unos veinte años, tiempo durante el cual su madre Rebeca debió de morir porque la Biblia no la menciona en el regreso del hijo. Se supone que está enterrada en la Tumba de los Patriarcas en Hebrón (Palestina).

REBECA EN EL ARTE

La vida de Rebeca ha sido representada con frecuencia porque es la mujer que cambió la historia de Israel al dar legitimidad dinástica a los descendientes de Jacob a través de las doce tribus, frente a los edomitas, que fueron los sucesores de Esaú. Así pues, las principales escenas representadas abarcarán desde que Eliezer se encuentra con Rebeca hasta que la pareja se conoce, y el momento del engaño de Rebeca que culmina con la bendición de Isaac a Jacob.

La escena en la que Rebeca da de beber a Eliezer fue considerada desde los primeros tiempos del cristianismo un símbolo de caridad cristiana, y así la han recogido en numerosos códices o biblias iluminadas. El interés por los regalos de Eliezer a Rebeca se da desde el Renacimiento, por ejemplo con Zelotti, que realizó una pintura, *Rebeca y Eliezer,* en 1553, que pertenece al Museo del Prado. El tema se mantiene en el manierismo con autores como Veronés en su obra *Rebeca y Eliezer.*

Murillo, en 1650, pintó su *Rebeca y Eliezer* [1]. Es una obra agradable, llena de color, donde Rebeca le da agua al sediento criado mientras dos compañeras esperan su turno y una tercera se acerca con un cántaro en la cabeza; el pozo y las cuatro sencillas jóvenes tienen un evidente aspecto andaluz. La apariencia llana y natural de los personajes de la obra de Murillo contrasta con otras donde el tema de las joyas es importante, como es el caso de Poussin, con su pintura de 1648, en el Louvre, o del protestante Hendrik Heerschop, que en 1656 pintó a Rebeca recibiendo valiosos regalos del sirviente de Abrahán.

La Contrarreforma estimuló la representación de Rebeca porque, además de ser un símbolo de

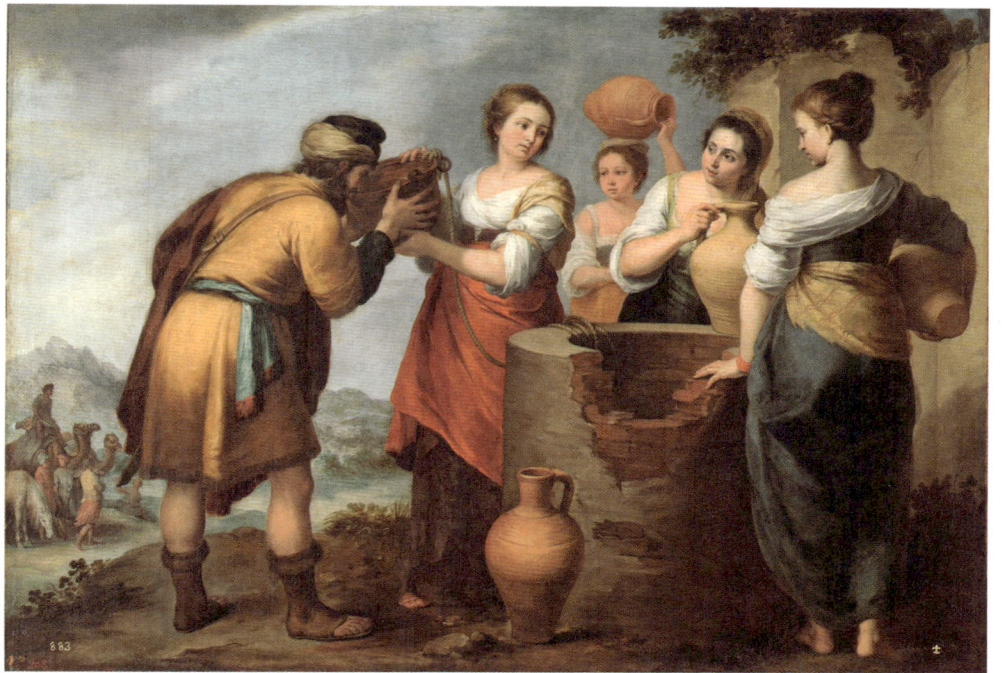

1. *Rebeca y Eliezer*, Murillo, *ca.* 1660, Madrid, Museo del Prado.

caridad cristiana, sirvió para poner de relevancia la intervención de Dios al enviar un ángel que ayudase a Eliezer a encontrar la esposa adecuada. Este hecho supone la prefiguración* de la Anunciación y por este motivo, desde el Barroco hasta la actualidad, se han multiplicado sus representaciones.

La escena del encuentro entre Rebeca e Isaac se ha representado en menor medida, aunque existen diversas obras y grabados al respecto, como, por ejemplo, la de Vaccaro, del siglo XVII, *Encuentro de Rebecca e Isaac,* en el Museo del Prado de Madrid.

La tendencia a realizar esculturas y pinturas de Rebeca, sola y en el pozo, se produce desde el Renacimiento. Así que la representan, por ejemplo, Domenico Cerrini en 1681; Corot, en 1839, o Juliana Howard, en 1824. A partir de este siglo y en el XX se introduce una línea erótica y sensual en el personaje que queda reflejada tanto en pinturas como en esculturas. Así aparece una escultura de Rebeca semidesnuda que fue mostrada en la Exposición Internacional de Londres de 1862, obra de Davies. Son varios los autores que siguen esta línea, como Chauncey Bradley y su *Rebeca en el pozo,* de 1871, o la escultura de Zabello [2] en la que destacan la juventud del personaje, su desnudez y las joyas.

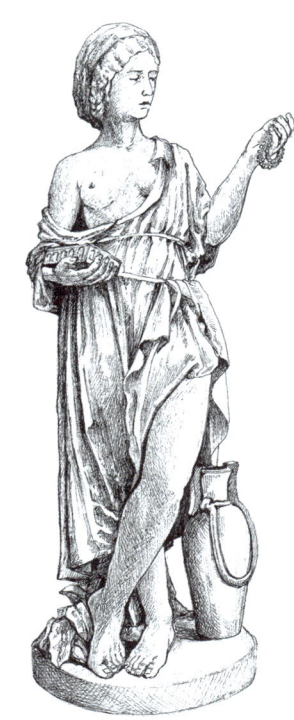

2. Representación de la escultura *Rebeca,* Parmen Petrovich Zabello, 1863, Atlanta, High Museum of Art.

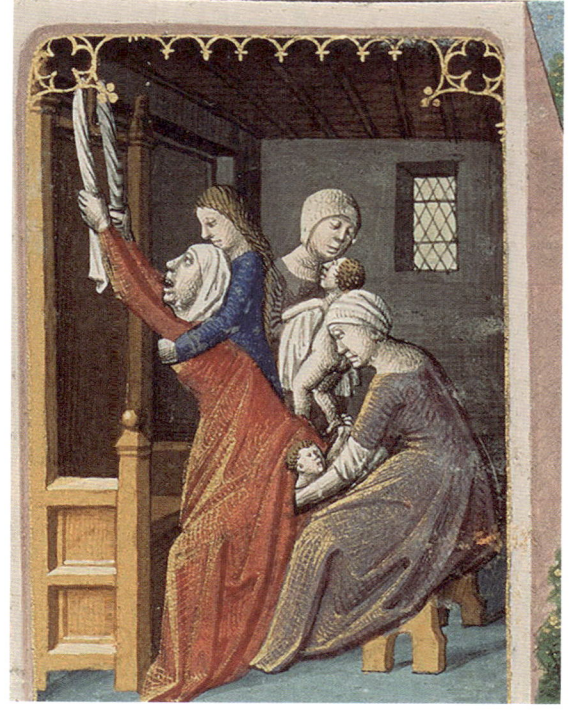

El tema del embarazo de Rebeca y el alumbramiento fue igualmente importante. Hacia el año 1475, Maître François [3] hizo una llamativa miniatura en la que se muestra a Rebeca dando a luz a Jacob y una criada atendiendo a Esaú. El autor, en este caso, nos enseña el método de alumbramiento de la época, en el que la madre, de pie, agarrada a unas toallas, es sujetada por otra criada mientras la partera recoge al recién nacido.

Por último, el desenlace de la primogenitura, con el engaño a Isaac, hecho que va a definir la línea de herencia en Jacob de la que derivarán las doce tribus de Israel y, por tanto, de Jesús, en el que Rebeca tiene un papel definitivo, se reprodujo con profusión. Se represen-

3. *Nacimiento de Esaú y Jacob como ejemplo del destino de los gemelos contra los argumentos de la astrología*, por Maître François, *ca.* 1475-1480, miniatura en la ilustración de *La ciudad de Dios*, de san Agustín, libro IX, La Haya, Museo Meermanno Westreenianum.

ta desde la Edad Media, donde aparece en múltiples manuscritos iluminados, como, por ejemplo en la *Biblia de Maciejowski* (Ms. M.638, f. 4r), del siglo XIII. Destaca el papel de Rebeca, que empuja a un indeciso Jacob tras haberle camuflado con las pieles. Este detalle se mantiene en varios pintores posteriores, como Giotto, Giordano, Murillo, Rembrandt, Orrente, Jouvenet, etc. En escultura destaca el extraordinario capitel románico del siglo XII de la basílica de Santa María Magdalena de Vézelay o el relieve de Ghiberti para las puertas del baptisterio de Florencia.

Ribera, con su obra *Isaac y Jacob* [4], de 1637, muestra a Rebeca empujando a un indeciso Ja-

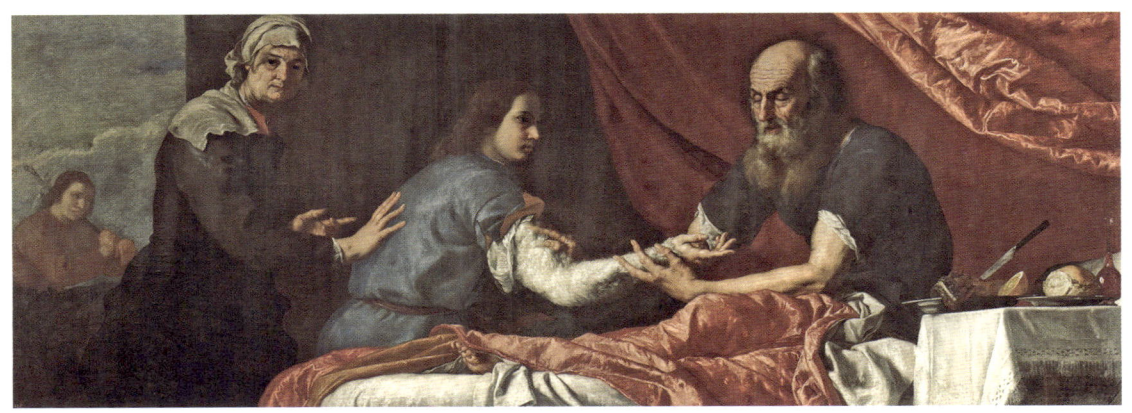

4. *Isaac y Jacob*, Ribera, 1637, Madrid, Museo del Prado.

cob y, al mismo tiempo, mirando al espectador para advertirle del engaño que se está produciendo. Isaac, anciano y ciego, toca el brazo de su hijo sin notar la trampa. A su lado, y sobre una mesa, aparecen los restos del guiso que ha preparado la propia Rebeca y, anticipando la tensión que se va a producir, se ve a Esaú regresando con la caza colgada del hombro.

Aspectos secundarios de la vida de Rebeca, como la estancia en Guerar con Abimélec, aparecen de manera marginal.

Principales escenas

- Con Eliezer junto al pozo, dando de beber o con los regalos.
- En la boda con Isaac.
- En la bendición de Jacob.
- Dando a luz a los mellizos.

Símbolos y atributos

Los principales elementos que pueden aparecer junto a ella son un cántaro, corderos, camellos y un pozo.

Contexto histórico

La historia sucede hacia el siglo XVII a.C., cuando comienzan a establecerse los primeros grupos de nómadas judíos en tierras de los actuales Israel y Palestina.

Rebeca vive en Arán-Naharáin, una extensa zona que en la actualidad correspondería a gran parte de Siria, el sur de Turquía y zonas de Líbano e Irak. Es el reino arameo, cuyo idioma es mencionado a menudo en el mundo cristiano porque, al expandirse este reino, sus comerciantes extendieron su lengua, que se convirtió en la más hablada de la zona de Oriente Medio y sirvió como vehículo de expresión en la administración, en la religión y en la vida cultural.

Algunos expertos creen que el nombre de Arán significa «tierras altas», frente a Canaán, situada al sur, que significaría «tierras bajas».

El lugar de origen de Abrahán, sin embargo, está en duda [5]. En la actualidad algunos expertos creen que él y los primeros grupos de hebreos no procedían de Ur de los caldeos, como se afirma en la Biblia (Gén 11, 28). Se cree que se trata de un error de traducción cometido cuando se pasó del hebreo al griego en la *Biblia de los Setenta*. Estos estudiosos afirman que la zona de origen parece estar situada mucho más al norte, en Arán, ubicado cerca de la desembocadura de los ríos Balik y Jabor. Eso explicaría que cuando Abrahán mandó buscar a Rebeca y le indicó a su criado que indagase en su tierra nativa (Gén 24, 4), este se dirigiera a esta zona y no al sur, hacia Ur de los caldeos. Incluso en la Biblia se menciona que los israelitas decían en sus rituales, al hablar de sus ancestros: «Mi padre fue un arameo errante…» (Dt 26, 5).

Observaciones

Rebeca, según el Génesis 24, se cubre con un velo antes de la unión con Isaac, y este parece ser el origen de la tradicional ceremonia judía del Badeken, que se celebra momentos antes de la boda y en la que el novio, acompañado por el rabino y sus padres, cubre el rostro de la novia con un velo. La tradición también afirma que la costumbre de retirar el velo de la cara al finalizar la boda procede de Jacob, cuando lo engañaron y casaron con Lía, que debía de ir con el rostro cubierto, aunque la Biblia no lo menciona.

Rebeca está enterrada en la Tumba de los Patriarcas, en Hebrón (Gén 49, 31).

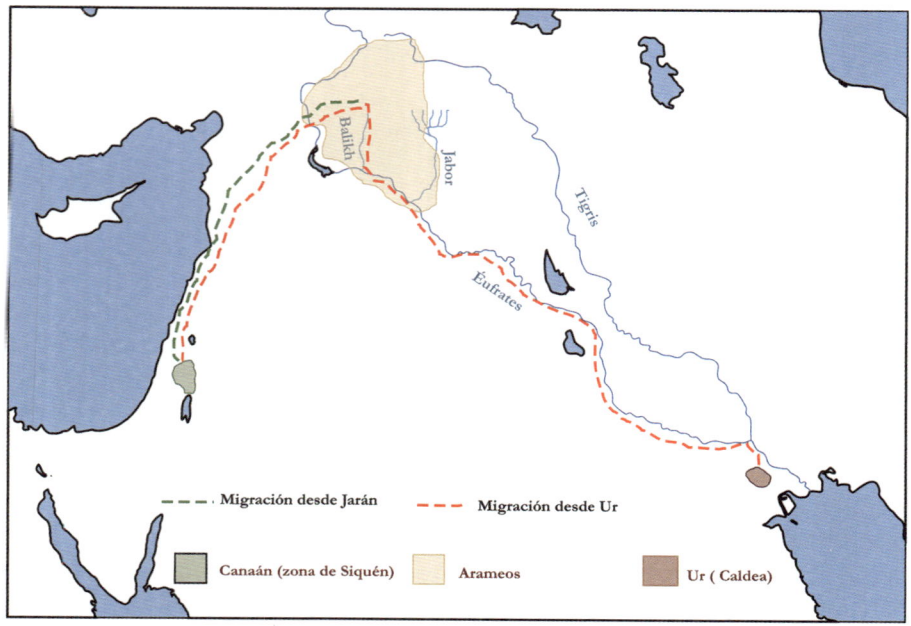

5. Mapa que indica las dos teorías en la migración de Abrahán. La vía roja indica la partida de Ur de los caldeos, pasando por Jarán, para acabar en Canaán, en Siquén. La verde nos muestra que la partida y, por tanto, el origen era Jarán, en territorio de los pueblos arameos.

Balikh

Jabor

Tigris

Éufrates

- - - Migración desde Jarán   - - - Migración desde Ur

Canaán (zona de Siquén)   Arameos   Ur (Caldea)

Rut (AT)

Mujer moabita. Fue la bisabuela del rey David.

Su vida se narra en el libro que lleva su nombre. El evangelista Mateo la incluye en la genealogía de Jesús (Mt 1, 5).

Elimelec, un judío de Belén de Judá, emigró a Moab por una hambruna que sufría Israel. Le acompañaron su mujer Noemí y sus hijos Majlón y Kilyón. El hombre murió y sus hijos se casaron con dos moabitas, Rut y Orfá. A los diez años murieron sus hijos y Noemí decidió regresar a Israel, donde se había terminado el hambre. Indicó a sus nueras que volvieran con sus madres. Orfá se marchó, pero Rut decidió ir con su suegra.

Al llegar, no tenían nada, pues las tierras de la familia no se habían trabajado. Así que, dado que era el tiempo de la siega, Rut decidió ir a espigar. Fue al campo de un pariente rico de su suegro, Booz. Este, al verla, la protegió: procuró que nadie la molestara y que la ayudaran. Con lo recogido, volvió a casa de su suegra y le contó lo sucedido. Volvió a espigar varios días hasta que terminó la siega. Al finalizar, su suegra le dijo que fuera a la era donde Booz aventaba el grano, esperara a la noche y, cuando este estuviera dormido, se acostara a sus pies. Cuando él se despertó y la descubrió, se sobresaltó y le preguntó quién era, a lo que ella respondió: «Soy Rut, tu sierva. Cúbreme con tu manto, porque tú eres mi protector» (Rut 3, 9). Con la frase «cubrir con el manto» ella le pedía que la desposara. Él accedió a hacerlo, pero le confesó que antes debía solucionarse un problema. Existía un pariente del primer esposo de Rut, más cercano en parentesco que Booz, que tenía derecho prioritario a comprar las tierras del difunto marido de Rut y casarse con ella (ley del levirato*). Para solucionarlo, Booz propuso al pariente, en presencia de testigos, la compra y el casamiento para perpetuar el nombre del difunto marido de ella, pero él no quiso casarse

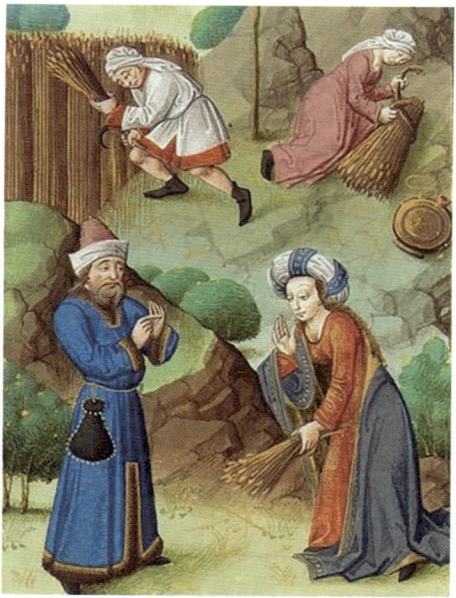

1. Detalle de *Rut espigando en la era de Boaz*, Nicolás de Lira, en *Postillae litteralis*, siglo XV, París, Bibliothèque Nationale de France, Ms. Lat. 11973, f. 53v.

con Rut porque eso suponía perder su propia línea sucesoria y renunció delante de todos. Tras superar este obstáculo, Booz y Rut se casaron y tuvieron un hijo llamado Obed que a su vez engendró a Jesé, que fue el padre del futuro rey David.

Rut en el arte

Pese a la sencillez del personaje, la importancia de la humildad, la esperanza en que Dios les ayudaría y la cercanía de la historia con la mayoría de la población agrícola contribuyeron a que la historia fuera muy representada en la Edad Media. La importancia de Rut como bisabuela del rey David queda reflejada en la *Biblia de Maciejowski,* donde su historia se desarrolla en cinco folios diferentes.

En general el arte representa un relato sencillo centrado en la siega, con múltiples acompañantes de la pareja que impiden el posible escarceo amoroso entre ambos. Así se observa en la obra de Lira [1]. La *Biblia de Padua* va algo más allá y sugiere una relación más física entre Booz y Rut.

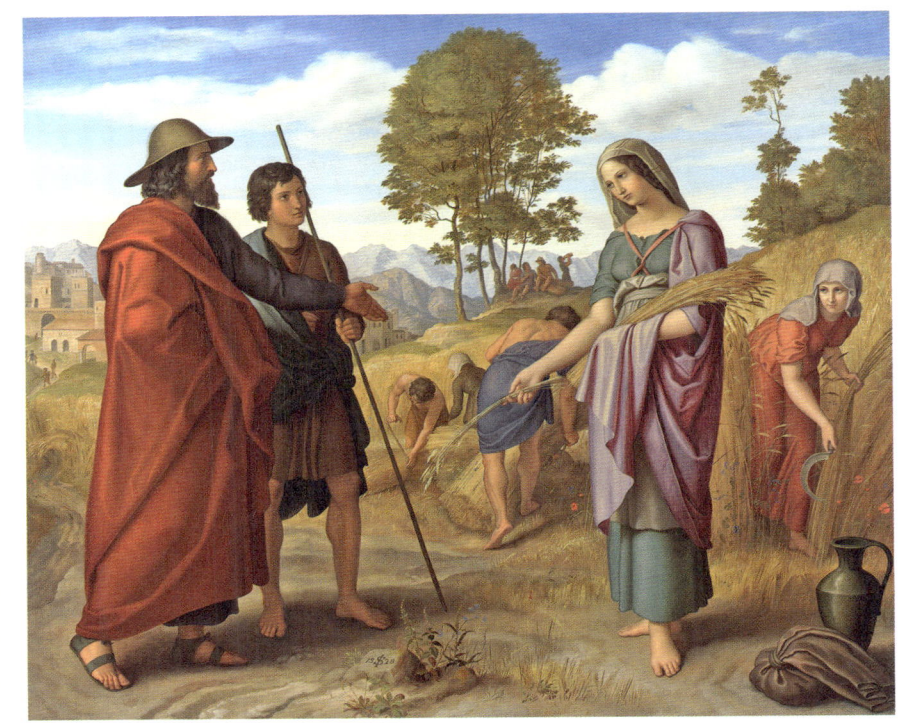

2. Representación de la obra de *Rut en el campo de Booz*, Julius Schnorr von Carolsfeld, 1828, Londres, National Gallery.

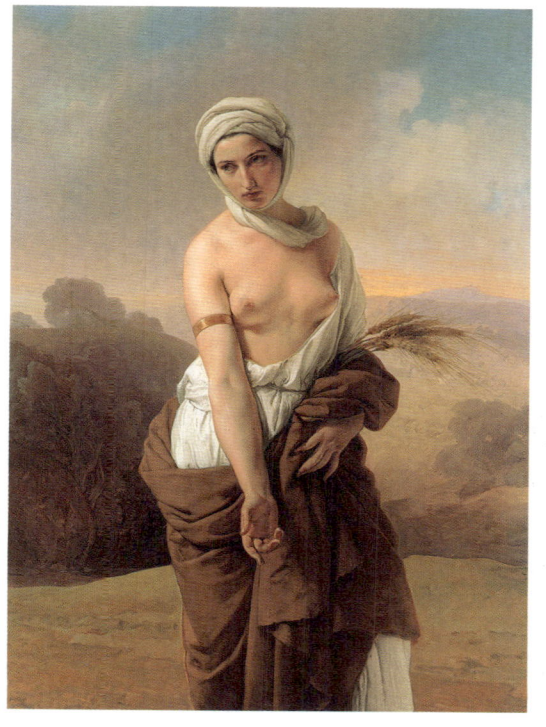

No destacó en el Renacimiento y Barroco, aunque el romanticismo, con su aprecio por las escenas sencillas, lo retoma. Así aparece en las obras de Schnorr [2], como una sencilla y amable escena pastoril donde Booz, a la izquierda, indica con un benevolente gesto de su mano que le permite a Rut recoger el grano.

Las representaciones de Rut sola en esculturas y pinturas van adquiriendo un tinte más erótico, como se aprecia en la obra de Rogers de 1848, actualmente en el Museo de Arte de Delaware, que nos la muestra muy joven, arrodillada, recogiendo el grano mientras enseña uno de sus pechos. La versión de Rut del italiano Francesco Hayez [3] insiste en este aspecto erótico.

El personaje fue representado también por otros autores del siglo XIX, que mantuvieron el aspecto sencillo y contenido, como se aprecia en los grabados de Doré. En el primero se muestra a

3. *Rut*, Francesco Hayez, 1853, Bolonia, Colecciones de Arte Municipales.

un personaje humilde, agachado, recogiendo el grano mientras Booz pregunta por ella [4]. William Blake, en sus ilustraciones de la Biblia, destacó la despedida de Orfá.

En el siglo XX, otro ilustrador de la Biblia, Marc Chagall, mostró el momento en que ella se acuesta semidesnuda a los pies de Booz [5].

PRINCIPALES ESCENAS

• Rut, unida a su suegra, la acompaña en la vuelta a Israel, mientras Orfá se queda en Moab.

• Rut espigando.

• Rut a los pies de Booz le pide matrimonio.

• La negociación con el pariente.

• Los esponsales.

• El nacimiento de su hijo Obed.

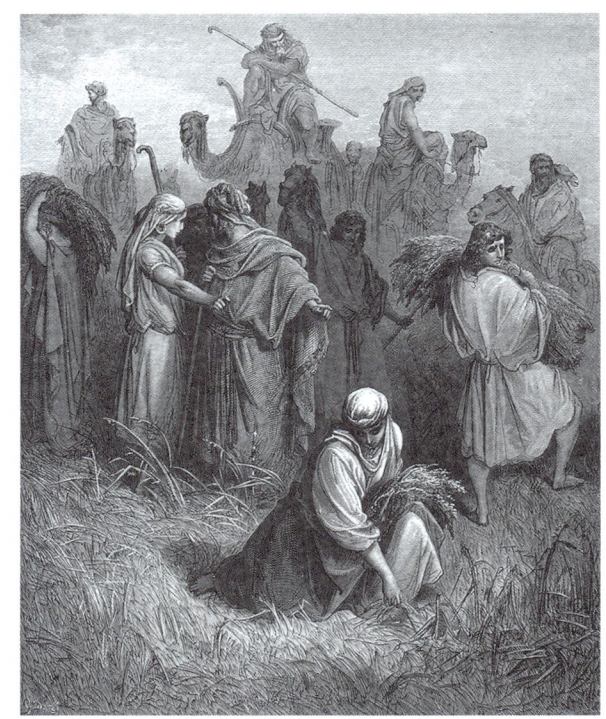

4. *Rut espigando,* grabado, Gustave Doré, siglo XIX, *Biblia ilustrada.*

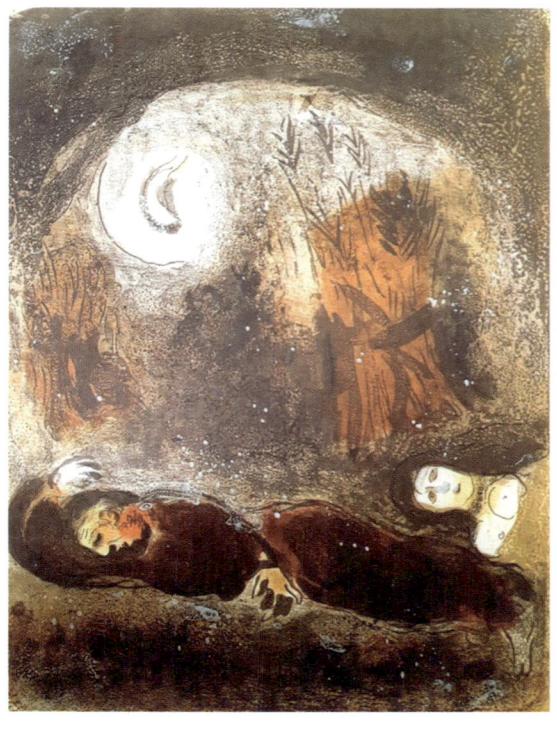

SÍMBOLOS Y ATRIBUTOS

Haz de espigas.

CONTEXTO HISTÓRICO

Los hechos se desarrollan alrededor del año 1000 a.C., en un Israel predinástico, bajo el dominio de los jueces. La población está ya muy organizada y su economía está basada en la agricultura y la ganadería.

El libro de Rut nos muestra la vida dura de los habitantes, que debían emigrar en los casos de sequías y hambruna buscando sobrevivir en otras tierras como el reino de Moab.

La costumbre de que las mujeres fueran a espigar se ha mantenido hasta nuestros días.

5. *Rut a los pies de* Booz, ilustración de la Biblia, en *Chagall sueña la Biblia*, Barcelona, Libros del Zorro Rojo, 2017.

Saba, reina de (AT)

Su nombre no aparece mencionado en la Biblia. En la tradición islámica se la llama Balquis, y en la etíope, Makeda. Otros nombres que se le asocian son Nikaule o Nicaula.

Su historia se narra en el Antiguo Testamento en el libro primero de los Reyes (1Re 10, 1-13), y se repite en el segundo de Crónicas (2Crón 9, 1-12). El reino de Saba y sus caravanas y convoyes comerciales aparecen mencionados en Job 6, 19. También, en el Salmo 72, 10, se indica que se realizaban transacciones comerciales con Saba, y los libros proféticos nos hablan de los productos que de allí venían: oro, incienso y piedras preciosas (Is 60, 10; Jer 6, 20). El personaje aparece también mencionado en el Nuevo Testamento al nombrarla como la reina del Sur (Mt 12, 42, y Lc 11, 31).

Al conocer la fama de sabiduría del rey Salomón, la reina, acompañada de un numeroso séquito, regalos, perfumes, oro y joyas, fue a visitarlo. Lo puso a prueba con diversos enigmas que él resolvió. Admirada por su inteligencia, el palacio y el lujo de la corte, le alabó y ofreció ciento veinte talentos de oro (unos cuatro mil kilos) y gran cantidad de esencias perfumadas y piedras preciosas. El rey Salomón concedió a la reina cuanto ella quiso y pidió, además de los regalos que él le hizo con munificencia regia. Luego ella retornó a su país.

LA REINA DE SABA EN EL ARTE

La importancia de la reina en el cristianismo incluye la peregrinación para ver al rey y la visita en su búsqueda de la sabiduría y el verdadero Dios.

El principal detalle en relación con el personaje es su grandeza y majestad, sus riquezas y la suntuosidad de su comitiva. Por ello se mostrará

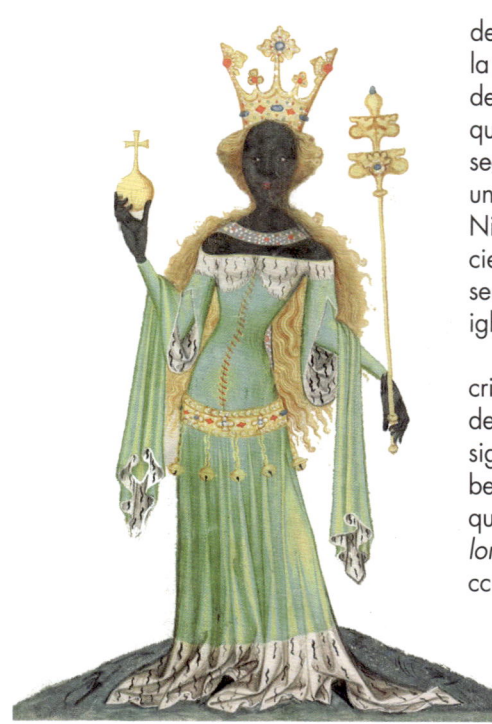

desde los comienzos del arte cristiano en el momento clave de la presentación ante el rey Salomón, donde todos los aspectos del lujo, tanto de los personajes como del entorno palaciego que los rodea, se despliegan ante el espectador. El encuentro, según la teoría del *Speculum Humanae Salvationis*, supone una prefiguración* de la Adoración de los Reyes Magos al Niño Jesús, al que llevaron, como la reina a Salomón, oro, incienso y mirra. Otra versión eclesiástica de la Edad Media señala que Salomón, que prefigura a Cristo, es visitado por la iglesia de los gentiles, personificada en la reina de Saba.

La escena del encuentro se representa en diferentes manuscritos medievales y la ubicación, poco clara, lejana y exótica, del reino de Saba se muestra de diferentes maneras. Así, en el siglo XV, aparece con un séquito de hombres peludos de la cabeza a los pies, ya que en alguna tradición abisinia se decía que ella era velluda como un oso, aspecto que el rey curó *(Salomon et la reine de Saba*, Cote: Francés 598 , f. 67v, Boccaccio, *De mulieribus claris*, París, siglo XV). Otros representan a

1. *La reina de Saba*, dibujo basado en el manuscrito de Bellifortis de Conrad Kyeser (Staats- und Universitätsbibliothek Göttingen, 2 Cod. Ms. Philos. 63, Cim., f. 122r), *ca.* 1405.

la reina como una nativa africana, quizá por un posible origen etíope, con piel oscura, casi negra, con un vestuario anacrónico y una llamativa y abundante cabellera rubia. Asimismo, se la rodea de todos los símbolos de poder: corona, cetro y orbe, como se ve en el manuscrito de Bellifortis [1].

En la Edad Media también aparece una corriente enfrentada al texto de la Biblia. Frente a la posición ortodoxa en la que la reina alaba al Dios de Israel (1Re 10, 9), aparece una soberana que desvía a Salomón del culto a Yahvé, empujándolo a adorar a otros dioses. Los artistas mezclan con ello la deriva del rey hacia el politeísmo en su vejez (1Re 11, 4) con la visita de la reina de Saba; así se muestra en un *Speculum Humanae Salvationis* [2] donde el rey, de rodillas, parece empujado a adorar un ídolo pagano por una reina de tez oscura con tocados orientales. No será un hecho aislado; Camille, el comentarista del Salterio de la reina Mary, indica que en otros manuscritos aparece «la reina negra de Saba», que conduce a Salomón no solo por el camino del mal a adorar al demonio sobre un pedestal, sino que

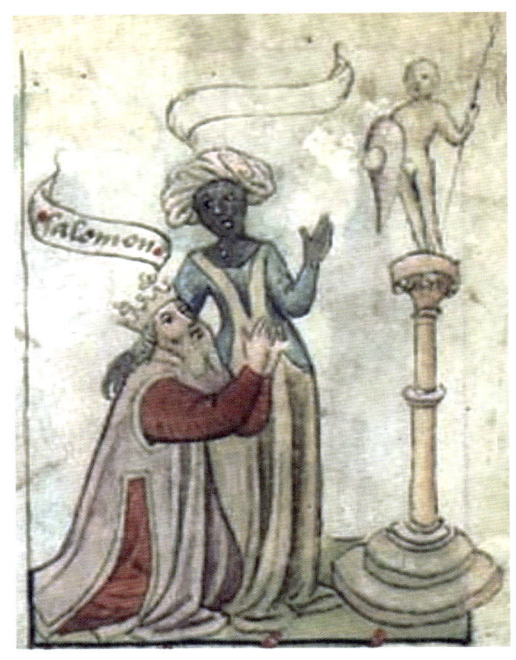

2. Detalle de un *Speculum Humanae Salvationis*, ca. 1430.

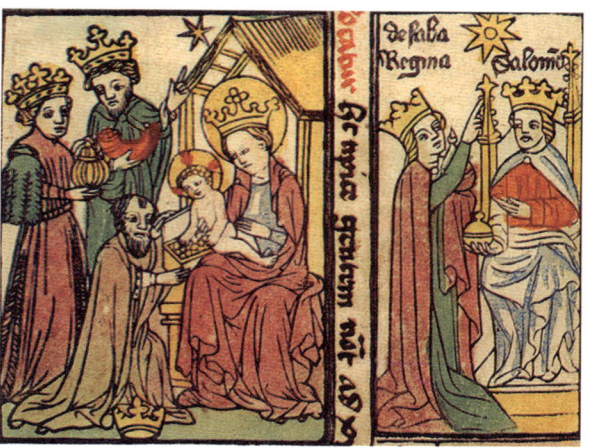

3. Biblia pauperum, Cod. Pal. germ. 438, Papier, 34 Bll. (111v-128r), *ca.* 1455.

además lleva una rueca, signo de la sumisión a lo femenino y atributo del cornudo.

Pero, en general, incluso en el conjunto del Salterio de la reina Mary, la visión es positiva y la reina es vista como un personaje con gran majestad.

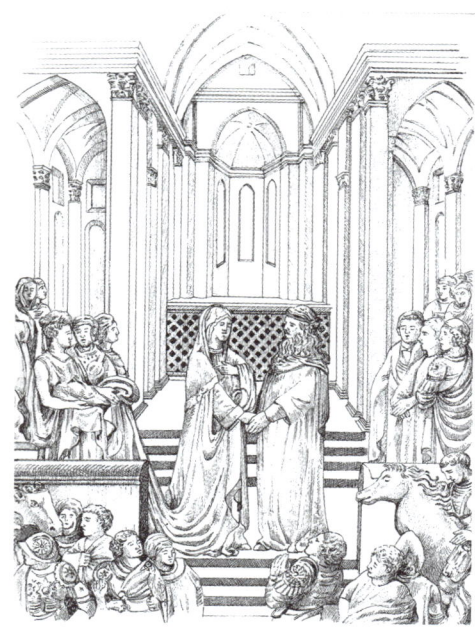

4. Representación de *Salomón y la reina de Saba*, Ghiberti, mediados del siglo XV, Florencia, puertas del baptisterio de San Juan.

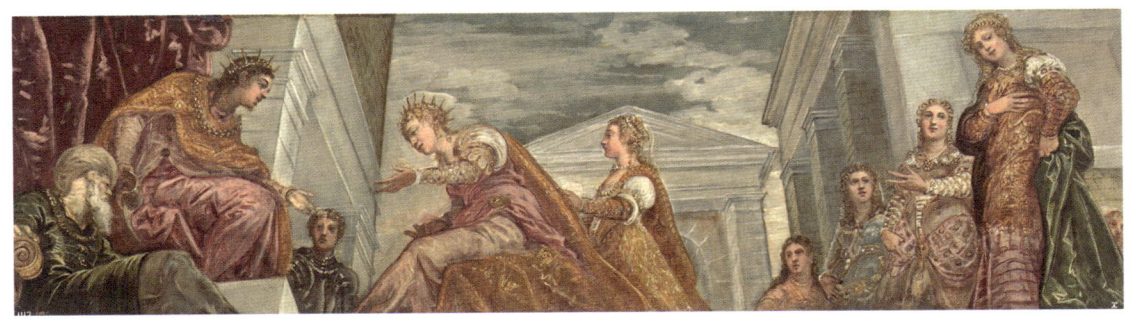

5. *Visita de la reina de Saba a Salomón*, Tintoretto, 1555, Madrid, Museo del Prado.

La prefiguración* es también reflejada en diferentes obras. En una biblia pauperum* germánica [3], por ejemplo, se representan ambos hechos en el mismo plano: la Adoración de los Reyes Magos y el encuentro de la reina de Saba.

El Renacimiento hace hincapié en el triunfo de las leyendas, que llegaron a representarla en el románico como una reina con pies de pato (reina Pedauca, «con pies de oca»), y en las confusiones con el descarrío del rey. Ghiberti, en sus famosas puertas del baptisterio [4], esculpe una escena de majestuosidad estricta. Enmarcados en una arquitectura renacentista de perfección clásica y acompañados de una corte espléndida, las dos figuras centrales, Salomón y la reina, se conocen y entrelazan sus manos. El modelo se repite en múltiples autores: Piero de la Francesca, en su obra de la basílica de San Francisco en Arezzo, del siglo XV, por ejemplo, o Tintoretto [5], en 1555, en una obra ubicada en el Museo del Prado.

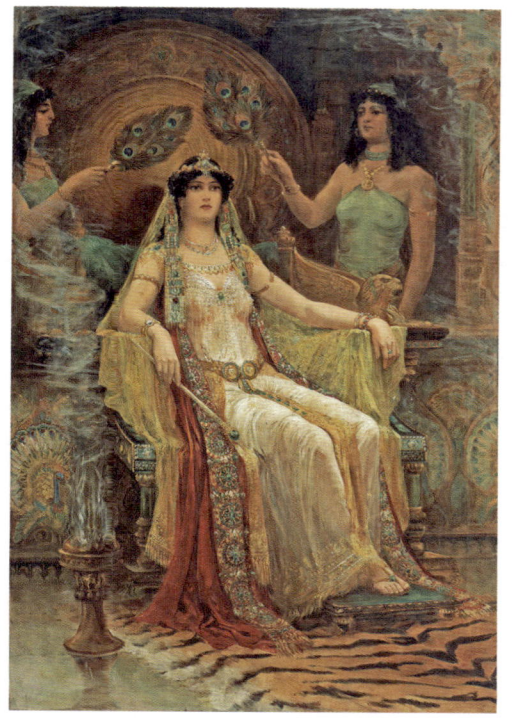

Desde siempre la escena se ha representado plagada de anacronismos. El entorno del palacio, las vestimentas y los personajes se adecuaron a cada época. En general, destaca la posición junto al rey, al cual se pinta sentado en su trono en un ambiente de lujo y magnificencia. Ella suele aparecer con aspecto caucásico, aunque, como se ha indicado anteriormente, existen variantes de aspecto etíope, como, por ejemplo, en la obra de Salomon de Bray titulada *La reina de Saba ante el templo de Salomón en Jerusalén*, de 1657, en Haarlem, Museo Frans Hals.

En el siglo XVIII, y básicamente en el XIX, los nuevos descubrimientos en Mesopotamia y Oriente Próximo y una mejor información de los artistas se plasmaron en un entorno más cercano a la realidad del reino de Israel en tiempos de Salomón, como se aprecia en la obra de Poynter *La visita de la reina de Saba al rey Salomón*, de 1890, con un trono y marco más fieles a la información bíblica.

6. *La reina de Saba*, Edward Slocombe, 1907, col. particular.

Cuando aparece sin el rey, se suele subrayar su aspecto oriental según la versión de su origen en la *Arabia feliz**. El lujo siempre está presente, ya sea por lo que la rodea, como en la obra de Slocombe [6] de comienzos del siglo XX, o por formar parte de una comitiva fastuosa, como en la obra de Ziani [7]; en cualquier caso, será un aspecto común en las obras.

PRINCIPAL ESCENA

• Encuentro entre la reina de Saba y el rey Salomón.

SÍMBOLOS Y ATRIBUTOS

Destaca por los símbolos de la realeza: cetro, orbe, corona, faisanes, etc. También el oro y los perfumes, y por los regalos que llevó a Salomón.

CONTEXTO HISTÓRICO

Los acontecimientos se producen en el reinado de Salomón, en un periodo aproximado entre el año 965 y el 928 a.C. La visita de la reina, según Réau, al margen de la curiosidad de ella respecto a la sabiduría y poder del rey, debe entenderse en el marco del establecimiento de un tratado comercial.

El reino de Israel ocupaba una zona estratégica y central en las vías comerciales. Controlaba la ruta que conectaba Fenicia con el mar Rojo, lo que explica la alianza con el rey fenicio Hiram. Igualmente, mantenía buenas relaciones con el reino de Saba, que monopolizaba el comercio de caballos y carros entre diversas tribus, Siria y Egipto, así como las minas de cobre del Arabá. Al cobrar impuestos por las mercancías que atravesaban los territorios, la riqueza del rey aumentó de modo notable. En este proceso colaboraron las mujeres judías que tejían prendas de lino y las vendían a los cananeos (Prov 31, 24).

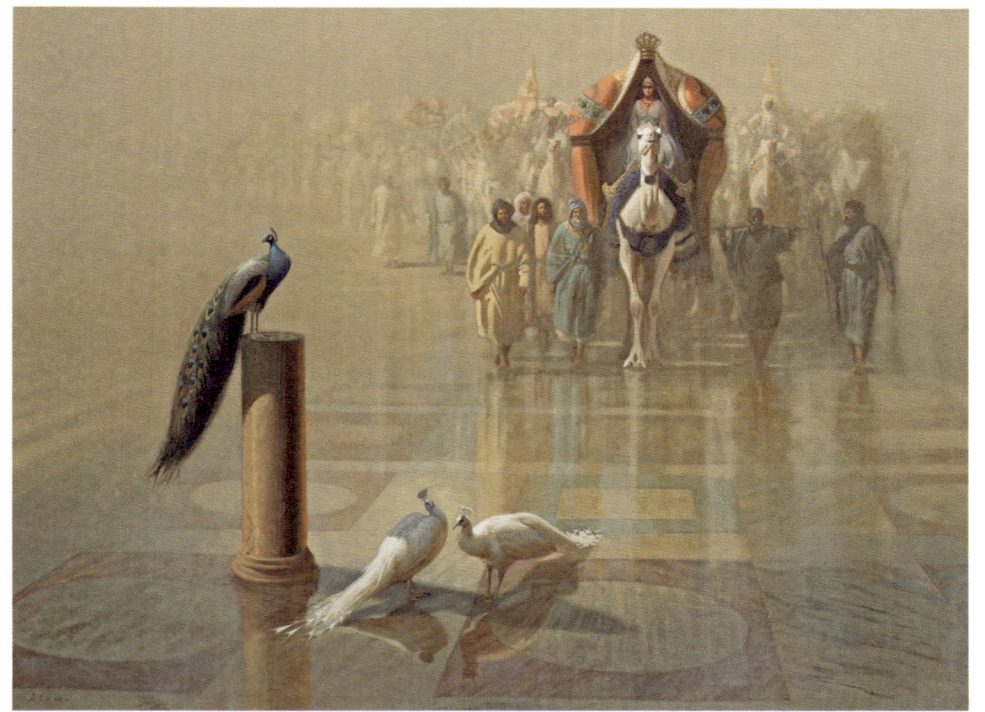

7. *La reina de Saba*, Hocine Ziani, 2015, col. particular.

Los fenicios de Tiro establecieron relaciones comerciales y proporcionaron conocimientos marítimos definitivos para el intercambio a gran distancia.

La localización del reino de Saba es difícil y existen distintas versiones. Una lo relaciona con Etiopía, el país de Kush. Una tradición indica que el nombre de la reina era Makeda, del reino independiente de Aksum, localizado en Etiopía, que tuvo un hijo con Salomón, Menelik, que sería educado en Jerusalén y volvería allí para reinar. El fundamento histórico se centra en la migración, en tiempos de David, de la tribu árabe de los habasat (de ahí derivará el término «Abisinia») del reino sabeo o de Saba, situado en el sur de Arabia, desde donde atravesó el mar Rojo y se estableció en las montañas etíopes y la costa africana, creando el reino de Aksum. Recientemente, en 2008, unos arqueólogos alemanes afirmaron haber encontrado el palacio de la reina, datándolo en torno al siglo X a.C., en Axum-Dungur.

Otra versión la relaciona con un reino del sur de la península arábiga en la zona actualmente ocupada por Yemen denominada «Arabia Feliz», desde la que se obtenía oro, piedras preciosas, perfumes y especias destinados a los mercados sirios y egipcios y donde las mercancías se trasladaban en caravanas de camellos.

Sin embargo, no existe una soberana concreta a la que podamos adjudicar el título de reina de Saba, por lo que algunos críticos consideran la visita como una leyenda. Pese a todo, se menciona en documentos asirios la existencia de reinas en Arabia entre los siglos VIII y VII a.C. Incluso existen interpretaciones que intentan, dada la cercanía de las ubicaciones de ambas versiones, aunar los territorios indicando que Saba era un imperio que abarcaba desde Yemen hasta el este de Sudán.

OBSERVACIONES

Forma parte del grupo de las consideradas «mujeres fuertes» de la Biblia, por su papel político.

El título de reina es algo ambiguo en la Antigüedad, ya que no se especificaba si eran reinas por sí mismas o eran consortes. La reina de Saba sí era una reina equiparable en potestad de gobierno a cualquier varón. Otros casos de poder real se mencionan en la Biblia, como sucede con Atalía (2Crón 22, 12), y también de poder indirecto, como ocurre con Jezabel (1Re 16). Otras reinas que aparecen en la Biblia son realmente consortes y su poder estaba supeditado al rey. Así, por ejemplo, la reina Ester era la esposa principal o favorita del harén del rey Asuero (Est 7, 1 y ss.) (véase ESTER). La poligamia, frecuente en estos primeros momentos del reino de Israel, complicaba más las relaciones de poder entre las mujeres del harén real.

En el Nuevo Testamento se llama reinas a la de Saba (Mt 12, 42; Lc 11, 31) y a Candaces (reina de Etiopía) (Hch 8, 27).

Algunas versiones y leyendas de las que se hicieron eco los apologistas cristianos, como por ejemplo Martín, señalan que durante la visita surgió un idilio del que nacería un hijo al que la reina puso el nombre de David y que, más tarde, había de fundar la dinastía «salomónica» de Abisinia bajo el nombre de Menelik I.

Salomé (NT)

Princesa judía, hija de Herodes Filipo I y Herodías e hijastra de Herodes Antipas. Pertenece, por tanto, a la familia real idumea, que controlaba parte del territorio de Israel. Su principal papel en la historia es la relación con la muerte de Juan el Bautista.

Su nombre no se menciona en la Biblia, solo se la señala como «la hija de Herodías». Su nombre ha llegado hasta nosotros gracias al historiador romano Flavio Josefo (*Antigüedades judías,* libro XVIII, capítulo 5, sección 4).

Aparece citada en los evangelios de Mateo (Mt 14, 3-11) y Marcos (Mc 6, 17-28).

El rey Herodes era el gobernador, tetrarca*, de Galilea y Perea, bajo el protectorado de los romanos. Estaba casado con la princesa Phasaelis, hija de un rey nabateo. En un viaje a Roma se enamoró de su cuñada Herodías, que estaba casada con su hermano Herodes Filipo, y le propuso matrimonio; ella aceptó a cambio de que Herodes se divorciara de su esposa. Así se hizo y ella abandonó a Filipo, con el que había tenido una hija, Salomé, que la acompañó en su nueva vida en Galilea.

El profeta Juan el Bautista había criticado en sus prédicas estos hechos; insistía en que el matrimonio no era lícito, y por ello Herodes lo encarceló. Sin embargo, no se atrevía a matarlo, pues respetaba al profeta y temía la reacción del pueblo debido a la popularidad de la que gozaba entre la gente. En el banquete de la fiesta del cumpleaños de Herodes, la hija de Herodías, Salomé, danzó ante todos, y al rey le gustó tanto que le prometió darle lo que le pidiera. Ella, instigada por su madre, a la que preguntó directamente qué podía pedir, le indicó que la cabeza de Juan: «Dame ahora mismo en una bandeja la cabeza de Juan el Bautista» (Mt, 14, 8). Herodes se entristeció mucho, pero mandó ejecutar a Juan en la cárcel. Posteriormente entregó a Salomé su cabeza en una bandeja y ella se la llevó a su madre. Los discípulos de Juan recogieron sus restos.

Aunque no aparece en la Biblia, Salomé, más tarde, se casaría con su tío Filipo, hermanastro de Herodes Antipas, tetrarca de Iturea, y después con su primo Herodes, rey de Cálcice, con el que tuvo tres hijos.

Salomé en el arte

La producción artística que ha generado Salomé la coloca entre las principales mujeres de la Biblia, aspecto curioso para un personaje del que ni siquiera se menciona el nombre y cuya aparición apenas ocupa diez versículos. La unión de la muerte *(thanatos)* y el sexo *(eros)* de la trama puede explicar, junto a la importancia religiosa de Juan el Bautista, este éxito.

La fascinación y el rechazo que produjo se fraguaron desde el comienzo. Los primeros Padres de la Iglesia censuraron y, a la vez, mitificaron los hechos, que pasaron de ser un baile sin más (según la versión evangélica) a convertirse en una danza sensual y erótica. La fascinación se mantendrá hasta nuestros días, incluso con toques de perversión erótica del tipo «lolita». La madre, Herodías, verdadera instigadora del asunto, ocupará un lugar secundario. Todo ello quedaría reflejado en el arte, en todo tipo de soportes: escultura, pintura, tapices, vidrieras, libros miniados, hasta la literatura, el teatro y, actualmente, el cine.

En el Medievo, con su afán didáctico, se tiende a representar toda la historia a la vez. Los principales momentos mostrados son la danza, la degollación y la exhibición de la cabeza del Bautista. La madre ocupa un segundo plano, aunque se incide en su odio al Bautista, como se aprecia en la miniatura del *Roman de Dieu et de sa mère*, de Herman de Valeciennes, del siglo XV, donde clava un cuchillo en la cabeza del santo (para lo que se basa en san Jerónimo).

Es la escena del baile de Salomé la imagen central de capiteles o portadas. En este sentido se puede indicar que la representación de la danza se adaptará a los gustos y estilos del momento hasta llegar a la elaborada «danza de los siete velos» en el siglo XIX.

La influencia del poema medieval de una monja, Ava de Melk, en el siglo XI, será determinante. En él describe la danza según el estilo de los «acróbatas» o juglares. La iglesia condenaba dichas danzas al considerarlas antinaturales y lujuriosas. Son muchas las obras que siguen este modelo acrobático en el occidente cristiano. Así se observa en diversos capiteles, portadas o libros iluminados [1]. La joven aparece doblada formando una «n» e, incluso, una «o». Algunos ejemplos son los capiteles de la abadía de San Severo en las Landas, la catedral de Saint-Étienne, en Sant Pere de Galligants, San Cugat del Vallés o en un relieve de las puertas de San Zenón de Verona. Igualmente ocurre en los libros iluminados, como, por ejemplo, el Salterio dorado de Múnich. Muy llamativa es la portada de la catedral de Ruan, que sigue el modelo indicado, con todas las escenas: la mesa del banquete, Salomé en el centro ejecutando una danza acrobática, a la derecha la hija entregando la cabeza del Bautis-

1. Salterio dorado de Múnich, siglo XIII, Clm 835, f. 66r, Múnich, Biblioteca Estatal de Baviera.

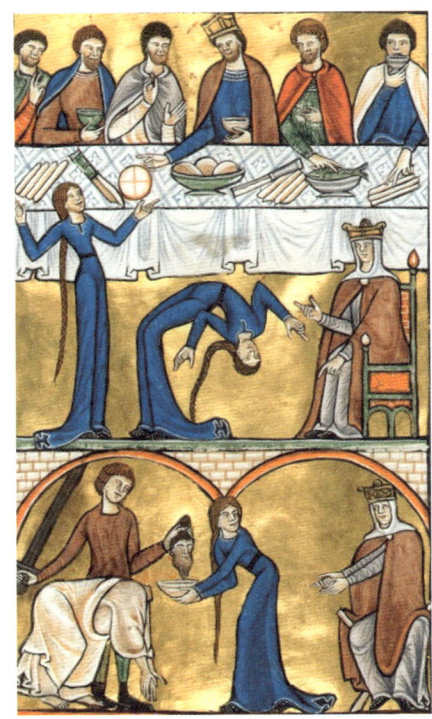

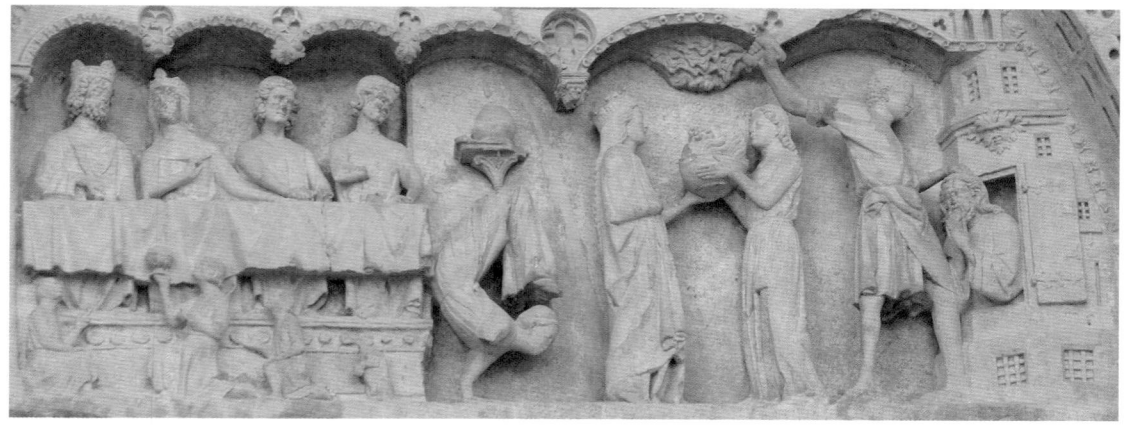

2. Historia de Salomé en la portada de San Juan de la fachada occidental de la catedral de Nuestra Señora de Ruan, Ruan, tercer cuarto del siglo XIII.

ta a su madre y, a continuación, el degollamiento del santo [2]. Como se aprecia, la secuencia de las escenas es incoherente.

La tradición bizantina fue más allá y mostró a Salomé danzando con la bandeja que contiene la cabeza sobre ella.

Un ejemplo del siglo XIII está en los frescos del baptisterio de Parma. A ello se unió, tras el siglo XIV, la imagen del demonio como instigador del acto.

En el comienzo del Renacimiento se mantiene la tradición medieval, que incluye todas las escenas. A la vez, la danza se torna algo más convencional. Existen múltiples ejemplos, desde Juan de Segovia y su obra, en el Museo del Prado, de finales del siglo XV o el espectacular fresco de Filippo Lippi [3], de la misma época, hasta la obra de Benozzo Gozzoli [4]. En cualquier caso, la joven presenta sumisa la cabeza a su madre, que es la instigadora del hecho. Así se refleja también en las puertas del baptisterio de Florencia, de Andrea Pi-

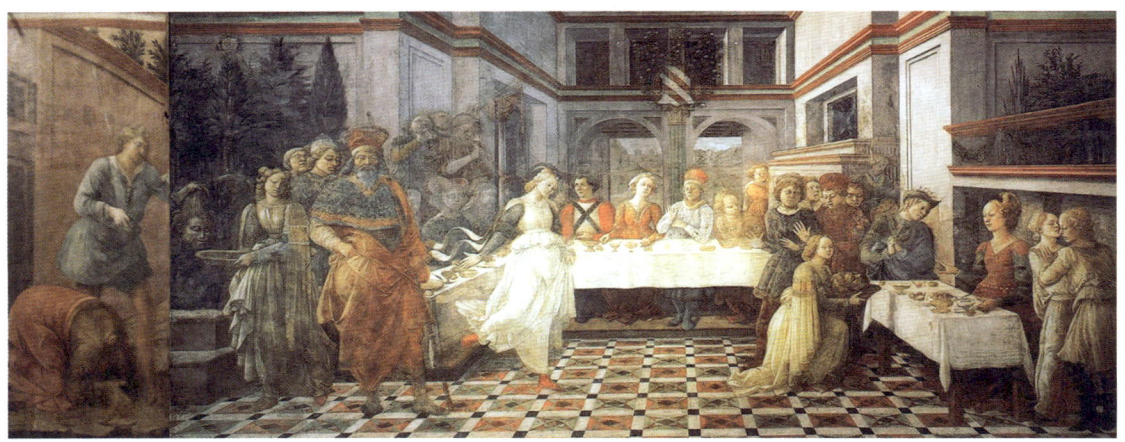

3. *Banquete de Herodes*, Filippo Lippi, siglo XV, Prato, catedral de Prato. Aunque la obra aparece aquí en un mismo plano, realmente incluye varias paredes. A la izquierda, la degollación del Bautista; en el centro, la danza, y, a la derecha, la entrega de la cabeza a su madre.

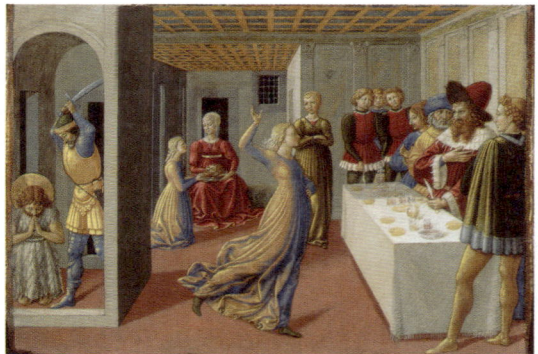

4. *La danza de Salomé*, Benozzo Gozzoli, 1461, Washington, Galería Nacional de Arte. La danza ocupa el lugar central; a la izquierda, la degollación de san Juan, y, al fondo, la entrega de la cabeza a su madre.

sano, en el siglo XV, donde ambas, madre e hija, son las protagonistas, y no la danza. De la misma manera aparecerá en la obra de 1488 de Botticelli, en los Uffizi, que se centra en la joven con la bandeja donde porta la cabeza del Bautista.

Poco a poco aumenta el interés por el personaje, al que se dota de entidad propia. Ella es la tentadora, el centro de atención, y no la niña inocente utilizada por su madre. Así se observa en los mosaicos del baptisterio de Florencia, donde ella muestra la cabeza del Bautista a los comensales. El interés por la danza disminuye y se va imponiendo el modelo en el que aparece el personaje solo, con la cabeza del Bautista en una bandeja.

Bernardo Luini, a comienzos del XVI, realizó diversas obras con esta estructura. En ellas, la joven aparta la cabeza o la mirada de la bandeja con san Juan, como sucede, por ejemplo, con las que se exhiben en el Museo del Prado o en Viena [5].

Con variantes, el modelo se repitió en muchos autores. Lucas Cranach el Viejo tiene numerosas representaciones; en ellas, la joven mira directamente al espectador y muestra a un Juan Bautista con los ojos semicerrados que, en algún caso, incluso, miran al público [6].

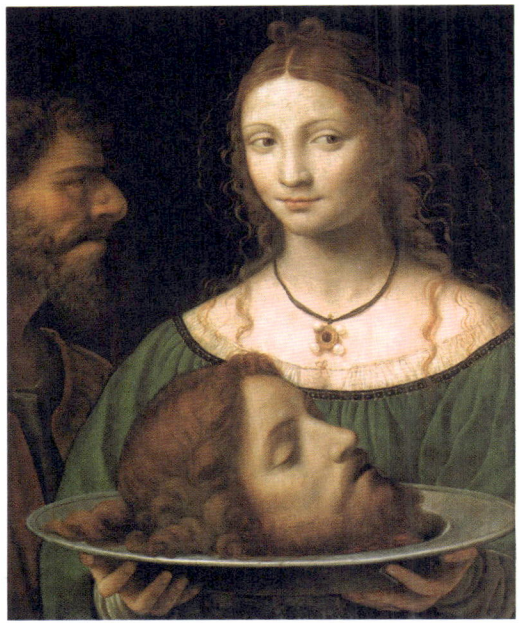

5. *Salomé con la cabeza del Bautista,* Bernardo Luini, siglo XVI, Viena, Museo de Historia del Arte.

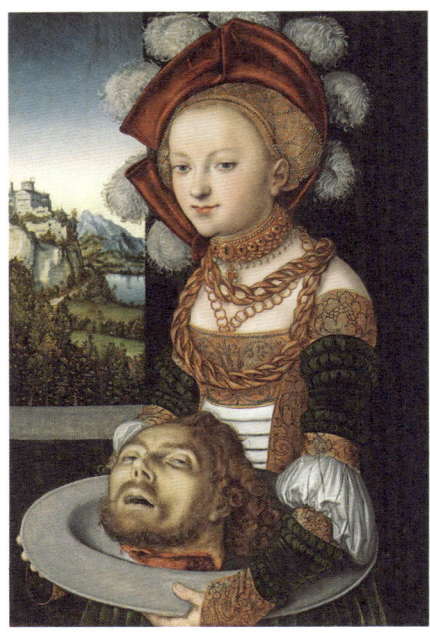

6. *Salomé con la cabeza de Juan el Bautista,* Lucas Cranach el Viejo, 1530, Budapest, Museo de Bellas Artes.

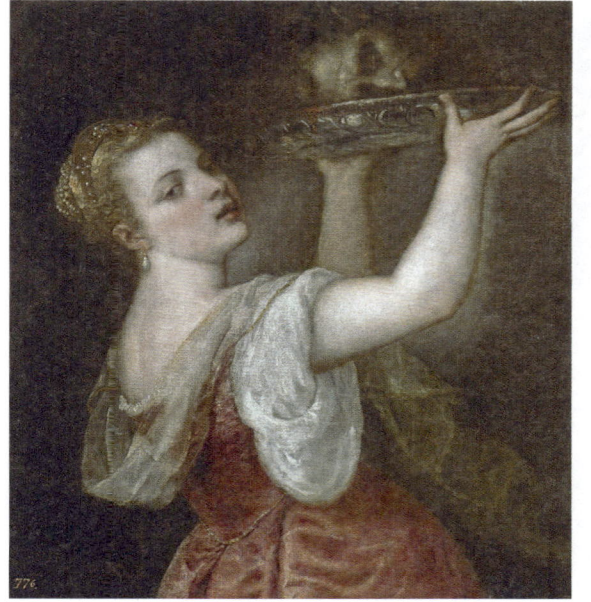

7. *Salomé,* Tiziano, *ca.* 1650, Madrid, Museo del Prado.

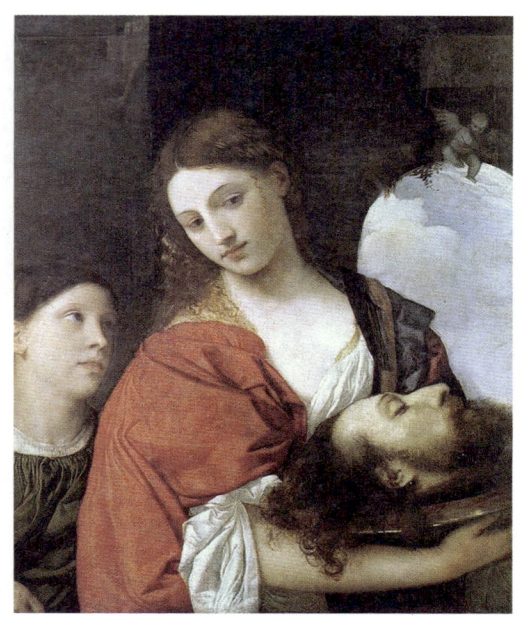

8. *Salomé con la cabeza de Juan el Bautista,* Tiziano, 1515, Roma, Galería Doria-Pamphili.

En el caso de Tiziano [7], la joven mira provocativamente al espectador mientras coloca al Bautista en una posición superior, como un trofeo que exhibe. Ya en su obra romana de 1515 introdujo un elemento que presagia el salto que mezclará amor y muerte en el siglo XIX: un cupido oscuro aparece en la parte superior derecha, camuflado con el paisaje [8].

El tema, por lo macabro, llamó la atención especialmente en el Barroco, cuando se reproduce de modo constante. Caravaggio, que pintó tres versiones, en la que se halla en Londres insiste en la repulsión que la cabeza genera en Salomé. Este rechazo a mirar los restos del santo es mayoritario. Sin embargo, Artemisia Gentileschi, en 1615, muestra una Salomé que observa la cabeza de san Juan Bautista sin conmoverse por la crueldad del hecho o lo macabro de los restos [9].

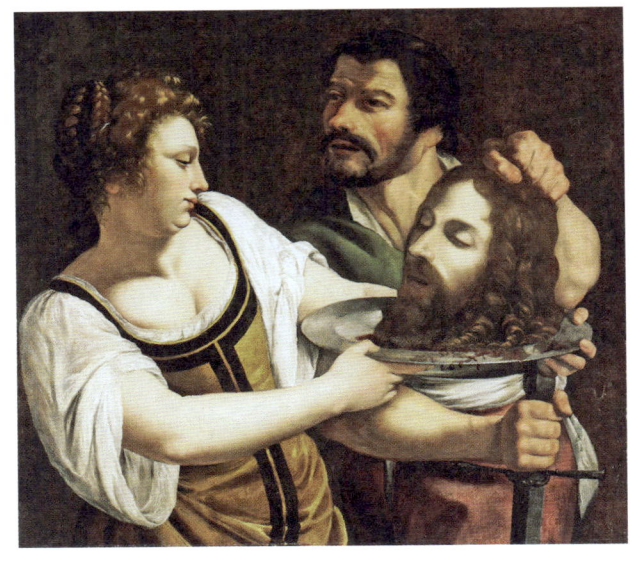

9. *Salomé con la cabeza de San Juan Bautista*, Artemisia Gentileschi, 1610-1615, Budapest, Museo de Bellas Artes.

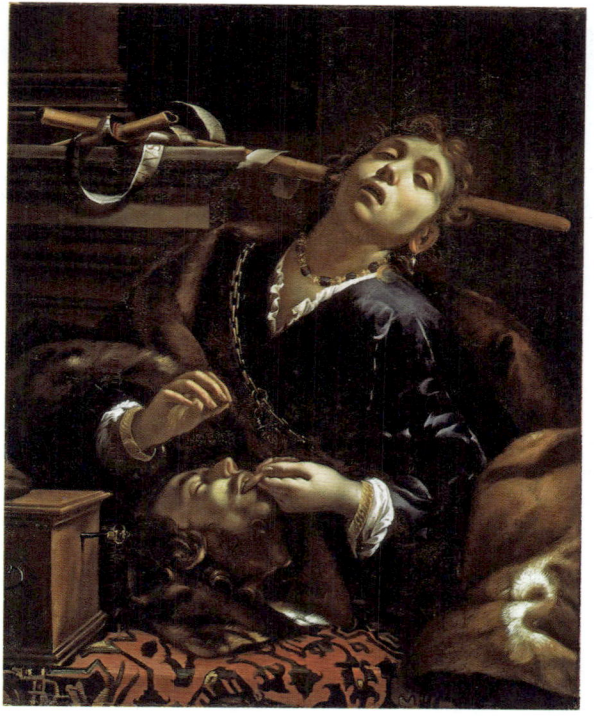

El interés por lo morboso del tema pareció muy adecuado al gusto tenebrista y barroco, detalle que se observa en las obras de Bernardo Strozzi, que realizó hasta cinco versiones. En algunas de ellas aparece una mujer madura y otra joven, por lo que queda la duda de quién es la que mira la bandeja, la madre o la hija, aspecto señalado por Bornay en su obra sobre las mujeres bíblicas en el Barroco. Esta cuestión se refleja en otros lienzos como los de Francesco del Cairo [10]. En las obras sobre el mismo hecho se aprecia un matiz de perversión, casi «necrofilia», con la cabeza del Bautista, bosquejando una cierta locura de amor de la madre o de la hija hacia san Juan, a la vez que se hace alusión a una leyenda que indicaba que la madre habría guarda-

10. *Herodías con la cabeza de Juan el Bautista*, Francesco del Cairo, *ca.* 1625, Boston, Museo de Bellas Artes.

do la cabeza de Juan en una caja que mantenía cerrada.

En el siglo XIX, las distintas tendencias motivarán la importancia del personaje: el orientalismo, el romanticismo, con su atracción por el terror, el prerrafaelismo y el simbolismo serán algunas de ellas. Los simbolistas se hacen eco de la visión dual de la mujer, idealizada en el caso de la Virgen María como el bien supremo, o convertida en un monstruo seductor que destruye el mundo. La escena de Salomé y la cabeza del Baustista, que une las dos grandes pulsiones humanas, según Freud, *eros* y *thanatos* (sexo y muerte), impulsará el interés por el personaje. Salomé aparecerá como símbolo de la maldad, la perversidad y la lujuria. Todas las artes, la ópera, la pintura, el teatro, etc., reinventaron a la nueva estrella. Existen más de tres mil obras de arte con Salomé como protagonista. Se convirtió en una auténtica «mujer fatal», capaz de hacer perder la cabeza a los hombres al utilizar sus encantos y provocar su destrucción. Y además, por partida doble, Herodes «perdió la cabeza» por ella, llegando a ofrecerle la mitad de su reino (Mc 6, 23), y san Juan la perdió literalmente como consecuencia de ello. Su madre Herodías, la instigadora, prácticamente desaparece. La mujer «débil» consigue así lo que desea a través del dominio que ejerce sobre los hombres a través de su sexualidad.

Será tema principal en obras de Alfons Mucha, Gustav Klimt, Fernand Khnopff o Edvard Munch, entre otros. La sexualidad y el erotismo son patentes, como lo es el horror de la cabeza cortada.

Léon Herbo [11] muestra a una joven desnuda en su parte superior, con su previsible traje de danzarina y aspecto oriental, que exhibe en su regazo la cabeza ensangrentada del Bautista sobre la que luce un nimbo; ella interpela con su mirada al espectador. En la misma línea [12], Jean Jenner representa a una joven tranquila, con transparencias, como un animal que ha cobrado su presa, a la vez que muestra la cabeza del santo.

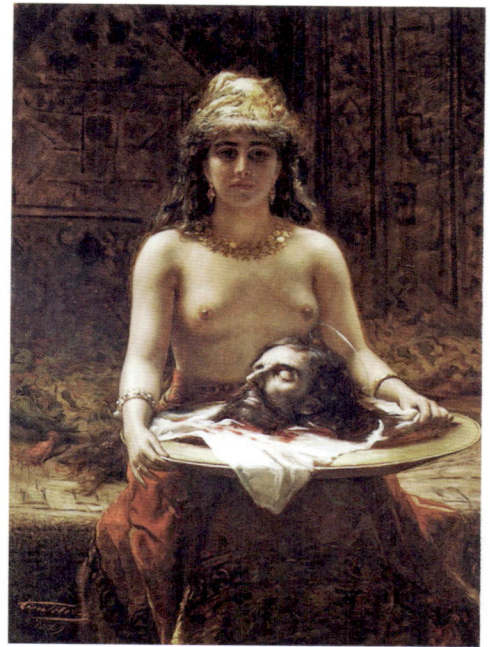

11. *Salomé*, Léon Herbo, 1889,
col. particular.

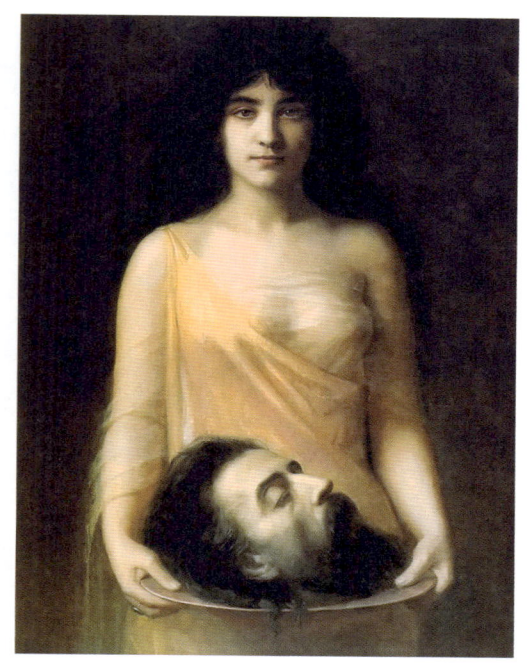

12. *Salomé*, Jean Jenner, *ca.* 1899, Nantes,
Museo de Bellas Artes.

Gustave Maureau muestra una obsesión casi enfermiza por el personaje y algunas de sus obras se relacionan con ella. En un comienzo, en su obra de 1876, en el Athenaeum Museum de Wexford, la muestra recatada, vestida ricamente, portando la cabeza del Bautista en una bandeja mientras púdicamente gira el torso para no ver el horror. En su obra *Salomé,* de 1877 (en el Museo Gustave Maureau de París), la hace danzar llena de lujo, totalmente vestida, al modo oriental, con un lirio, símbolo de pureza. Pero inmediatamente, en 1877, aparecen varias obras donde la cándida joven se ha transformado en una bailarina oriental casi desnuda y tatuada. Ese mismo año, en *Aparición,* expuesta en el Museo Fogg, la cabeza del Bautista flota misteriosa y refulgente frente a la danzarina semidesnuda que es Salomé, que parece controlarla con su brazo extendido.

Figuras femeninas como la pintora victoriana Elle Ferris, en 1890, siguiendo el modelo de Henri Regnault de 1870, muestran una Salomé «protagonista única», ya que la bandeja está vacía y el Bautista no aparece.

Pero el detalle que catapulta a Salomé se produce en los años finales del siglo, tras las obras literarias de Flaubert *Herodías* y de Oscar Wilde *Salomé.* Con ellas el personaje se emancipa de su contexto y se convierte en la personificación del erotismo, la belleza irresistible y la crueldad. La obra de Flaubert muestra a Salomé como una niña inocente utilizada por su madre, pero también pone de manifiesto el potencial de la «niña-mujer», la nínfula o «lolita», y su poder sobre los hombres. El camino estaba abierto. La obra de Édouard Toudouze *Salomé triunfante*, de 1886, muestra a una joven e inocente niña, con rostro travieso, que mira al espectador, llena de flores, diminuta, empequeñecida por el enorme trono en que descansa; pero, al mirar a la parte inferior derecha, en el suelo, se puede ver el horror de la bandeja con la cabeza del profeta [13].

Por su parte, Oscar Wilde, en su obra *Salomé*, cambia el tema y las motivaciones alejándo-

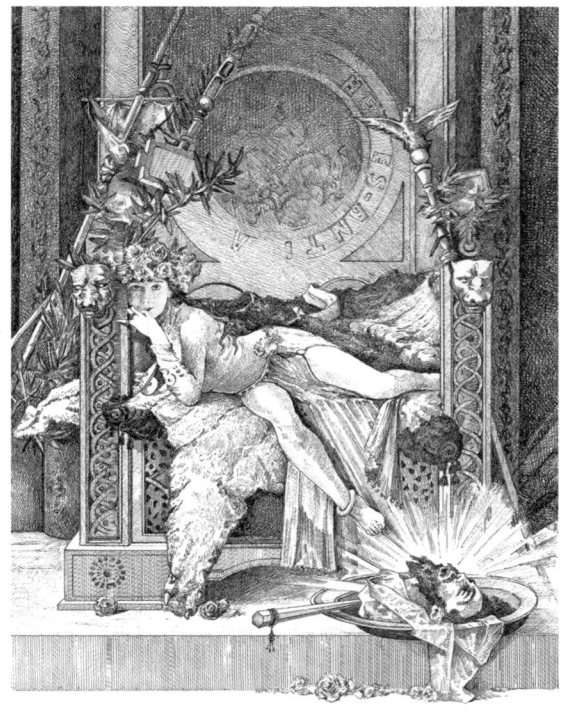

se del relato bíblico. Aquí Salomé está enamorada de modo obsesivo de san Juan y, al ser rechazada por él, por despecho, pide su cabeza. Ella acaricia y besa los labios de la cabeza cortada y Herodes, enamorado a su vez de ella, ordena matarla. Todo ello en un ambiente cínico, satírico, frívolo y transgresor que escandalizaría y atraería a todo el mundo. Wilde estuvo influenciado por Heywood y su poema «Salomé, la hija de Herodías», de 1862, las pinturas de Maureau o la obra de Joris-Karl Huysmans, *À rebours,* que retrató a Salomé como el compendio de la perversión femenina. La obra de Wilde influirá decisivamente en una ópera homónima de Richard Strauss, de 1905, que perturbó por igual a las ciudades donde se exhibió e incluso fue censurada y mutilada.

13. Representación de *Salomé triunfante,* basada en la obra de Édouard Toudouze, París, «Paris-Salon», 1886, págs. 26-27.

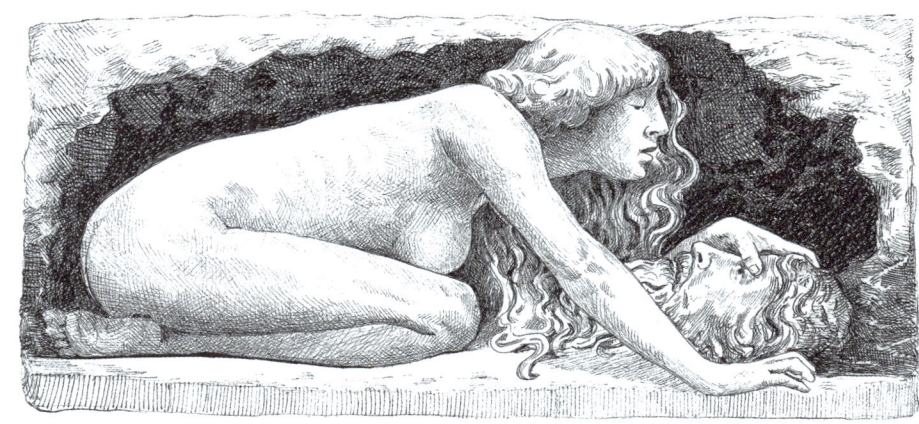

14. Representación de la escultura *Salomé*, Nikolaus Friedrich, siglo XX, incluida en *Fondos históricos* (catálogo digital), Heidelberg.

Los distintos artistas reflejaron esta versión y así lo vemos en multitud de obras, como *Salomé besando la cabeza del Bautista,* de Lucien Lévy-Dhurmer, entre otros. La escultura de Nikolaus Friedrich [14] refleja la pasión de una infantil Salomé totalmente desnuda sobre la cabeza, a la que abre los ojos como queriendo hablar con

él. Este aspecto de dominio total de la situación de Salomé y la exhibición de su poder sobre el muerto serán constantes a comienzos del siglo XX. El modelo en que ella, semidesnuda, abre los ojos de la cabeza inerte se repite en obras como la de Lovis Corinth [15] o la de Pierre Bonnaud [16], alrededor de 1900. En la fantasmagórica

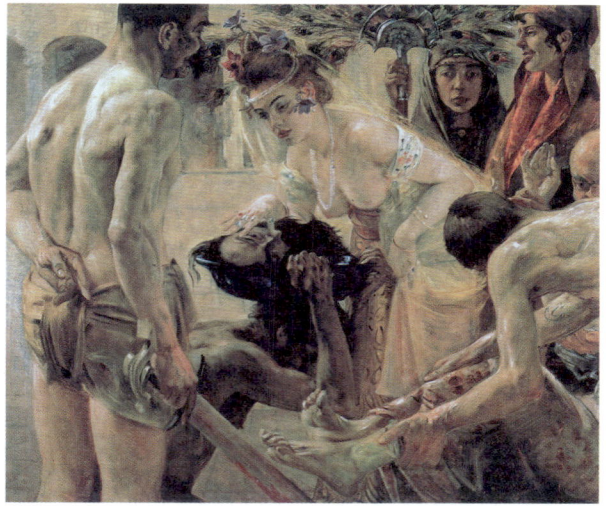

15. *Salomé*, Lovis Corinth, 1900, Leipzig,
Museo de Bellas Artes.

16. *Salomé*, Pierre Bonnaud, 1900, Leipzig,
Museo de Bellas Artes.

obra de George Desvallières [17], la cabeza chorreando sangre es exhibida con descaro por una «transparente» Salomé. Detrás aparece una novedad: un verdugo con hacha en vez de la espada.

El tema llegará a expresarse de modo más radical en obras como las de Max Oppenheimer, en 1913, donde aparece la joven totalmente desnuda y ensangrentada con la cabeza en su regazo. En la misma línea, Gustave-Adolphe Mossa y su *Salomé o el prólogo del cristianismo,* de 1901, en el Museo de Bellas Artes de Niza, adelanta su radical visión alegórica del personaje en su obra *Salomé* (subtitulada *El gusto por la sangre)* [18]. En ella, con su toque simbolista, una semidesnuda e infantil Salomé, con una muñeca, lame una espada sangrienta mientras unas cabezas cortadas incrustadas en

17. *Salomé*, George Desvallières, 1905, col. particular.

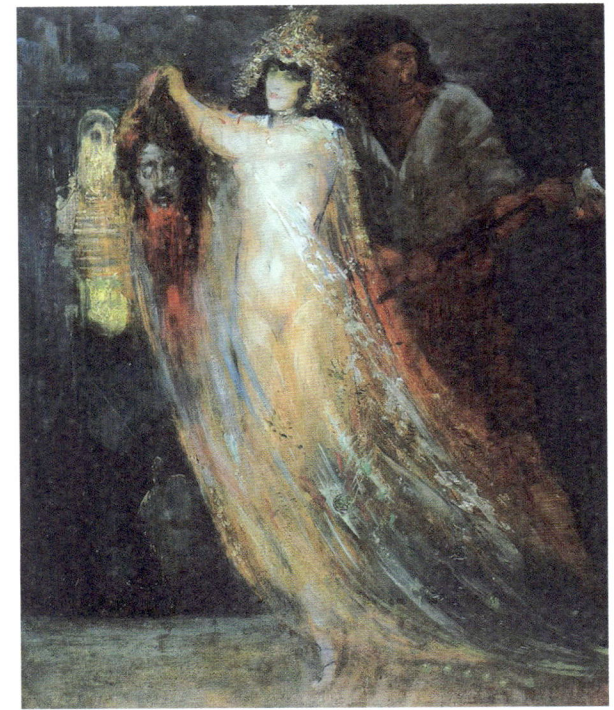

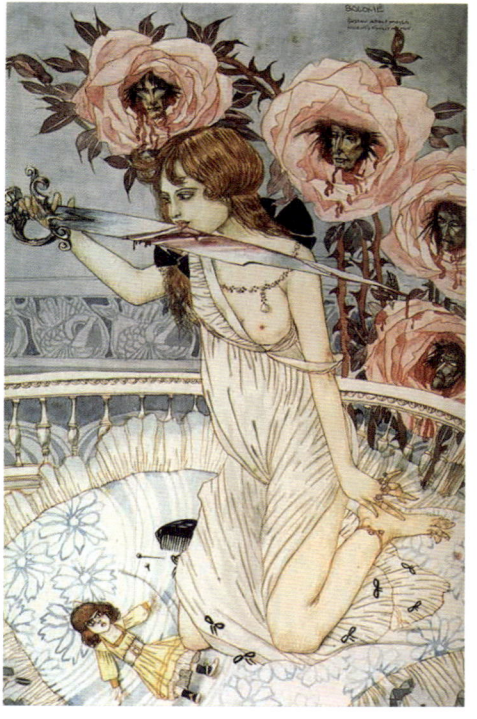

rosas (toque surrealista), la rodean, recordando el poder de la nínfula.

Las nuevas vanguardias mantendrán el tema en el que Salomé es una *femme fatale.* Algunos ejemplos son las obras de Picabia, en 1930, Nikolái Roerich o Franz von Stuck [19], que realiza dos versiones, una en Dresde y otra en Múnich, donde aparece como bailarina semidesnuda, en éxtasis, ante la cabeza de san Juan, que es servida en una bandeja por un criado negro de aspecto simiesco.

El auge continuó con diferentes películas sobre el tema interpretadas por actrices famosas como Rita Hayworth en 1953, con grandes cineastas, como Pedro Almodóvar en 1978, llegando hasta nuestros días con obras como la *Salomé* de Carlos Saura de 2002 o la *Salomé,* de Al Pacino, donde Jessica Chastain encarna a «Salomé», obra que sigue los pasos de Oscar Wilde. Pero quizá la mejor interpretación como nínfula corresponde a Imogen Millais-Scott en 1988, quien interpretó

18. *Salomé (el gusto por la sangre),* Gustave-Adolphe Mossa, 1904, col. particular.

a la perfección el papel de una descarada «lolita» en *Salomé last dance*, de Ken Russell, con una Glenda Jackson como Herodías.

La actualidad del tema continúa: la ópera de Strauss, versionada, se estrenó en 2022 en Helsinki.

En nuestro siglo sigue siendo fuente de inspiración de diversos pintores como Johnny Popkes, Shaun Berke, Janina Grinevich, que incluye un hacha en vez de espada pero que sigue con el modelo de la bailarina semidesnuda que juguetea frente a frente con la cabeza del Bautista, de Melody Shi o del japonés Takato Yamamoto, que en 2005 pintó *Yo beso tu boca, Juan* [20]. Otros autores, como Egidio Manganelli, vuelven a los modelos clásicos. *Salomé*, de 2012, es menos histriónica: una recatada y «vestida» Salomé expone la cabeza del Bautista en una bandeja.

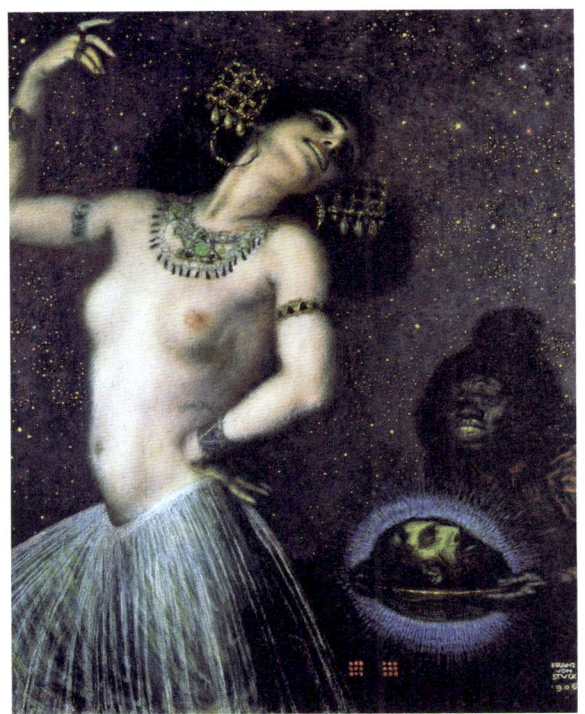

19. *Salomé,* Franz von Stuck, 1906, Múnich, Lenbachhaus.

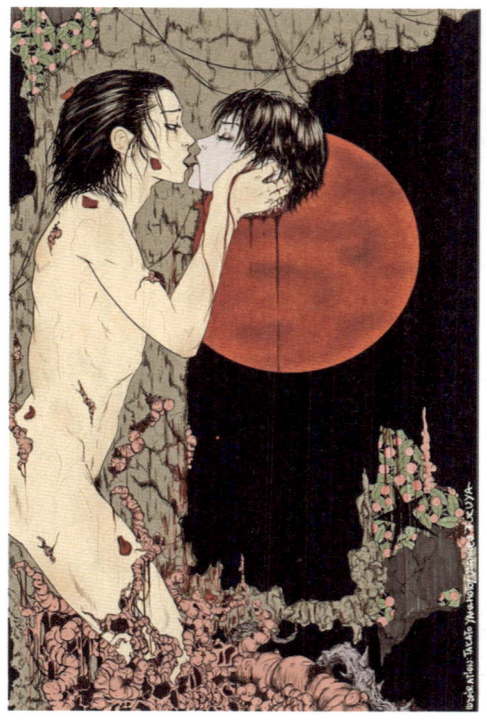

PRINCIPALES ESCENAS

- El banquete de Herodes.
- La danza de Salomé ante el rey.
- Salomé hablando con su madre o entregándole la bandeja con la cabeza de san Juan.
- La degollación del Bautista.
- Salomé con la cabeza de san Juan en una bandeja.

SÍMBOLOS Y ATRIBUTOS

Salomé no forma parte del sistema de prefiguraciones* cristiano, así que no hay ninguna figura del Antiguo Testamento con la que se pueda relacionar, salvo con Eva en el papel de tentadora, asociación que no se produjo en el cristianismo.

Salomé puede confundirse con Judit, ya que a ambas se las representaba con una cabeza cortada. La diferencia fundamental es que en el caso de Salomé

20. *Yo beso tu boca, Juan,* Takato Yamamoto, 2005, col. particular.

desaparece la espada. Destacan como atributos la juventud, los elementos de la danza y una bandeja, con la cabeza o no del Bautista.

Contexto histórico

Los hechos suceden en la fortaleza de Maqueronte, cerca del mar Muerto, alrededor del año 30.

Históricamente existieron varios reyes Herodes. El primero, Herodes I el Grande, fundador de la dinastía, gobernó Judea, Galilea, Samaria e Idumea entre los años 37 a.C. y 4 a.C. como vasallo de Roma. Fue famoso por su crueldad al ordenar el asesinato de varios parientes, incluidos mujeres e hijos, y también por sus grandes construcciones de templos y palacios.

A su muerte, y tras varios enfrentamientos entre sus herederos, el emperador romano Augusto dividió las propiedades entre sus hijos: Herodes Arquelao fue nombrado etnarca* de Judea, Samaria e Idumea; Herodes Antipas fue nombrado tetrarca de Galilea y Perea; Herodes Filipo fue nombrado tetrarca* de Batanea, Gaulanítide, Traconítide y Auranítide, y Salomé (no confundir con nuestro personaje, ya que esta era la hermana de Herodes el Grande) recibió en el testamento la toparquía* de tres ciudades: Yavne (al norte de Gaza), Asdod (en Gaza) y Fasayil (al este de Judea). Herodes Filipo vivía en Roma con su esposa Herodías, de la que había tenido una hija, Salomé (nuestra protagonista).

El Herodes implicado en los hechos relativos a nuestra protagonista, Salomé, es Herodes Antipas. Fue nombrado tetrarca en Galilea y Perea y reinó entre el 4 a.C. y el 39 d.C. Se casó con una princesa nabatea, Phasaelis, pero en un viaje a Roma se enamoró de su cuñada Herodías y fue correspondido, de modo que ambos se divorciaron de sus respectivas parejas y se casaron. Salomé vivía con ellos. Esto produjo la guerra con los nabateos y la posterior derrota de Herodes, que fue salvado por los romanos. Se le relaciona con la muerte de Juan el Bautista, quien había denunciado su matrimonio con Herodías, la mujer de su hermano. Esta muerte le atormentó, como se aprecia cuando confunde a Juan el Bautista con Jesús: «Es Juan, a quien yo decapité, que ha resucitado» (Mc 6, 16). Finalmente, interviene en el proceso contra Jesús (Luc 23, 7-15), sin condenarlo. Murió en el exilio en Hispania.

OBSERVACIONES

Juan consideraba que la unión de Herodes con Herodías no era lícita siguiendo la ley de Moisés (Lev 8, 16), que prohibía expresamente este tipo de matrimonio entre cuñados cuando el hermano estaba vivo. Pese a todo, no parece que fuera un motivo lo suficientemente fuerte para encarcelarlo, ya que legalmente el matrimonio estaba admitido en un mundo bajo el dominio romano. La predicación mesiánica y su posible incitación a revueltas parecían motivos más importantes para recluirle.

Los evangelios no indican nada del lugar de la prisión de Juan, aunque por Flavio Josefo conocemos que era la fortaleza de Maqueronte, cerca del mar Muerto (Antigüedades..., 18, 5, 2).

En las fiestas, las mujeres comían en salas separadas, de modo que el hecho de que Salomé saliese a bailar ante los invitados era ya algo poco habitual, aunque las costumbres de la familia de Herodes no eran totalmente ortodoxas desde el punto de vista religioso. Se desconoce la edad de Salomé, aunque se cree que nació en torno al año 14 o 18. En el segundo caso sería más bien una niña de 12 años la que bailó ante Herodes. El término griego con el que se la define en el evangelio es *korasion* («niñita»), un diminutivo neutro de *korè* («niña»). Así que las teorías que ven en los hechos el simple baile de una niña ante su casi abuelo, al que fascina, se ven reforzadas. De aquí a la «lolita» hay no solo un paso, también una visión de la mujer.

El paso de niña a «mito erótico» del personaje se produce desde los comienzos del cristianismo reconocido, en el siglo IV, con diversos autores de la patrística* y exégetas que rechazan su sensualidad, frivolidad y erotismo, como san Agustín, san Ambrosio, san Jerónimo, Beda el Venerable, san Pedro Crisólogo o san Juan Crisóstomo, que critica el baile, el que agradara y las consecuencias de ello. Sin embargo, los evangelios no mencionan este aspecto.

En la Biblia ya no se habla más de Salomé tras la ejecución de Juan. Sin embargo, el mundo cristiano no dejó el asunto sin *castigo*. Flavio Josefo indica que la derrota de Herodes contra el rey nabateo Aretas se consideraba por los judíos un castigo divino por la muerte de Juan *(Antigüedades…,* libro 18, capítulo 5, sección 2). Respecto a Salomé, una leyenda indica que acompañó a sus padres en el destierro en Hispania. Allí, al intentar cruzar un río helado, el hielo cedió a su paso y quedó sumergida hasta el cuello; las aguas se volvieron a congelar y murió decapitada (Nicéforo, *Hist. ecle.* 1, 20).

Sara (AT)

Mujer de la ciudad de Ur (sur de Mesopotamia) o de Harán, territorio arameo. Fue la esposa de Abrahán y madre de Isaac. Era hermanastra de Abrahán por parte de padre. Fue una mujer muy bella. Su nombre en hebreo significa «princesa». Se llamaba en realidad Sarái, pero Dios le cambió el nombre por Sara.

Su historia se cuenta en el Génesis desde el capítulo 11 hasta el 23. El Nuevo Testamento la menciona en Hebreos 11, 11, como ejemplo de fe. En 1 Pedro 3, 6, aparece como modelo de acatamiento al varón en el matrimonio: «Sara obedeció a Abrahán llamándolo señor».

Sarái vivía en Ur con su marido Abrahán, pero no tenía hijos porque era estéril. Un día Dios les ordenó que marchasen a Canaán y que se estableciesen allí. Poco después de asentarse en el Néguev, sobrevino una hambruna y tuvieron que trasladarse a Egipto. Antes de llegar allí, Abrahán le dijo a su mujer que cuando los egipcios la viesen tan bella como era, querrían matarlo a él para quedarse con ella, de modo que, para evitarlo, debía decir que eran hermanos (en parte era cierto, ya que eran hermanastros).

Llegaron a Egipto, y al ver a Sarái tan hermosa, la llevaron al faraón y a Abrahán le dieron ganado y siervos. Dios envió al faraón varias plagas por tomar a Sarái como su esposa, lo que provocó que este la devolviera rápidamente a Abrahán y los expulsara de Egipto.

Como Sarái era estéril, entregó a su marido a su esclava Agar para que tuviese descendencia (véase AGAR). Esta, al quedarse embarazada, comenzó a faltarle al respeto y a despreciar a su señora. Sarái se quejó a su marido y él le contestó que tratase a Agar como quisiese; entonces Sarái empezó a maltratarla, lo que provocó la huida de la esclava. Un ángel la hizo volver con la promesa de ser la madre de un gran pueblo. Al poco tuvo un hijo al que llamaron Ismael.

Pasado un tiempo, Dios le dijo a Abrahán que Sarái iba a tener un hijo a pesar de su avanzada edad y que, desde ese momento, se llamaría Sara. Poco después aparecieron tres hombres ante la tienda de Abrahán, en el encinar de Mambré, preguntaron por Sara y les dijeron que en nueve meses ella tendría un hijo. Sara, al oírlo, se rio porque pensaba que era ya muy mayor para un embarazo, pero Dios le contestó que no había nada imposible para el Señor, y ella alegó que no se había reído, pero Dios le replicó que era cierto, aunque lo negase.

Después se trasladaron a Guerar y allí también dijeron que eran hermanos. El rey de la ciudad, Abimélec, al ver a Sara, ordenó que la llevasen a su casa. Esa noche se le apareció Dios en sueños y condenó su conducta. El rey le contestó que no la había tocado aún y que pensaba que eran hermanos. Al día siguiente devolvió a Sara a su marido junto con un numeroso rebaño de ganado y mil monedas de plata, y les permitió establecerse en el país. A cambio, Dios curó a la mujer del rey y a sus concubinas de la esterilidad que padecían, y así Abimélec tuvo numerosos hijos. En estas tierras tuvo Sara a Isaac; ella comentó que Dios la había hecho reír cuando le anunció el embarazo siendo ya una anciana y que ahora podían reír todos con ella.

Unos años después, Sara se dio cuenta de que Ismael, el hijo de Agar, era el primogénito de su marido y le pidió a Abrahán que los echase de su casa. Abrahán, en efecto, los expulsó de sus tierras.

Sara murió en Hebrón y su marido la lloró desconsoladamente.

SARA EN EL ARTE

Sara está representada en muchas escenas de la vida de Abrahán, pero en un segundo plano porque el principal protagonista era él.

La más representada se centra en el momento en que se le anuncia, por parte de tres ángeles, que tendría un hijo. Es la imagen más abundante

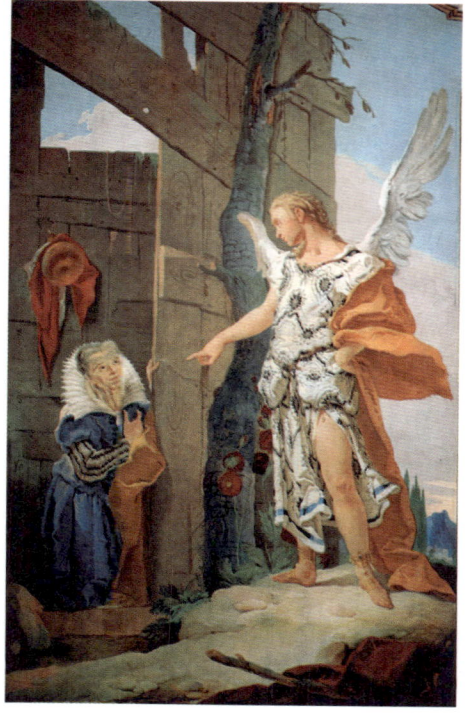

de toda la historia de Sara porque, para muchos cristianos, los tres ángeles representan a Dios y, por tanto, al Padre, al Hijo y al Espíritu Santo, es decir, la Santísima Trinidad. También tiene paralelismo con la Anunciación a la Virgen María. Además, ha sido considerada como un ejemplo de la hospitalidad que deberían seguir todos los fieles.

Esta escena se representó desde el comienzo del cristianismo; por ejemplo, en un mosaico bizantino de la basílica de San Vital en Rávena, del siglo VI. Existen variantes de la representación de la aparición de los tres ángeles, aunque Sara ocupa un lugar secundario en la mayoría. Abrahán, el patriarca, y su servicio a los tres ángeles suelen ser el punto principal de referencia de las obras artísticas, como puede observarse desde Ghiberti, en sus Puertas del Paraíso de la catedral florentina, hasta nuestros días. Sin embargo, existen obras singulares, como la de Tiepolo, que la muestra sola con un ángel. En su fresco de Udine [1] representa la esce-

1. *La aparición del ángel ante Sara*, Tiepolo, 1727, Udine, Palacio Arzobispal.

na delante de una casa desvencijada y en ruinas; allí recibe la revelación del ángel. Sara, de avanzada edad y de rodillas, lleva un lujoso vestido. Llama la atención el anacronismo de los ropajes y el escenario derruido, frente a un ángel con una vestimenta muy decorada, todo el conjunto muy acorde con el Barroco.

Otra de las escenas importantes en las que aparecerá Sara es la entrega de su esclava Agar a su marido Abrahán para tener descendencia. La escena atrajo a los manieristas como Spranger, que muestra en su obra *Sara presentando a Agar a Abraham* [2] a ambos ancianos y con una serie de matices simbólicos, como una manera especial de coger la mano de Agar por parte de Abrahán y la representación de una esfinge egipcia para recordar la procedencia de la esclava. Storm (o Stomer), del siglo XVII, tiene un par de obras que plasman el acon-

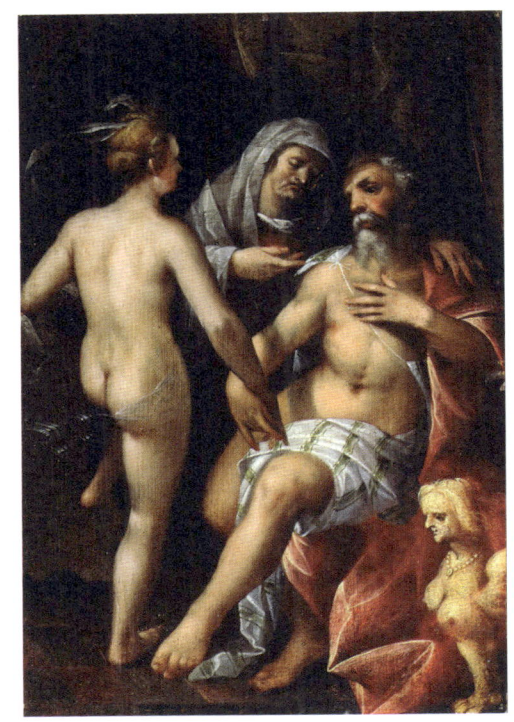

2. *Sara presentando a Agar a Abraham,* Bartholomaeus Spranger, finales del siglo XVI, Londres, Galería de Imágenes de Dulwich.

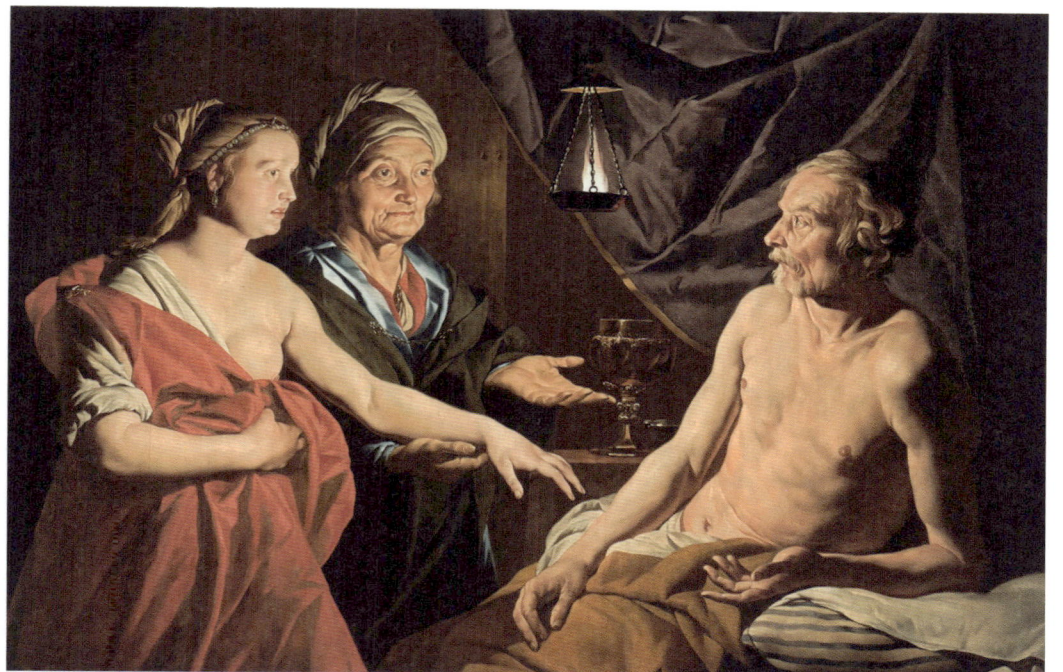

3. *Sara entregando a Agar a Abrahán*, Matthias Storm, mediados del siglo XVII, Berlín, Museo Staatliche.

tecimiento. Una, muy descarnada, con connotaciones sexuales, *Sara, Abrahán y Agar*, ubicada en el Konstmuseum de Gotemburgo, en la que una semidesnuda Agar es atraída firmemente por Abrahán mientras Sara despoja de su ropa a la esclava; y otra, más contenida, *Sara entregando a Agar a Abrahán* [3], en la que, dentro del Barroco, refleja en el interior de una tienda a un Abrahán anciano, recostado y semidesnudo observando con atención a su esposa que le presenta a su esclava. Sara, igualmente muy mayor, con resignación, lleva de la mano a una joven y rubia Agar, que enseña un pecho. Es una típica escena tenebrista con un único punto de luz en la lámpara que cuelga del techo.

También aparece Sara en una escena muy representada, la expulsión de Agar. En este caso, la figura de Sara, casi siempre en segundo plano, aparece muy envejecida y responsable de lo que hace Abrahán. Son muchos los autores barrocos que han tratado el tema: Guercino, Tiepolo, Adrien van der Werfft y Pieter Jozef Verhaghen, a veces con ciertos errores, como el de mostrar a los dos

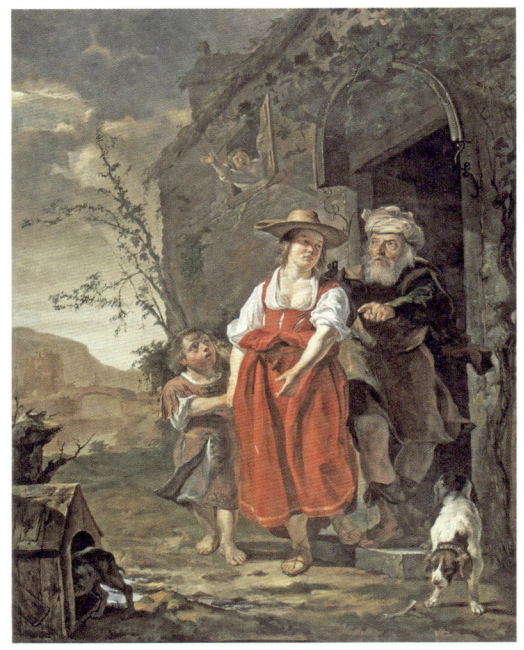

4. *El destierro de Agar e Ismael,* Gabriel Metsu, 1653-1654, Leiden, Museo de Lakenhal.

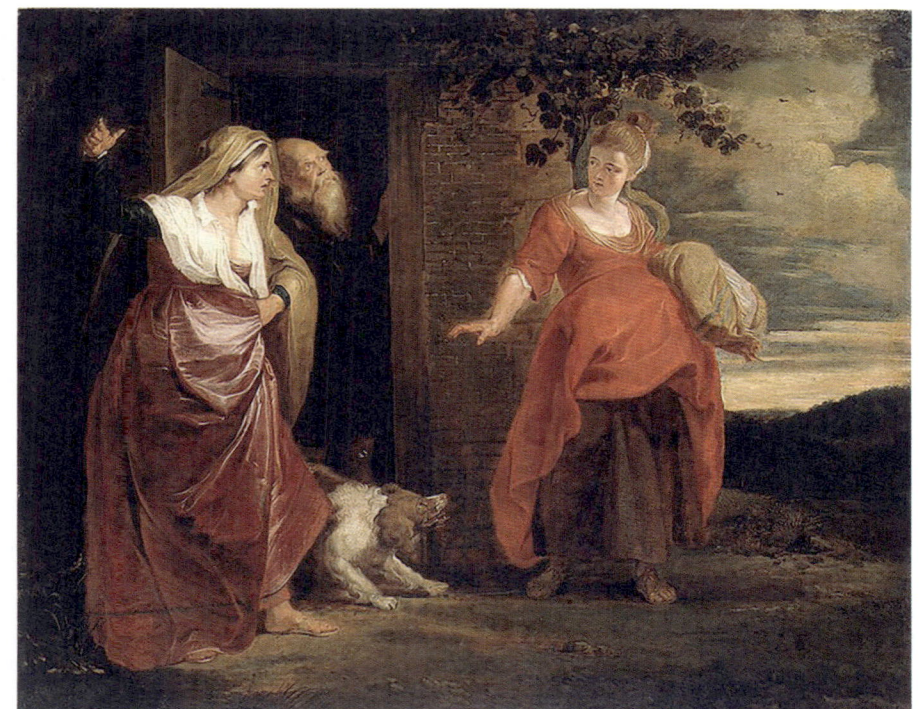

5. *Agar deja la casa de Abraham*, Rubens, 1615-1617, San Petersburgo, Museo del Hermitage.

hijos, Isaac e Ismael, de edad parecida cuando entre ambos había al menos catorce años de diferencia. Gabriel Metsu, en su obra *El destierro de Agar e Ismael* [4], nos muestra a Sara en una ventana y representada con una gama cromática que la mimetiza con el edificio. Rubens, en una singular y extraña obra que se exhibe en el Hermitage [5], nos presenta a Sara expulsando a una embarazada Agar y a Abrahán asustado y semiescondido en una escena que no aparece en la Biblia, porque en esta ocasión ella no fue echada, sino que se escapó.

También son frecuentes las obras en que los pintores representan las dos ocasiones en las que Sara, debido a su belleza, debió asumir el papel de hermana de Abrahán para evitar problemas. La primera acaeció en Egipto con el faraón, y la segunda, en Guerar, con el rey Abimélec. En ambas ocasiones, los soberanos, por intervención divina, devolvieron a Sara a su marido junto con algunos regalos. A veces se producirán mezclas entre ambas situaciones, y, dadas las

vestimentas tan dispares, no resulta fácil adivinar cuál de las dos escenas es la representada. Incluso los artistas del siglo XIX, mejores conocedores de Oriente, de sus vestuarios y entorno, mezclan las dos historias. Así sucede con Giovanni Muzzoli [6], que representa a Sara y Abrahán en un inequívoco ambiente egipcio mientras el faraón, desde una terraza, los descubre. La ambientación es muy cuidada; sin embargo, la escena no se produce en Egipto ni en Guerar, donde el faraón y el rey Abimélec se enteran por un aviso divino, sino que corresponde a la historia de Isaac, cuando el rey les descubre al mirar por una ventana (Gén 26, 8).

Las escenas en las que Sara es devuelta a Abrahán se representan sobre todo en el Barroco. Los escenarios y el vestuario son claramente anacrónicos, como se observa en la obra de Isaacsz [7], en la que el pintor presenta un faraón, suntuosamente ataviado con un manto de armiño y un turbante con joyas, entregando con el cetro a Sara; detrás aparece su cortejo, con dig-

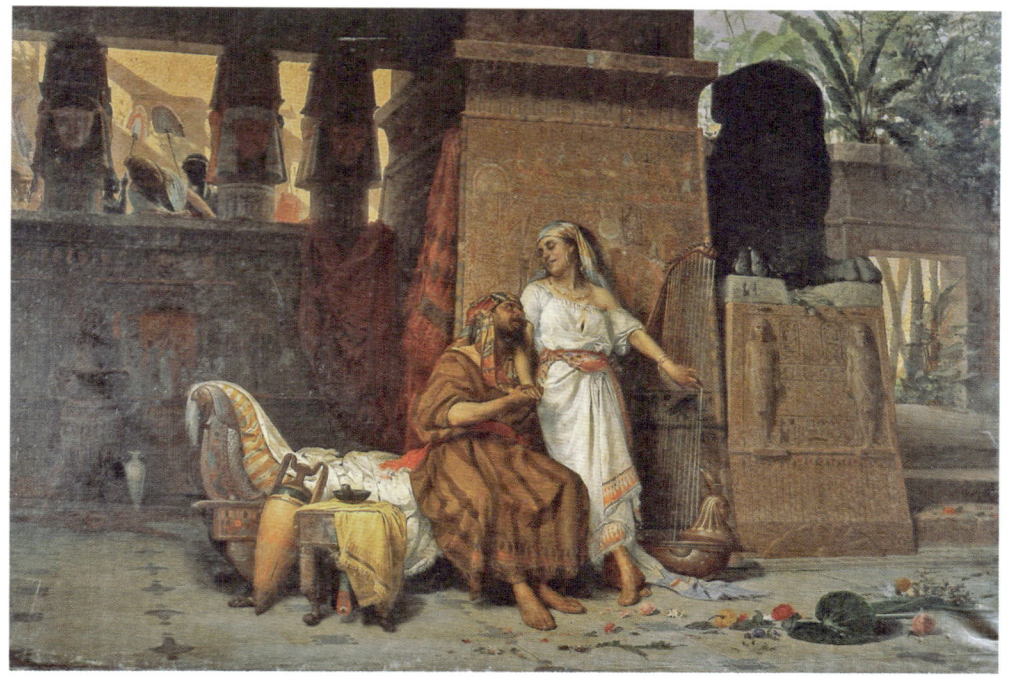

6. *Abrahán y Sara en la corte del faraón*, Giovanni Muzzoli, 1875, Módena, Museo Cívico.

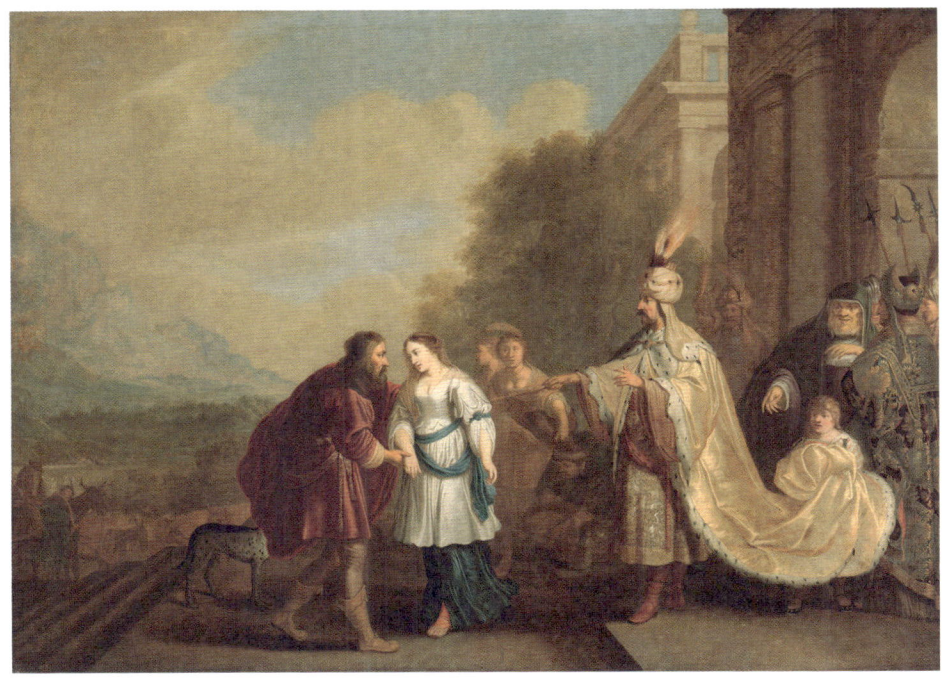

7. *El faraón devuelve a Sara a Abraham*, Isaac Isaacsz, 1640, Ámsterdam, Rijksmuseum.

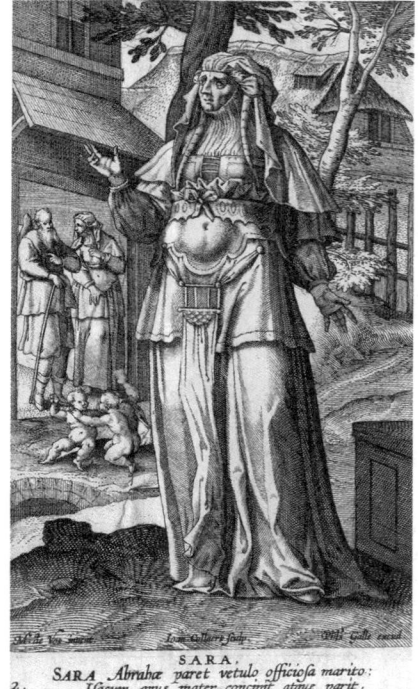

SARA.
SARA *Abrahae paret vetulo officiofa marito:*
2. *Ifacum anus mater concipit atque parit.*

natarios y sacerdotes. Abrahán y su esposa se miran con cariño.

La misma escena se repite con Abimélec en las obras de Nicolaes Berchem, de 1670, *Sara recibiendo a Abraham de manos del rey Abimélec* o la de Johann Heinrich Roos, ubicada en el Allen Memorial Art Museum (Oberlin College, Ohio), donde Abimélec, rey filisteo de Guerar, rodeado de toda su corte y delante de unas ruinas romanas, entrega a Sara a su marido, ambos algo rejuvenecidos y colmados de regalos. Los filisteos muestran un cierto enfado.

Más escasas son las obras que la representan sola. Hendrik Goltzius, en un grabado de 1597, la reprodujo de medio cuerpo, con rostro y manos poco femeninos, en una cocina sujetando un plato con tres cucharas y preparando la comida para los ángeles, que están sentados fuera.

Como protagonista principal aparece en el grabado de Jan Collaert [8]. Este hizo un dibujo, depositado en el Rijksmuseum de Ámsterdam, donde aparece una rotunda Sara, con un extraño atavío y delante de una casa; en el fondo, juegan dos niños,

8. *Sara*, Jan Collaert,
ca. 1590, Londres, Museo Británico.

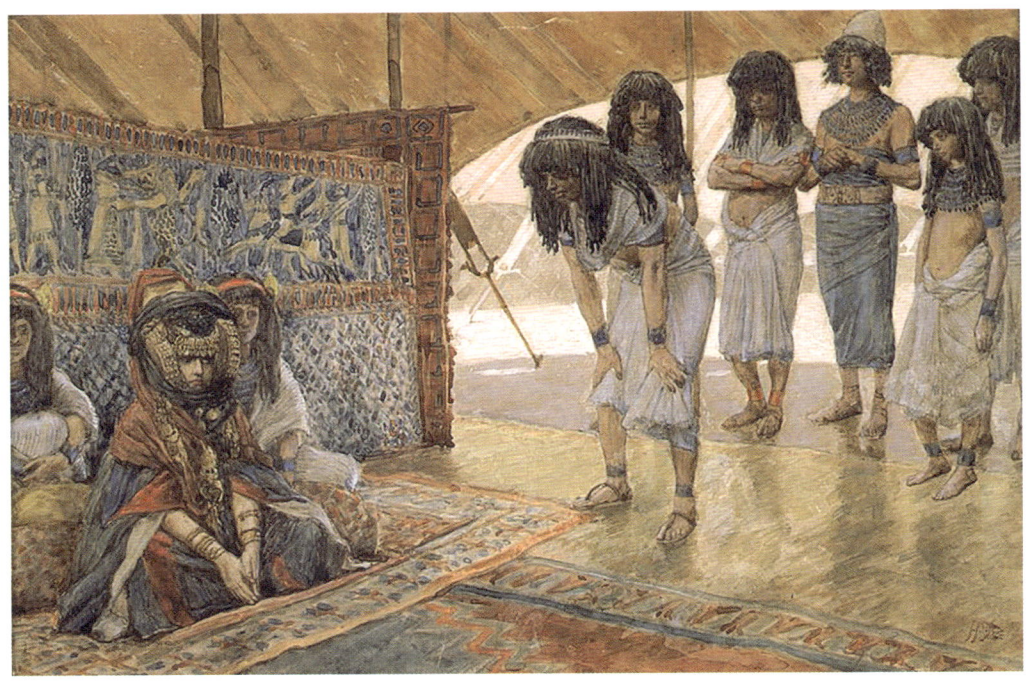

9. *Sara es llevada al palacio del faraón*, James Tissot, 1896-1902, Nueva York, Museo Judío.

Ismael e Isaac. Sara, al verlos, le pide a Abrahán que expulse a Agar y a su hijo para que Isaac sea el heredero. Al pie del grabado, en latín, se lee: «Sara servicial se muestra a Abrahán, su viejo marido. La vieja madre concibe y pare a Isaac».

A finales del siglo XIX, Tissot [9] representará una escena correctamente ambientada en la época donde Sara va a ser llevada al palacio del faraón, aunque luce un tocado que recuerda a la Dama de Elche.

Doré, en 1866, representó el entierro de Sara en la cueva de Macpela (Tumba de los Patriarcas). El cuerpo, envuelto y de pie, es depositado en un nicho de la pared por dos trabajadores mientras Abrahán, lloroso, se vuelve a mirarla por última vez.

PRINCIPALES ESCENAS

- Entregando a Agar a su marido.
- Con los tres ángeles.
- Con dos reyes, faraón y Abimélec.
- En la expulsión de Agar.
- Sola, con alguno de sus atributos.
- En alguno de los hechos de su vida (en el harén del faraón).

SÍMBOLOS Y ATRIBUTOS

Pese a su legendaria belleza, pocas veces se la representa hermosa, en su juventud o cuando los reyes se la llevaron. La representación más tradicional es en su vejez, quizás porque es entonces cuando se producen los principales acontecimientos relacionados con la sucesión del pueblo judío.

No tiene ningún atributo específico, al margen de su vínculo con los personajes de las escenas de la vida de Abrahán en las que aparece: Agar, Ismael, tres ángeles, etc.

CONTEXTO HISTÓRICO

La migración de Abrahán con su esposa Sara llevó a toda su familia a vivir a zonas del actual

Israel. El grupo era nómada, con ocasionales asentamientos que siempre estaban sujetos a los cambios de las condiciones climáticas o los enfrentamientos con otros grupos. Hay un consenso generalizado en que la era patriarcal, el éxodo y el periodo de los jueces son complejos de datar; por tanto, la era de Sara no puede relacionarse exactamente con ningún tiempo específico. La cronología de James Usher, obispo de Armagh, en Irlanda, del siglo XVII, que sitúa a Abrahán en el 2500 a.C., se considera hoy en día una mera fantasía. Existe un cierto consenso que sitúa a la familia de Sara entre el 1900 a.C. y el 1500 a.C.

Algunas de las zonas donde se desarrolla la historia de Sara son:

• El Néguev, una zona árida al sur de Israel donde se establecieron las primeras tribus hebreas que vivían del pastoreo.

• El encinar de Mambré, territorio montañoso cercano a Jerusalén. Estaba habitado por los anaceos y heteos, que eran cananeos. Allí compró Abrahán una parcela para enterrar a la familia, la llamada cueva de Macpela.

• Guerar, una ciudad situada al sur de Canaán y al oeste de Palestina, ocupada por los filisteos.

• Hebrón, también llamado en esta época Quiriat Arbá, que significa «ciudad de cuatro» por referirse a cuatro barrios o cuatro tribus. En este tiempo se cree que estaba dominada por los hititas y fue la primera tierra que poseyeron los judíos en Palestina. Es una de las ciudades más antiguas del mundo.

Observaciones

En Sara aparecen diferentes aspectos que muestran las costumbres del pueblo judío en sus comienzos: la vida nómada, el clan familiar patriarcal, la herencia de la descendencia y su importancia, las relaciones entre las mujeres del patriarca y la belleza y el tema sexual en las relaciones sociales.

El aspecto fundamental de Sara es su papel de matriarca. Subordinada a Abrahán, al que obedece en todo, reconoce la importancia de tener herederos, por lo que cede ante la esclava Agar en función de unos intereses fundamentales para el clan. La relación con Agar aparece ampliamente representada, y en todas las ocasiones el marido será quien marque su preeminencia.

Además, su historia muestra el enfrentamiento femenino en las relaciones de poder entre Sara y Agar. Sara representa la posición de opresora respecto a Agar apoyándose en su marido Abrahán, que será, en definitiva, el árbitro en la disputa por el poder de ambas.

La belleza es uno de sus principales atributos. Al respecto de su belleza, el Talmud* (Bava Batra 58 a) dice: «En este sentido, la Guemará* afirma que todas las personas en comparación con Sara son como un mono en comparación con un humano, ya que Sara era extremadamente hermosa». Y añade, en los comentarios sobre el Éxodo, que Abrahán reconocía la superioridad espiritual de su esposa. Este será uno de los principales problemas para ambos. En dos ocasiones se menciona la treta de Abrahán fingiendo que Sara es su hermana con el fin de evitar el ataque de los varones locales. En ambos casos son los reyes los que intentan apropiarse de ella, lo que provoca graves problemas, aunque Abrahán siempre saldrá colmado de regalos de la situación. El hecho indica que las mujeres en la época no iban cubiertas y que la lucha de los hombres para conseguirlas podía llegar hasta el asesinato.

Asimismo, Sara es la única mujer que habló con Dios sin usar ángeles como intermediarios (Gén 18, 15).

Susana (AT)

Joven hebrea, bella y temerosa de Dios, que fue educada en la devoción y mandamientos de la religión de Moisés. Su nombre significa «hija de lirio», y proviene del egipcio *sšn* («flor de loto»), de donde pasará a la Persia aqueménida, que lo transformará en *shushan* («lirio»). En arameo, *shoshana* o *shoushannah* también significa «lirio».

Aparece en el Libro de Daniel (Dan 13).

Su historia, sin embargo, no se incluye en la versión judía de la Biblia (el Tanaj), de donde se había excluido al no considerarla de inspiración divina. El relato se contaba, no obstante, en la tradición oral hebrea como una historia edificante en la que se defiende el triunfo de la virtud y la intercesión de Yahvé para salvar a los inocentes a través de su representante en la tierra: el profeta Daniel.

El cristianismo lo incluyó en la Biblia desde sus comienzos. Esta tradición se siguió en el mundo cristiano ortodoxo. Otros grupos cristianos, como los protestantes, no lo consideran canónico, aunque la historia se incluye en algunas versiones de sus textos sagrados como ejemplo de vida y de conducta, sin concederle valor doctrinal alguno, como es el caso de los anglicanos.

Susana estaba casada con Joaquín, un joven judío que había prosperado en Babilonia, donde poseía una amplia propiedad con un extenso jardín. El lugar era frecuentado por los judíos, y allí asistían también dos ancianos que habían sido elegidos jueces recientemente. La gente acudía al lugar para dirimir sus litigios y problemas. Mientras esto sucedía, Susana paseaba por el jardín. Los dos jueces la vieron en repetidas ocasiones y llegaron a sentir una gran pasión por ella. Acabaron confesándose estos sentimientos y urdieron un plan para encontrarla a solas y acostarse con ella. Aprovecharon el momento en que un día Susana había salido a pasear con las criadas y tuvo deseos de bañarse porque hacía mucho calor. Ordenó a las doncellas que le trajeran perfume y cremas y cerraran la puerta del jardín. Los dos ancianos se encontraban escondidos y, aprovechando que Susana se había quedado sola, se acercaron a ella y le propusieron que se acostase con ellos a la vez que la amenazaban, si no consentía, con denunciarla por cometer adulterio con un joven. Ella se negó y gritó pidiendo auxilio, a lo cual los ancianos reaccionaron gritando contra ella mientras uno abría la puerta del jardín. Al acudir los criados, ellos contaron que habían encontrado a Susana con un joven cometiendo adulterio, pero que el hombre había escapado. Al día siguiente, en el jardín, acusaron a Susana ante la asamblea, que les creyó y la condenaron a muerte.

Susana pidió ayuda al Señor. De camino al suplicio, un joven, el profeta Daniel, avisó que no estaba de acuerdo con esta sentencia. El pueblo le solicitó que se explicara y él interrogó a los ancianos por separado. Les pidió que le indicasen bajo qué árbol encontraron al joven con Susana.

Uno respondió que bajo una acacia, y el otro, que bajo una encina. Con esta contradicción se puso al descubierto la mentira. El pueblo absolvió a Susana, mientras que los dos ancianos fueron lapidados por falso testimonio.

SUSANA EN EL ARTE

Entre los múltiples protagonistas de la Biblia, Susana es un personaje que destaca ya desde los comienzos del cristianismo.

Su historia, sin embargo, tiene diferentes matices, entre los cuales pueden distinguirse con claridad dos enfoques y periodos muy distintos antes y después del Renacimiento. El personaje en sí mismo permitía esta versatilidad y ambigüedad, si no en el contexto bíblico, sí en el de la representación. La alternancia de la historia está ahí latente o explícitamente. El ciclo de Susana incluye la castidad y la sensualidad, la fidelidad y la tentación, la belleza serena y firme y también la lujuria desatada.

En el comienzo del cristianismo y en la Edad Media, el aspecto fundamental que se acentúa en el personaje es la inocencia, la persistencia en la defensa de su fe y la petición de ayuda a Dios en un trance tan peligroso como es la acusación de adulterio, que era castigado con la muerte por lapidación. También el profeta Daniel mantiene cierta presencia en la narración, ya que su brillante e inteligente intervención, como instrumento de Dios, salva a Susana.

En el conjunto, el mensaje moralizante final queda reflejado: Susana se salva y los malvados ancianos son lapidados.

La moraleja de la historia: la ayuda de Dios a los inocentes cuando tienen un difícil trance y, pese a ello, se mantienen en su fe, hizo que se incorporara ya en las pinturas de las catacumbas. En este sentido, tenía un mensaje claro: persevera en la fe y, al final, Dios te salvará.

Pese a todo, las representaciones en los manuscritos iluminados [1] comienzan a recoger los aspectos más libi-

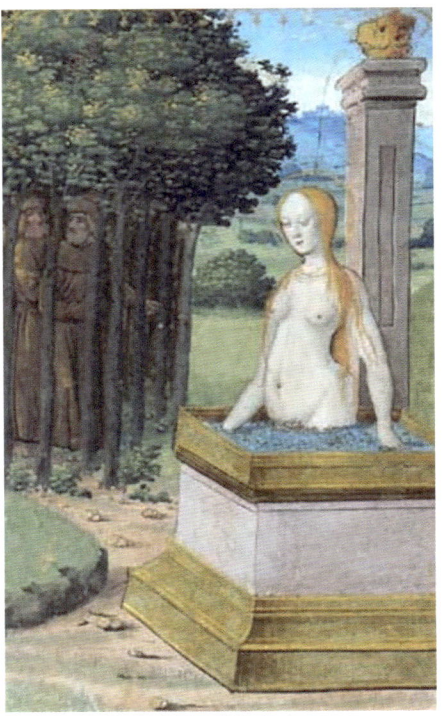

1. *Libro de Horas,* Tours, *ca.* 1500, Ms. M. 12, f. 71v, Nueva York, Morgan Library & Museum.

dinosos de la escena con representaciones del baño de Susana desnuda, en una fuente o estanque, y los viejos acechando en segundo plano, como apreciamos en el *Libro de Horas* de Tours.

En el Renacimiento, los cambios históricos y de pensamiento comienzan a afianzarse con el humanismo. La persona ocupa el centro del relato. La imitación de la Antigüedad y sus obras favoreció el recurso de los estudios anatómicos y el desnudo ocupó un lugar importante. Es en este instante cuando el personaje de Susana adquiere el protagonismo central, por encima de los aspectos espirituales antes mencionados. Comienza a reducirse el número de representaciones de todo el ciclo y se produce una concentración en una escena en concreto en la que Susana es la protagonista principal: la escena del baño y el acoso de los ancianos.

La elección de la escena del baño incluye múltiples motivaciones; es el momento de mayor suspense, y también el de mayor carga erótica, y en ella coexisten muchos elementos humanos universales, amor, lujuria, injusticia, maldad, etc., como para no ser aprovechados. Respecto a cuál es la razón prioritaria de la elección, muchos autores (Bornay, entre otros) subrayan la posibilidad que brindaba de burlar a la Iglesia al incluir un desnudo femenino que estaría permitido, puesto que «el guion» de la historia así lo exigía.

Algunos autores insisten en pintar la escena una y otra vez, con diferentes matices de perspectiva, estructura, disposición o implicaciones psicológicas. Así, Artemisia Gentileschi la repite hasta en cuatro ocasiones. Jan Massys aporta una Susana contenida y otra que destila erotismo. Veronés, Tintoretto, Rembrandt o Rubens también tienen diferentes obras sobre el tema, aspecto que se mantendrá durante la Edad Contemporánea.

Poco a poco se observa una evolución del personaje hacia los aspectos más eróticos. En el texto bíblico no se explicita que Susana estuviera desnuda en el momento en que es sorprendida por los dos ancianos. Pese a todo, la mayor parte de las representaciones muestran a Susana de este modo o a medio vestir. Jan Massys [2] nos la enseña semidesnuda cuando está ordenando a las criadas que le traigan los perfumes, aspecto inverosímil, ya que también les ordena cerrar la puerta del jardín para no ser molestada, por lo que no parece posible que ya estuviera sin vestir con la puerta abierta.

En los comienzos del Renacimiento se mantiene la faceta de santidad al incorporar un nimbo al personaje pese a su desnudez. Así ocurre en las obras de Francesco di Giorgio Martini de 1460 o en la de Lorenzo Lotto.

Se pueden distinguir dos momentos generales en la representación del baño de Susana en este periodo. En uno se muestra a una Susana ajena a la presencia de los ancianos y en el otro la manifestación de estos es patente, con su acoso y proposiciones.

En el primer caso, entre todos los ejemplos destaca por su estructura y maestría la obra de Tintoretto [3]. La calidad del dibujo, los detalles y la luz recalcan uno de los momentos más sensuales de la historia, en el que Susana, ajena a lo que sucede, se concentra en el baño contemplando su imagen en el espejo que tiene frente a ella. La mujer es protagonista esencial, pues su cuerpo se acentúa con un tratamiento lumínico que la sitúa en el centro de la acción y del espectador, pese a que aparece en la composición en una posición lateral. Las joyas que adornan su cabello y brazos, y los elementos del baño que ya aparecen junto a ella (aspecto que contradice el relato bíblico), remarcan su alcurnia. El cuerpo se vuelve rotundo y vaporoso a la vez y se observan delicados detalles que muestran su fusión con el paño que le sirve para secarse, como se puede observar en las delicadas pinceladas blancas de su pie derecho. Los dos ancianos aparecen reflejados, escondidos entre los elementos del jardín, aunque su posición en tres cuartos y de perfil reafirma su lugar secundario respecto a Susana.

Otro ejemplo que enfatiza la inocencia de Susana y lo ajena que está a las pasiones que

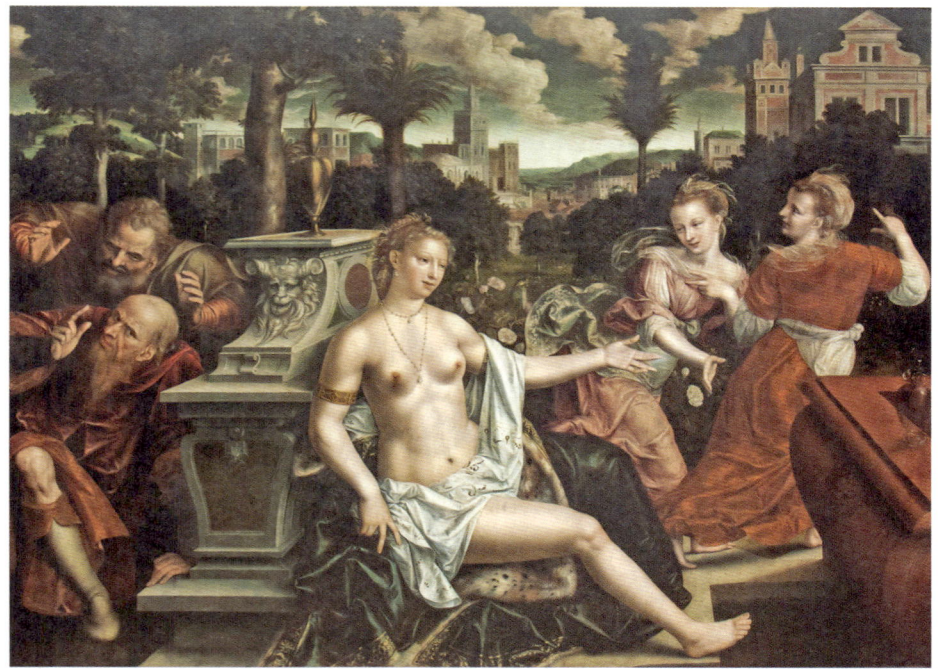

2. *Susana y los viejos*, Jan Massys, 1567, Bruselas, Museo de Bellas Artes.

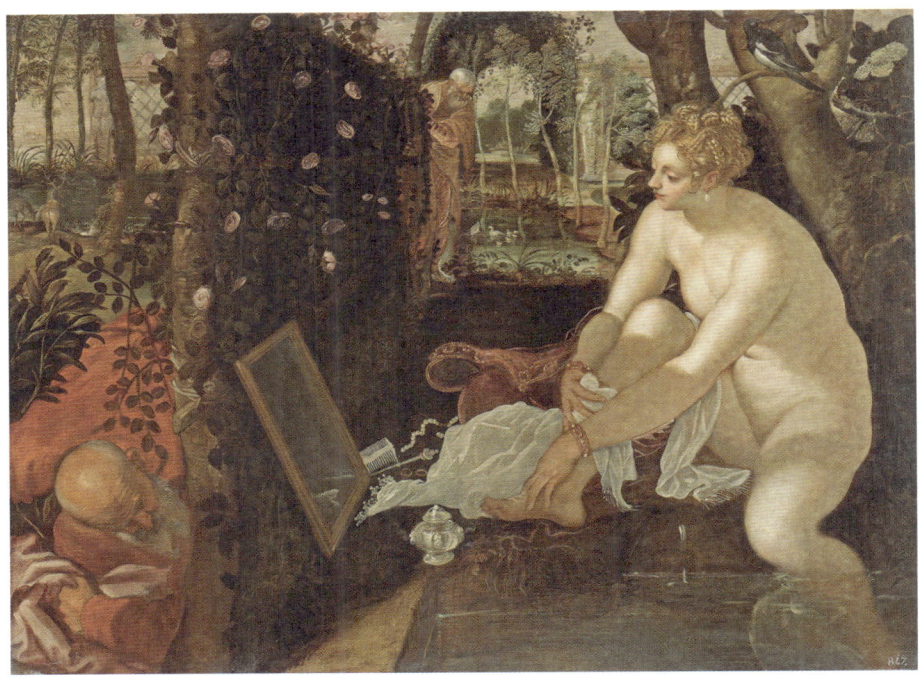

3. *Susana y los viejos*, Tintoretto, 1555-1556, Viena, Museo de Historia del Arte.

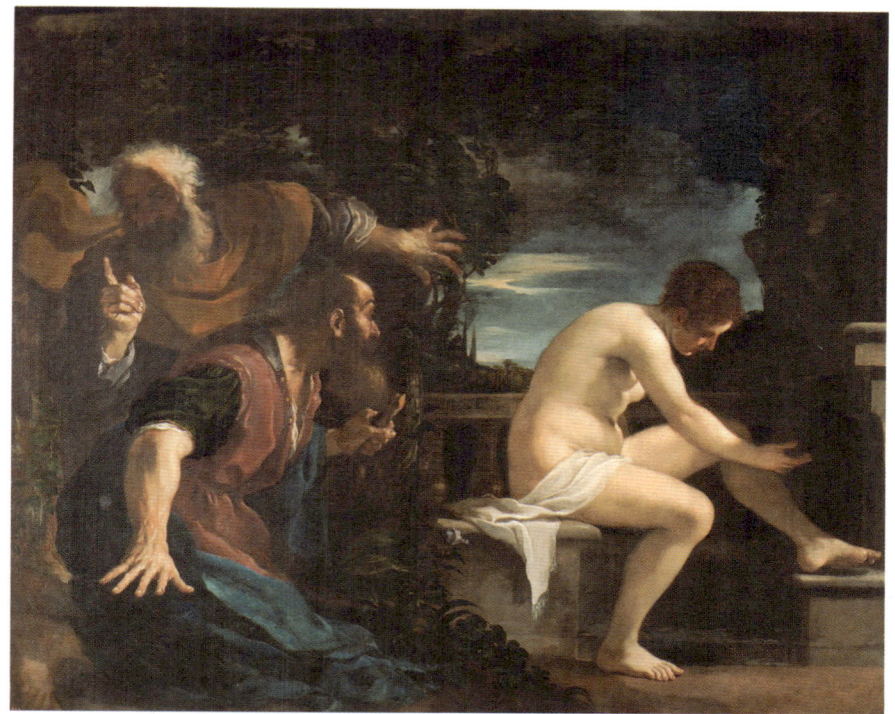

4. *Susana y los viejos,*
Guercino, 1617,
Madrid, Museo
del Prado.

levanta es el de la obra de Guercino [4]. El aspecto más llamativo de esta obra es la posición frontal de uno de los viejos, que parece introducirnos en el cuadro y hacernos cómplices de la situación, con un dedo levantado que reclama silencio para no alertar a Susana.

El paso a una mayor carga sensual se da con la obra de Cavaliere d'Arpino [5], que, en su *Susana y los viejos*, muestra a la protagonista en una posición central, de tres cuartos, con el rostro girado hacia el espectador del cuadro, implicándole. La transparencia de su vestido acentúa la sensualidad, incluso sirve para mostrar el desnudo sin más, antes de que aparezcan los ancianos, como se observa en la obra de Francesco Hayez, *Susana*.

El otro instante representado varía con múltiples matices. La sorpresa, el rechazo e incluso el horror de la protagonista ante la propuesta son aspectos fieles al texto bíblico. Este es el caso de

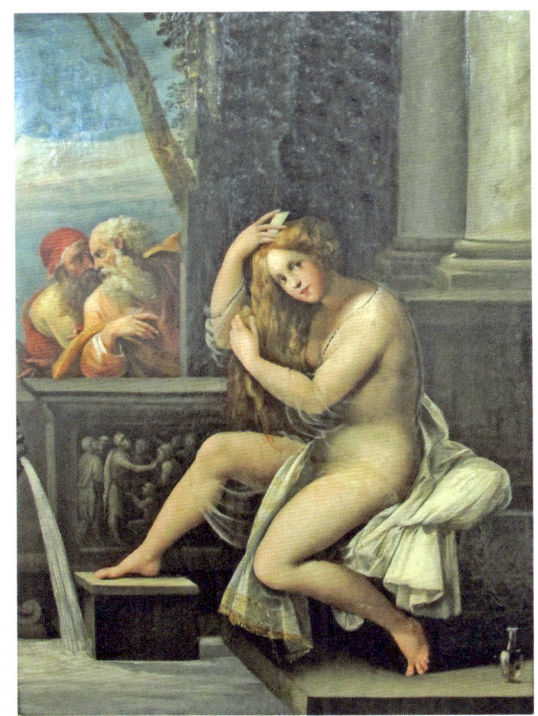

5. *Susana y los viejos,* Cavaliere d'Arpino, siglo XVI, Siena, Pinacoteca Nacional.

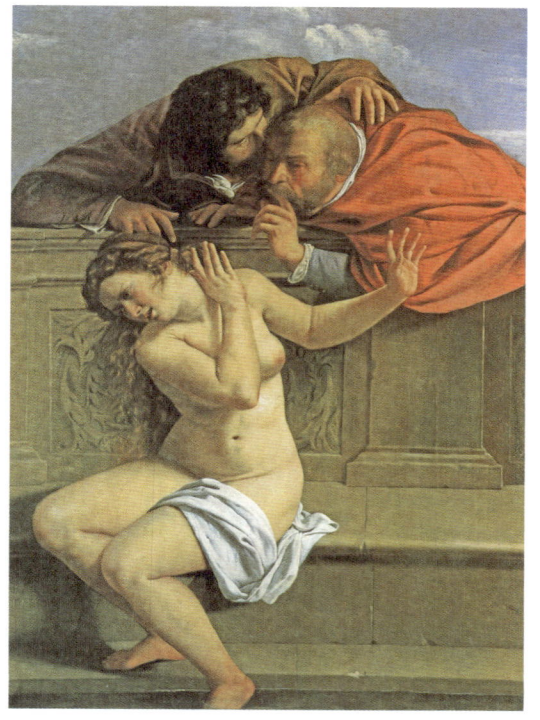

la mayoría de las obras, como las de Artemisia Gentileschi, Rembrandt o Rubens, entre otras. En Artemisia [6] se manifiesta la repulsa del rostro y la agobiante presión de los ancianos, en posición superior; con ello se acentúa la opresiva situación sobre la mujer. En las cuatro versiones que pintó se mantiene esta estructura. Se ha especulado sobre si su situación personal (fue violada por su mentor Tassi) influyó en la descarnada expresividad del horror y el rechazo; sin embargo, son muchos los autores que señalan que la primera obra se produjo antes del suceso.

Luca Giordano [7] muestra a una inusual Susana vestida y huyendo despavorida de los ancianos. Con este matiz de repulsa se salva el honor del personaje, el decoro y el entorno religioso, tal como sucede en el relato bíblico. Este detalle, como indica acertadamente Bornay, no restaba carga erótica al tema, es más, la incrementaba: «por la

6. *Susana y los viejos*, Artemisia Gentileschi, 1610, Pommersfelden, Castillo Weissenstein.

visualización —atractiva al espectador— del desafío viril que constituía para dos hombres la conquista de una mujer casta e inocente» *(Mujeres...,* pág. 136). Frente a la actitud de rechazo surgirán otras obras que muestran un cierto grado de complicidad de Susana hacia los viejos, motivo que se refleja en miradas complacientes y muestras de coquetería o incluso de complicidad con los acontecimientos. Estos detalles se observan en las obras de múltiples autores renacentistas y barrocos: Jordaens, Frans van Mieris (donde la protagonista parece acariciar a uno de los ancianos y descansa sobre él), Jan Brueghel el Joven (Susana aparece sonriente), Jacob Ernst Von Hagelstein (reclinada sobre un anciano), Lambert Sustris (juega con los ancianos de manera ambigua con un pañuelo a punto de cubrir sus ojos) o Tintoretto (en la obra del Museo del Prado, de 1555, se deja acariciar por un anciano mientras sonríe al otro).

Los ejemplos se suceden en este contexto ambiguo, como se observa en la obra de Allori [8], que muestra a

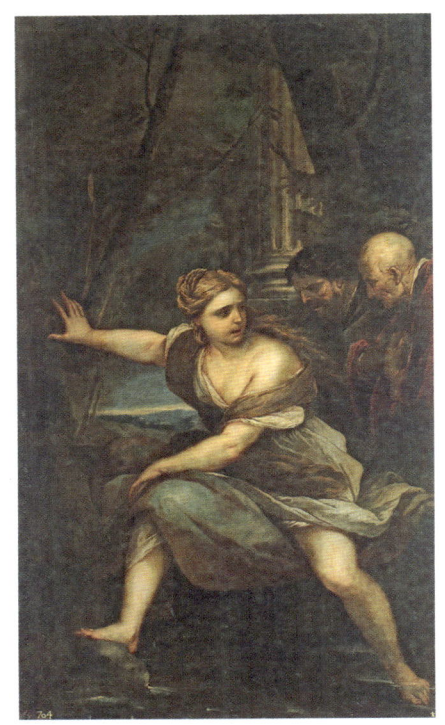

7. *Susana y los viejos,* Luca Giordano, 1656, Madrid, Museo del Prado.

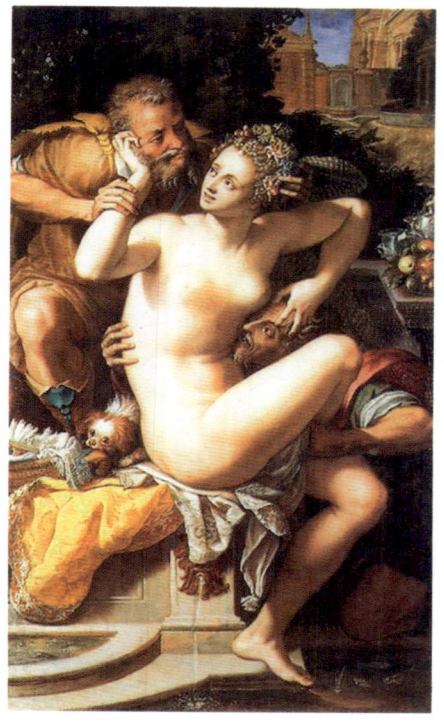

8. *Susana y los viejos,* Alessandro Allori, 1561, Dijon, Musée Magnin.

una Susana que coquetea y acaricia a uno de los ancianos, totalmente desnuda, mientras el otro la abraza. De ahí a superar el texto bíblico y pasar a una acción más explícita había un paso, que, en algunos casos, se produjo. En estas obras los dos ancianos no solo miran y hablan a Susana, sino que también son representados manoseándola e iniciando la violación. Así aparece en el relieve de Francis van Bossuit [9].

Otras escenas de la historia serán también representadas. El juicio es un momento de gran dramatismo y, sin embargo, poco reproducido. La lapidación de los ancianos, momento culminante que aúna justicia y venganza, se muestra fundamentalmente en grabados, como por ejemplo el de Maarten van Heemskerck, de 1562, y el de Den Grooten Figuer Bibel, o relieves como el de Heartston.

En la Edad Contemporánea, el tema sigue estando vigente en el arte y añade elementos propios de la época. En cualquier caso, predomina la escena de Susana y su desnudo en el baño, aunque prima el momento de ensimismado desconocimiento de la protagonista respecto del espionaje de los ancianos, que aparecen en un segundo plano.

Conforme avanza el siglo XIX, la forma de mostrarla se modifica y se añaden, frente al Barroco y su espléndido vestuario europeo, elementos más acordes con el ambiente real, como, por ejemplo, la Babilonia de la época. Los detalles orientalizantes, propios del historicismo, del romanticismo y de un mayor conocimiento europeo de las modas y modelos orientales, tras las incursiones variadas en el Próximo Oriente o el Magreb, se verán así reflejados. Susana y el resto de personajes ya no son «europeos con lujosos vestidos», propios del Barroco, sino que se convierten en una manifestación que unifica la perfección erótica griega y la sugestión oriental al encarnar, como sucede con la obra de Théodore Chassériau [10], las seducciones orientales de las veladuras, las sacerdotisas hindúes o la rotundi-

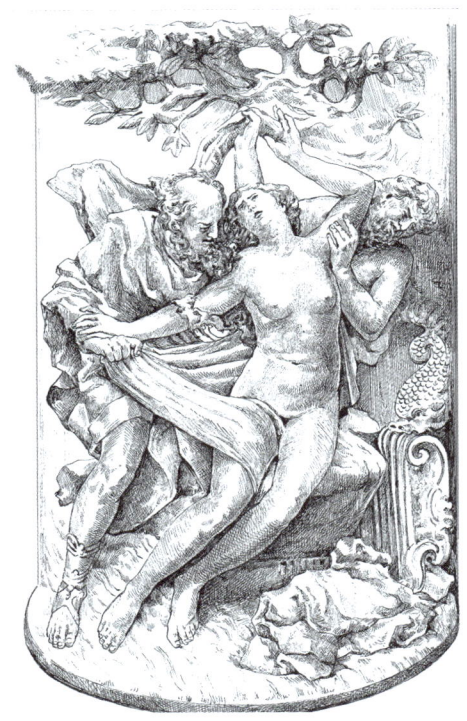

9. Representación del relieve en marfil de *Susana y los viejos*, Francis van Bossuit, 1700, Los Ángeles, Getty Center.

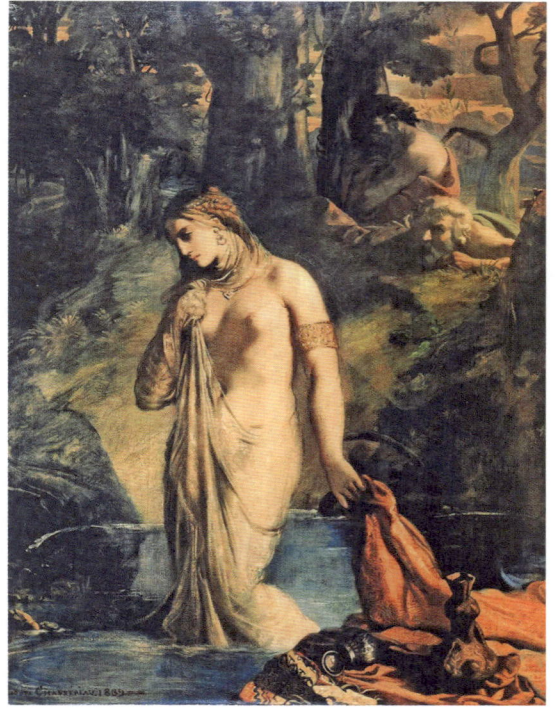

dad misteriosa de las mujeres calladas, sensuales, ajenas y ensimismadas de Oriente.

Los aspectos eróticos siguen aún presentes durante el siglo XIX, pero irán diluyéndose en los comienzos del siglo XX, e incluso se vuelve a plasmar el ciclo entero de la historia, como se aprecia en el relieve de Jean Larrivée [11]. En él se observan tres escenas: la de la izquierda muestra a los ancianos que descubren a Susana en el baño; la central, el apoyo de los que creen en la castidad de Susana, y la tercera, a la derecha, a los infames recibiendo su castigo.

En los inicios del siglo XX, la trama se refleja siguiendo prácticamente la mayoría de tendencias y vanguardias. Así se observa en la obra cubista de Picasso, en la neofigurativa de Alfonso Sucasas, en los constructivistas rusos, etc. El argumento no ha perdido vigencia, y son varios los autores que lo representan, lo que indica su

10. *Susana y los viejos*, Théodore Chassériau, 1839, París, Museo del Louvre.

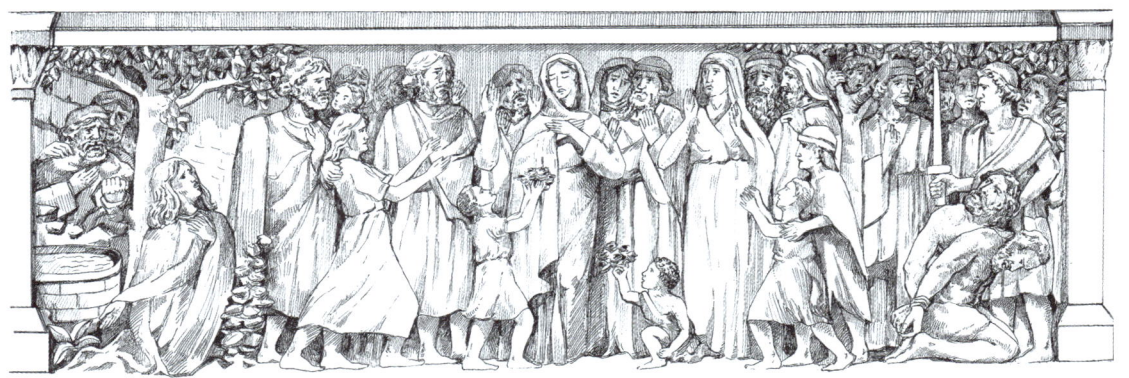

11. Representación del relieve de *Susana y los ancianos,* Jean Larrivée, siglo XIX, Lyon, basílica de Notre-Dame de Fourvière.

fuerza psicológica. En cualquier caso, la virulencia sexual y erótica del Barroco se ha mitigado bastante y ha dado paso a aspectos más psicológicos.

En el siglo actual, la historia sigue inspirando a numerosos artistas, con visiones entre el realismo y el surrealismo. Así sucede, por ejemplo, con el ruso Igor Samsonov [12], que muestra a una Susana como una joven que se baña inocentemente, ajena a las miradas de los actores de la sociedad, mientras que los viejos son representados por cuatro personajes: un mercader, un político, un sacerdote y un general. El entorno de Joe Velez [13], con una Susana

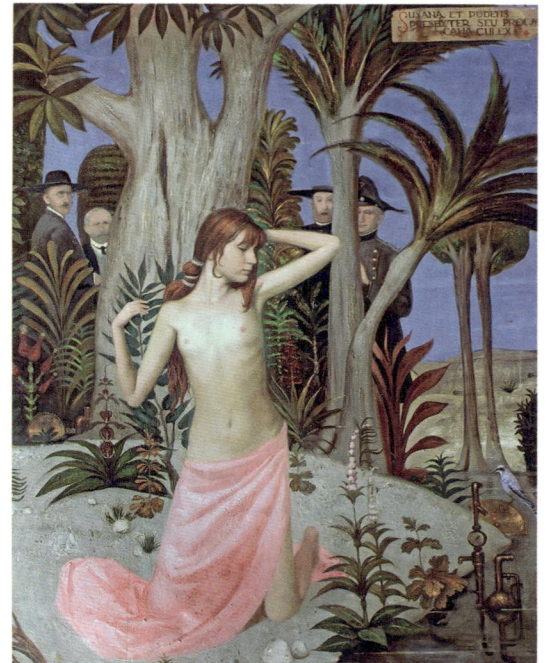

12. *Susana y los viejos*, Igor Samsonov, 2011.

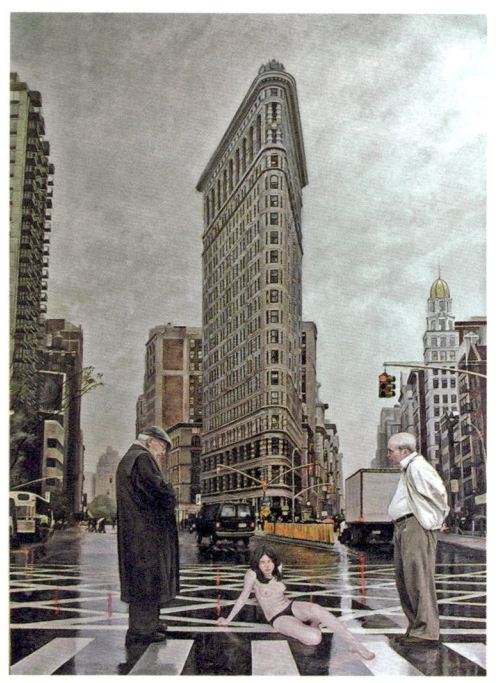

13. *Susana y los viejos*, Joe Velez, 1978.

semidesnuda en un paso de cebra de Nueva York, flanqueada por dos ancianos mientras a su espalda siguen circulando los automóviles, muestra el icónico edificio neoyorquino, el Flatiron, lo que supone un punto actual muy lejano de las pulsiones de las representaciones barrocas, a la vez que sigue reivindicando lo eterno de esta escena.

PRINCIPALES ESCENAS

• Las que muestran el ciclo completo, desde el comienzo en el jardín hasta la lapidación de los ancianos. Su función más destacada es la transmisión de un mensaje religioso, edificante y moral.

• La escena de Susana en el baño con la presencia de los ancianos escondidos mientras ella permanece ajena a la situación. El éxito de la escena es que aúna múltiples sentimientos eternos: la lujuria, el suspense, la tensión del momento, etc.

• El asalto de los ancianos a Susana. El momento destaca el dramatismo de la escena, el voyerismo, la lujuria y la coacción.

• La acusación de adulterio o juicio de Susana, durante el cual esta pasa a un segundo plano frente al conjunto del pueblo y los ancianos jueces.

• La intervención de Daniel en el juicio. El protagonismo se desplaza a los ancianos y Daniel, mientras Susana, en segundo plano, anhela la resolución de la intervención del profeta.

• Los dos ancianos condenados y lapidados. Es la escena más moralizante, el castigo de los que vierten un falso testimonio contra un inocente. También tiene un fuerte componente morboso, la lapidación, que muestra un final justo en el que los malos son castigados de modo brutal.

SÍMBOLOS Y ATRIBUTOS

Los básicos son la belleza y juventud de Susana, un jardín, criadas y los atributos propios del baño. Otros elementos simbólicos que suelen acompañarla en sus representaciones son el perro, como símbolo de la fidelidad; un lirio blanco, que es el emblema de la pureza, la inocencia, la castidad, la integridad sexual y la confianza en la providencia divina; un pavo real, ejemplo de la resurrección o la fugacidad de la hermosura. También, elementos de la Antigüedad clásica: Zeus, por su promiscuidad; Cupido, representante del amor, que puede aparecer o no cegado con una cinta, y los delfines que señalan el ardor amoroso.

Contexto histórico

Su vida y los hechos que se relatan se desarrollan en el siglo VI a.C., en la ciudad de Babilonia, que pertenecía al imperio neobabilónico, durante el reinado de Nabucodonosor II (605-562). El padre de este rey, Nebopolasar, había fundado el imperio centrado en la ciudad de Babilonia. Inició la práctica de la deportación de los habitantes de algunos territorios vencidos, tendencia que seguiría su hijo Nabucodonosor II, a la par que una política expansiva.

Atacó Siria y Judá a finales del siglo VII y terminó tomando Jerusalén. Este hecho no evitó que se produjeran nuevas sublevaciones en la ciudad, lo que provocaría la conquista definitiva de Jerusalén en torno al 586 a.C. En esta ocasión, destruyó el templo y la ciudad y deportó a los judíos a Babilonia durante setenta años. Los hechos transcurren en este periodo. Entre los exiliados estaba la familia de Susana.

Observaciones

De las trescientas noventa imágenes del catálogo Pliger que reflejan el tema de Susana entre los siglos XVI y XVIII, el noventa por ciento reproducen esta escena del baño, frente al resto, que se centran en el juicio. La cantidad de obras en dicho catálogo es muy superior incluso a la escena de David y Goliat, que apenas alcanza el cincuenta y seis por ciento de representaciones respecto al baño de Susana.

El mayor número de reproducciones se concentra en torno al Barroco.

Desde la Antigüedad, la connotación erótica del baño ha sido una constante universal; baste mencionar las obras de la mítica diosa Afrodita o Venus en el baño, agachada, mirándose al espejo (Venus púdica o Venus calipigia).

Curiosamente, el momento en que los viejos espían y se abalanzan sobre Susana será la escena elegida por Hitchock en su famosa película *Psicosis,* cuando el psicópata para poder espiar a la protagonista a través de un agujero que ha practicado en la pared y, antes de asesinarla,

retira el cuadro que representa la obra de Francis van Bossuit [9].

En la película *La juventud,* dirigida por Paolo Sorrentino (2015), en una de las escenas se recrea este episodio con los dos ancianos y una joven bañándose, imagen que sirvió como motivo del cartel promocional.

La condena de los ancianos a morir lapidados es acorde con los mandatos divinos (Éx 11, 16). El castigo por falso testimonio en un juicio será el mismo que se aplicaría al reo. Como se indica en Dt 19, 18-19, «si resulta que el testigo es falso [...], haréis con él lo que él pretendía hacer con su hermano». Al pedir los jueces que Susana fuera lapidada por adulterio, sufrieron la misma pena.

Tamar (hija del rey David) (AT)

Mujer israelita, era hija del rey David y de una de sus esposas, Maacá. También era la hermana de Absalón y la hermanastra de Amnón, hijo primogénito del monarca cuya madre era Ajinoán, una de las muchas esposas de David.

Es un nombre femenino de origen hebreo, רמת, que significa «palmera». El término aparece en la Biblia aplicado a cuatro mujeres diferentes: la nuera de Judá (Gén 38); la esposa de un tal Fares (Rut 4, 12); una hija de Absalón (2Sam 14, 27), y la hija de David, que es de la que hablamos en este caso.

En la Biblia también se llama Tamar un sacerdote (Éx 28, 1), un hombre (Éx 28, 1), una ciudad al sur habitada por la tribu de Judá (Ez 47, 19) y la nuera de Judá (Gén 38).

Aparece en el segundo Libro de Samuel, en el capítulo 13.

El rey David tenía una numerosa descendencia. De su mujer Maacá, hija del rey de Guesur, Talmay, tuvo a Absalón y a su hermana Tamar. Con su mujer Ajinoán, la israelita, había tenido anteriormente a su primogénito Amnón.

Tamar era muy hermosa y Amnón se enamoró de ella, aunque veía imposible su amor. Amnón se fingió enfermo, y cuando se presentó su padre David a verlo, le pidió que viniera Tamar para cocinarle unos buñuelos. David, sin sospechar nada, se lo indicó a Tamar. Ella preparó la comida, pero él se negó a consumir ningún alimento si no salían todos y les dejaban solos. Cuando estuvieron a solas, él le propuso que se acostaran, pero ella le dijo que no la forzara y que, si quería algo, se lo pidiera a su padre David, que aceptaría la unión. Pero Amnón no le hizo caso y la violó. Tras la agresión, sintió una gran aversión por su hermana y la echó de casa, pese a las protestas de esta: «Echarme ahora sería causa de un mal mayor que el primero que has hecho conmigo» (2Sam 13, 16). Pese a todo, la expulsó a la fuerza de su hogar. Tamar rasgó sus vestiduras y esparció ceniza sobre su cabeza mientras se alejaba dando gritos. Su hermano Absalón la recogió en su casa y le recomendó que no dijera nada.

La reacción del rey David cuando se enteró de todo fue enojarse «muchísimo», aunque no tomó ninguna medida. Absalón, desde entonces, odiaba a Amnón y deseaba vengarse por la afrenta a su hermana. Dos años después, en la época del esquileo, preparó su desquite. Invitó al rey David y todos sus hermanos a su casa. El rey no asistió, pero sí sus hermanos, entre los que estaba Amnón. Absalón ordenó que en medio del banquete los criados acabaran con Amnón, y cuando ocurrió, el resto de hermanos huyó. Absalón, para evitar la ira de David, se marchó a Geshur, con la familia de su madre, donde permaneció tres años hasta que finalmente David lo perdonó.

TAMAR EN EL ARTE

Pese a la importancia del hecho o sus repercusiones, el personaje no tuvo mucha trascendencia entre los artistas. Por un lado, la falta de conexión con el Nuevo Testamento —las prefiguraciones*— impedirá que aparezca en los primeros momentos del cristianismo. Por otra parte, desde el punto de vista religioso, la historia no es edificante, pues todos los protagonistas cometen actos que son repudiados por la nueva religión cristiana. Así pues, la protagonista quedó en gran parte desaparecida y en el olvido dentro del relato bíblico.

No obstante, el carácter didáctico de las biblias iluminadas y varios manuscritos medievales, libros de horas, salterios, etc., aportarán diversos ejemplos que tratan el tema. El conjunto más completo está en las miniaturas de la *Biblia de Maciejowski* [1], en las que se describe toda la historia: la violación, la expulsión de Tamar, la acogida en casa de Absalón, el asesinato de

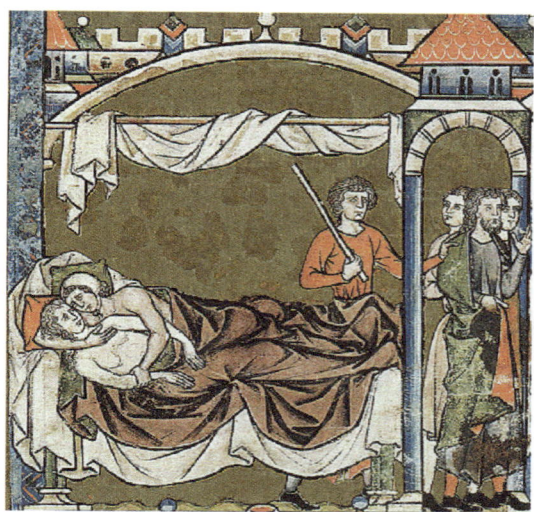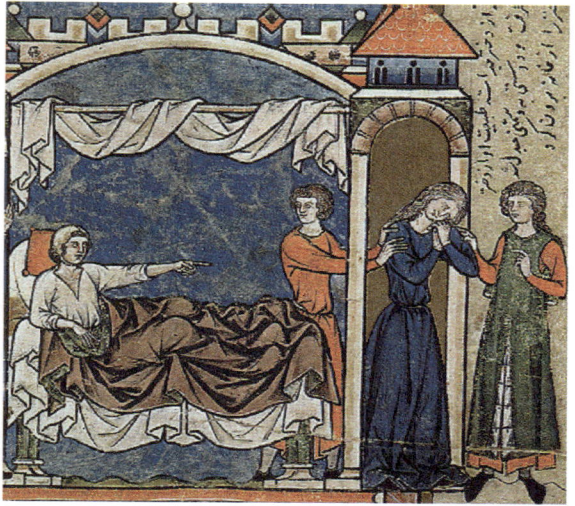

1. Dos escenas de la vida de Tamar. A la izquierda, su hermano Amnón la viola, mientras un criado echa a los presentes de la sala. A la derecha, Amnón la expulsa de la casa mientras, en el exterior, Absalón la recoge y le recomienda silencio. Ms. M.638, f. 43ra y rb, de la *Biblia de Maciejowski*, siglo XIII, Nueva York, Morgan Library & Museum.

Amnón, la huida de los hijos de David, la información al rey y, finalmente, la huida de Absalón a Geshur.

Generalmente los ciclos, con escenas variadas, se repiten en diferentes manuscritos medievales y renacentistas, por ejemplo, en el Libro de Horas editado en París, *ca.* 1500 (Nueva York, Biblioteca Pierpont Morgan). Los detalles muestran los aspectos más relevantes, como la enfermedad de Amnón, la presencia de Tamar y su obediencia ante los ruegos de su hermano, entre otros.

Sin embargo, a partir del Renacimiento se sustituyen las obras que reproducen todo o parte del ciclo por la representación, principalmente, de la escena de la violación y expulsión de Tamar en la que Amnón, en el lecho, atrae o amenaza a su hermana mientras despacha a los sirvientes. Las variantes son muchas, aunque son escasas las representaciones de los artistas más destacados. Ya en 1520, Jan van Dornicke [2] muestra a un Amnón que atrapa con violencia a

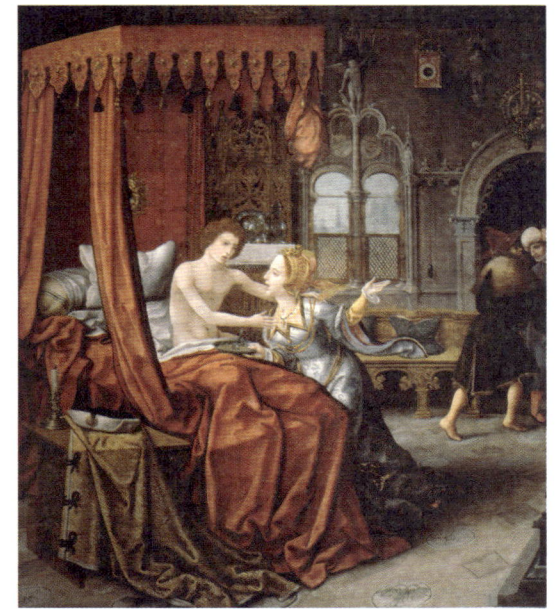

2. *Amnón atacando a Tamar*, Jan van Dornicke, *ca.* 1520, Baltimore, Museo de Arte Walters.

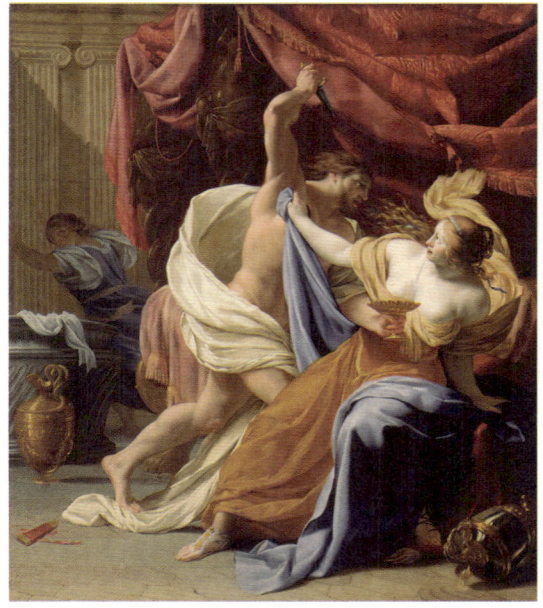

3. *La violación de Tamar,* Eustache Le Sueur, 1640, Nueva York, Metropolitan Museum of Art.

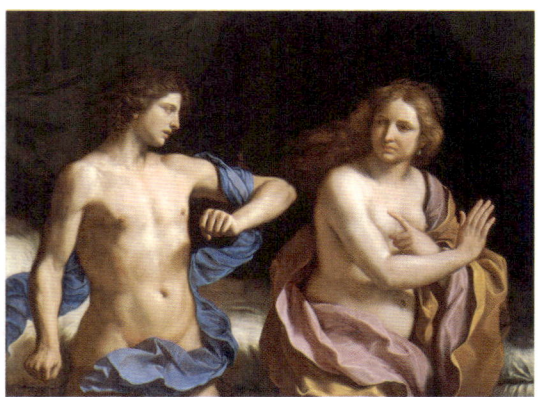

4. *Amnón y Tamar,* Guercino, *ca.* 1650, Washington, Galería Nacional de Arte.

su hermana, aún vestida, mientras los criados abandonan la estancia, todo ello dentro de un ambiente flamenco por lo que respecta a los vestidos, la arquitectura y el mobiliario.

Las escenas irán cobrando mayor violencia en la representación, incluso se añaden elementos agresivos, como puñales y un claro ataque que precederá a la violación. Es el caso de la obra de Sueur [3], donde un semidesnudo y armado Amnón se abalanza sobre una aterrorizada Tamar, que viste ropas propias de su rango. Guercino [4] muestra la escena del repudio en su obra, de mediados del XVII, un estudio clasicista que bien podría ser confundido con una obra mitológica (como indica Bornay en su obra *Mujeres de la Biblia en la pintura del Barroco*) y donde un furioso Amnón, con los puños apretados, expulsa a Tamar, que le amenaza con su índice.

El suceso se repite en diversos autores barrocos con mayor o menor énfasis en los desnudos y la violencia de la escena de violación o expulsión. La obra de Andrea Celesti, del siglo XVIII, resalta, en la expulsión de Tamar, a un Absalón que le recomienda silencio con una expresión que no deja lugar a dudas cuando acerca un dedo a sus labios.

En el siglo XIX se repiten los hechos con la tradicional adecuación de vestuarios propios del orientalismo y romanticismo, como se puede apreciar en la escena del repudio de Tamar, obra de Tissot [5].

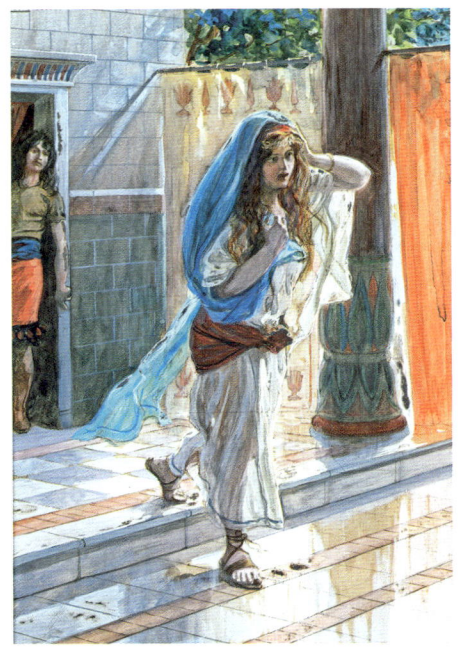

5. *Desolación de Tamar,* James Tissot, *ca.* 1900, Nueva York, Museo Judío.

PRINCIPALES ESCENAS

• La preparación del engaño, con Amnón en la cama fingiéndose enfermo.
• La expulsión de los sirvientes y la violación de Tamar en distintos momentos.
• El repudio y rechazo de Tamar.
• El recibimiento de Absalón a su hermana repudiada.
• El asesinato de Amnón.

SÍMBOLOS Y ATRIBUTOS

Como en otros personajes femeninos, la juventud y la belleza aparecen como sus únicos atributos. Es posible reconocerla por los acontecimientos en los que aparece: violación, repudio o acogida por Absalón.

CONTEXTO HISTÓRICO

Los hechos se desarrollan alrededor del año 966 a.C., en Israel, hacia el final del reinado del monarca David. Este había controlado y unificado todo Israel bajo su mando en el norte y el sur (Judea). Trasladó su capital a Jerusalén. El rey tenía numerosas esposas y concubinas, y muchos hijos e hijas con ellas. Este hecho, las desavenencias entre ellos y las luchas de poder para sucederle provocarían un convulso y trágico final del reinado.

Los acontecimientos que se narran en esta historia de Tamar serían el desencadenante de uno de los principales peligros para David: la rebelión de Absalón.

OBSERVACIONES

El incesto de Amnón con Tamar iniciaría el enfrentamiento entre David y Absalón. La Biblia prohíbe las relaciones incestuosas (Lev 18, 6); los matrimonios entre hermanos: «Si alguien toma por esposa a su hermana por parte de padre o por parte de madre, y ve la desnudez de ella y ella ve la desnudez de él, es algo vergonzoso. Serán exterminados en presencia de los hijos de su pueblo» (Lev 20, 17), y las violaciones (Dt 22, 13 y ss.).

Los hechos que se describen en esta historia bíblica son ejemplo de lo que no debe ser en la nueva religión cristiana. Un engaño, incesto, violación y repudio dejaban muy mal a Amnón, el primogénito de David; la reacción de este último que, pese a «enojarse muchísimo», respondió con el silencio ante los actos de su hijo, también es reprobable; Absalón, que en un primer momento acoge a su hermana protegiéndola, le aconseja el silencio, y su venganza a traición, con engaño y asesinato de por medio, no encajaba en absoluto con la nueva línea religiosa.

Elaine Neuenfeldt comenta sobre el tema: «La historia de Tamar en el segundo Libro de Samuel 13 es parte de un contexto donde la violencia contra la mujer, específicamente la violencia sexual, es un instrumento de superioridad y poder. El caso de Tamar implica incesto y violación en el ámbito de la casa real. Los hombres están involucrados en conspiraciones, esperando el momento adecuado para actuar, y son hombres que después del hecho […] ordenan silencio en lugar de denunciar […]. La víctima, la mujer, no se calló, pero los hombres, que conviven con la violencia, llaman al silencio. David, el padre y el rey, al final no llora por la violencia en su casa. Él y los hombres que lo rodean lamentan la muerte de Amnón, que es asesinado en medio del conflicto por el poder».

Tamar (nuera de Judá) (AT)

Mujer israelita. Fue la nuera de Judá, que era hijo de Jacob. Tuvo dos gemelos con su suegro Judá, uno de los cuales, Fares (Peres), fue antepasado de Jesús. No se debe confundir con Tamar, hija del rey David. Tamar significa «palmera».

Su historia aparece en el Génesis, capítulo 38. En la genealogía de Jesús, aparece mencionada varias veces: en Mateo (Mt 1, 3), en Rut (Rut 4, 12) y en 1 Crónicas (1Crón 2, 4).

Judá, uno de los doce hijos de Jacob, tuvo con una cananea tres vástagos: Er, Onán y Sela. A Er lo casó con Tamar, pero no tuvieron hijos porque el hombre desagradaba a Dios y murió pronto. Tras el suceso, Judá ordenó a Onán que se casase con su cuñada Tamar, según la ley del levirato*, pero este no quiso tener hijos a los que no pudiese dar su nombre y, para evitar embarazarla, en el acto sexual eyaculaba fuera de la mujer. Esto molestó a Dios, y Onán también murió pronto, de modo que Tamar se quedó viuda de nuevo. Judá, entonces, envió a su nuera a vivir con su padre Jacob, hasta que Sela, su tercer hijo, se hiciese mayor, aunque en realidad no quería casarlo con Tamar por si moría también.

Pasó bastante tiempo y falleció la esposa de Judá, pero su nuera seguía viuda, sin hijos, y viviendo en casa de Jacob, pese a que Sela ya era adulto. Un día Tamar se enteró de que su suegro iba a esquilar el rebaño a Timna y debía pasar cerca de Enaín; entonces se quitó la ropa de viuda, se cubrió el rostro con un velo y salió al camino situado cerca de este pueblo. Cuando pasó Judá, la confundió con una prostituta, pues no la reconoció al tener oculta la cara; le pidió acostarse con ella y le ofreció pagarle con un cabrito. Tamar aceptó, pero le exigió que le dejase algo en prenda hasta que le llegase el chivo. Entonces él le dejó su sello, su cordón y el bastón que llevaba en la mano. A continuación se acostaron y ella quedó encinta.

Unos días después, Judá envió el cabrito con un amigo, pero no encontró a ninguna prostituta en aquel camino, y aunque preguntó, nadie sabía nada. A los tres meses de este hecho le dijeron a Judá que su nuera estaba embarazada y que seguro que se habría prostituido. Entonces él ordenó que la sacasen de la casa y la quemasen. Cuando fueron a cumplir la sentencia, ella les dijo que el hombre que la había dejado encinta era el dueño de un sello, un cordón y un bastón que ella mostró. Judá reconoció los objetos y la perdonó porque se sentía culpable por no haberla casado con su tercer hijo Sela, como era su obligación; no volvió a yacer con ella.

Cuando llegó el momento del alumbramiento, Tamar tuvo mellizos. Uno de ellos, durante el parto, sacó una mano y la comadrona, atenta, le ató una cinta roja en la muñeca, pensando que sería el primogénito, pero el niño retiró la mano y la volvió a meter dentro. Después salió el otro hermano, al que llamaron Peres, el cual se convirtió en heredero por haber nacido el primero.

A continuación nació el otro, que portaba la cinta roja y al que llamaron Zeraj. Peres, el primogénito, es un antepasado de Jesús.

TAMAR EN EL ARTE

La historia de Tamar ha sido objeto de un áspero debate desde los inicios del cristianismo. La actitud de Judá hacia su nuera fue criticada por negarse a casarla con su tercer hijo y, con ello, impedirle que pudiese concebir; además, oficialmente, tampoco era aconsejable acudir a prostitutas por el simple deseo carnal.

La postura de Tamar ha sido aceptada porque, aunque engañó a Judá, lo hizo por una noble causa, la de tener hijos. Y en este contexto, para los judíos, Tamar, que era hebrea, actuó con inteligencia, aunque de modo cuestionable. Filón de Alejandría, uno de los grandes pensadores judíos del siglo I de nuestra era, afirmaba que Tamar consiguió derrotar los obstáculos materiales y espirituales que le presentaron para lograr un objetivo superior.

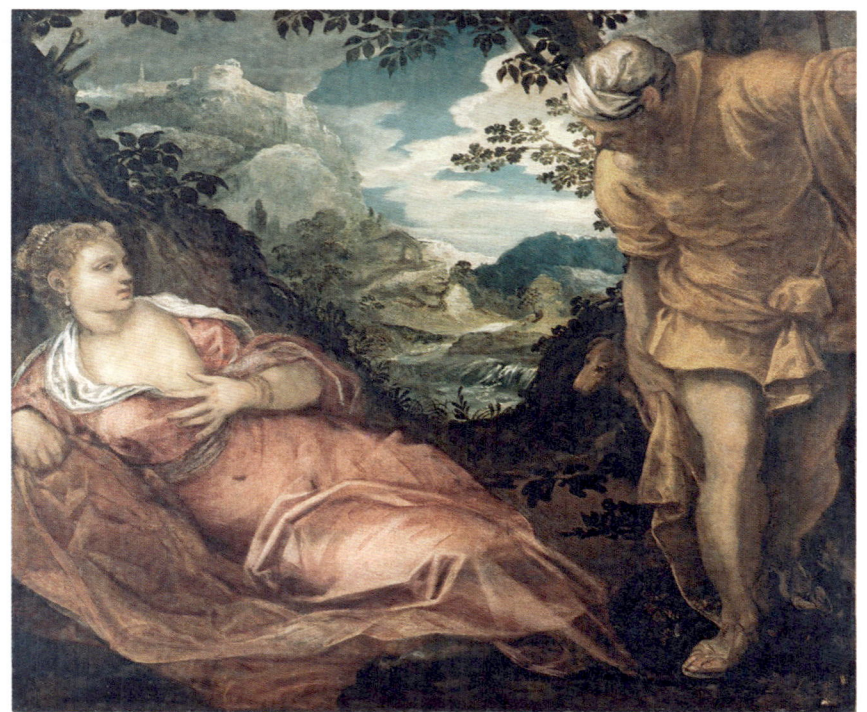

1. *El encuentro de Tamar y Judá,* Tintoretto, 1559, Madrid, Museo Nacional Thyssen-Bornemisza.

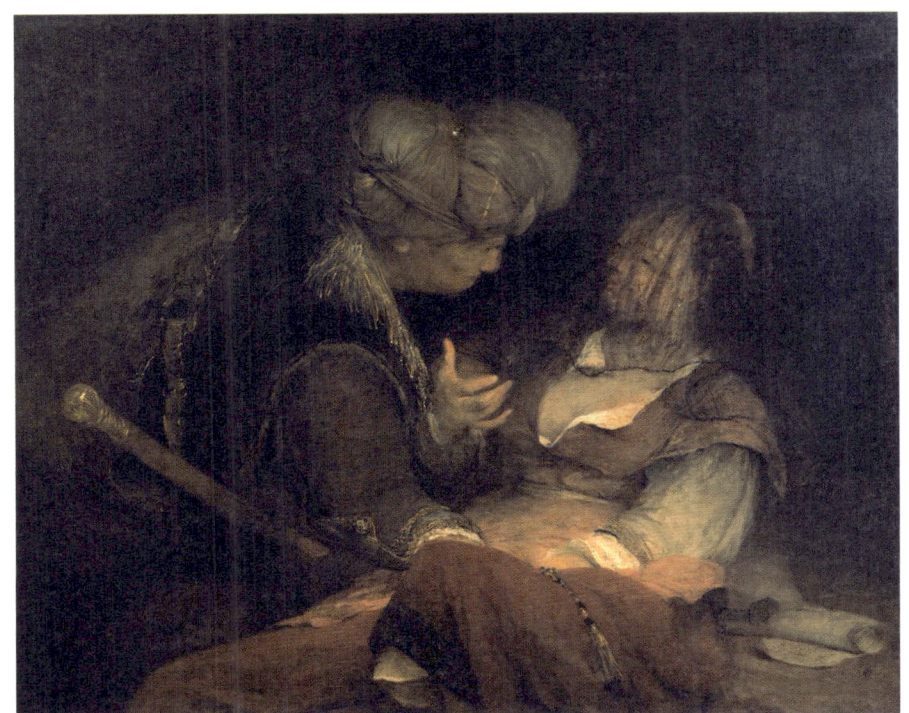

2. *Judá y Tamar*, Aert
de Gelder, *ca.* 1581,
La Haya, Mauritshuis.

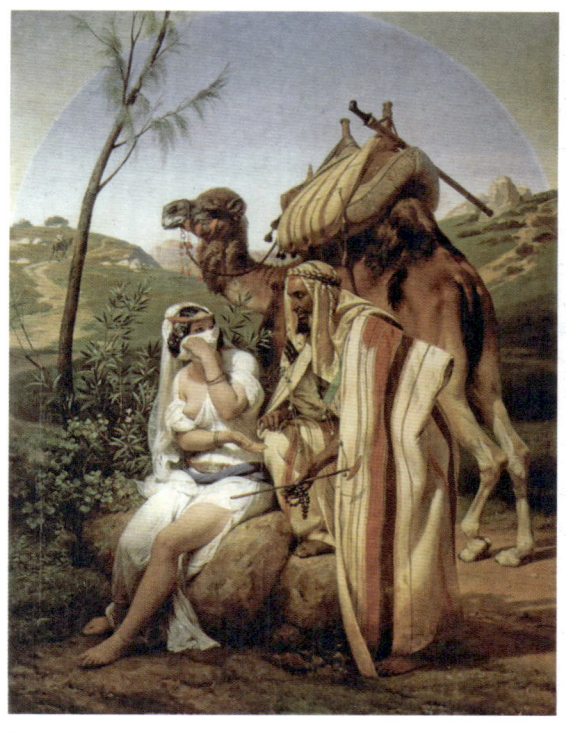

3. *Judá y Tamar*, Horace Vernet, 1840, Londres, Wallace Collection.

Los cristianos también la defienden porque quieren dignificar la genealogía de Jesús. Por esto abundan las representaciones de Tamar, aunque siempre con su suegro Judá, porque la historia con su marido Onán es denigrante.

La estampa más característica es la que recoge el encuentro entre los dos protagonistas en el camino de Enaín. En la mayoría de los autores destaca la representación artística personal sobre la versión bíblica. Esta exige la existencia de un velo que ocultaría a Tamar para que Judá no la reconociese; por tanto, el velo es imprescindible en el relato. En este sentido, Tintoretto [1], en 1559, hace una interpretación libre y muestra a Tamar vestida de rojo, recostada, mientras empieza a mostrar un pecho. Judá, en una extraña posición, la observa. No aparece el velo. En la misma línea está Giuseppe Nuvolone, que, en 1680, en una obra conservada en Milán, nos enseña a Tamar descalza, sentada y con un pecho desnudo, cogiendo el bastón de un arrobado Judá, que no la reconoce a pesar de llevar el rostro sin cubrir. Aert de Gelder [2], pintor holandés, hizo varias versiones en las que muestra a los dos personajes en actitudes cariñosas, e incluye el velo.

El siglo XIX aporta un mayor realismo y adecuación de vestuario a la realidad de la zona, Palestina, conocida tras las expediciones europeas al Próximo Oriente.

Vernet [3], por ejemplo, nos muestra a Judá como un auténtico beduino que ofrece los objetos solicitados a Tamar, que aparece junto al camino, con velo y enseñando un pecho y una pierna, para demostrar su oficio. Detrás, un camello completa el escenario, que sigue con fidelidad el relato del Génesis.

En el siglo XX y comienzos del XXI, Richard Mcbee [4] retoma la historia con múltiples pinturas, en las que los representa en una habitación. Ella está sentada en una cama, con el rostro cubierto,

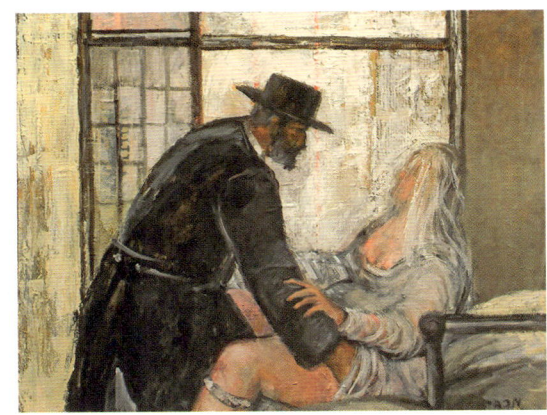

4. *Judá y Tamar*, 2005, Richard Mcbee.

mientras Judá, vestido con un atuendo actual ortodoxo, ya está acariciando el muslo de su nuera. En una reciente entrevista, el pintor comentó: «Cada vez que hay una historia bíblica o talmúdica que encuentro inquietante o desafiante para los valores modernos, me veo obligado a explorarla».

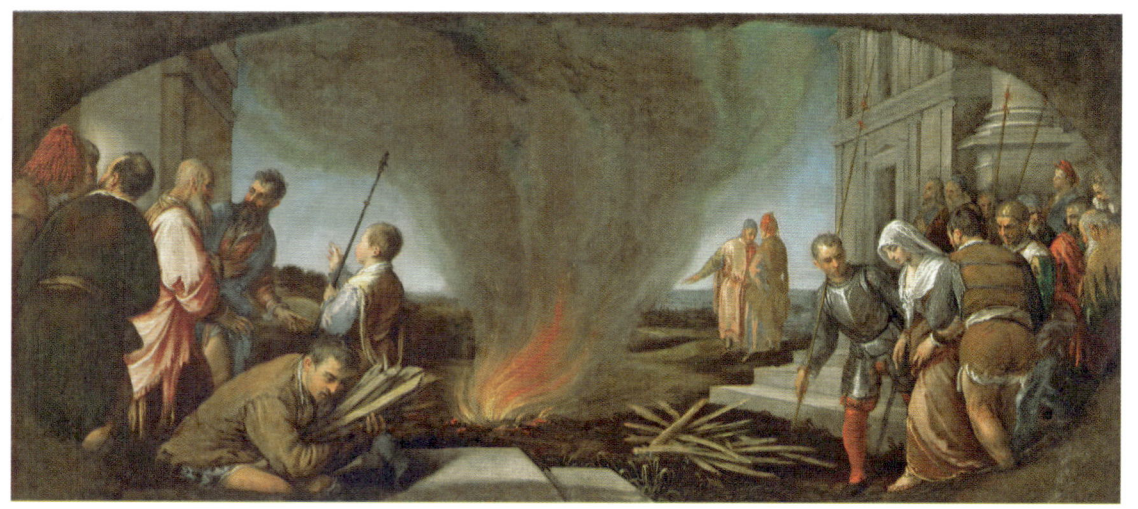

5. *Tamar llevada a la hoguera,* Jacopo da Ponte, 1566, Viena, Museo de Historia del Arte.

Otros pintores han preferido el momento en que Tamar va a ser ejecutada en la hoguera, como, por ejemplo, Jacopo da Ponte [5], que la representa conducida hacia la pira por varios soldados y un grupo de personas, mientras que un niño enseña a Judá, vestido de rojo, su anillo y el bastón que va a reconocer. La mujer lleva la mirada baja como signo de arrepentimiento. Toda la obra aparece enmarcada en una arquitectura del Renacimiento italiano con un vestuario acorde, alejado del mundo judío del XVI a.C.

La representación del parto de los mellizos fue menor, pese a la importancia de la genealogía de Jesús, aunque sí se da en grabados como, por ejemplo, *Den Grooten Figuer Bibel* del siglo XVI. En él, Tamar cuenta con la asistencia de parteras. En la parte inferior del margen aparece una referencia en latín al texto de la Biblia en Génesis 38, 27.

PRINCIPALES ESCENAS

• Tamar disfrazada de prostituta esperando a Judá y acariciándose o intercambiando los objetos.

• Tamar ante una hoguera, en presencia de Judá.

• El nacimiento de los mellizos.

SÍMBOLOS Y ATRIBUTOS

Destaca el velo con el que se cubría la cara y los atributos que Judá le dio en prenda: un sello, un cordón y un bastón.

CONTEXTO HISTÓRICO

Esta historia sucedió hacia el siglo XVI a.C., y según la Biblia corresponde al final del Génesis. En esta época, Egipto conquista Canaán y durante más de tres siglos va a controlar esta zona. Fue una época conflictiva, con enfrentamientos con los hititas y con los pueblos nómadas aquí asentados que solían rebelarse ante los mandatos egipcios.

OBSERVACIONES

La ley del levirato* aparece definida en el Deuteronomio: «Si dos hermanos viven juntos y uno de ellos muere sin tener hijos, la mujer del difunto no se casará con un extraño; su cuñado se casará con ella y cumplirá con ella su deber legal de cuñado: el primogénito que ella dé a luz llevará el nombre del hermano difunto y así no se borrará su nombre de Israel» (Dt 25, 5 y ss.). Es un matrimonio típico de grupos sociales en los que no se permite la unión con personas ajenas al clan. Se ha dado entre los judíos, mongoles, chinos y tibetanos, entre otros.

El evangelio de Mateo relata que unos saduceos le preguntaron a Jesús, para probarlo, si, según la ley, una viuda debía casarse con su cuñado y, si este fallecía, con el siguiente, y así sucesivamente; y le preguntaron que cuando resucitasen, la mujer ¿de quién sería esposa? (Mt 22, 23). Jesús respondió: «Cuando resuciten, ni los hombres se casarán ni las mujeres tomarán esposo; serán como ángeles en el cielo» (Mt 22, 30).

Tebes, mujer de la ciudad de (AT)

Mujer nacida en la ciudad de Tebes, también Tûbâs, que está situada en Israel. Fue la mujer que mató a uno de los «jueces-rey» de Israel, Abimélec.

Pese a su relevancia, la Biblia no menciona su nombre.

El suceso se narra en Jueces 9, 53-55.

Abimélec era hijo de Gedeón, juez que derrotó a los madianitas y logró para Israel un largo periodo de paz. Este juez tuvo numerosas mujeres que le dieron setenta hijos. Uno de los últimos en nacer fue Abimélec, cuya madre era una concubina siquenita. Cuando murió Gedeón, logró que lo nombraran rey de Siquén. Algunos de sus ciudadanos le entregaron una fuerte suma de plata del templo de Baal con la que reclutó un ejército de mercenarios y se enfrentó a los propios judíos, que no le aceptaban, capturó a todos los hijos de Gedeón y los ejecutó, salvo al más pequeño, Jotán, que logró huir. Gobernaría tres años sobre Israel. Tras este periodo, hubo una revuelta contra Abimélec en la ciudad de Siquén, pero la sofocó matando a todos los habitantes, la demolió y la sembró de sal. Envalentonado, se dirigió a una ciudad próxima, llamada Tebes, y la atacó. Logró entrar dentro, pero los supervivientes se refugiaron en una torre fortificada ubicada en el centro de la población. Abimélec se acercó a la puerta para prenderle fuego y, en ese momento, una mujer, desde lo alto de la torre, le lanzó una piedra de molino que le rompió la cabeza; él, moribundo, llamó deprisa a su joven escudero y le ordenó: «Desenvaina tu espada y remátame para que no se diga de mí que una mujer me mató». Su criado lo atravesó y murió (Jue 9, 54).

La mujer de Tebes en el arte

Aunque es un personaje secundario, sin nombre, y un tanto accidental, el cristianismo la va a

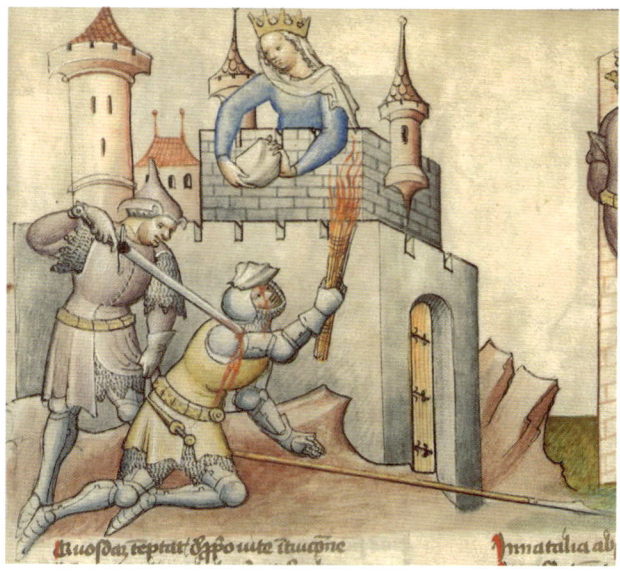

1. Imagen del *Speculum Humanae Salvationis et alia opuscula*, anónimo, 1432, Innsbruck y Viena. Hay un ejemplar en *Manuscritos variados,* catálogo de la BNE, pág. 89, Madrid.

incluir entre las «mujeres fuertes» de la Biblia y la va a representar desde la Edad Media en numerosas ocasiones.

Llama la atención que, entre las numerosas muertes y masacres del Antiguo Testamento, los acontecimientos de Tebes fueran objeto de múltiples y variadas representaciones, como apreciamos en los diferentes manuscritos iluminados y biblias ilustradas. El hecho de que un hombre tan poderoso fuera derribado por una mujer despertaba un evidente interés. Recordemos que el mismo Abimélec se dio cuenta, moribundo, de las repercusiones que el suceso tendría.

En numerosas versiones del *Speculum Humanae Salvationis* aparece la mujer como un personaje importante, como en el manuscrito ilustrado austriaco [1], donde se la representa con corona real lanzando la piedra.

Como curiosidad, en la *Biblia de Maciejowski* [2] se muestran varias escenas en una: la mujer lanzando la piedra, golpeando la cabeza del rey, plasmado dos veces, una bajo la piedra de molino y otra con la espada del escudero, aunque con ropa diferente. La causa de esta inconsistencia en una sola miniatura no ha sido aclarada.

Otras obras se centran en el personaje aislado, al margen de la torre y la batalla, como el grabado atribuido a Hieronymus Wierix [3], que habría pertenecido a una serie de héroes y heroínas de la Antigüedad, en el que se ve a la mujer como protagonista y no la batalla, que se reproduce al fondo, en un segundo plano; lleva en una mano una piedra, y en la otra, como un trofeo macabro, la cabeza del odiado Abimélec.

Las biblias con grabados desde el siglo XVIII en adelante siguen representando este hecho, lo que muestra el interés por el tema. Entre todos destaca el grabado de Carolsfeld [4], donde ella, en primer plano, sobre el parapeto de la

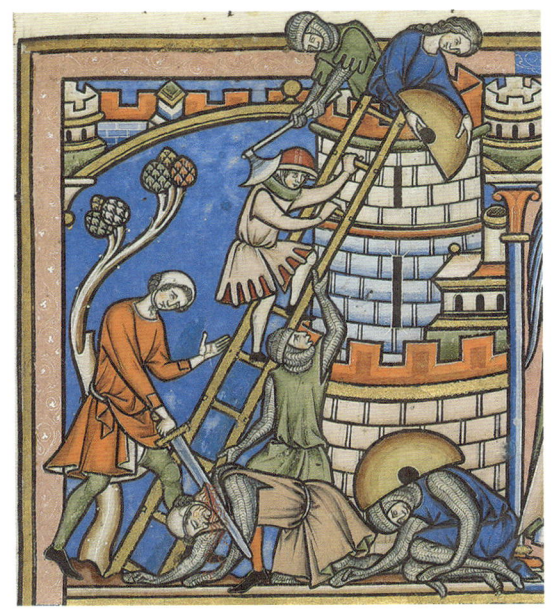

2. Escena de la muerte de Abimélec. Detalle superior izquierdo del Ms. M.638, f. 14r, de la *Biblia de Maciejowski*, siglo XIII, Nueva York, Morgan Library & Museum.

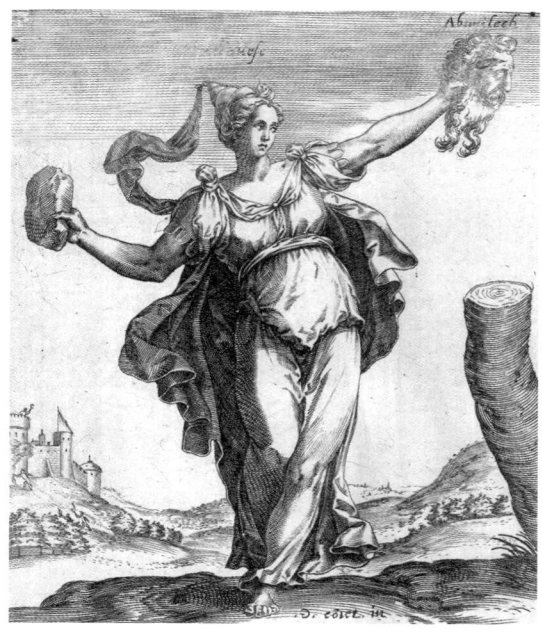

3. *Paisaje con la mujer de Tebes,* Hieronymus Wierix, dibujo de Gillis Coignet, 1578, Ámsterdam, Rijksmuseum.

torre, se prepara a lanzar la piedra que acabará con un oscuro Abimélec, que se observa bajo ella con una corona real que lo identifica, mientras sus soldados, expectantes, contemplan la escena sin participar ni ayudarle.

Una imagen curiosa e interesante figura en una medalla de plata del Museo Británico [5] que representa en el anverso a la reina Ana como Minerva derrotando a Luis XIV de Francia y en el reverso la muerte de Abimélec, con la inscripción alrededor, tomada de la Biblia: «Percvte me ne dicatvr qvod a femina interfectvs sim. ivdic. C. 9» («Mátame, no se diga de mí: le mató una mujer»). En ella se aprecia el asedio a la torre fortificada y a la mujer lanzando la piedra. Ana de Austria, madre de Luis XIV, fue una mujer de fuerte personalidad. La inscripción es un sarcasmo sobre Luis XIV, ya que su madre controló el poder hasta la mayoría de edad de Luis y aun después.

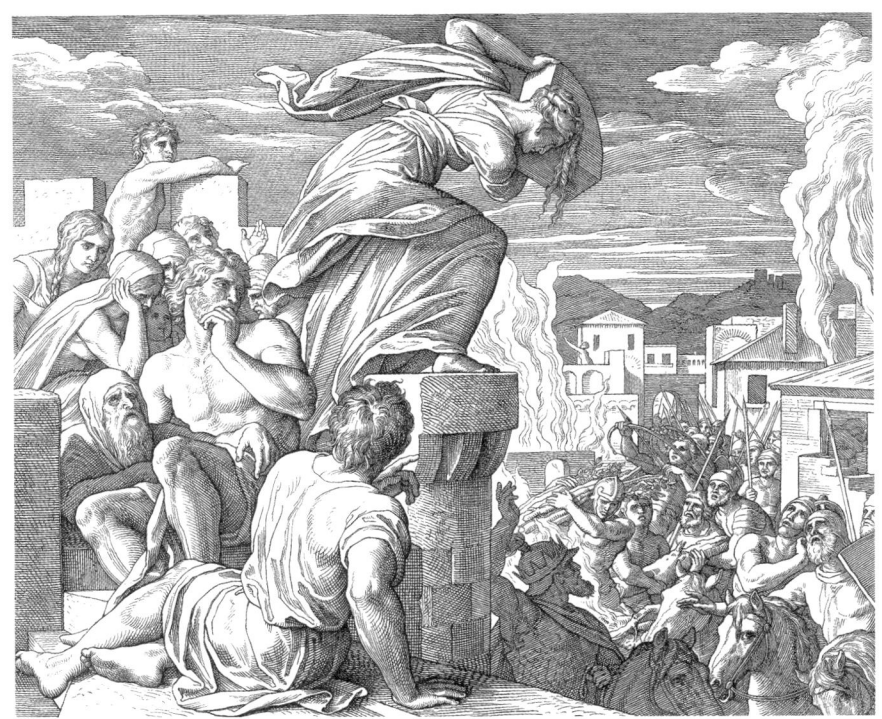

4. Grabado *La muerte de Abimélec,* en la *Biblia de Bildeern,* Julius Schnorr von Carolsfeld, siglo XVIII.

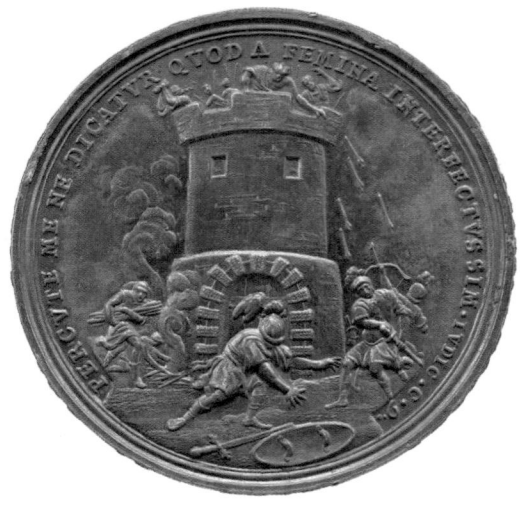

5. Reverso de la medalla conmemorativa de Ana de Austria y su victoria sobre Luis XIV, 1706, Londres, Museo Británico. La inscripción «Percvte me ne dicatvr qvod a femina interfectvs sim. ivdic. c. 9» recuerda la historia bíblica.

PRINCIPALES ESCENAS

• La batalla frente a la torre con la mujer lanzando la piedra.
• La mujer sola con una piedra.

SÍMBOLOS Y ATRIBUTOS

Aunque ni siquiera tiene nombre, en el mundo cristiano se la consideró una mujer fuerte, decidida y que cumplió el castigo de Dios. Como elementos distintivos están una piedra o rueda de molino y la cabeza de Abimélec. Se distingue de Judit por no tener espada.

CONTEXTO HISTÓRICO

El periodo de los jueces, se extendió entre el 1382 a.C. y el 1063 a.C. según algunos arqueólogos como Payne. Si la victoria de Débora se produjo en el 1216 a.C. y después estuvo Gedeón durante más de 40 años, cabe suponer que el ataque a Tebes debió de suceder hacia el 1170 a.C., aproximadamente. Es la época en que los judíos intentan asentarse en tierras cananeas y deben luchar contra los pueblos vecinos. Para dirigirlos, eligen a personas con gran carisma y dotes de liderazgo a los que van a llamar «jueces». El pueblo judío aún no está unido —de eso se encargará la monarquía—, y en esta época forma una débil confederación sin normas claras. La organización tribal impedía una estructura unitaria en tiempos de paz, pero en las guerras contra enemigos exteriores, filisteos, cananeos, etc., surgirán figuras salvadoras y aglutinadoras cuyo mandato se deshará en la paz.

En ocasiones, como muestra este relato bíblico, hubo enfrentamientos entre los propios judíos. Abimélec no será considerado juez por Israel, sino un usurpador, pese a que en la Biblia se indica que «Abimélec gobernó tres años sobre Israel» (Jue 9, 22).

La ciudad de Tebes se encontraba en el territorio actual de Jordania, entre las antiguas poblaciones de Betseán y Siquén, cerca de Nablus. Se identifica con el actual Tûbâs o Tābâts.

Observaciones

El acontecimiento se recordará en Israel, como demuestra el hecho de que el rey David indicara a sus soldados que no debían acercarse a las murallas cuando hubiera peligro de ser atacados: «¿Quién hirió a Abimélec, hijo de Jerubeset? ¿No fue una mujer la que arrojó sobre él una piedra de molino desde la muralla y lo mató en Tebes? ¿Por qué os habéis acercado a la muralla?» (2Sam 11, 21).

El nombre «Abimélec» tiene raíz filistea. Aparece con bastante frecuencia en la Biblia, lo que provoca confusiones que algunos autores explican argumentando que podía ser un título real entre los filisteos, como «faraón» entre los egipcios.

Yael (AT)

Mujer quenita, de la tribu de los cneos. Fue la asesina del general cananeo Sísara. También se escribe Jael. El nombre significa «cabra montesa».

Los hechos en los que aparece se narran en Jueces 4, y el cántico de alabanza de su acción, en Jueces 5, 24.

El rey cananeo Yabin había reclutado un poderoso ejército de carros de guerra, al frente del cual estaba su general Sísara, que llevaba veinte años atacando y asolando a las tribus de Israel. La juez* que mandaba en Israel, Débora, ideó una emboscada con su general Barac en la que derrotó a Sísara (véase DÉBORA). Sísara logró huir a pie. En su fuga buscó refugio entre los pueblos de la zona y acabó en el campamento de Jeber, un quenita, tribu con la que los cananeos estaban en paz. En la puerta de la tienda del jefe estaba su mujer, Yael, que salió a su encuen-tro y le tranquilizó. «Acércate, mi señor, acércate a mí, no temas» (Jue 4, 18). Sísara confió en ella y le pidió agua y refugio. Ella le dio leche y él, tras beber, se acostó y se quedó profundamente dormido, pues estaba exhausto. Yael aprovechó el momento para, con un martillo, clavarle una estaca en la sien, hasta que se hundió en la tierra, matándolo. Cuando los judíos que venían persiguiéndolo, con su general Barac a la cabeza, llegaron al lugar, ella les mostró el cadáver.

Por este hecho la juez Débora (véase DÉBORA), en su cántico de victoria, indicará: «Bendita Yael entre las mujeres, | la esposa de Jéber, el quenita; | entre las mujeres que viven en tiendas, sea bendita» (Jue 5, 24).

La madre de Sísara, desconocedora de los hechos, se preguntó por qué no había llegado todavía su hijo; sus compañeras le indicaron que estaría celebrando la victoria rodeado de mujeres.

YAEL EN EL ARTE

Pese a su breve aparición en la Biblia, el personaje se verá muy reproducido en el arte, pues se la considera una heroína. Ya lo era para los hebreos, pese a no ser judía y violar las leyes de la hospitalidad y traicionar la confianza del general atrayéndolo con engaños. El hecho de eliminar a uno de los principales enemigos de Israel fue suficiente para limpiar todos estos aspectos negativos. El cristianismo asumió esta postura sobre Yael. Se considera el acontecimiento como la prefiguración* de la victoria de la Virgen María sobre el demonio o la del éxito de la iglesia cristiana sobre el paganismo.

La principal escena que se reproduce es el momento en que Yael clava la estaca en la cabeza de Sísara. La importancia de su acción, matar al personaje que había asolado Israel durante veinte años, unida a los detalles morbosos del hecho, justificará su amplia reproducción.

Existen variaciones sobre el hecho, como el martillo o mazo, el clavo, sobre el entorno real, una tienda, un palacio, etc. Pero siempre aparecerá el momento en que Yael acaba con la vida del general cananeo.

En la Edad Media se repite la escena con profusión en diversos libros miniados, biblias pauperum* o el *Speculum Humanae Salvationis*. En la *Biblia de Maciejowski* [1], por ejemplo, aparecen todas las escenas en una, detalle propio del mundo de las miniaturas medievales, desde que Yael recibe a Sísara y le da de beber hasta que le mata y finalmente enseña el cadáver a Barac. Existen ciertos anacronismos o imprecisiones, como el vestuario, el entorno y la identificación del jefe militar con un rey, pues le pone una corona, o la colocación en una cama en lugar de en el suelo. Generalmente Yael aparece sola en su acción, aunque en ocasiones puede ayudarla un ángel que se sitúa a su espalda y muestra la intervención de Dios en los hechos.

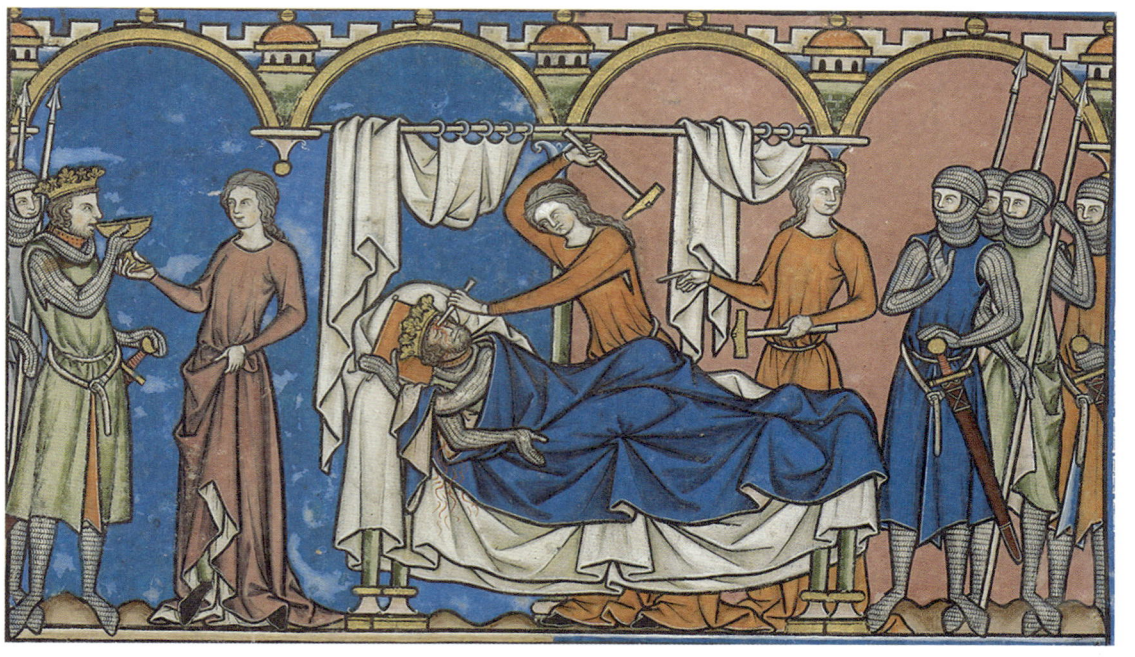

1. *Biblia de Maciejowski (o de Morgan)*, Ms. M.638, f. 12v, siglo XIII, Nueva York, Morgan Library & Museum.

Réau afirma que, en el arte misógino medieval, Yael es un claro ejemplo de las artimañas de las mujeres, aunque no apoya esta afirmación en ningún argumento. En contra de esta idea existen varias obras donde Yael es un modelo. Aparece junto a Judit en la victoria de la humildad frente a la soberbia, como se aprecia, por ejemplo, en el *Speculum virgium* de Troyes [2]. Allí Yael y Judit vencen a Sísara y Holofernes, que están en el suelo, y flanquean a la humildad, que vence a la soberbia. También en otro *Speculum Humanae Salvationis* [3] aparece junto a la Virgen, Judit y la reina Tomyris, que no es una figura bíblica. Todas ellas representan la fortaleza. María, arriba a la izquierda, con los símbolos de la cruz, vence a Satanás; Judit corta la cabeza a Holofernes; Yael, arriba a la derecha, elimina a Sísara taladrándole la cabeza con una estaca, y la reina Tomyris derrota a Ciro cortándole la cabeza.

Se representó menos en el Renacimiento por su tendencia al orden, la armonía y las composiciones estáticas clásicas.

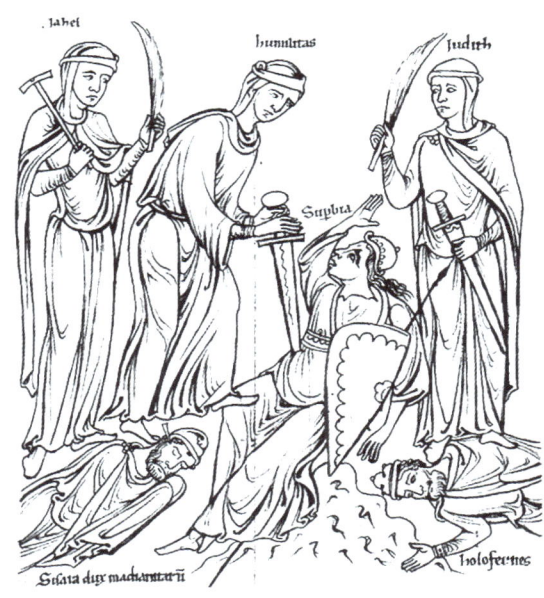

2. *Humildad*, en *Speculum virgium* de Troyes, siglo XIII, Troyes, Clairvaux, abadía de Nuestra Señora.

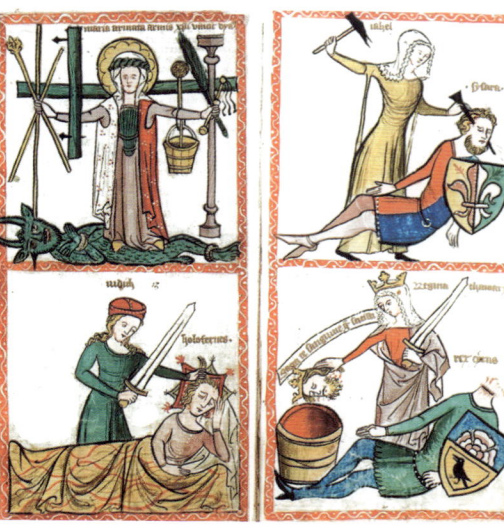

3. *Jael*, en *Speculum Humanae Salvationis*, ca. 1360, manuscrito iluminado, Darmstadt, Universitäts-und Landesbibliothek, Ms. 2505, ff. 56v y 57r.

En el Barroco, la mayor inclinación a representar los *estados psicológicos exaltados*, el desorden, el caos o la muerte harán que este siniestro relato se reproduzca en mayor número de obras. Existen ejemplos en frescos, dibujos, grabados, pinturas y esculturas. Diversos autores —Gregorio Lazzari, Luca Giordano, Salomon y Jan de Bray, Pedro Núñez del Valle, entre otros— reproducen el hecho. Artemisia Gentileschi, en su obra *Yael y Sísara* [4], nos muestra, en un ambiente siniestro y oscuro en el que destacan los dos protagonistas del hecho, a un dormido general cuyo rostro se parece al de Holofernes y, se dice, a su maestro y violador Tassio. Pese al horror de la escena, tiene menos dramatismo que su Judit al estar Sísara profundamente dormido.

También en este periodo Yael será ejemplo de mujer fuerte. Pierre Le Moyne en su obra la escoge como modelo, junto a Débora, Judit, Lucrecia o María Estuardo.

En casi todas las obras los autores son fieles al relato bíblico y Sísara aparece dormido cuan-

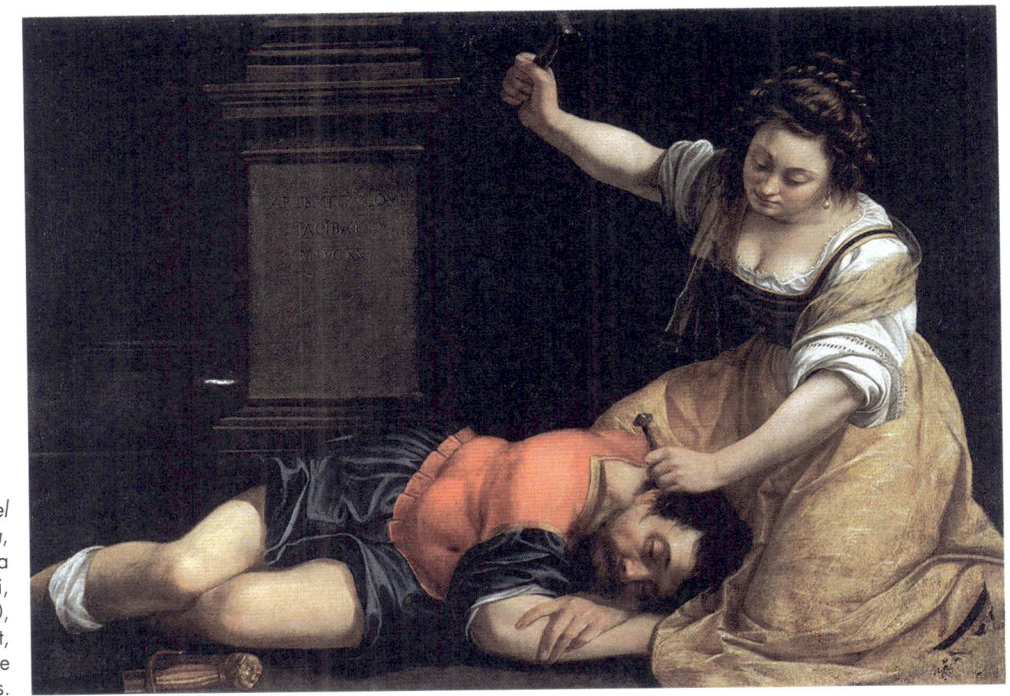

4. *Yael y Sísara*, Artemisia Gentileschi, 1620, Budapest, Museo de Bellas Artes.

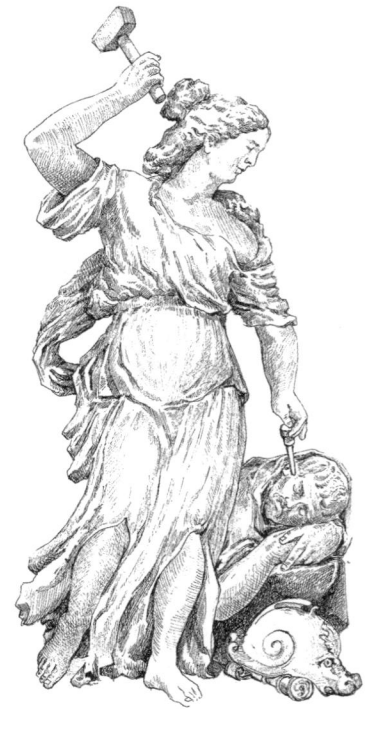

do le taladran el cráneo; pero no faltan ejemplos en los que despierta en el último momento y es consciente de lo que va a suceder, lo que añade más horror a la escena. Así sucede, por ejemplo, en la obra de Antonio Belluci de 1710, actualmente en el Museo de Historia de Bamberg.

Seguirá representándose en el siglo XIX, con menos anacronismos y mayor precisión respecto del relato bíblico, como se aprecia, por ejemplo, en el grabado de Doré que ilustra la Biblia.

En el neoclasicismo se representa igualmente en esculturas, donde destacan los elementos fundamentales del martillo y la estaca, como se aprecia en el mausoleo de José II [5].

La historia siguió representándose en el siglo XX e incluso en el XXI sigue levantando pasiones, como prueba la obra de la artista holandesa Marcelle Hanselaar [6]. El entorno de la acción es contemporáneo, junto a un tocador femenino y una acción de sexo y violencia. Para algunos autores como Conway, es la reivindicación de la mujer contra la violencia de los hombres.

5. Representación de la escultura *Yael*, siglo XVIII, Aix-en-Provence, mausoleo de José II.

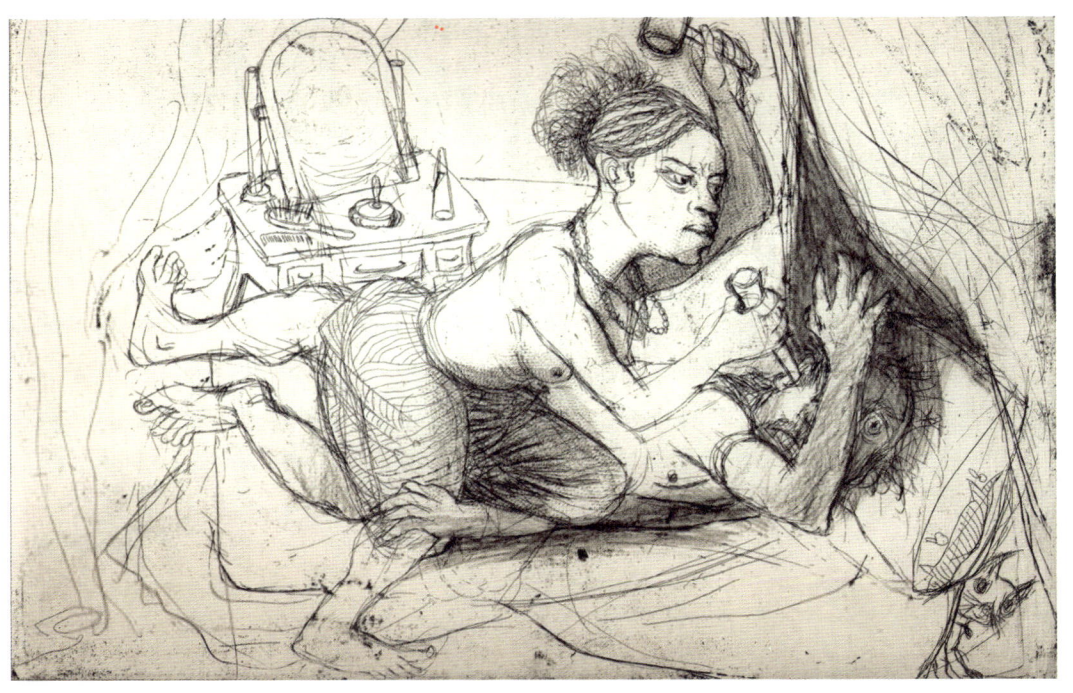

6. *Jael y Sísara*, aguafuerte, Marcelle Hanselaar, 2007, col. de la artista.

PRINCIPALES ESCENAS

- El recibimiento de Yael a Sísara.
- Cuando le da de beber.
- En el momento de atravesarle la cabeza.
- Mostrándola a Barac.

SÍMBOLOS Y ATRIBUTOS

Sus elementos distintivos son una estaca o un clavo y un martillo o mazo. En ocasiones se puede confundir con Débora, ya que algunos autores le prestan los atributos de Yael, pero generalmente la primera lleva una espada o símbolos de autoridad.

CONTEXTO HISTÓRICO

Los hechos sucedieron en el siglo XII a.C. Los pueblos hebreos, organizados en tribus, seguían asentándose en Canaán, actual Israel y territorios vecinos. Las luchas contra los cananeos eran frecuentes. En el momento de la historia de Yael, el enfrentamiento en la zona se produce entre la amplia federación tribal israelita, a la que se habían adherido habitantes de Cisjordania, y una poderosa coalición cananea que lideró el rey Yabin de Jasor, al frente de cuyas tropas estaba el general Sísara.

La tribu de Yael, los quenitas, era neutral en esta guerra y en el momento de los acontecimientos había paz entre ellos y los cananeos de Sísara. Este pueblo era originario del Sinaí. Tras la conquista de Canaán por los hebreos, se instalaron junto a ellos, cerca de Hebrón, y tras el acontecimiento de Yael fueron sus aliados hasta que acabaron mezclándose con ellos y desapareciendo como grupo con entidad propia.

OBSERVACIONES

Yael forma parte del grupo de las consideradas «mujeres fuertes» de la Biblia por su participación en un hecho del entorno político-militar.

Glosario

Arabia Feliz: Nombre geográfico con el que se designaba en la Antigüedad la zona de la península arábiga con alguna lluvia y cierta fertilidad. Junto a la Arabia Pétrea, en el noroeste, componía el conjunto de la Península. En general, la zona no estaba claramente delimitada, pero algunos la asimilan con Yemen.

Biblia de los Setenta: Tb. *Biblia Septuaginta.* Es una recopilación en griego de los libros de la Biblia hebrea (Tanaj) y otros libros considerados sagrados. Se considera que eran setenta y dos los traductores, de ahí el nombre (redondeado) de la recopilación. Fue la base de la clasificación de libros del Antiguo Testamento de las biblias cristianas que no coincide (al incluir otros escritos religiosos) exactamente con el Tanaj.

Biblias pauperum: Biblias iluminadas (decoradas con dibujos) en las que se relacionan imágenes que unen escenas de la vida de Jesús con las correspondientes paralelas del Antiguo Testamento y que, según la tradición cristiana, son reflejos de la vida de Cristo. Véase *Prefiguración.*

Bicha: El término designa diferentes entes: una culebra o serpiente, el diablo o una figura que se usa en el arte y que representa la cabeza y el torso de una mujer y el resto de otro animal, que suele ser una serpiente. En general representa una personificación del mal.

Deesis: Tema de la iconografía cristiana en la que se representa a Cristo como juez y a la Virgen María y a san Juan Bautista intercediendo por la humanidad. En ocasiones, en Occidente, se sustituye la figura de san Juan Bautista por la del apóstol san Juan.

Efod: Parte del vestido sacerdotal usado por los judíos. Una especie de peto o delantal de lino fino, corto y sin mangas; aunque su forma exacta se desconoce, era ligera y se acompañaba de otras prendas que cubrían adecuadamente al personaje.

Etnarca: Término de origen griego que designaba a un cargo político, equivalente al de gobernador, que tenía poder sobre un grupo étnico común. El término se deriva de las palabras ἔθνος, «nación» y ἄρχων, «líder». Los judíos expulsados de Jerusalén en el 312 a.C., por ejemplo, fueron admitidos en Alejandría y el faraón Ptolomeo I les dejaba tener un gobernador (etnarca) propio.

Evangelios apócrifos: Escritos surgidos en torno a la figura de Jesús que no fueron incluidos en el canon de la Iglesia, que limitó los verdaderos evangelios a cuatro, los de Marcos, Mateo, Lucas y Juan. El resto no se consideran parte de la verdad revelada.

Fiesta de los Tabernáculos: Tb. *Fiesta de las Tiendas.* Festividad en la que los judíos conmemoran las vicisitudes y las penurias del pueblo de Israel en su travesía por el desierto tras la salida de Egipto.

Guemará: Comentario y análisis que completa el texto de la Mishná (véase *Mishná*).

Juez: El término tiene un significado múltiple en Israel, ya que indica dominar, gobernar y juzgar. En el Antiguo Testamento destaca el aspecto de gobernante. A su llegada a la Tierra Prometida el pueblo judío se fragmentó en las diferentes tribus que siguieron su camino intentando sobrevivir en el entorno hostil cananeo. Esta división solo se alteraba ante los enfrentamientos o dificultades con los pueblos vecinos que hacían surgir figuras salvadoras que aglutinaban al pueblo israelí. El sentido primario es el de gobernante o magistrado que resolvía los problemas, no necesariamente los judiciales. Los principales jueces de Israel fueron doce, y entre ellos destacaron Sansón o Gedeón y, dentro de las mujeres, Débora.

Ley del levirato: Aparece definida en el Deuteronomio (25, 5). Es un tipo de matrimonio.

Cuando una mujer se queda viuda sin hijos, debe casarse con un hermano de su marido fallecido; el hijo que nazca llevará el nombre de su tío muerto y heredará los bienes familiares. Es un matrimonio típico de grupos sociales que no permiten la unión con personas ajenas al clan. Se ha dado entre los judíos, los mongoles, los chinos y los tibetanos, entre otros.

Lilith: El personaje de Lilit (o Lilith) surge de un Midrás rabínico (Génesis Rabba), del siglo XII, donde Lilith sería la primera compañera de Adán, antes de Eva. Formada igual que el hombre, del polvo, acabaría abandonando a Adán y uniéndose a multitud de demonios con los que engendraría una legión de diablos. El nombre se tomó de un demonio sumerio con forma femenina y alada, que seducía y devoraba a los hombres. Esta versión, que la presenta como «mujer fatal», se recuperó para la literatura por Goethe en su *Fausto* y se incorporó a la iconografía a fi-nales del siglo XIX, en obras como la de John Collier, que la reflejaron con el mismo conjunto iconográfico con el que se identificaba a Eva. En la Biblia cristiana Lilith no es la primera mujer de Adán, sino un demonio femenino que habita en las montañas de Edón (Is 34, 14). Nunca se menciona que Adán tuviese dos mujeres; su única pareja fue Eva.

Midrás: Tb. *Midrash*. Dentro del mundo judío, el término alude a un conjunto de estudios, investigaciones, explicaciones o interpretaciones de la Biblia.

Mishná: Texto básico de la escritura sagrada judía.

Nazareato: Tb. *Nazireato, Nazir*. Forma de consagración a Dios. El nazareno o nazarena es una persona dedicada a Dios que, mediante un voto, debe cumplir una serie de preceptos de vida. Al consagrado por medio de este voto se le llamaba nazireo o nazareo. Las prescripciones básicas serían: no cortarse el cabello, no beber bebidas fermentadas y no tocar cadáveres (Núm 6, 1-21). Sansón es un ejemplo de nazareo, consagrado como tal desde su nacimiento. El voto podía ser para toda la vida, como el de Sansón, o por cierto tiempo. El nazir se equipara con el profeta. Samuel, por ejemplo, es designado como profeta, pero también como nazir.

Patrística: Primeros estudios sobre la religión cristiana, realizados por los denominados Padres de la Iglesia (Agustín de Hipona, Gregorio Magno, Ambrosio de Milán, Jerónimo de Estridón).

Prefiguración: Entre el Antiguo y el Nuevo Testamento la teología cristiana ha establecido una íntima relación que dota de unidad al mensaje bíblico, ya que es la verdad revelada por un solo Dios. Este hecho ha fomentado, como indicamos antes, la corriente de la prefiguración. Según esta, todo lo que se produce en el Antiguo Testamento es o tiene un reflejo en el Nuevo Testamento. Esta tendencia se reafirma en la propia Biblia y es el mismo Jesús el que insiste en esta unidad y vinculación entre las dos partes. Así, Cristo repite esta idea en diferentes ocasiones: «No creáis que he venido a abolir la Ley y los Profetas: no he venido a abolir, sino a dar plenitud» (Mt 5, 17); «Esto es lo que os dije […]: que era necesario que se cumpliera todo lo escrito en la Ley de Moisés y en los Profetas y Salmos acerca de mí» (Lc 24, 44), y «se cumplirá en el Hijo del hombre todo lo escrito por los profetas» (Lc 18, 31). Los artistas aceptaron el modelo y lo difundieron en mosaicos y manuscritos como, por ejemplo, las biblias pauperum.

Speculum Humanae Salvationis: Expresión que viene del latín y significa «espejo de la salvación humana». Se aplica a algunos manuscritos iluminados de la Edad Media tardía.

Talmud: Escritura sagrada del judaísmo compuesta por la Mishná y la Guemará. Véanse *Mishná* y *Guemará*.

Tarasca: Monstruo con aspecto de dragón que al estar en Tarascón se denomina «tarasca». En las fiestas del Corpus de Granada, se saca «La Tarasca», un popular maniquí, ataviado con diferentes ropajes cada año, sobre un dragón alado.

Tárgum arameo: Es una interpretación en arameo del Tanaj (conjunto de los veinticuatro libros sagrados canónicos en el judaísmo). El término Targum, del arameo, significa «interpretación».

Terafín: Los ídolos familiares o terafines eran unas figuras de dioses familiares comunes entre las tribus nómadas. En general eran pequeños, pero los había de gran tamaño (1Sam 19, 11-17). Representaban el derecho del heredero. Su posesión otorgaba al marido de la hija casada la heredad de las propiedades de su suegro.

Tetrarca: Etimológicamente, el gobernador o administrador de una cuarta parte de un territorio. El término lo introdujo Filipo de Macedonia en Tesalia, en el siglo IV a.C. Posteriormente se utilizó para indicar el título de un príncipe o rey de un territorio pequeño. Los romanos lo usaron con este significado para aplicarlo a algunos príncipes del Asia Menor y de Siria, cuyos territorios no eran lo suficientemente grandes como para recibir el nombre de reinos. En el Nuevo Testamento se aplica este título a Herodes Antipas, que era tetrarca de Galilea y Perea.

Toparquía: Se trata de un territorio pequeño que está dominado por un gobernante local denominado toparca. Suele estar circunscrito a una o varias ciudades o distritos.

Zimri: Fue el jefe de un cuerpo de carros de guerra del rey de Israel Elá. Asesinó a traición al soberano, ocupó su lugar y exterminó a toda la estirpe real. El ejército, sin embargo, se sublevó contra él y atacó su palacio. Antes de caer en manos de las tropas, quemó el edificio consigo dentro y murió. Reinó siete días sobre Israel.

Bibliografía

AGUIRRE, Verónica, *El proceso de Cristo*, Barcelona, Clie, 1989.

AGUSTÍN DE HIPONA, *Obras completas VII*, Sermones 1.º (1-50), Madrid, BAC, 2012.

ALFONSO CABRERA, Silvia, «Virgen del Socorro», *Base de datos digital de Iconografía Medieval*, Universidad Complutense de Madrid, 2018.

ALIGHIERI, Dante, *La Divina Comedia*, Madrid, Mestas, 2009.

ALMEIDA, Edno, *El libro de Ester: ¿realidad o ficción?: un estudio sobre su historicidad*, Madrid, Editorial Académica Española, 2013.

AUBERGER, Jean-Baptiste; BEAUDE, Joseph, *et al.*, «La tradición patrística», en *Figuras de María Magdalena*, Estella, Verbo Divino, 2008. En esta obra aparece la homilía de Gregorio Magno (Homilia XXXIII, Lectio S. Evang. Sec. Luc. VII, 36-50; PL LXXVI, 1239).

BENEDETTI, Paolo de, y CARAMORE, Gabriella, *El alfabeto hebreo,* Madrid, PPC, 2013.

BERQUIST, Jon L., *Reclaiming Her Story: The Witness of Women in the Old Testament*, Manchester, Chalice Press, 1992.

Biblia de Jerusalén, Barcelona, Folio, 2006.

Biblia de Maciejowski (*Biblia de los Cruzados, Biblia del sah Abás* o *Biblia de Morgan),* siglo XIII, Nueva York, Morgan Library & Museum.

BOËRRESEN, Kari, y PRINCZIVALLI, Emanuela (eds.), *Las mujeres en la mirada de los antiguos escritos cristianos (siglos I-VI)*, Estella, Verbo Divino, 2014.

BORNAY, Erika, *Las hijas de Lilith*, Madrid, Cátedra, 1990.

— *La cabellera femenina*, Madrid, Cátedra, 1994.

— *Mujeres de la Biblia en la pintura del Barroco: imágenes de la ambigüedad*, Madrid, Cátedra, 1998.

— La «femme fatale», Lilith y el demonio, Barcelona, SD, 2020.

BROWN, Michelle P., Understanding Illuminated Manuscripts: A Guide to Technical Terms, Los Ángeles, The J. Paul Getty Museum-The British Library, 1994.

BROWNING, W. R. F., Diccionario de la Biblia: Guía básica sobre los temas, personajes y lugares bíblicos, Barcelona, Paidós, 1998.

CANTERA BURGOS, Francisco, e IGLESIAS GONZÁLEZ, Manuel (eds.), Sagrada Biblia: versión crítica sobre los textos hebreo, arameo y griego, Madrid, Biblioteca de Autores Cristianos, 2000.

CARRILLO, Martín, Elogios de mujeres insignes del Antiguo Testamento, Huesca, Pedro Blusón, 1627.

CARTER, Warren, Pontius Pilate: Portraits of a Roman Governor, Liturgical Press, 1914.

CARVAJAL GONZÁLEZ, Helena, «Abrazo ante la puerta dorada», Base de datos digital de Iconografía Medieval, Universidad Complutense de Madrid, 2017.

CHALIAND, Gérard, y RAGEAU, Jean-Pierre, Atlas de los imperios: de Babilonia a la Rusia soviética, Barcelona, Paidós, 2001.

CHAUCER, Geoffrey, Los cuentos de Canterbury, Madrid, Gredos, 2004.

CLAPP, Nicholas, La reina de Saba. Un viaje por el desierto en busca de una mujer legendaria, Barcelona, Grijalbo, 2002.

CONWAY, Colleen M., Sexo y matanza en la tienda de Jael: una historia cultural de una historia bíblica, Oxford, Oxford University Press, 2016.

CRÉPON, Pierre, Evangelios apócrifos, Barcelona, Círculo de Lectores, 2004.

CRISÓSTOMO, Juan, Obras de San Juan Crisóstomo II: Homilías sobre el Evangelio de San Mateo (46-90), Madrid, Biblioteca de Autores Cristianos, 2007.

Diccionario bíblico ilustrado Holman, Nashville (TN), B&H Publishing Group, 2014.

Diccionario de la Biblia, México, Espasa Calpe Mexicana, 1996.

Diccionario de la Biblia, Barcelona, Folio, 2006.

Diccionario enciclopédico de la Biblia, Barcelona, Herder, 1993.

DUFOUR, Antoine, *Les vies des femmes célèbres* (manuscrito de 1505), Ginebra, Droz, 1946.

ENCINA, Juan de la. «Las mujeres en la exposición», *El Sol,* 17 de junio de 1934, pág. 12.

ESTEBAN LORENTE, Juan Francisco, *Tratado de Iconografía,* Madrid, Istmo, 2002.

Evangelio románico, Bilbao, Mensajero, 1999.

FINKELSTEIN, Israel, y SILBERMAN, Neil Asher, *David y Salomón: en busca de los reyes sagrados de la Biblia y de las raíces de la tradición occidental*, Madrid, Siglo XXI, 2007.

FLAUBERT, Gustave, *Herodías*, Buenos Aires, Poseidón, 1946.

FRAZER, James G., *The scapegoat*, Basingstoke, Palgrave, 2002.

GARCÍA GARCÍA, Francisco de Asís, «Visitación», *Base de datos digital de Iconografía Medieval*, Universidad Complutense de Madrid, 2017.

GARSTANG, John, *The Foundations of Bible History*, Nueva York, Constable & Company, 1931.

— *The Story of Jericho*, Basingstoke (RU), Marshall, Morgan & Scott, 1940.

GÉRARD, André-Marie, *Diccionario de la Biblia*, Madrid, Anaya, 1996.

GODWIN, Frances Gray, «The Judith Illustrations of the Hortus Deliciarum», *Gazette des Beaux-Arts*, XXXVI, 1949, pág. 146.

GONZÁLEZ HERNANDO, Irene, «Las Vírgenes Abrideras», *Revista Digital de Iconografía Medieval*, vol. I, núm. 2, 2009.

— «Creación», *Revista Digital de Iconografía Medieval,* vol. II, núm. 3, 2010.

— «Sansón», *Revista Digital de Iconografía Medieval,* Madrid, Universidad Complutense de Madrid, 2011.

GRAU-DIECKMANN, Patricia, «Santa Marta, guardiana de hogares ajenos», *Arqueología, Historia y Viajes sobre el Mundo Medieval,* núm. 36, Barcelona, septiembre de 2010.

GRAVES, Robert, y PATAI, Raphael, *Los mitos hebreos,* Madrid, Alianza Editorial, 2015.

HAMBLIN, Dora Jane, *Las primeras ciudades,* Barcelona, Folio, 1994.

HERZOG, Chaim, y GICHON, Mordechai, *Batallas de la Biblia,* Barcelona, Ariel, 2003.

HICKS, Edward Lee, «Judith and Holofernes», *The Journal of Hellenic Studies,* vol. 6, 1885.

IBÁÑEZ PALOMO, Tomás, «Anunciación Preñada», *Base de datos digital de Iconografía Medieval,* Universidad Complutense de Madrid, 2015.

Iconografía y arte cristiano, Madrid, San Pablo, 2012.

JENSEN, Peter, *Die Kosmologie der Babylonier: Studien und Materialien: mit einem mythologischen Anhang und 3 Karten,* Charleston (SC), BiblioLife, 2009.

JOSEFO, Flavio, *Antigüedades de los judíos,* Barcelona, Clie, 2012.

KENYON, Kathleen M., *Desenterrando a Jericó,* México, FCE, 1966.

LE MOYNE, Pierre, *Galería de Mujeres Fuertes,* París, Librería de palacio, 1665.

LOCKWARD, Alfonso, *Nuevo Diccionario de la Biblia,* Medley (FL), Unilit, 1999.

LOWDEN, John, *The Making of the Bible Moralisées: I. The Manuscripts,* University Park (PA), The Pennsylvania State University, 2000.

LUCÍA GÓMEZ-CHACÓN, Diana, «Virgen de la Misericordia», *Base de datos digital de Iconografía Medieval,* Universidad Complutense de Madrid, 2014.

MARTÍN ORTEGA, Elisa (ed.), *Historias de la Biblia,* Madrid, Cátedra, 2012.

MELÉNDEZ TÁBOAS, Amelia, «Salomé en el cine, un Weibermacht a la sombra de Wilde», *Géneros,* Universidad Nebrija, 25 de octubre de 2019.

MIGNE, Jacques-Paul (ed.), *Patrologiae Cursus Completus,* Series Latina, vol. 109, París, Garnier, 1844-1855.

MILÁN, Ambrosio de, *Sobre las vírgenes y sobre las viudas,* Madrid, DRI, 1999.

MONZÓN PERTEJO, Elena, y BERNAD LÓPEZ, Victoria, «La Última Cena de Jaume Ferrer como Unción en Betania a partir de los tipos iconográficos y el antagonismo entre Judas y María Magdalena», *De Medio Aevo,* Universitat de València, vol. 10, núm. 2, 2021.

NEUNENFELDT, Elaine, «Sexual Violence and Power: The Case of Tamar in 2 Samuel 13:1-22», *Journal of Latin American Hermeneutics,* 1-10, 2007.

NICÉFORO XANTÓPULO, Calixto, *Historia eclesiástica,* París, J.-P. Migne, 1865.

OCHOA, José, *Atlas histórico de la Biblia. Antiguo Testamento,* Madrid, Acento, 2003.

— *Atlas histórico de la Biblia. Nuevo Testamento,* Madrid, Acento, 2004.

ORCHARD, Andy, *Pride and Prodigies: Studies in the Monsters of the Beowulf-Manuscript,* Toronto, University of Toronto Press, 2003.

PEDRO, Aquilino de, *Diccionario de términos religiosos y afines,* Madrid, Verbo Divino (Ediciones Paulinas), 1993.

PLAZAOLA ARTOLA, Juan, *Historia del arte cristiano,* Madrid, Biblioteca de Autores Cristianos, 2001.

— *La Iglesia y el arte,* Madrid, Biblioteca de Autores Cristianos, 2001.

RÉAU, Louis, *Iconografía del arte cristiano. Iconografía de la Biblia. El Antiguo Testamento,* Barcelona, Serbal, 2000.

— *Iconografía del arte cristiano. Iconografía de la Biblia. Nuevo Testamento,* Barcelona, Serbal, 2008.

RODRÍGUEZ PEINADO, Laura, «La Anunciación», *Revista Digital de Iconografía Medieval,* vol. VI, núm. 12, 2014, págs. 1-16.

— «Dolor y lamento por la muerte de Cristo: la Piedad y el Planctus», *Revista Digital de Iconografía Medieval,* vol. VII, núm. 13, 2015.

ROPERO BERZOSA, Alfonso (ed.), *Gran diccionario enciclopédico de la Biblia,* Barcelona, Clie, 2014.

Sagrada Biblia, Madrid, Biblioteca de Autores Cristianos (versión oficial de la Conferencia Episcopal Española), 2019.

SALOMON, David, *Igor Samsonov: Painter and Passionate Visionary*, Dallas (TX), JPS Graphics Corp., 2014.

SÁNCHEZ MORILLAS, Beatriz, *María Magdalena, de testigo presencial a icono de penitencia en la pintura de los siglos XVI-XVII*, tesis doctoral, Sevilla, Facultad de Bellas Artes, 2014.

SCHARFSTEIN, Sol, *Torah and commentary: the five books of Moses: translation, rabbinic and contemporary commentary*, Jersey City (NJ), KTAV Publishing, 2008.

SCHÜRER, Emil, *Historia del pueblo judío en tiempos de Jesús*, Madrid, Cristiandad, 1985.

SEBASTIÁN, Santiago, *Mensaje simbólico del arte medieval*, Madrid, Encuentro, 2009.

SEIJAS, Guadalupe (ed.), *Mujeres del Antiguo Testamento: de los relatos a las imágenes*, Pamplona, Verbo Divino, 2015.

— «Rut», *Revista Digital de Iconografía Medieval*, vol. IX, núm. 18, 2017, págs. 85-104.

SERRANO, Juan Antonio, *Marta de Betania, la mujer que hospedó a Cristo: apuntes iconográficos de su representación a lo largo de la Historia del Arte*, V Congreso Virtual sobre Historia de las Mujeres, Jaén, Archivo Histórico Diocesano, 2013.

TORRENT LOZANO, Meritxell, «De lolitas y otros males», *Lectora: revista de dones i textualitat*, núm. 3, 1997.

TORRES SASTRÚS, Vega, *Religión e ideología artística. La visión del catolicismo en las exposiciones nacionales de Bellas Artes (1924-1936)* (TFM), Granada, Atrio, 2020.

TRIBLE, Phyllis, *Texts of terror: literary-feminist readings of Biblical narratives*, Filadelfia (PA), Fortress Press, 1984.

VASARI, Giorgio, *Las vidas de los más excelentes arquitectos, pintores y escultores italianos desde Cimabue a nuestros tiempos*, Madrid, Cátedra, 2011.

VINCENT, Nicholas, *A Brief History of Britain 1066-1485: The Birth of the Nation*, Cambridge, WH Smith, 2011.

VORÁGINE, Santiago de la, *La leyenda dorada*, Madrid, Alianza Editorial, 2008.

WALKER, Mónica Ann, «Emotional Responses to David Watching Bathsheba Bathing in Late Medieval French Manuscript Illumination», *Annual of Medieval Studies at CEU,* 13, Budapest, Central European University, Department of Medieval Studies, 2007, páginas 97-109.

— *Bathsheba in Late Medieval French Manuscript Illumination: Innocent Object of Desire or Agent of Sin?,* Lewiston (ME), The Edwin Mellen Press, 2008.

— «Breaking the Borders of Bathsheba's Body in Late Medieval Art: The Temptress and the Victim», en VV.AA., *Sites of Female Terror / Entorno a la mujer y el terror,* Navarra, Aranzadi, págs. 151-165.

— «La intercesión de Betsabé», *Revista Digital de Iconografía Medieval,* vol. I, núm. 1, 2009, págs. 25-30.

— «Betsabé entronizada», *Revista Digital de Iconografía Medieval,* vol. II, núm. 4, 2010, págs. 21-28.

— «El Baño de Betsabé», *Revista Digital de Iconografía Medieval,* vol. II, núm. 3, 2010, páginas 1-10.

— «El ciclo de Esther», *Revista Digital de Iconografía Medieval,* vol. III, núm. 6, 2011, págs. 19-27.

— «Susana y los viejos», *Revista Digital de Iconografía Medieval,* vol. IV, núm. 7, 2012, páginas 49-57.

— «El ciclo de Judith», *Revista Digital de Iconografía Medieval,* vol. IV, núm. 8, 2012, págs. 1-10.

— «Jael y Sísara», *Base de datos digital de Iconografía Medieval*, Universidad Complutense de Madrid, 2015.

— «Salomé. La joven que baila», *Revista Digital de Iconografía Medieval,* vol. VIII, núm. 15, 2016, págs. 89-107.

WILDE, Oscar, *Salomé,* Madrid, Biblioteca Nueva, [1894] 2000.

WILSON, Adrian, y LANCASTER, Joyce, *A Medieval Mirror: Speculum Humanae Salvationis 1324-1500,* Berkeley (CA), The University of California Press, 1984.

Índice